陳福成著

中國神譜

——中國民間宗教信仰之理論與實務

文史哲出版社印行

國家圖書館出版品預行編目資料

中國神譜：中國民間宗教信仰之理論與實務
/陳福成著 -- 初版 -- 臺北市：
文史哲, 民 101.01
頁; 公分
ISBN 978-986-314-000-9（平裝）

1.神祇 2.民間信仰 3.中國

272 100027310

中國神譜
── 中國民間宗教信仰之理論與實務

著者：陳福成
出版者：文史哲出版社
http:// www.lapen.com.tw
e-mail：lapen@ms74.hinet.net
登記證字號：行政院新聞局版臺業字五三三七號
發行人：彭正雄
發行所：文史哲出版社
印刷者：文史哲出版社
臺北市羅斯福路一段七十二巷四號
郵政劃撥帳號：一六一八〇一七五
電話886-2-23511028 · 傳真886-2-23965656
定價新臺幣六八〇元
中華民國一百零一年（2012）一月初版

ISBN 978-986-314-000-9 20010

中國神譜 目次

——中國民間宗教信仰之理論與實務

貳、農曆二月誕生諸神……三一四

元始天尊　降序

太上無極混元教主　元始天尊　降

詩曰：人生如夢度光陰。枉自培財與積金。
聲色既戕天地性。精神又逐利名心。
愛河飄注頭難出。火宅煎熬業漸深。
莫可一生虛過了。凶容應改似觀音。

序

溯自鴻濛一炁，天地未分，原靈斂氣於無極，逍遙自在。

迨至天地開闢，人秉中央真炁而降生：人初性善，故死而歸真返樸。塵土日浸，舉止乃惡，中古人心驟變，乃有神道設教，以眾神加持，勸人爲善；又爲嚴防並徵治人性趨向墮落，故上天特設下「地獄」，以作「悔改淨化」之所。無奈眾生根性污染變質，越墮越下；晚近以來，人心更敗壞不堪，地獄呈現客滿之勢，眾神不忍蒼生盡墮，幸天命有人，陳君彰顯神譜，以警世人，冀眾生勿重蹈覆轍，而能返本還原，不受輪迴之苦。

茲爾台北陳君，上體天心，歷年來，著書立說，勸世有功，且宗旨純正，弘道最力，陳君生有天命，擔負神道立說巨任。尤以針對臺灣地區「去中國化」歪風，將眾神矮化成「臺灣神」，實有撥亂反正之功。殊不知，所有「臺灣民間眾神」，也都是「中國神」。費時多載，於今書成，世人如能閱讀此書，便知「舉頭三尺有神明」；猛省回心，領悟「拜拜祭祖洄溯生命的源頭，敬神學佛探解人生的實相」，避惡行善，勤行天堂之路，人人如是，則地獄撤空，盡歸極樂！

此書內載眾神在神州大地的源流，符合陽世與神界論述，爲一度世聖典，神聖而不可侵犯，希讀者多予宣講勸化，並廣爲翻印流傳，凡有所求，皆能應驗如響，有心者善體悟之。是爲序

元始天尊　降　序於台北萬盛草堂

天運辛卯年四月十三日

玉皇大帝　玉詔

本肇居士傳聖意

聖示：中華民族眾神刻將示現，轉達玉旨聖意，臺灣地區子民應立即停止族群分裂，勿搞「去中國化」。蓋因臺灣地區民眾信仰諸神，都是「生為中國人、死為中國神」。要搞分裂搞「去中國化」又要拜神求神，豈不「強神所難」！

神人俯伏　示敬奉眾神

詩曰：維皇切切念原靈，神佛聲聲救苦經；
玉旨臨降須聖意，一輪明月照幽冥。

欽　奉

玉皇大天尊　玄靈高上帝　詔曰：

朕居靈霄，心懷世道，觀紅塵黃沙瀰天，尤以臺灣寶島，竟因政治惡鬥，有欲自立乾坤，分裂國土與族群，導至禮義廉恥淪亡，人間倫常墮地，人心腐敗；因而，言仙佛為空說，視聖神若虛物。那些分裂國土和族群之政治人物，進寺廟求拜諸神，但諸神都是「中華民族神」，如何能答應他自立乾坤？豈不強眾神之所難！大不敬！必遭神譴！亦天理不容。

朕心大悲，不忍寶島墮落幽冥。今有台北陳君，法名本肇居士，生有天命，一生著書立說行「法布施」，他心懷中華民族之興盛發展，能上體神意，與歷代中華先祖接心，深知宗教能轉變人心。新著「中國神譜」，重述臺灣地區眾神也是中國神，是全體中華子民生生世世所信仰之神。

此書不凡，因陳君上體神意，與諸神接心至誠無間，以救世之心，代神宣化，擴大神道設教之功能。勑命各界協助本書能廣為流傳，宣揚聖志，如有違旨，嚴罰不赦，是　朕命。

欽哉勿忽，叩首謝恩。

天運辛卯年中元節　　玄靈高上帝　降　序

觀音大士　降序

觀音大士　降

詩曰：如來再世說真經。佛法無邊洗耳聽。
聖筆揮鸞成寶典。陳君操觚德聲馨。
又詩：普灑甘霖柳渡楊。身輕業淨即天堂。
風光絕世心開朗。西方極樂本故鄉。

序

如來眾神以慈悲設教，廣開無量法門；鸞門以仁愛爲懷，普度天下蒼生，異曲同工，皆因地制宜，爲方便度眾立法。吾有不度盡眾生，誓不成佛之宏願，而欲度盡眾生，當用無量法力，非僅以古經舊典所能成就，須以新知、新法，針對時弊，投以針藥，始能切斷現代眾生病源，收萬病回春功效。

自古以來，神鬼仙佛和天堂地獄之說深印人心，惜經典所載、民間傳說，又都模稜片斷，未足管窺全貌，致乏警世度眾之經書，使世人貿貿不知所止，三途六道，輪迴不息。又因社會日越複雜，文明沈淪，使人敬神禮神之誠心淡薄，是謂人心澆季，源於中華子民與本民族眾神疏離。諸天仙佛有鑑於此，三曹聖會，一致認為須重建中華子民對民族眾神的信仰，以激發世人嚮往向道之心，遵循天道，以超昇各自期盼之天堂——無憂、逍遙淨土。語云：「物欲盡期用，必先利其器。」欲甄選靈遊三界之凡人不易，除須有度世之宏願外，當具善根、智慧及清明靈性，始克擔當此一神聖重任，經推薦甄選結果，以台北陳君最為適當。陳君「中國神譜」一書，警示臺灣地區信仰眾神，都是「生為中國人、死為中國神」。

今日書成，天下又多一普度眾生寶典，諸天無不讚嘆，六道爭相報喜，輪迴路上頓開覺路，茫茫苦海喜放明燈，眾生經三阿僧祇劫，今日緣至，閱悟此書，得證三寶地，儒者成聖，道者成仙，釋者成佛，天人皆大歡喜，賡頌不已！

神譜告成，三曹大放光華，遍地浮現金蓮靈芝，吾心歡喜南海又多一廣大慈航，度盡眾生之宏願，欣見日漸有成。寶典付梓在即，僅述數語，頌讚聖德！

南海觀音大士降鸞　謹序

天運辛卯年六月十六日

地藏菩薩　降序

幽冥教主　地藏王菩薩　降

序

夫，天堂有路，行人冷落；地獄無門，來者擁擠。世人不堪寂寞，難忍清靜，趨炎附勢，沉淪於酒色游渦；苦海茫茫，失足傾覆者多，致地獄客滿，哀聲震天！余主轄十殿，目睹哀鴻遍野，心何堪忍！

三界眾生，原靈同流，自無始以來，皆因欲念不斷，而生死相續。嘆輪迴道苦，火宅熬煎！徒有撤空地獄之願，惜無眾生度盡之日！玉帝鴻慈，關懷赤子，故勅命台北陳君作「中國神譜」，對臺灣地區中華子民，重述民間信仰諸神，都是「中華民族神」，如媽祖林默娘是宋代福建莆田人，關聖帝君關雲長是三國山西運城人。臺灣子民萬勿忘本，是幸！

晚近以來，臺灣地區有人搞「去中國化」、搞族群分裂，乃天大罪惡，必將到我主轄之十殿管訓。凡欺心昧理，作奸犯科之輩，報應如影隨形，書上案證斑斑可考；願閱是書者，應如當頭棒喝，驚心猛省，靜夜懺悔，光明做事，庶免死後墮落幽冥，受陰差凌辱懲罰。若置余言馬耳東風者，斯時呼救無門，勿怨仙佛神聖之無情也。蓋因人不自救，神仙也救不了你！

茲值「中國神譜」即將付梓之際，余特臨堂，聊述數語，願此書一出，眾生度盡，地獄早空，娑婆化爲樂園，是所殷望。

地藏王菩薩　降鸞序於台北萬盛草堂

天運辛卯年四月十三日

瑤池金母 降序

無極瑤池金母 降

詩曰：瑤池聖母先天親。遍植蟠桃待善人。
曾現觀音勤度世。慈悲救苦勸修真。

又詩：神道設教也有根。徹悟本來不二門。
神譜篇篇傳聖跡。德風傳聞滿乾坤。

序

善哉！無極孕化芸芸原靈，洪荒之時，降凡開拓人世，初時天性純真，不忘本來，生於世死而歸天。

後因塵氛日深，靈明漸失，又為爭名奪利，眾神雖已設神道之教，久之亦痲木不仁，更久而淡忘本來良善面目，沉迷愛河慾海，認塵土爲樂地，終而越沉越下，罪行所聚，形成一罪惡身軀，不得不設下「地獄」加以磨煉淨化，以期回復天性。爲廣度迷津，母曾現身觀音及諸聖，尋聲救苦，隨緣度化。

今者，科技盛世，有巧奪天工之術，惜道德無重整復舊之法，靈性日趨物性，罪籍萬卷，地獄有客滿之勢，實堪悲嘆。探其原因，中華子民與民族衆神的疏離亦是原因。更有少數甚者，信仰西洋所謂天主基督，便謂不能拜神祭祖，真乃背離祖宗，不可原諒。

母念萬物同源，大千爲一，不忍衆生本性迷昧，誤入歧途，再造罪跡，故特命台北陳君，再述中華民族有史以來衆神之源流，尤以臺灣地區民間信仰諸神，無不「生爲中國人、死爲中國神」，是謂神州大地永恆的典範。

陳君生有天命，以著書立說宣揚中華文化爲職志。神譜於今書成，母心堪慰。瑤池蟠桃正熟，期待諸子閱罷「中國神譜」，知悟本來，力行聖德，以修大道，則生於無憂盛世，歿返極樂天堂，庶幾不負母倚閭盼望之心也。是爲序。

無極瑤池金母降　謹序

天運辛卯年六月十六日

濟公活佛　降序

濟公活佛　降

詩曰：毀祖欺神實可悲。崇洋滅己昧良知。
中華道德千秋繼。文化精英大有為。

序

中華道德文化，原爲天地精氣所凝，故能歷久彌新，萬年不斷。可嘆人心崇尙現實，追求物質，藐視自己文化而倡全盤西化。而肉林酒市，淫風兇暴，充滿著社會。數典忘祖之輩，搞「去中國化」，搞族群分裂等於否定了中華文化，否定了列祖列宗，也否定了民族精神！如今忠孝節義安在？禮義廉恥何在？愧爲炎黃子孫。臺灣子民應盡早醒悟，汝之身體內流著誰的血緣！汝信仰之神來自那裡？

台北陳君生有天命，一生著書立說，宣揚中華文化，又深知「臺灣神都是中國神」之真理，以「中國神譜」一書，重述臺灣民間宗教信仰諸神之背景源流。實爲度世之寶典。

濟公活佛　降序

天運辛卯七月一日

張夢雨教授題字（註）

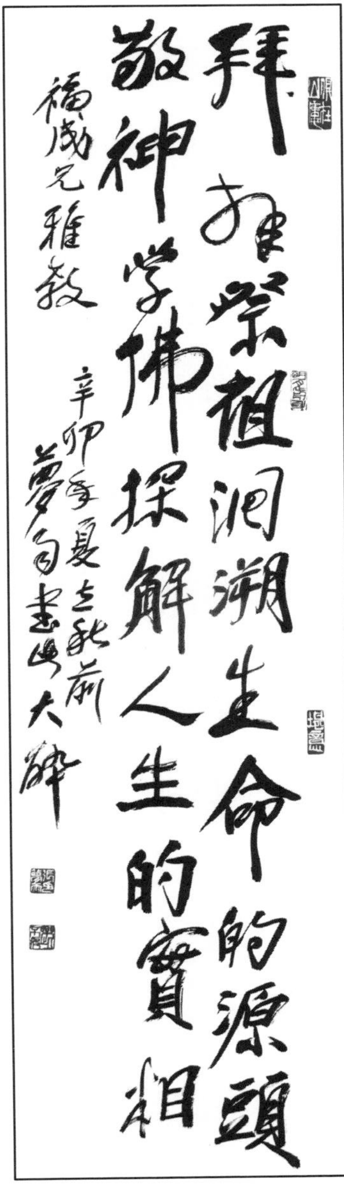

註：張夢雨教授，當代中國最富盛名的客家籍書畫瓷刻名家，著有《張夢雨書法作品集》、《張夢雨瓷刻作品集》等多種，桃李分佈於中港台各地。

自序

——本書著作與動機說明

古今中外，任何國家之興亡、民族之盛衰，乃至社會人心之和諧昇華或惡鬥沈淪，通常政治環境是直接的關係，政治起了「龍頭」作用。這就是爲什麼古今中外，一切國家、朝代、政權之末世，政治不可爲時，社會人心便趨向沈淪墮落的道理，寡廉鮮恥於焉成爲常態了！

而像台灣這種「特區」，因頂層的政治分歧，整個社會和族群便完全分裂了。此時，完全沒有是非、沒有道德，絕大多數人心當然也就寡廉鮮恥了！

是故，孫中山先生說的對，「政治是管理衆人之事」，政治確實是「大社會」之龍頭也！政治若黑暗，也難以指望其他方面如何的光明；如臺灣割讓給漢倭奴王國，便一切都變了！連能不能照祖先傳統祭神，也身不由己，因爲政治變了！

臺灣近幾十年來，也因政治變了，社會產生了對立，族群不斷裂解，肇因於一批政治人物爲謀私利，散播台獨思想。我常注意到一個畫面，媒體報導綠營某政治人物參拜開台聖王、關聖帝君、媽祖等廟，祈求當選。

但有幾人能進一步思考，開台聖王鄭成功收復臺灣是爲北伐基地之用，雖不久卒於臺灣，但鄭氏本意並非「獨台」或「台獨」。後有鄭克塽、馮錫範等欲搞台獨，鄭成功夫人（董太妃）以年邁之軀，凜然宣布：「自立乾坤，分裂國土，我至死不爲！若有再提自立乾坤者，殺無赦！」以董太妃一介女流，都知道台獨絕不能搞，台獨絕對是一條死路、歹路，生生世世對不起祖宗的路。

而拜關聖帝君呢？關公是山西運城常平村人，追隨劉備、孔明，是爲「漢賊不兩立」，是爲統一中國，是爲堅持那份春秋大義（關公喜讀春秋，春秋之義即大一統）。

而拜媽祖呢？媽祖林默娘是宋代福建莆田人，她「生爲中國人，死爲中國神」，她保佑的是中華子民炎黃子孫，說直了是保佑「全體中國人」。若連自己是中國人都不願承認，拜她求她幫你搞台獨，企不「強神所難」！

當然，有台獨傾向的人（不論是否政治人物），見廟就拜，大多無心，不過企圖接近與人民的距離。但在臺灣不論你拜那一寺廟的神，那神必是「中國神也是臺灣神」，但主要還是「中國神」，因祖廟必在大陸，例如：

保生大帝孫思邈，唐代陝西長安華原人。

清水祖師陳應，宋代福建永春小姑鄉人。

西秦王爺是唐太宗，「三界公」是堯、舜、禹。

……

因此，存心「自立乾坤、分裂國土、裂解族群」，而去拜神，不論拜那一尊神，不僅是「強神所難」，也是一種對神的褻瀆。你漫不經心，不深思之，以爲拿香拜就有了選票，這是對神的狎翫，即不敬也不道德，都會遭到神譴！天理不容，必遭天譴！

本肇居士生有天命，以著書立說行「法布施」爲一生志業，書前元始天尊、玉皇大帝、觀音大士、地藏菩薩、瑤池金母、濟公活佛等諸聖神佛降序，並非無中生有，乃參考台中聖賢堂「地獄遊記」和「天堂遊記」二書，上體神意，爲擴大「神道設教」之功能，救人心之沈淪，亦應合於天道，眾神之所樂見也。

張夢雨教授的題詞，「拜拜祭祖洄溯生命的源頭。敬神學佛探解人生的實相」，正合本書宗旨，願眾神保佑張教授，在神州大地盡情揮灑。

本肇居士陳福成序於神州台北

中華民國一〇一年歲次壬辰

黃帝紀元四七一〇年、佛曆紀元二五五六年

孔子紀元二五六三年　西元二〇一二年　春之吉日

玉皇大天尊玄靈高上帝

神照來源：台灣・宜蘭「三清宮」。

南極先翁（八仙尊者）

是仙境界長老尊者。八仙頌帶領八仙往四海飄流，苦渡化眾生化世人造德修心，行理明心自悟，普化度世，「八仙降凡說真經，無邊眾生恭耳聞，期期扶鸞成聖典，拯救沈淪化光明」。

照片來源：台灣・宜蘭「三清宮」。

神照來源：鹿港「天后宮」
明信片：開基媽祖

海南省三亞南山寺・金玉觀世音。

大陸雲南省大理白族自治州，首次公開展出一尊遺失海外近九十年的阿嵯耶觀音像。人間福報. 2010. 8.23 圖／本報香港傳真

雲南大理，阿嵯耶觀音像。

神照來源：台北市開漳聖王廟

《朝元圖》北壁東段全圖：以紫微大帝為主神的神祇隊伍

《朝元圖》北壁西段全圖：以勾陳大帝為主神的神祇隊伍

四面八臂斗姥元君

為道教的女神，相傳斗姥元君是北斗眾星之母，為龍漢年間周御王之妃，名紫光夫人，生九子，初生二子為天皇大帝、紫微大帝；後生七子為貪狼、巨門、祿存、文曲、廉貞、武曲、破軍等七星。

三頭六臂護法神

計有兩尊，在左面為左輔洞明星君（俗稱咬牙），在右面為右弼隱神君（俗成切齒），為千變萬化之神靈，智慧精通，天庭嘉勉封神將武緯，可為眾生點澈迷津，渡化眾生脫離苦海。

斗姥元君，圖照來源：鹿耳門聖母廟

聖父母殿 奉祀媽祖父親林愿公「積慶公」，母親王氏「積慶夫人」，合稱聖父母。（台中市樂成宮）

玉皇殿（天公殿） 奉祀主宰諸神、掌管人的壽夭生死、吉凶禍福的玉皇大帝（天公）及三官大帝，即上元天官賜福大帝、中元地官赦罪大帝、下元水官解厄大帝。（台中市樂成宮）

關聖帝君神殿 奉祀具有大仁、大智、大勇精神且能救困扶危的關聖帝君。（台中市樂成宮）

文昌殿 奉祀主管功名利祿，為文人所崇敬的文昌帝君。（台中市樂成宮）

華陀殿 奉祀精通方藥針灸之術，能治百病，一生懸壺濟世之東漢神醫華陀仙師。（台中市樂成宮）

太歲殿 奉祀掌管消災解厄，庇祐眾生平安吉祥的「斗老元君」及「太歲星君」。（台中市樂成宮）

外八廟中的「須彌福壽之廟」一景，乾隆七十歲生日那一年（1780），為了迎接班禪六世，特建此廟作為班禪的行宮。建築形式依照後藏 日喀則的札什倫布寺。

月老殿 奉祀專司男女感情，撮合男女姻緣和合的月老星君。（台中市樂成宮）

福德正神
福德正神聖殿
桃園指玄宮

松山霞海城隍爺

神農大帝

大禹（水官大帝）像，2010 年 9 月攝於山西芮城大禹渡。

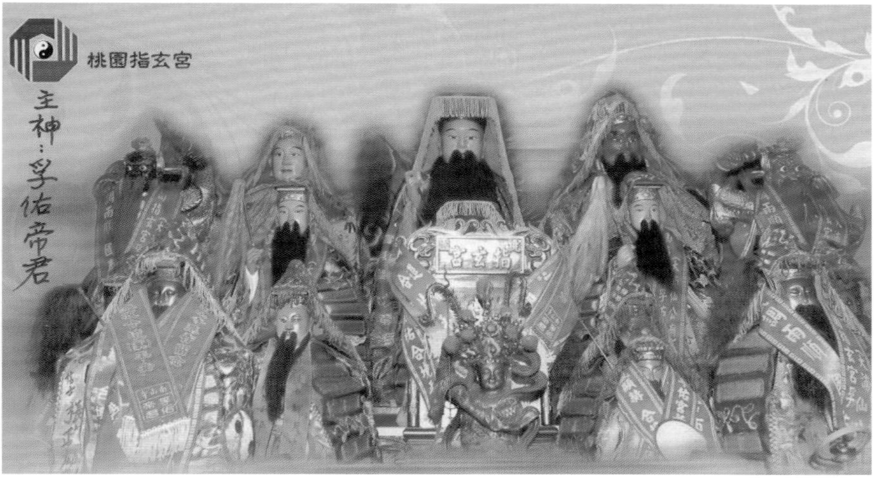

江西九江大成殿，攝於 2008 年 8 月。

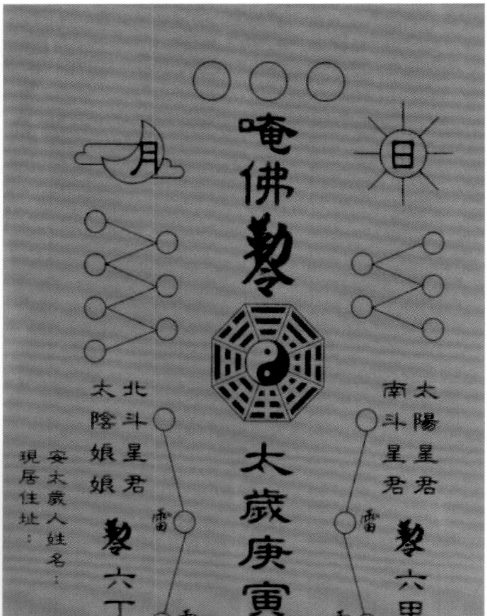

此太歲符尺寸請用27×12公分之紅紙直式繕寫。

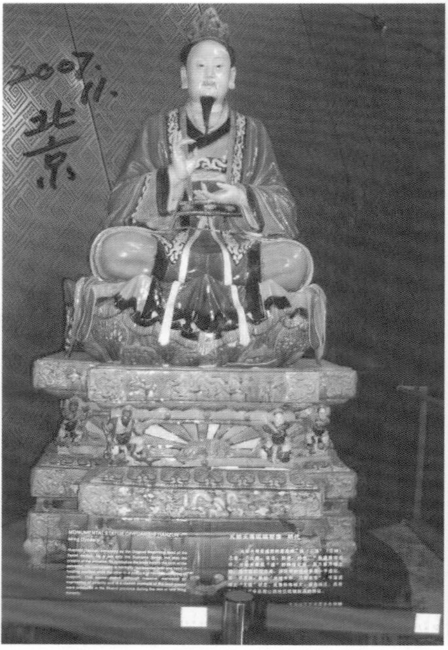

元始天尊，2007 年 11 月，攝於北京博物館

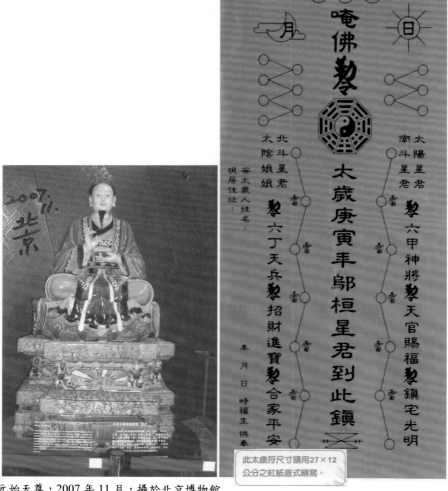

第一篇 通論：中國民間宗教信仰一般概論

玉皇大天尊玄靈高上帝

第一章 關於中國神譜：民間信仰宗教思想的說明

關於「中國神譜」、「民間宗教信仰」及閩台民間信仰，所指是由中國儒、佛、道三家（教），還有由三家（教）經數千年融合演化而生的其他各神道教派，這些眾神在中國民間社會形成的思想信仰體系，造就中國民間社會不同於西方基督、天主諸神，一種「中國式的宗教信仰與生活方式」，且已完全內化成中國人或海外華人的生活方式。

當然，天主教、基督教傳到中國也有數百年之久，也算是中國民間的一種宗教信仰；但顯然，在中國尚未完成「本土化」，仍被視為一種「外來宗教」。所以，當我們論述「中國民間信仰」，或大學的宗教系課程中的分類，天主基督瑪麗亞均不屬「中國神譜」研究之對象，故本書不論。

同樣在幾千年前被視為「外來宗教」的佛教和回教，幾乎大約同在唐朝開始「本土化」運動，經千年努力，均已完成「中國化」。佛教成為「中國佛教」，且成為中華文化三個核心價值之一（另二者是儒、道）。而回教，其族人、信眾，則組成中國五大民族之一，「中國回教」在許多方面已不同於阿拉伯世界的回教。

盡管不論在中國或西方任何民族，「神都是人所創造的」，不通過人的論述，神是「不存在的」，若深研東西方文化史，便知這是一個「鐵的事實」。在中國自古以來「神的誕生」都合於這個事實，故歷朝歷代都有「封神」之舉，自元始天尊、五嶽大帝、關聖帝君、媽祖……都是人封的；西方則反之，神先於人而存在，人是神所創造（一種說法），故神非人所封，人亦不能「封神」。此東西方文化背景不同使然，但人對同一個「事實」的詮釋，往往差距極大，且往往與國力、政治力、詮釋權有關，那是本書範圍以外了！

若要從學術上進行概念界定，則「神、仙、佛、菩薩」等，都有不同意涵。例如，神是超越世界的生命，仙是由凡人轉化而成的超越生命。質言之，由天而人的是神，由人而天的是謂仙。但一般民間信仰不作如此區分，普羅大眾走進任何寺廟，高坐在上的不管是媽祖、關聖帝君、文昌君、土地公……他們，都是神，都是仙，都是神仙、佛菩薩，只管拜拜、上香、祈禱……

中國民間信仰眾神，大體上有兩個形成階段（兩種神明系統）。第一種是「自然神」，源自古代的自然崇拜，山河大地、風神雨師、石頭大樹、日月星辰、宇宙現象等，都是神，如五嶽大帝、天公地母都是。

第二種是「文明神」，由人的昇華而來，在中國歷史上，凡對國家、民族、社會、眾生有貢獻的，如文天祥、岳飛、鄭成功、文成公主、關公、

喜上眉梢　媽祖同意　喜鵲在頂上築巢

苗栗縣竹南鎮后厝龍鳳宮的大媽祖像高一百三十六台尺。三年前有喜鵲來此築巢，就在媽祖像右眉上方。　圖／本報資料照片、胡蓮生攝

孔明……張亞、陳應、吳本、林默娘……都死後被人立廟、封神，且歷代皇帝加封，最後成爲「大帝」、「聖母」、「帝君」等。如此經過不斷「封聖」過程，信徒日愈眾多，終於成爲民間普遍的信仰，按神明的「粉絲」多寡，還有排行榜。

在學術上雖稱佛教是無神論，但事實上是泛神論。例如在佛教裡，有所謂「天龍八部」，八部是指：天、龍、夜叉、乾達婆、阿修羅、迦樓羅、緊那羅、摩睺羅伽等，這是佛教的護法神。佛教將法界眾生分爲十大類，稱爲「十法界」，分別是：佛、菩薩、緣覺、聲聞、天、人、阿修羅、畜生、餓鬼、地獄等。

根據佛經記載，佛陀說法並不僅限在人間，例如《地藏經》即記載著佛陀曾到忉利天爲母親摩耶夫人說法，當時除了十方諸佛菩薩與會之外，尚有三界二十八天的天眾、龍眾、鬼神等眾，以及娑婆世界的海神、江神、河神、樹神、山神、地神等，及諸大鬼王皆集到忉利天中。此即說明佛教也有鬼神之說，甚至大乘佛教八大宗派中，密教行者求法的先決條件之一，即必須找到一位神明護法。

神是屬於六道之一的天道，根據《四天王經》記載，每月六齋日，四天王會派遣使者、太子，或親自到人間考察，因此，佛陀教誡弟子們應於六齋日持齋守戒。「四天王天」分別由東方持國天、南方增長天、西方廣目天、北方多聞天組成，各各守護一天下，是帝釋天的護衛大將。帝釋天也就是一般民間通稱的玉皇大帝、天公。

此外，八大金剛、二十四諸天、伽藍菩薩、韋馱菩薩、鬼子母等，都是佛教裡較為一般人所熟悉的護法神祇。其中鬼子母本來專門竊食他人之子，後經佛陀感化後皈依佛教，並且發願生生世世保護天下所有的小孩，因此成為安產與幼兒的保護神。

再者，從諸多的實例證明，一個有修行的人，由於舉止安詳，語言慈和，富於慈悲心，因此無論走到哪裡，都能獲得人天的尊敬與護持。例如佛陀住世時，大弟子須菩提在巖中宴坐，甚深的功行感動護法諸天，散花供養，表示敬意，另有一次，須菩提患病，身心感到疲憊，這時護法的帝釋天（道教稱「玉皇大帝」，俗稱「天公」），帶領五百人組成的「樂團」，向須菩提奏樂問病。

以上佛教提到的眾神，在民間各教派（儒、佛、道、天帝教、一貫道……），很多「不分彼此」的供奉、祭祀，可謂全世界最有包容力的宗教信仰，就是「中國式宗教信仰」，完全不同於西方。試問，西方各國之中，天主基督之教堂，容得下阿拉否？反之亦然。

在中國，完全別種富有創意的思維，同樣一個神明，在道教稱「玉皇大帝」，在佛教稱「帝釋天」；還有「粉絲」最多的關公關老爺亦然，在道教他是「關聖帝君」，且是現任（輪值的）玉皇大帝，在佛教他是「伽藍菩薩」，這是中國民間信仰可愛、包容的特色。

相信不久，很多寺廟（宮等），會請耶穌、瑪麗亞、阿拉……等西方各教派眾神進駐，到時寺廟功能、信眾更多，更能滿足各不同族群信仰的需要，是中國民間信仰的新境界。

日本奈良興福寺內，有一尊阿修羅像，全身赤紅，他們性格好鬥爭強，常與天人爭戰。但他們也是佛教護法，護衛著發心皈依受戒的修道人。 圖／本報資料照片

相對於西方各宗教，中國的各種宗教有著極大的包容力和平和諧之特質。故，中國古來沒有所謂「宗教戰爭」，而西方中古世紀（五至十五世紀），竟因宗教信仰打了一千年戰爭，史稱「黑暗時代」。

進入廿一世紀，西方宗教的衝突性不斷升溫，基督和阿拉持續千年玩不盡的「零和遊戲」，終於爆發了「911 事件」；但很奇怪的，基督和阿拉到了中國，平和了許多，

因爲受到中華文化的影響。

可惜至今尚有部份信仰天文基督者，稱不能祭拜祖先（吾有朋友女兒，信基督後把祖先牌位丟了，險些氣死老媽），凡此，均背離中華民族精神，背叛祖宗，不孝啊！

二〇〇九年七月，總部設在瑞士日內瓦的國際聯合宗教會（ICARUS），經票選將「世界最佳宗教獎」，頒給佛教。這個獎項由世界各宗教領袖兩百多位，共同參與圓桌會議投票決定。許多各宗教領袖，含天主教神父泰德（Tad O'shaughnessy）、

香港藝術家馬元浩，愛好觀音，拍過無數觀音像，圖❶為作品之一的四川新津觀音寺「飄海觀音」攝像。圖❷為中國山西平遙雙林寺的明朝「渡海觀音」攝像。圖❸為中國四川安岳的宋代「白衣觀音」石雕攝像。　記者李祖翔翻拍

印度總統帕蒂爾 為白馬寺揭碑

【本報綜合報導】印度總統帕蒂爾，日前抵達九朝古都洛陽，訪問印度政府在國外捐建的第一座佛殿「白馬寺」，白馬寺佛殿的建築設計形式，是參考世界文化遺產印度桑吉佛教遺跡，並加以修改而成。在中印文化交流史上占有重要的地位，帕蒂爾並出席了落成儀式。

人間福報

2010.5.31.

印度總統帕蒂爾（中）日前訪問「中國第一古剎」白馬寺，白馬寺是佛教傳入中國後第一座由官府建造的寺院，歷來被尊為中國佛教的「祖庭」和「釋源」。　圖／本報香港傳真

白馬寺最初是為兩位印度高僧而建。史載，東漢永平七年，漢明帝劉莊因夜夢金人，遣使赴西域拜求佛法。公元六十七年，漢使及印度二高僧攝摩騰、竺法蘭以白馬馱載佛經、佛像抵洛，漢明帝躬親迎奉。公元六十八年，漢明帝敕令在洛陽雍門外建白馬寺，以銘記白馬馱經之功，兩位高僧亦在此翻譯出中國第一部佛經《四十二章經》，佛教也自此開始向中國全境、日本和東南亞等地傳播，白馬寺因此被視為中國佛教界的釋源和祖庭。

帕蒂爾在白馬寺主殿內焚香、獻花之後，來到白馬寺印度風格的佛殿前，參加佛殿落成儀式。全國政協副主席王志珍在致辭中說，中國和印度同為文明古國，兩國人民之間的友好源遠流長，並引用印度詩人泰戈爾的話稱「中國和印度是極老而極親愛的兄弟」。

帕蒂爾在致辭中說，從歷史的角度看，白馬寺獨一無二地象徵了印中文化的融合，她表示，印度風格佛殿是印度人民送給友好的中國人民的禮物，並希望佛殿能進一步促進當今和未來的印中民間交流。隨後，帕蒂爾和王志珍共同為印度風格佛殿的落成揭碑，碑上有帕蒂爾特別題獻的碑文：印度風格佛殿，來自印度的禮物，印中人民友誼的象徵。

洛陽之行結束後，帕蒂爾還將前往上海參觀世博會，在啓程赴上海前，帕蒂爾表示，希望印中關係和友誼可以達到一個新的里程。

回教塔爾阿斌・魏塞德（Tal Bin Wassad）、猶太教拉比羅賓・山謬・華聖斯坦（Rabbi Shmuel Wasserstein）、緬甸翰達比丘（Bhante Ghurata Hanta）等，都把手中神聖的一票投給佛教。

他們共同的理由（原因），是經深思研究，古今中外沒有任何一場戰爭是由佛教（或佛教徒）主動發起。而由天主基督教派發動的戰爭、屠殺，不計其數。

確實，自從漢明帝永平十一年（西元六十八年），以白馬從印度馱經回洛陽，並建白馬寺，二千年來佛教又和儒道融合，成中華文化的核心思維，成為中國之國教，真是天佑中國。二〇一〇年五月，印度總統帕蒂爾為白馬寺揭碑（見剪報），更顯得意義不凡。

給關公當契子　王建民也是

若是更難帶、常生病的小孩，民間則有「給神明當契子」的習俗，不管是供奉媽祖、觀世音或關公的廟宇，大多有收契子的慣例；擁有三百多年歷史的台南關廟山西宮，更是遠近馳名，全鄉老少幾乎都是主神關公的契子，就連旅美球星王建民也是，建仔的兒子王鵬硯去年追隨父親步伐，加入關公契子的行列。

地方耆老解釋，只要家中幼兒難撫養，就可帶往山西宮祭拜關帝爺，祈求讓孩子成為神明的契子，即可庇祐孩童多福氣、少災難。山西宮表示，關公收受契子的習俗，早年僅以關廟鄉為主，後來漸漸擴及外地，目前關帝爺的契子約三千人左右。

每年農曆六月廿四日關聖帝君聖誕，契子需至山西宮祝壽，無法親自到場者，由家人帶著衣物到廟中蓋上聖君大印，上千名來自各地的老幼契子，齊赴山西宮祝壽，場面非常壯觀；此外，契子也須由各村代表帶領，完成走平安橋的儀式，稱為「契子過限」。

▶關廟山西宮的關帝爺有收契子的習俗，目前全台契子人數約三千，每年農曆六月廿四日，上千名契子會前來祝壽並過平安橋。（曹婷婷攝）

從印度總統帕蒂爾訪問白馬寺，追蹤二千年來佛教在中國民間得到的廣大民心的忠誠信仰，可以論證「中國佛教」已和「印度佛教」完全不同了。

我看到一則新聞，球星王建民和他兒子王鵬硯，都是關公的「契子」（乾兒子），關公是山西運城人，那麼王建民和他兒子是「準山西人」了！而很多台南人也到關廟「山西宮」拜關聖帝君。

中國民間信仰是很奇妙的，政治上很多人搞「去中國化」，但精神心靈信仰上，拚命「中國化」，結果不知如何？若人不知道，也只好去問關聖帝君了！

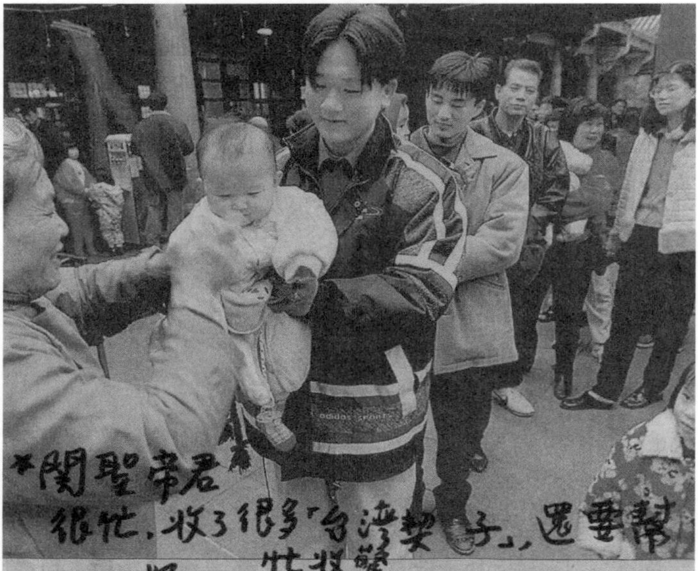
*關聖帝君
很忙，收了很多「台灣契子」，還要幫
忙收驚。

中國時報 行天宮收驚 大小都平安 99.8.19.

▲台北市行天宮的免費收驚，讓無數信徒趨之若鶩，廟內永遠大排數條人龍，就是為了祈求關聖帝君的香火庇護平安。（本報資料照片）

第二章　中國歷史上的神仙

中國歷史上歷朝歷代民間信仰眾神，不外源自儒、佛、道三家，三者以道教眾神資格最老（約五千年），儒次之，佛教眾神最「年輕」（以傳到中國爲準約二千年）。

道教的神有如人間國家的統治體系，自頂層而中層到底層，各有職責並有完整的思想體系，以下表示其位階：

道教衆神位階系統

靈寶天尊（上清）
元始天尊（玉清）
道德天尊（太清）
（太上老君）

註：三清之尊位唐宋以來皆以元始天尊爲中心。

南極大帝（南極長生大帝）
東極大帝（青玄上帝）
紫微大帝（北極紫微）
勾陳大帝（紫微天皇大帝）
玉皇大帝（昊天上帝）
后土皇地祇（后土玄天大聖后）
東華木公（東王公）
金母元君（西王母）

註：南極、東極、紫微、勾陳四神稱「四御」，主御群靈執萬神。

以下尚有各路衆神二百八十二尊，分別是玄元十子、卅二天帝君、十一曜、北斗七星、三台、天地水三官、紫光夫人、南斗六星、二十八宿、十二元神、扶桑和酆都二帝、五岳四瀆、福祿壽三星、三元、文昌帝君、太乙神、八卦諸神、雷部諸神、雨師風伯、倉頡和孔子、四聖。

註：地位再低者略。

附記：

△本表依侯文正總主編，《永樂宮志》整理而成，該書編者：張亦農、景昆俊，責任總輯：任如花。山西人民出版社，二〇〇六年五月第一版。

△本表衆神圖像見下章。

前表列位衆神，玄元十子是追隨太上老君（老子）的十大思想家：關尹子、辛文子、庚桑子、安南子、尹文子、士成子、崔瞿子、柏矩子、列子、莊子。

十一曜：日、月、金、木、水、火、土諸星，稱七曜、加羅睺、計都稱九曜；唐代後不計日、月二星，加紫炁、月孛二星稱九曜，加日，月稱十一曜。

三台：開德星君、六淳司空星君、曲生司祿星君。

十二元神是指十二生肖動物的元神，四瀆是長江、黃河、淮河和濟水之神；太乙神共有十位；四聖是指北極大帝之四將，天蓬、天猷、黑殺和真武四真君。

以上道教眾神之中，顯然尚未包含歷史上對道教宏法極有貢獻的人，如呂洞賓與八仙，王重陽與七弟子（丹陽子馬鈺、長真子譚處端、長生子劉處玄、長春子丘處機、王陽子王處一、廣寧子郝大通、清靜散人孫不二）。

八仙是李鐵拐、鍾離權、張果老、呂洞賓、藍采和、何仙姑、韓湘子、曹國舅。

道教思想認為「道在那裡，神就在那裡」，也就是有道之人（對國家、民族、眾生有貢獻便合於道），他便是神。故中國歷史聖君賢人，堯、

【布玩・邱碧蘭拼布個展】 福祿壽三仙

文與圖／佛光山寶藏館提供

這是家家戶戶拜拜必用的金銀紙圖案，因苗栗縣竹南鎮中港文化以製作金銀紙聞名，啟發了我以它為圖庫之靈感，讓金銀紙也能與拼布結合，為另類創作。

人間福報 2011.6.9.

展期：即日起至7月5日　展地：高雄市大樹區佛光山寶藏館

崇、禹、孔子……都是道教的神。

但以上仍未包含道教全部神仙，中國歷史上給神仙正式立傳，最早是漢代劉向的《列仙傳》，接下有晉葛洪《神仙傳》。到明代有王世貞編成《列仙全傳》，現代有高大鵬依據王世貞版本重編成《神仙傳》上下冊（時報出版，民76年）。按現代時報版的《神仙傳》，介紹歷史上二一九位神仙，依眾神存在（誕生、成道）時代整理如下：

黃大仙廟 明年在台興建

人間福報　二〇一一.十一.十五.

【本報綜合報導】赴港旅遊，遊客必遊景點一定有安排擁有廣大信眾的黃大仙廟。港台兩地近日召開台灣赤松黃大仙協會發起人暨第一次籌備會，確認明年農曆二月將動土興建台灣首座赤松黃大仙廟。

黃大仙廟主要供奉東晉時南中國道教著名神祇黃初平，另亦有供奉儒、釋兩教的神祇如孔子、觀音等，故三教融合為香港黃大仙廟一大特色，被列作香港一級歷史建築。

原本是基督徒，卻因緣際會與赤松黃大仙結緣的香港赤松黃大仙學會會長周兆志表示，台灣宗教活動發展興盛，道教在台灣擁有無數信眾，遂於今年六月申請在台灣籌設赤松黃大仙協會，至八月八日獲官方回函核可。

據知台灣赤松黃大仙協會欲覓地為赤松黃大仙建廟，多位地主均熱情表達捐地意願，經協會籌備人員現場勘查，並請示赤松黃大仙，初步選定由一名教授捐出位於台北市內湖的土地建廟。

首任台灣赤松黃大仙協會籌備會會長陳文慶表示，他原本也是基督徒，到香港接觸赤松黃大仙後，深為感召，希望透過為赤松黃大仙在台建廟，弘揚赤松黃大仙的宗教信仰，為台灣多元豐富的道教文化，再添加、創造新的影響力。

周兆志表示，目前在台灣有三尊正傳金身，當中唯一公開供信眾膜拜的「赤松黃大仙」金身，供奉在陽明山中山樓附近的簡陋民宅神壇中。

香火繚繞的黃大仙廟，是香港人十分信賴的心靈依靠。　圖／本報資料照片

△夏、商、周（含）及更早：

赤松子、洪厓先生、馬師皇、務光、彭祖、青烏公、呂尚、白石生、老子、孟岐、匡裕、范蠡、劉越、葛由、王子喬、沈羲、周亮、亢倉子、琴高、列子、莊子、宋倫、玉子、鬼谷子。

△秦、漢、三國：

徐福、黃石公、茅濛、蕭史、涉正、安期生、劉晨、王喬、張道陵、王遠、蔡經、董奉、修羊公、尹澄、劉安、東方朔、黃安、方氏（程偉妻）、莊君平、陰長生、毛伯道、劉道恭、趙丙、劉根、梅福、李阿、左慈、馬湘、鍾離權、關公。

△兩晉、南北朝：

黃初平、王質、蓬球、孫登、葛玄、吳猛、許遜、郭璞、葛洪、黃野人、范豹、劉綱、東陵聖母、王玄甫、王嘉、扈謙、寇謙之、王延、文昌帝君。

△隋、唐、五代：

劉德本、劉瞻、何令通、爾朱洞、陳搏、蘇澄隱、陶弘景、桓闓、白鶴道人、孫思邈、徐則、王嚞、張果老、呂洞賓、何仙姑、韓湘子、崔子玉、匡智、明崇儼、司馬承禎、許宣平、俞靈璸、李珏、伊祁玄解、鄭全福、柳實、元徹、裴航、廖師、李白、懶殘、王皎、邢和璞、吳道子、羅公遠、申泰芝、薛昌、薛季昌、徐佐卿、武攸緒、裴玄靜、張氳、趙惠宗、顏真卿、張志和、李賀、許栖岩。

△**宋、元、明**：

李鼻涕、馬鈺、孫仙姑、譚處端、唐廣真、丘處機、王鼎、侯先生、張柏端、徐問真、申屠有涯、雷隱翁、王文卿、劉益、孫賣魚、魏二翁、林靈素、郝大通、呰旦、王處一、顏筆仙、莫月鼎、張三豐、曹國舅、保生大帝、清水祖師、媽祖、註生娘娘、張中、周顛仙、冷謙。

△**年代不詳**（自然神、想像或朝代不詳）：

五嶽大帝、月下老人、子英、介象、王梵志、蘭公、費長房、王遙、鄭思遠、麻姑、交企道士、謝仲初、麻衣子、王帽仙、班孟、酆去奢、鹿皮翁、季順興、崔之道、韋善俊、鄔通微、聶師道、傅先生、王可交、李筌、李長者、帛和、王昌遇、瑕丘仲、盧山人、麻衣仙姑、劉玄英、樂巴、江叟、侯道華、莎衣道人、賣薑翁、朱橘、翟天師、東王公、西王母、上元夫人、彭宗、負局先生、丁令威、折象、太陽子、太玄女、祝雞翁、李鐵拐、藍采和、古丈夫、毛玉妻、蔡女仙、司馬季主、緱仙姑、金申、蘇耽、郭琼、薊子訓、莊伯微、漢水女仙、魏伯陽、王老。

以上兩百餘眾神，經過千百年歷史的考驗，大多已落伍、過時，真是神如同人，想追求永生、永恆，何其困難？只有極少的神能突破時空的限制，永遠都有很多「粉絲」！且信徒越來越多。如保生大帝、清水祖師、媽祖、西王母等。

知名的作家、詩人高準先生，在「高準游踪散紀」（台北：唐山出版社，二〇一一年三月）一書附編之一，「大陸與臺灣現有歷代人物祠廟紀念館知見表」，列有全中國（含臺灣）歷代人物的廟、祠、陵、堂、陵園、台、館、殿、墓、陳列館、府、紀念館、宮、院、庵、寺、故居等，此類歷史建築中，判斷有神（主神）住，不外是廟、宮、庵、堂、寺等，分大陸、臺灣兩地。

一、大陸（所在位置略，因通常在多個省份皆有）：

炎帝、黃帝、蚩尤、嫘祖、倉頡、堯、舜、禹、后稷、泰伯、周公、孫武、老子、孔子、曾子、顏回、扁鵲、孟子、李冰父子、孟姜女、漢高祖、漢光武帝、馬援、華陀、劉備、關羽、張飛、孔明、趙雲、許遜、冼夫人、文成公主、李白、杜甫、孫思邈、白居易、柳宗元、呂洞賓、林默娘、岳飛、成吉思汗、劉基、方鳴謙、王夫之、連橫。

二、臺灣（含金馬，所在縣市略，通常有多處）：

黃帝、大禹、孔子、魯班、屈原、王昭君、華陀、關羽、周倉、玄奘、陳元光、許遠、張巡、呂洞賓、林默娘、岳飛、朱熹、趙孟頫、沈光文、鄭成功、吳鳳、蔣中正。

按中國民間信仰一般稱謂，眾神居住的地方叫廟、寺、宮、觀、堂、殿等，有這些住所必有主神。而另一種「祠」，是供奉祖先的地方，如「家祠」，祖先也是一種神。但中國歷史上的聖賢豪傑、藝文大家及對社會有貢獻者，有些也有祠（或同時有祠、廟、紀念館等），能被後世立祠者，通常也被「封神」，永享國人祭祀。前述詩人高準「高準游踪散紀」所列附表，除寺、廟、宮等，凡有祠者如下（部份重複者表示有多種）：

伊尹、比干、文王、邑姜、叔虞、伍子胥、言偃、孫臏、孟母、莊子、屈原、春申君、項羽、張良、張釋之、李廣、司馬遷、嚴子陵、龐統、馬超、周倉、王羲之、陶淵明、韓擒虎、李白、杜甫、張旭、張巡、郭子儀、韓愈、柳宗元、錢鏐、王審知、楊業、范仲淹、包拯、歐陽修、曾鞏、王安石、蘇軾、蘇洵、蘇轍、米芾、楊再興、韓世宗、陸游、陸九淵、文天祥、耶律楚材、黃道婆、于謙、唐伯虎、張居正、戚繼光、徐光啟、袁崇煥、熊廷弼、史可法、張蒼水、顧炎武、林則徐、關天培、施琅。

中國民間信仰能稱「神」的，實在太多了，中華民族是一個「泛靈教」民族。單從寺、廟、堂、殿、宮……判斷神祇所屬教派，大多不很確定，因民間信仰不分儒佛道的關係。例如，前面講的「祠」祭祀祖先或歷史人物，但也有例外，如前面「泰山碧霞祠」剪報，我國山東泰安碧霞祠主神是「碧霞元君」，分靈到臺灣高雄小港龍后宮，這是道教的神。

至於我國閩南、臺灣地區，一年四季最夯的神，經整理如另文，「中國民間信仰諸聖神佛誕辰千秋」及「臺灣地區寺廟主神排行榜」兩文。

我國儒佛道及三教融合延伸各教，以道教最崇尚神仙，而道教神仙也最多，另有「四方之神」。四方之神，青龍、朱雀、白虎、玄武四神。《禮記・曲禮》行前朱雀而后玄武，左青龍而右白虎。孔穎達疏謂，朱雀、玄武、青龍、白虎四方宿名。古代神話謂東方之神爲青龍，因二十八宿中東方七宿（角、亢、氐、房、心、尾、箕）組成龍形，位於東方，屬木，其色青，故稱青龍，亦作蒼龍；南方神爲朱雀，因南方七宿（井、鬼、柳、星、張、翼、軫）組成鳥形，位於南方，屬火，其色赤，故稱朱雀，

泰山碧霞祠贈分身 小港龍后宮昨開光

【本報高雄訊】高雄市小港區龍后宮昨天舉行碧霞元君神像開光儀式，包括泰山市民族與宗教事務局局長白建新率領山東泰山市道教文化交流團等貴賓出席，由於這是一場流傳兩千年，但卻是台灣少見戶外的開光儀式，因此吸引不少台灣信徒圍觀。

龍后宮宮主張金得表示，「碧霞元君」是清康熙元年（西元一六六二年），有一名朱姓人氏，從山東濟南歷城縣，請碧霞元君金身寶像來台供奉膜拜。民國八十三年，張金得再從高雄市草衙龍鳳宮恭請碧霞元君金尊到高雄市小港區鎮宅奉祀，就稱爲「龍后宮」。

由於龍后宮主神「碧霞元君」是源自於山東泰山東的「碧霞祠」，去年，台灣信徒到中國泰山參加祈福法會，山東泰安市泰山碧霞祠道觀管理委員會表示，今年要送一尊「碧霞元君」的分身給高雄的「龍后宮」，昨天開光的「碧霞元君」，就是從碧霞祠道觀送來台灣。此次開光的「碧霞元君」是用千年桃花木雕刻，外表再鋪上金箔。

泰山碧霞祠觀的管委會主任霍德忠表示，這場戶外開光儀式，是由他（道長）和高功（主祭者）及六名經師，先念祈文，再依傳統儀式開光，預先準備鏡子「借天光」，利用折射原理，把陽光「借」到帳篷內，再爲神像開光。

霍德忠強調，這是道教傳統儀式，從唐朝流傳至今，已有兩千多年的歷史，道教一直遵循這項儀式開光，藉此爲百姓祈福、消災。

一○二．六．二十 人間福報

一稱朱鳥；西方之神爲白虎，因西方七宿（奎、婁、胃、昴、畢、觜、參）組成虎形，位於西方，屬金，其色白，故稱白虎；北方之神爲玄武，因北方七宿（斗、牛、女、虛、危、室、壁）組成龜形，亦謂龜蛇合體，位於北方，屬水，其色玄，故稱玄武。道教常以青龍、白虎、朱雀、玄武作護衛神，以壯威儀。

四方四神中，惟北方玄武的傳說較多，《席上腐談》稱，玄武即烏龜之異名。龜，水族也，水屬北，其色黑，故曰玄。龜有甲能捍御，故曰武。北方七宿，其形如龜，其下有螣蛇星。蛇屬火，丹家借此以喻身中水火之交，遂繪作龜蛇蟠蚪之狀。道教謂玄武在黃帝時降生，入湖北太和山修煉，久而得道，玉帝冊封爲玄武真君，太和山因此更名爲武當山，取非玄武不足以當之意。又謂元始乃命玉帝降詔玄武收魔。玄武乃與六天魔王戰於洞陽之野。魔王化成蒼龜巨蛇，玄武神力攝於足下，鎖眾鬼于酆都大洞，玉帝賜號爲玄天上帝。

北宋崇尚道教，爲避趙玄朗諱，改玄武爲真武，大中祥符年間封爲鎭天真武靈應佑聖帝君，簡稱真武帝君。南宋孝宗即位后，或謂真武像肖上御容，故其地位益高。明永樂年間崇奉尤甚。

第三章　臺灣地區寺廟主神排行榜

臺灣地區「寺廟比學校多」，雖無正式對二者（寺廟和學校）做統計比較，但也是「應然」判斷。因爲臺灣社會數百年來都是一種「移民社會」，移民社會的本質是「四不一沒有」（不安全、不安定、不可靠、不恆住、沒有根）。

人要活下去，而且要活的好，就必須解決一些根本性的問題（其他社會亦然），於是各種因應人的「需要」就產生了，在中國社會的神道信仰叫「封神」，不論那一種神都由人（不論地方性、全國性）封。這是中國民間信仰的本質，也是一個源頭。

有了各種神，神的世界如同人，有各種組織、位階，「神氣」也如同「人氣」。有的神有無數信徒，有很多寺廟，具有全國性的普遍信仰，如觀世音、關聖帝君、媽祖等；如同人的社會，有天王、有巨星，有很多「粉絲」。

全中國那一位神「最紅」？或排行榜如何？並無可靠的統計資料。但僅臺灣地區則有相關研究，據臺灣省文獻委員會「臺灣省寺廟教堂調查表」，以主祀神廟較多者，奉祀主神不外福德正神。天上聖母、觀世音、玄天上帝。關聖帝君、三山國王、三官大帝、有應公等，舉下列各表：（林勝俊，《臺灣寺廟的職權與功能之研究》）

表　一	
民國七年（日本大正七年）	
主 神 別	寺廟數
福德正神	669
瘟神（王爺）	453
天上聖母	320
觀音佛祖	304
玄天上帝	172
有 應 公	143
關聖帝君	132
三山國王	119
保生大帝	109
三官大帝	72

資料來源：
據丸井圭次郎臺灣宗教調查第一卷（日本大正八年）附錄頁16所揭主要祭神表改編

表　二	
民國十九年	
主 神 別	寺廟數
福德正神	674
王　　爺	534
天上聖母	335
觀音菩薩	329
玄天上帝	197
關聖帝君	157
三山國王	121
保生大帝	117
釋迦牟尼	103
有 應 公	86

資料來源：
據增田福太郎臺灣的宗教（日昭和十四年）頁14所揭全臺寺廟主神調查改編

表　三	
民國二十三年（日昭和九年）	
主 神 別	寺廟數
福德正神	718
王　　爺	550
觀音佛祖	336
天上聖母	335
玄天上帝	204
關聖帝君	157
三山國王	121
保生大帝	117
釋迦牟尼	103
有 應 公	88

資料來源：
取自余光弘：臺灣地區民間宗教的發展 —— 寺廟調查資料之分析（中研院民族所集刊第53期民國七十二年）頁81

表　四	
民國四十九年	
主 神 別	寺廟數
瘟神（王爺）	730
觀音佛祖	441
天上聖母	383
福德正神	327
釋迦牟尼	306
玄天上帝	206
關聖帝君	192
保生大帝	140
三山國王	124
中壇元帥	94

資料來源：
據劉枝萬：臺灣省寺廟教堂主神地址調查表（臺灣文獻第11卷2期民國四十九年）改編

表 五	
民國五十五年）	
主 神 別	寺廟數
王 爺	556
福德正神	449
觀音菩薩	428
天上聖母	381
釋迦牟尼	308
玄天上帝	270
關聖帝君	192
保生大帝	139
三山國王	129
中壇元帥	94

資料來源：
取自余光弘：臺灣地區民間宗教的發展——寺廟調查資料之分析（中研院民族所集刊第53期民國七十二年）頁81

表 六	
民國六十四年	
主 神 別	寺廟數
王 爺	747
觀音菩薩	565
天上聖母	494
釋迦牟尼	480
福德正神	385
玄天上帝	375
關聖帝君	334
保生大帝	160
三山國王	133
中壇元帥	114

資料來源：
同表五

表 七	
民國七十年	
主 神 別	寺廟數
王 爺	753
觀音菩薩	578
天上聖母	510
釋迦牟尼	499
玄天上帝	397
福德正神	392
關聖帝君	356
保生大帝	162
三山國王	135
中壇元帥	115

資料來源：
同表五

美國尊孔 咱患人格缺乏症

二〇〇九、十一、六、人間福報

美國眾議院通過紀念並尊崇孔子決議案，以肯定並表彰儒家思想對人類社會的貢獻；今年初大陸將被台灣棄之如敝屣的「中國文化基本教材」課本，選為人格教育範本。

儒家思想是中華文化與道德、品格教育主流，如今美國尊孔，以解決高度工商業社會的種種問題，台灣卻因過去的「去中國化」政策，拋棄孔孟道統，忽略了品格教育。

長久以來，「人格」一詞考試不考、老師不教、社會笑貧不笑貪，根本不重視人格教育，令台灣社會亂象叢生，以職棒打假球為例，球員學會了專業技術，卻沒學到潔身自愛的品格。

不止職棒球員，還有不擇手段的政客、抄襲論文的學者、作弊的大學生、製造新聞的媒體、賣假藥的地下電台，帶幼童到賣場偷童裝的母親…，皆肇因忽略人格教育。

美國尊孔，大陸在加速開放時，不忘講述「百家講壇」，提升人民品格，台灣卻患了「人格缺乏症」，再不重視品德教育，前途堪虞。

劉韻詩（台北市／退休教師）

人間福報

關公壁畫 重現天日

大陸考古學家近來在河南省洛陽市的一座清朝建造、無人管理的關廟內，發現藏有許多珍貴的壁畫（左圖），全部記載關聖帝君的事蹟，現場有將近十五平方公尺大保存完整的壁畫，僅少數斑駁脫落。2011.7.27.

上圖爲洛陽博物館員工二十二日在關廟內，仔細地觀察牆上壁畫。 圖／本報香港傳真

通霄白沙屯媽 北港朝天宮起駕回鑾

上萬信衆爭相跪求鑽轎底 進香行蹤全由媽祖鑾轎指示 不固定為一大特色

白沙屯媽鑾轎進香隊伍的沿途，都有不少信衆跪拜迎接神轎。 沈娟娟攝

【本報北港訊】全國徒步最遠、歷史最久的苗栗通霄「白沙屯媽」萬人進香團，昨天凌晨一時，從北港朝天宮起駕回鑾，上萬信衆虔誠恭送，並爭相跪求鑽轎底，場面壯觀。

苗栗拱天宮白沙屯媽祖進香行蹤全由媽祖鑾轎指示，沒有固定，成爲該團一大特色，過去還曾進入北港鎮公所、北港媽祖醫院等地，展現親民風格。

昨天凌晨一時，上萬名信衆將朝天宮裡外擠得水洩不通，當白沙屯媽祖神轎衝出宮門時，信徒跪地請求鑽轎底，進香團走沒幾步路，鑽轎底民衆已一字排開，人龍綿延數公里長，場面壯觀。白沙屯媽也不讓信衆失望，一一通過人龍，順利鑽轎底的民衆直呼好運，起身後雙手合十感謝媽祖保佑。

沿途也有不少民衆當街跪拜，祈求白沙屯媽保佑，商家也都擺出香案祭拜，其中北港武財會施放近三十萬元煙火，將夜空照亮，北港鎮宛如不夜城般，歡送白沙屯媽回家。

白沙屯進香團經四天三夜的行走，於前天上午抵達朝天宮，兩廟依古禮進行各種刈香祈安儀式；北港地區各社團也總動員迎接上萬名信衆，並提供飲食給多天長途跋涉的進香團。昨天凌晨出發前，兩地民衆互道珍重，相約明年再見，展現深厚情誼。

據臺灣省文獻委員會於民國四十九年出版「臺灣省寺廟教堂調查表」的記載，臺灣地區共有四二二〇座寺廟，主祀神有二四七種之多。一般的寺廟，主祀神之外還有很多從神、陪神，也一同供奉在裡面，充分表現臺灣民間寺廟的特質——多神教的色彩。這二四七種主祀神中，自然崇拜的神二〇種，庶物崇拜的神一種。道教的神十三種，佛教的神十九種，以及性格不明者三、四種，除此之外，還有一九五種靈魂崇拜的神，如天上聖母（媽祖）、關帝君、義民爺、五府王爺等。在這眾多靈魂崇拜的神中，地方性、鄉土性的神又佔極大多數，這些並不是全國都供奉的。

我對以上的調查統計資料持「存疑」看法，因爲臺灣有很多鄉野小廟是沒有登記的，所以實際上臺灣的各種寺廟（堂、宮、觀、寺、有應公、土地公……），絕對數倍於統計數字。

臺灣民間信仰，「有應公」是一種很大的特色，有應公雖非「正神」（按林勝俊，《臺灣寺廟的職權與功能之研究》），但體現佛教「無緣大慈、同體大悲」的精神，特加以論述。

有應公之崇拜，是臺灣民間信仰的一大特色，所祭祀的是「無緣鬼魂」，祭祀不知姓名籍貫的枯骨。同時，因孤魂性質不同，民間逐有不同的稱呼。大體上死於平亂的人稱爲義民爺、忠勇公、義勇公；其他枯骨者稱爲有應公、萬應公、萬善爺、金斗公、善度公、大基公等。而死於平亂之人的祠廟稱爲旌義亭、忠義亭、義民廟；喪於械鬥者之祠廟稱義民廟或有應公廟；至於其他祠廟則稱有應公廟、金斗公廟、千家廟、萬人廟、萬堂、萬善祠、真靈廟、大衆廟、南壇、北壇等，名目繁多。唯大基公係僅將許多枯骨叢葬在一起，稱萬善同歸，多不另建廟。

有應公崇拜是臺灣特有的信仰。因爲清代臺灣開發之初，死亡的人太多，同時死後又無人祭祀，成了無緣鬼魂。由於臺灣在墾拓之初，閩粵移民因水土不服，時疫流行；或爲生番所殺，或因械鬥，因而死者枕籍；又因隻身在臺，死後乃草草埋葬了事，所以骸骨容易暴露。加上臺灣多颱風，洪水災害來時，墳墓一經風雨沖擊，不堅牢的便被損壞，枯骨即四散各處；人見枯骨心生恐懼，怕無緣鬼魂作崇而建祠奉祀；若有靈驗，則寫「有求必應」紅布一塊於廟前。

民間相信這些有應公非常靈驗，不論好事或壞事均有求必應，諸如闔府平安、找尋失物、六畜興旺，甚至也有賭徒求賭博勝利，歹徒求逃避罪責者；尙有很多操賤業的婦女前來求財、祈平安。貶惡揚善爲神祇的職責，但有應公則善惡不分，大開方便之門，有求必應，表示有應公不是正神，仍帶有厲鬼的氣息。

有應公廟本省到處可見，大部分規模都很小，其數目不下於土地公廟。建坪在五十坪以上的，僅新竹縣新埔的義民廟、竹東石壁潭的萬善祠，均分佈在客家聚落；其餘都是小廟。其中又以新埔的義民廟和新莊的大眾廟最負盛名，香火興盛。

本文所言「寺廟主神」，常情常理下，有「寺廟」必有寺廟中的「主神」；極少有寺廟存在而沒有神的，大陸在文革時期，很多寺廟中的神被「掃地出門」，形成有寺廟而沒有神佛的局面，這種情形至今仍未完全「復原」。

中國民間信仰所崇拜的神還有一個特色，就是「祭神如神在」，神無所不在，在此種思維之下，許多的祭祀不一定在寺廟中，也不一定有「主神」在，如剪報資料的嘉南「圳頭祭」一例，這類祭神儀式，在中國廣大的土地上，祭山、祭水……全年度可謂到處都有。這些仍未算入排行榜內！

圳頭祭祈求水源豐沛

人間福報 九二.六.十

【本報台南訊】「祈求風調雨順、一切平安。」嘉南農田水利會昨天在虎頭埤舉辦「圳頭祭」，依循八十多年來的傳統，祈求上蒼庇佑水庫水源豐沛、運作正常，農民灌溉水無缺，工作人員平安順利。

嘉南農田水利會昨天委由朝天宮主任委員許滄淵協助辦理「圳頭祭」儀式。許滄淵表示，虎頭埤灌溉區是最重要的農作區之一，每年的「圳頭祭」有飲水思源的深刻含意。

許滄淵指出，早年農業社會，迫切需要充沛的灌溉水源，每年五、六月若無雨水不足，農作無法灌溉，收成必受影響，地方仕紳曾在「圳頭祭」時祈雨，果獲甘霖，因此「圳頭祭」成為重要祭典。

新化工作站站長蔡再旺表示，每年在六月上旬擇吉舉辦「圳頭祭」，是因此時為每年的乾季，水庫水位偏低，希望在「圳頭祭」之後，能有豐沛雨量把水庫注滿。

「王爺」神的信仰，在臺灣也是自古以來高居排行榜之首。王爺又叫千歲爺或「某府千歲」，屬人鬼崇拜。

王爺因與海洋文化有關，自然和媽祖近似，而兼具海神性質。王爺原爲「瘟神」，在瘟疫流行時，福建居民製造「王船」，祭祀之後放走海上，咸信即可免除一切疾病和災難。船上載有一切日用傢俱、糧食和白羊一隻，放行海上任其漂流。相傳王船所到之處都會引起瘟疫蔓延，故人們因懼怕而加以供奉；後因巫覡的影響，王爺又從瘟神變成醫神。福建沿海放出來的王船，常常漂到臺灣西海岸，故凡其泊岸之處即在該地建廟，以祈禳災造福。往昔王爺的祭祀頗盛，稱爲王醮，設壇祈願息災植福，即俗語所謂「三年一醮」。又因爲過去瘟疫猖獗，而王爺爲惡疫之神，故又稱「瘟王」；現在王爺已轉變其功能，多爲漁民崇拜而成爲海神。

因此，王爺廟在臺灣寺廟中數目最多，共有六百八十四座，約佔臺灣寺廟的九分之一；以澎湖、臺南、高雄、屏東等縣海邊最密集，又以臺南縣一一三座爲最多，花蓮縣一座爲最少。而臺南縣北門鄉之南鯤鯓王爺廟（代天府）及東港東隆宮二者香火最盛。

「瘟神」在中國歷史上也有久遠的文化意義，中國古代神話傳說中主司瘟疫之神，又稱疫神、瘟鬼、疫鬼。據東漢蔡邕《獨斷》記載，顓頊氏有子，生而亡去爲鬼，居江水，爲瘟鬼。《三教搜神大全》載，隋開皇十一年（591），有五瘟神見，即身披青袍之春瘟張元伯，紅袍之夏瘟劉元達，白袍之秋瘟趙公明，黑袍之冬瘟鍾仕貴，黃袍之總管中瘟史文業。是歲大瘟，帝乃立祠，封爲將軍。後後稱匡阜真人，收伏五瘟爲部將。隋唐時，皆于五月初五祭之。掾《周禮》載，古代方相氏掌蒙熊皮，黃金四目，玄朱衣裳，執戈揚盾，帥百隸而時儺，以索室歐疫。《后漢書．禮儀志》稱，先臘一日，大儺謂之逐疫。《荊楚歲時記》有臘日逐疫之說。歷代均有逐瘟神、送瘟神事。舊時江南，有紙船明燭送瘟神之習俗。《正統道藏》收有御瘟、斷瘟、辭瘟等經書多種。

全國寺廟教堂逾1萬5千座

人間福報 2011.6.19.

【記者郭書宏台北報導】內政部昨天公布全國登記有案的寺廟教堂共有一萬五千兩百一十一座，較九十八年底增加一百一十六座，平均每鄉鎮市區有四十一座寺廟或教會，密度之高在全球罕見，亦展現我國宗教多元的珍貴價值。

據統計，截至九十九年底止，登記有案寺廟一萬一千八百七十五座，近十年共增加兩千六百七十八座，約成長二成；以道教寺廟占七成八最多，佛教寺廟占兩成次之。教會或教堂則有三千三百三十六座，近十年來增加兩百四十座，以基督教占七成六最多，天主教占兩成二次之。

內政部長江宜樺表示，中華民國憲法充分保障人民信仰自由，造就寺廟或教會、教堂密度相當高，展現我國包容多元宗教的文化特性，也顯示各宗教相互尊重、交流的珍貴價值。

在內政部登記的宗教有二十七種，包括佛教、道教、基督教、天主教、回教等五大宗教；也有本土色彩強烈的一貫道、儒教、彌勒大道；另還有外來的宗教，如摩門教、統一教等。

台南市、高雄市、屏東縣寺廟數，合計逾總寺廟數三成，台北市、高雄市及花蓮縣教會或教堂數，超過全國總教會或教堂數量的三成，佛教、道教在南部較爲興盛，基督教及天主教則在北部及東部較爲盛行。

第四章　閩台民間宗教信仰文化所體現的中國政治思想

壹、前　言

政治思想如果不能從民間社會，在人民的生活中體現出來，成爲人民的一種生活文化，終究只是思想家的思想和言論，無益於國計民生。若被政客拿來當成口號或誘餌操作，更是有害於國計民生。

怎樣叫有害？又怎樣叫有益？用實例解釋大家較易懂。例如，我們常聽到「民主政治是一種生活方式」，這表示民主政治思想已經在民間社會生根，成爲人民的一種生活方式。同理，社會主義在歐洲，尤其北歐也是人民的生活方式。回頭看我們自己，一部國父孫中山先生的《三民主義憲法》在台灣地區推行半個世紀，至今仍在用（因不敢也無力另製訂），應該也可以說「三民主義是一種生活方式」，這或許需要更長時間證明。

幾年前台灣當代唯一的「批判主義思想家」李敖訪問大陸（94年9月25日），講演說現在的中國，是漢唐以來未有的盛世，果如此，則社會主義在中國會慢慢成爲人民的生活方式，也要更久時間證明。

貳、中國政治思想怎樣生根在民間文化

怎樣的政治思想只是「政治口號」，沒有在民間文化社會體現，只是政客進行利益操弄的「餌」，用來騙人的，也要舉例才易懂。前蘇聯爲消滅各地區的民族主義，用政治力量塑造出「蘇維埃人」（Sovietister），稱在蘇聯沒有別的族人，只有一種人叫蘇維埃人，花了數十年不斷操弄。結果蘇聯瓦解後，就未見有人再提起蘇維埃人，原來世上並無此人種存在，只是一種臨時的「政治人」。相同情形，在台灣有些人把「鄉土意識」用政治操弄，上綱成「台灣民族主義」，固然也是一種思想，但和蘇維埃人同樣是政治口號，無法植根在人民的生活中，從民間社會普遍的體現出來。從台灣民間信仰文化，可以看清這點。因台灣民族主義是不存在的東西，政客以空賣空的「玩具」。

政治思想是否能在現實社會中，體現成人民的生活，做以上的解釋。中國政治思想從五帝以來也不斷在民間深化，例如歷史文學作品和宗教信仰。其中的佛教在中國流傳

一千多年，已經「中國化」，到宋明之際更與儒道融合成理學思想。但到了明代有兩個原因，使中國政治思想在民間社會深化，且在下層民間信仰文化的生活中有更多的另類意涵。其一是有五部長篇小說開始在社會上廣爲流傳：《三國演義》、《水滸傳》、《西遊記》、《封神榜》和《金瓶梅》，除《金瓶梅》外，餘四部，尤其三國、水滸最有代表性，在一般人民心中另外建構了一套「忠孝節義」政治思想，並反映在民間宗教信仰文化的生活層面上。紳士階級的政治道德是忠，下層人民偏重義，若統治者（皇帝）不能主持社會公義，人民有權利來替天行道和劫富濟貧。這個影響是深遠的，到清代、民國，以至當代，都還發揮很大的影響力。（孫廣德、朱浤源，《中國政治思想史》，15章）

其二是明代在某種機緣下，啓動了人民想要組黨結社的「黑盒子」。大家知道兩岸的憲法早有言論自由和組黨結社自由的規定，但台灣真能落實執行這些憲法中的理想，也還不到二十年，李敖訪問大陸也談這個問題。殊不知在十七世紀的明末，這個「機制」開始啓動，東林黨因揭露權臣腐敗，遭到統治者鎮壓，許多人被迫自殺或冤死獄中。但繼之而起有「應社」、「幾社」、「匡社」、「超社」等組織，最後統合成「復社」，由江蘇太倉人張溥所領導，而黃宗羲可以代表這些結社的政治思想。可以想見也受到嚴重迫害，明亡後這種結社爲保留民族意識，徹底的地下化的「洪門」、「天地會」等組織，才得以延續到清代、民國及現在的台灣。　國父革命時說，中國的民族主義在上層社會已經滅亡了，只有到這些下層會黨去找回來，否則中國就亡國了。

以上是兩個明代以後，中國政治思想會特別在民間進一步深化的緣故，影響到數百年後的現在，乃至未來。所以，進一步延伸這個問題，從宏觀的大歷史，談談中國政治思想體現在一般人民生活的樣態，從民間信仰和宗教來看，或人民的生活文化，又如何體現中國政治思想。

參、中國民間信仰在政治與文化之意涵

在宗教學的分類上，中國民間信仰屬無神論，但實際上是「泛神論」。所以，山川河海、人或各種生物都可以爲神，在民間的寺、廟、宮、堂、祠等，也就不計其數。民族祖先如黃帝、炎帝；民族英雄如文天祥、岳飛、鄭成功、孔明等；儒家孔子、孟子等；道教如元始天尊、太上老君（老子）、玉皇大帝等；佛教如佛祖、達摩、觀世音、地藏王菩薩等，都在中國民間永受謨拜，有崇高的歷史地位。

此外，在中國民間信仰的眾多神祇和寺廟，以閩台地區爲主加以整理，舉其最常見者列表如後，按諸神背景，試論其政治意涵：

㈠從教派看。不出儒、佛、道三教之範圍，或三教之融合，如一貫道和天帝教等信仰，均與中國文化內涵相通合，其宗旨也有充份的政治意涵。

㈡諸神在世事蹟可用「成仁取義」、「救世救人」或「忠孝節義」概括，在中國思想中，是人類情操的最高境界，和政治思想內涵相同。

㈢諸神都有中國背景，他們生爲中國人，死爲中國神，永世受中國子民謨拜。許多神雖落腳台灣數百年，但仍定期回大陸的娘家祖廟（如媽祖）尋根，顯示出不忘本的精神。

㈣中國政治思想到漢代雖曾有儒家獨尊，但之後的將近兩千年間都是儒佛道三家融合，特別是宋元明清三家合成的理學成爲主流思想。中國民間信仰的內涵已包納三教，而以儒爲主流。例如，目前在海內外很流行的一貫道信仰，乃根據孔子「吾道一以貫之」的中國道統思想而來，定期在各地舉辦讀經會考，科目有〈禮運大同篇〉、《心經》、《老子》、《大學》、《中庸》、《論語》、《孟子》、《六祖壇經》等。94年8月21日，在中正紀念堂舉辦，五千多人參加盛會。

㈤概結中國民間信仰，正是在落實中國政治思想的核心思維（儒佛道三家共通的忠孝節義仁誠）。但此絕非刻意的政治操作，而是經由千百年的流傳，中國政治思想已在他的子民心中生根，成為「人民的一種生活方式」。在無限的未來，保生大帝、無生老母、九天玄女、媽祖或關聖帝君等諸神，必仍在中國的大地上展其神威，保佑所有的中華子民。

肆、正統鹿耳門聖母廟建誌與正統意義

鹿耳門聖母廟，位於台灣西南沿海、古台江內海西緣北線尾嶼之鹿耳門嶼上。其在閩台地區，民間媽祖信仰上素有「正統」之地位，也是「遠東第一大聖母廟」，深值宏揚，以彰顯我中國民間信仰的歷史意義。按「鹿耳門史蹟研究會」的史料，簡介如後。

十二世紀末葉（南宋），福建沿海的漁民，已從聚居的澎湖來到臺灣西南沿海捕魚；時海神天上聖母的神靈，隨著漁民的東來而駕臨鹿耳門嶼。十四世紀以後，北線尾已成為福建海商東來貿易的據點，鹿耳門嶼則為閩南漁夫東來捕魚的棲居地；最遲於十七世紀初葉，棲居北線尾與鹿耳門嶼的海商漁夫，即已築建草廟以奉祀天上聖母。草廟凡三落：前殿祀水仙尊王、中殿祀天上聖母、後殿祀佛祖，是為鹿耳門聖母廟之創建；其所奉祀的天上聖母一座三尊，神尊為軟身，高與真人等，寶相莊嚴，聖顏慈藹，是謂「鹿耳門媽」。

明永曆十五年（一六六一）四月，大明招討大將軍延平王鄭成功率軍自金門經澎湖東來，欲驅逐荷人進取臺灣，以作抗清復明之基地。當大軍開抵鹿耳門外時，以潮退水淺不得進港，鄭王命設香案，冠帶禱告，祈求皇天列祖賜助潮水；並乘候潮之際，下小船登陸鹿耳門嶼踏勘營地，驀見聖母廟，乃入內焚香默禱，祈求鹿耳門媽顯靈庇佑。鄭廷返艦後不久，潮水果較平時加漲，鄭軍四百戰艦遂得魚貫渡過天險鹿耳門港道，駛入臺江，直驅赤嵌。時荷人見狀大驚，疑為神兵自天駕臨。次日，鄭荷於北線尾上爆發陸戰，又於臺江靠鹿耳門的海上展開海戰。當雙方交戰之際，鄭將隱約見有黃袍神兵從天而降，上下助戰，迫使荷兵驚慌而退；鄭軍乃乘勢追擊，殲滅荷方水陸兩軍，大獲全勝，奠定驅荷開臺之基礎。

明永曆十六年（一六六二）春，荷人投降離臺後，鄭成功開臺大業底定，為答鹿耳門媽顯靈相助之恩，乃大興土木重建神廟於登陸處（位於鹿耳門嶼西北隅濱臺灣海峽）。廟為二殿，坐東向西，門迎海口；旁設砲臺，設官把守；並增祀隨艦護軍之三尊聖母神像（信徒尊稱曰「國姓媽」），贈珍寶、立旗桿，春秋二祭：是為明鄭官建之鹿耳門聖母廟。

清代及日據時期多次重修或改建，民國二年（一九一三年）夏，福建莆田湄洲放送一艘五府（李、池、吳、朱、范）王船東來。之後，土城仔信眾虔敬迎王船，並築草寮「王宮」以祀，是謂「五王上山」。

民國三年（一九一四），土城地區八角頭長老發起重建神廟。地方信眾自清建鹿耳門聖母廟遺址挖撈古廟建材，於聚落中心（今土城城西街、城北路、安中路交會處）築建廟宇。民國五年（一九一六）安座，時土城仔居民以紹承先人鹿耳門媽信仰的身分與立場，取得海安宮、水仙宮執事之認同與肯定，自海安宮迎回古鹿耳門聖母廟所有神尊七十餘座。民國七年（一九一八），神廟落成，坐北朝南，前殿奉祀五府千歲與王船，後殿主祀鹿耳門媽暨聖母廟原祀諸神。廟初名「保安宮」，取祈求神明保境安民之意；後以廟係主祀鹿耳門媽，爲求名實相符，乃於民國四十九年（一九六〇）五月，正名曰「鹿耳門聖母廟」。

五王上山、鹿耳門媽回鑾土城後，蒙鹿耳門媽與五府千歲之庇佑，土城地區急速發展，蔚成曾文溪下游南岸最大之聚落。鹿耳門媽自一九三七年丁丑科起，經分靈廟西港慶安宮迎請，任「西港仔香醮」之主醮，每三年一科出巡曾文溪流域，是爲「鹿耳門媽香」。民國五十年（一九六一）辛丑科起，土城鹿耳門聖母廟自行啓建香醮（「鹿耳門媽香，五府千歲醮」），是謂「土城仔香醮」。鹿耳門媽神威逾益顯赫，信徒遍佈全臺，更廣及海外。

民國六十四年（一九七五），土城仔居民以原廟無以應香客朝拜之需，乃集資數億籌建新廟。經鹿耳門媽靈示親擇原廟北六百公尺之地為新廟址，親訂廟殿規制與尺寸。歷經六載施工，民國七十年（一九八一）農曆十一月初八日落成安座，為明紹承古鹿耳門聖母廟之香禋，乃額新廟曰「正統鹿耳門聖母廟」。今廟凡三落七殿；前落為五王殿，主祀五王與王船；中落為媽祖殿，主祀鹿耳門媽與國姓媽；後落底層為佛祖殿，中層為大士殿、千佛殿，上層為天公殿、元辰殿。神殿兩側以廂房、迴廊相接，四周圍以護濠，東西為香客大樓。新廟仿北京紫禁城宮殿式建築，巍峨堂皇，廟地廣闊，因是享有「遠東第一大媽祖廟」之譽。

伍、佛教信仰所體現的中國民間政治思想

佛教在中國發展兩千多年來，有二位影響力最大的高僧。第一位是唐三藏，或稱玄奘三藏，俗名陳禕。唐太宗貞觀三年（六二九年）玄奘從長安啓程，踏上西方取經之路，在印度等諸國遊學十六年。回國後主持譯經工作十九年，翻譯佛經一千三百多萬言，他所譯的《心經》，千餘年來無人能更動一字。第二位是六祖慧能，他講經說法經弟子記

錄成書《六祖壇經》，是中國所有和尚著作中唯一列爲「經」的作品，而他只是一位不識字的伙伕。慧能成爲中國禪宗第六代祖師，禪宗對中國文化、思想影響極大，宋明理學言「心即理、心即天道、一心誠萬物真、一心不誠萬物假」，都是禪宗重要內涵。佛教傳入中國後，與儒道二教的混合，已完全發展成「中國式」，並向世界各地發展。

在這漫長的發展過程中，佛教始終有一個道統（或稱教統），從始祖釋迦牟尼佛傳西方第一祖迦葉，傳到廿八祖達摩，達摩於梁武帝時東來中國爲禪宗始祖。再傳二祖慧可、三祖僧璨、四祖道明、五祖弘忍，傳到六祖慧能亦爲西天三十三祖。如此代代相傳，教統不斷，傳到當代中台禪寺知安惟覺，他是中國禪宗第六十七代祖，也是西方釋迦牟尼佛的第九十四代祖。佛教的教統傳承一如儒家的道統，偏離教統便不是正信佛教，而偏離儒家正統，就變成「非中國」，這是一個極嚴厲且嚴重的問題。更嚴厲的一點是佛教已經「中國化」，佛統和儒統合一，也表示佛教教統和中華道統是合一了。維護佛教教統等於維護中國的一貫道統。

一國民間的普遍宗教信仰，通常是國家民族之歷史和文化之體現。清儒龔定盦說：「滅人之國，必先去其史；隳人之枋，敗人綱紀，必先去其史；絕人之材，湮塞人之教，必先去其史；夷人之祖宗，必先去其史。」今日台灣獨派不擇手段，不計全民死活，硬幹「去中國化」，其理在此。

但「去中國化」果能「去」乎?別的不提，光看民間信仰這部份，廣大的人民群眾所信之神，都有豐富的「中國文化」內涵，包括供奉的先祖父母儀式，也有儒道佛三家的涵義。二〇〇六年三月初，第五屆中華國際佛學會議，在法鼓山舉行，會中由美國哥倫比亞大學教授于君方，以「觀音菩薩與中國文化」爲題，發表主題演講。在三天議程中，有各國學者以此爲核心思想，發表十二篇論文，論述觀音菩薩在中國民間信仰中，所具有中國文化的內涵和意義。

所謂文化、宗教，雖說和政治思想爲不同領域，實則爲政治思想和政治文化之體現。台灣民間信仰若真「去中國化」後，所有的神都「不神」了。

陸、中國政治思想體現民間信仰文化的其他原因

中國政治思想隨著歷史文化的根源流長，最初的源頭固然是某一位思想家，如周公、老子或孔子等。但最後的流向必然是廣大的人民群眾，且落地生根在人民的心田中發芽成長，並體現在人民的生活中，成爲人民的一種生活方式。從三皇五帝至今，這種歷程不斷在進行，其他方面再舉例如後：

㈠在文學方面：如《詩經》、《離騷》、唐詩、宋詞、元曲或小說，或屈原、李白、杜甫等，都代表著一種「中國式」的傳承。乃至「五四」以來現代文學的革命，都仍堅持必須源於中國文學的內涵。文學「去中國化後便不是中國文學」，只是用中國字寫的東洋文學或西洋文學，中國人看不懂。目前台灣現代詩壇如「秋水」、「葡萄園」都仍堅持「中國風格」，傳承民族文學。雖有所謂「台灣文學」，但也不能和「母體」割離，其活水仍源自母體，來自「中國」。

㈡傳統民間戲曲、會黨和廟宇活動。這幾乎是「三合一」的政治活動，在研究近代史的學者如蕭一山、余嘉錫和胡適之等人，都考證過。天地會每個堂口所用的暗號全部自《水滸傳》拷貝而來，故道光年間禁讀《水滸》。會黨人士經由廟宇活動傳遞天地會消息，宋江陣則聯絡各方武力。（《台大人類學專刊》第十一種，尹建中編77年8月，69頁）反清復明思想，忠孝節義觀念也因而更深化在民間。

目前在台灣民間流行的宗教，以中國文化爲核心內涵的尚有天帝教、天理教、天德教、軒轅教等，以及無數的廟宇宮堂。以上各民間信仰中，天帝教的法會迴向文常是「發揚中華文化」，促成中國和平統一」，教徒並以此爲天命和努力的目標。（見《天帝教復興簡史》，民86年10月，帝教出版社）。另外，同鄉會等宗教團體，都有豐富的中國內涵，經常要回大陸祖國（或娘家）尋根，畢竟這是人類的天性。由此也詮釋「去中國化」，是不可能去除成功的。以民國九十四年九月間，宜蘭南天宮媽祖「直航」回大陸湄洲祖廟爲例，陸委會說直航違法，要法辦，人如何辦得動神？

至於爲甚麼明代以後民間政治思想更深化？更有豐富的體現？明代的長篇小說直接影響會黨的形成是很重要的一部份。另外，明末到康熙年間，民間宗教寶卷經典大量出現，用戲曲的形式和思想，以通俗文字的表達，在民間社會普受歡迎。而明代的后妃們也篤信佛教，每部經典都有專人去抄寫，也有用緙絲刺繡。宮廷出錢出力，太監也發心供養，形成風潮，對明清之際的民間信仰乃產生深化植根作用，也直接影響了民間宗教的流行。在這種機緣創造下，明代流行的民間宗教，還有涅盤教、紅封教、老子教、羅祖教、大乘教、黃天教、悟明教等數十種，而以白蓮教爲民間宗教的總稱。這些民間宗教都含有儒佛道思想，以間接使中國政治思想在民間生根。

柒、結　語

中國民間信仰或宗教，不論如何發展，分門分派，萬變不離其宗，都源自儒佛道三教。而中國政治思想的核心思維（忠孝節義誠信仁政），則永遠不會流失，永遠成爲民間信仰的內涵，成為人民的一種生活方式。從年頭到年尾，儒佛道的各種節目慶典如祭祀、齋醮、酬神、祭祖、謝平安等，和人民每天過日子亦息息相關，這是千百年自然形成的。民間信仰體現了中國文化和思想，他們信仰的是「中國神」。

同樣是外來宗教的伊斯蘭教（回教），到明末清初也開始「中國化」運動，以吸收「客源」。不僅名稱改「清真教」，教堂建築也改成中國廟寺形式。而天主教、基督教要如何「中國化」，四百年來仍在掙扎、掙扎、掙扎……有的年青人信了天主教或基督教，便和父母有了衝突，不能拜拜、不能祭祖、不能掃墓、不能拿香……都在掙扎……

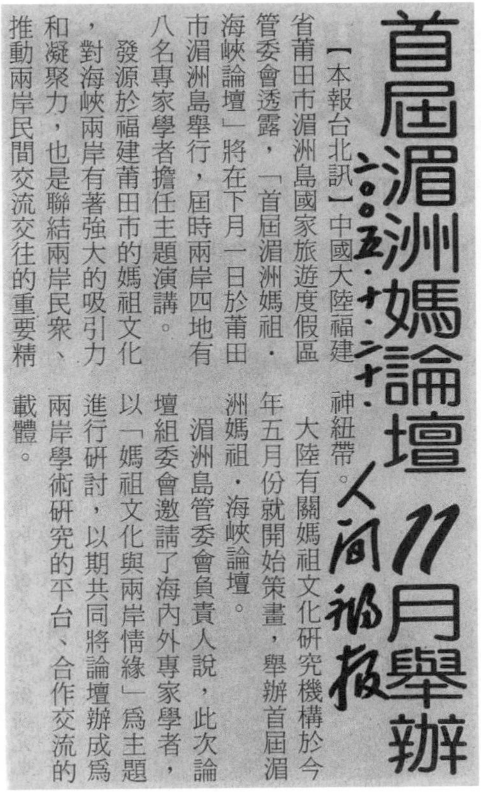

首屆湄洲媽論壇11月舉辦

二○○五．十．二十．人間福報

【本報台北訊】中國大陸福建省莆田市湄洲島國家旅遊度假區管委會透露，「首屆湄洲媽祖海峽論壇」將在下月一日於莆田市湄洲島舉行，屆時兩岸四地有八名專家學者擔任主題演講。

發源於福建莆田市的媽祖文化，對海峽兩岸有著強大的吸引力和凝聚力，也是聯結兩岸民衆、推動兩岸民間交流交往的重要精神紐帶。

大陸有關媽祖文化研究機構於今年五月份就開始策畫，舉辦首屆湄洲媽祖．海峽論壇。

湄洲島管委會負責人說，此次論壇組委會邀請了海內外專家學者，以「媽祖文化與兩岸情緣」為主題進行研討，以期共同將論壇辦成為兩岸學術研究的平台、合作交流的載體。

來自河南嵩山少林武僧團帶來精彩武術演出，台中縣長黃仲生、主委林素真致贈河南省文化廳張占標處長與釋延魯總教頭紀念品／記者郭建忠攝 大甲時報·99·4·16·

嵩山少林武僧在主委林素真帶領下，參訪大甲名勝鐵砧山、國家三級古蹟文昌宮，並拜訪大甲鎮公所，受到鎮長蔡信豐、代表會主席洪德次與代表們及主管熱情歡迎／記者郭建忠攝

佛光山大專佛學夏令營於佛光山舉辦，三百位青年齊聚交流，圖爲佛光青年歌詠隊演出《佛陀傳》，演繹佛陀證悟歷程。 圖／中華佛光青年總團提供

▲星雲大師帶領貴賓進場，右起為國際佛光會中華總會榮譽總會長吳伯雄、高雄縣縣長楊秋興、星雲大師、鳳凰衛視董事局主席暨行政總裁劉長樂、立法院長王金平、南華大學校長陳森勝、亞洲台灣商會聯合會副總會長余聲清。 人間社記者陳碧雲攝

鈺通營造工程人員也珍惜因緣，加入捧珍寶行列。

法師將放珍寶的轎子抬起，準備奉納入地宮。

人間社記者陳碧雲攝

第五章　中國民間宗教信仰的民族精神與文化功能探解

中華民族是一個多神教信仰的民族，各民族有各民族信仰的神，有很多神甚至有普遍性的跨各民族信仰，如媽祖、關聖帝君等。

就個別的微觀析論，每一神祇各有不同功能（司職）或對信徒的意義。但本文從宏觀研究，中國民間信仰諸神對信徒、對社會，乃至對歷史發展的普遍性、一般性意義。那就是強烈的中華民族歷史、文化及民族精神意義。

中國民間信仰的特色

中國民間信仰諸「神」無奇不有，從人到非人、實體到非實體，到山河、海洋、大地、宇宙、樹木、石頭……一切均可爲神。論其共同特性有三。

第一、具有「中國味」的歷史文化和人情。從地位崇高的元始天尊、玉皇大帝，到村里長角色的土地公，或媽祖、關公、岳飛、孔明……都在中國文化陶融之下，有特殊的「中國味」；王母娘娘的壽桃、李鐵拐的跛腳、安期生的棗瓜、呂仙的酒葫蘆，西遊記裡的土地公，充滿著中國式的人情味。不論諸神走到那裡！北方、閩台及內地各省，祂們，生爲中國人，死爲中國神！

第二，文化、文學和藝術的境界。中國是文化悠久的民族，幾千年自然積累了無數內涵豐富的神話故事，而神話淵源自一個民族特有的社會生活和歷史背景，這只要打開每一本農民曆，從每月令所見諸神，必源自我國某一朝代的人（或神），經由祂們，許多文學、詩歌、藝術流傳著。每一代人，又經由祂們的啓發，有無數作品（詩歌、小說、繪畫等）。這對一個民族的文化內涵、民族精神的「內化」影響很大，故有「神話是一個民族之集體夢境」論。

第三、完善的人格、道德昇華成「神」。在中國民間信仰的各種神中，影響最大的是由「人」昇華而成，即人世間確有其人，道德人格完善，具備忠孝節義典範，如孔子、老子、媽祖、關公、包青天……，其次是「自然神」（非由人轉化、真實世界無此人），如風神雨師、雷公電母、五嶽大帝、南極仙翁、元始天尊、盤古聖祖……，這是人的精神產物，雖是「非人」，但也被「人格」化了！如同世間的聖賢，也是忠孝節義、普渡眾生的象徵。

中國民間信仰中，這兩類神最多，走進臺灣、閩南、閩北及其他各省任何一間廟（宮、寺等），必見這兩類神。他們的人格和祂們的神格，都必須是中國傳統社會忠孝節義的典範，道德的化身，功德圓滿，才有成神的資格，這是中國民間信仰共同的特色。

中國民間信仰思想的功能

宗教即是一種「信仰」，對人必然有「思想指導」的影響力，「神話是民族的集體夢境」；那麼，眾神之中，必有許多的神，成爲一個民族的「精神領袖」。例如，你走進關聖帝君或媽祖的聖殿，你能不誠心誠意伏地膜拜嗎？這時，祂是你心中的神！這種信仰產生的影響力，吾人稱之爲貢獻或功能。到底中國民間信仰諸神，對我們整個中華民族有那些貢獻（功能）？

第一、增進中華文化的創造活力。中國的科學（數、醫、化、天文、地質、生態學等），到明代仍是超越西方的，滿清以後科技落後，才帶來民族大悲劇，險些「亡國亡種」。要分解原因，或許千百種，其中之一是我們的民間宗教信仰失去創造活力，故有「道教是道家的墮落」之說。此說未必全對，至少有幾分道理！

中國民間信仰思想，不外儒、佛、道三家，或三家之融合，歷史上各朝代都曾經輝煌過。但到滿清中葉，竟都不約而同的失去創造力，失去自信心，結果可想而知！廿一世紀的今天，儘管中國尚未統一，但吾國已然崛起，看現在兩岸的「衆神」，充滿著創造活力，人對兩岸造成的傷痛，被神撫平了（看媽祖等衆神奔走於兩岸）！

《佛心流泉集④》

「儒、道、佛」與「文化王道主義」

人間福報

林安梧

今年九月間，我應大陸學者之邀，參與連署，建議以孔子誕辰爲教師節。早先於此，在二○○四年的一次北京訪談錄裡，我也建議以孟子誕辰做爲我們的母親節。之所以建議孔夫子的誕辰做爲教師節，只因爲仲尼先生是至聖先師，是我們華族第一位提倡平民教育的教師，他「有教無類」，他「因材施教」。之所以建議孟夫子的誕辰做爲母親節，只因爲孟母是一偉大的母親，「孟母三遷」，重視文化教養與人格陶養，這才成就了亞聖孟子。孟子誕生日是孟母之受難艱苦日，同時是孟母生養教育孟子的起點，這具有偉大的意義象徵。這兩建議都獲得了相當回響。

今年九月廿八日我接受了孔子基金會的邀請，在北京中央電視台的祭孔大典現場直播訪問中，我藉機表達了一些相同的看法。我認爲我們華族由孔子開啓的儒學(教)傳統，還有老子的道學(教)傳統，加上由印度傳進來的佛學(教)傳統，彼此相互交融滲入而構成了一「文化的王道主義」。這「文化王道主義」應當做爲參與人類廿一世紀文明的重要精神資源，參與其他各族文明的交談與對話，包容差異、彼此融通，務使「天下爲公」、「萬國咸寧」。當然，我更相信起先她必可帶來海峽兩岸的水乳交融、共生共榮，亦可引導東亞成爲新時代文明的「日初」之處，再造一新的世界史可能。

這世界史不同於德哲黑格爾（G.W.F.Hegel）之歸結於日爾曼民族，也不同於日哲高山岩男之意圖以東方日本取代之。我們繼承的是早在人類兩千五百年前的軸心文明就已啓示的「和而不同」的「恕道」精神，由此「和而不同」的恕道精神所煥發的「文化王道主義」。文化王道主義不同於霸權主義，蓋「以德行仁」者王，「以利假仁」者霸，古訓在此，見之自然明白。這不是以「知識理性」夾纏「權力欲望」的擴張想法，而是以「道德感通」、「相與爲善」共生共榮的思考。

文化王道主義的世界史是一「大道之行也，天下爲公」的世界史，是一「萬物並作，吾以觀復」，是一「歸根曰靜，是謂復命，復命曰常」的世界史，是一「心淨則國土淨」、「心、佛、衆生三無差別」的世界史。這是一個沒有特定選民的世界史，而是一經由文化教養，「乾元用九，群龍無首，吉」「人人皆有士君子之行」的世界史。但願廿一世紀是一文化王道主義的世紀，我們華人能對此盡多一些責任。✽

留全身舍利 悟明長老肉身封缸

中國时报

2011.7.23.

蘇瑋璇／新北市報導

中國佛教會前理事長、海明禪寺悟明長老十九日圓寂，廿二日舉行肉身封缸大典，海內外上千信眾到場觀禮，向悟明長老致上哀悼與景仰，氣氛莊嚴隆重。

悟明老和尚高齡一〇二歲，卅年前就訂製上下對口蓮花缸，發願圓寂後坐缸，留下全身舍利，供世人瞻仰禮容。海明寺遵照老和尚遺囑，一連舉辦四十九天「大悲懺法會」，並於九月五日圓滿日舉行追思讚頌大會。

悟明長老出生在河南省，民國卅八年來台後，先後創立護國大悲院、海明寺、美國洛杉磯護國禪寺等，曾任中國佛教會第十一、十二屆理事長及世界佛教僧伽會第五、六屆會長暨永久榮譽會長。悟明長老熱衷興學、慈善，曾辦海明佛學院、玄奘大學，在大陸辦上海仁恩診所、上海仁恩施粥所及悟明愛心小學等，積極推動兩岸宗教交流。

昨天數十位佛教界長老齊聚，世界佛教僧伽會會長了中長老、中國佛教會前理事長淨良長老、山佳淨律寺開山住持廣元長老，擔任三師和尚，封缸說法。立法院長王金平、國民黨榮譽主席吳伯雄、監察委員李復甸、沈美真、立委黃志雄均到場觀禮。

海明寺指出，全台已許久未曾舉行坐缸大典，多數佛教長老圓寂後火化得舍利，但悟明長老留下全身舍利，持續為眾生說法。

▶新北市海明禪寺開山老和尚悟明長老日前圓寂，22日舉行肉身封缸大典，海明寺為老和尚塑蠟像，供世人瞻仰遺容。（蘇瑋璇攝）

海協宗教團 18日登台

人間福報 2010.3.5.

【本報台北訊】中國海峽兩岸關係協會日前發函台灣海峽交流基金會，表示海協會副會長王富卿十八日將率宗教交流團來台灣訪問，是海協會今年和海基會交流的首發團。

王富卿率海協會副秘書長張勝林、宗教局港澳台辦主任郭偉、聯絡局副局長李永等十六人，預定十八日抵台訪問，二十六日離台，目前排定訪問的佛道教界包括佛光山、慈濟、法鼓山、中台禪寺、大甲鎮瀾宮等著名道場。

至於基督教、天主教等其他宗教訪問行程，及是否會和天主教樞機主教單國璽會面?海基會發言人馬紹章表示，在安排當中。

馬紹章說，今年海協會計畫有五、六團訪台做經貿、文教、社會等交流。

第二、提高中華民族「文化」和「人」的境界。道德的超越性是中國民間信仰諸神，超凡入聖的性格（稱聖、真人、王爺、帝君、菩薩、娘娘、將軍……等），完善的功德是人類善性的投射，進而反求衆生，見賢思齊；人們又經修行積善，昇華成神（聖、佛）。我們不要小看這些從科學「實然」不能「論證」的信仰，從「應然」判斷，在歷史上維繫風俗人心的力量，效果及深入之普及，恐怕大於正式學校教育的影響。

在中國歷史上，人生境界的提高，使人的「身後」再昇華爲神，產生很大的歷史和社會價值。在現實社會人生的失敗，並不能就此「蓋棺論定」，許多受屈挫敗的聖賢英雄（如文天祥死於土牢、鄭成功收回臺灣準備北伐、先總統蔣公的反攻大陸……），只要他們合於中國歷史文化及春秋大義的典範，民間遲早奉他們爲神（現在祂們都有廟）。這也等於還給他們在世爲人遭受的挫敗，再重新定位，還復原了社會正義和歷史公道。

第三、刺激了中華民族的想像力。中華民族久處中原，受地緣條件限制，文化上被認爲欠缺想像力。但有了民間諸神信仰，「神觀」思想突破了有限空間和物質世界，等於經由神的途徑擴大了民族的想像力。例如，突破人的世界進入神的世界（宇宙觀）；又如「洞中七日、世上千年」的相對時間論，竟在二十世紀的科學得到論證。神仙思想的影響下，中國藝術進入了無限自由和精神境界，天人合一的和諧宇宙觀，正是中國傳統文化精神所繫。

第四、制衡統治者的政治權力和轉嫁人的苦難。傳統的專制時代，帝王高高在上，他的權力在世上無可制衡。但有了諸神信仰的存在，帝王之上有天、有神，位階在帝王之上，不受帝王統治，且對帝王產生制約作用。在中國歷史上，得道的方外之士，或假神仙之名，對帝王提出批評，爲民請命，預言災異等，也算對政治發揮了監察的功能。

「轉嫁」人的苦難，請神來承擔，此應各種宗教都有的功能，西方基督天主也有「一切交給神」的說法。在中國歷史上，當天下可爲，政治清明，道家沈寂而儒家發達；當天下不可爲，政治黑暗，社會動亂，則道家興盛而儒家衰落，成了千年不止的輪迴現象。這表示天下不可爲時，人有很多苦難轉嫁由神仙承擔，否則人生許多不可承受之重，人不可能完全承擔，自殺率必會提高！

第五、凝聚了民族精神。中國民間信仰諸神都是從歷朝歷代的民間社會來的（見另文諸神生存年代背景），整個民間寺廟等於中國歷史文化、民族記憶的寶庫，「生爲聖賢、死後封神」是民間文化重要的人生價值觀。從整個神州大地，乃至閩南、臺灣地區，各廟宇幾乎可以看到一部活的中國歷史。

是故，每個廟宇都是中國文化的堅強堡壘，是整個中華民族的精神寄託，這點吾人只要讀一下蘇東坡「潮州韓文公廟碑」就全都了然於心。在中國民間社會，任何目不識丁文盲，但在他的眼中，孔子周公是神，呂仙關帝是神，佛祖地藏更是神，格位宗派千差萬別，其爲神則一，不論祂們是誰？道德言行成爲社會典範，也就教育了民眾，成爲民俗，成爲人民的一種生活方式，成爲整個民族能共同認同的焦點，民族精神焉形成。

中國民間信仰諸聖神佛，大體不外儒、佛、道三家及三家之融合。此三家的結合不但影響上層結構的領導和知識階層，形成中華文化的三種核心價值；三教合流對民間的影響更是千秋萬世，今日走遍臺灣所有廟宇，儒、佛、道，乃至一貫道、天帝教、軒轅教……其信仰的神、使用之經典，仍不離三教範圍。

所以，我們可以這麼說，凝聚中華民族的團結，「神」的力量大於「人」，人常在搞分裂，神則盡力在促成統一。這是中國民間信仰了不起的地方，能聚眾神（中國諸神、回教、天主基督等）於一殿，成一莊嚴的萬神殿，世界各民族中，捨中華民族外，沒有第二個民族有此胸襟雅量、有此氣魄和海涵力量！

第六、終結長期分裂，促成國家民族完整統一。前項提到「人搞分裂、神搞統一」，這是中國歷史存在的一個事實，分久必合，合久必分，似乎是中國政局的常態（廣義看，似乎也是萬事萬物的常態。但吾人研究這些史實，分裂都是人搞出來的，神州大地分成很多國家（如三國時代、五代南北朝、民初等），但人所信仰的神並未分裂，不同的政權體系下的人民，仍信仰同一個媽祖、同一個觀音菩薩、同一個關聖帝君……且眾神不斷施展「神力」，要終結分裂，促成國家、民族的統一。

遠的不提，就說最近臺灣在二千年到二〇〇八年間，由台獨份子執政，當時幾乎切斷兩岸所有交流關係（屬人的關係），但切不斷神的關係，臺灣許多廟宇都回大陸祖廟參拜。奇怪的是，獨派自稱是「民主聖地」的台南、高雄和宜蘭地區，這些地方的媽祖、關帝、文昌、保生大帝等諸神，跑大陸特別勤勞。這只能說兩岸眾神都在搞統一，某些人卻逆天意、神意，搞台獨、搞分裂，那有機會？違反了自己所信仰諸神之旨意！

罕見元代帝王壁畫　山西現身

中國大陸山西省高平市伯方村仙翁廟，日前發現一組約一百三十平方米的元代壁畫，壁畫中心人物是信奉道教的唐玄宗李隆基。
在中國石窟壁畫和寺廟壁畫中，相當罕見描繪帝王形象。圖為仙翁廟東牆壁上，李隆基在泰山封禪時的場面。圖／本報香港傳真

94.5.31.人間福報 九版

事實上，中國民間信仰眾神對中國社會，對千百年來整個中華民族的發展，所產生的功能至廣至深，實在書之不盡。宏觀方面，有宗教、文化、政治、社會、經濟、藝術上諸多功能；微觀而言，對個別人生視野開展，對生命內涵的延續，對境界的提昇，都有莫大的影響。

第六章　眾神與子民的交流活動：民俗節慶

中華民族是一個與眾神關係密切的民族，全年生活中的民俗、節慶，不論那一種，都和神有關係。例如全年從第一天（農曆）開始，正月初一祭祖、祀神；初四接神；初六清水祖師生、初九天公生，到十二月最後，二十四送神，二十五天神下降，除夕祀神祭祖……新的一天又開始了！

民俗、節慶經過數千年演進，中國各省難免形成一些差異，或同一神在不同教派（如佛、道），也有不同角色或稱謂。本文所述，大致是閩南、臺灣地區情景。

正月

●**初一　新年**：初一，世上任何一個民族，都非常高興新年的來臨，新年一到，每一個民族均用它的禮儀和風俗來慶祝一番。

開正時刻，按年不同，概各年干支而定，除夕各戶守歲，時過午夜，一至開正時刻，一家大小齊燒香、祀神、祭祖、恭迎新年，以迎喜避厲，繼之燃放爆竹，互拜，各喝甜茶，祝賀「新年恭喜」開正後，就去就寢。

元旦行香，男女老幼著新衣，攜甜料等至各寺廟燒香禮拜，祈新年福祥。然後出門向人拜年，元旦出行為祈事事順利，應先朝吉利方向起步，迎喜神。至親友問賀歲，賀客應延請入大廳，敬以甜料，以示圓滿親切，互道吉利，如說：恭喜大賺錢、老康健吃百二（很長壽）等句，賀客攜有兒孩，另贈與紅包，謂之帶吉或壓歲。正月初一是不炊新飯而吃除夕剩之年飯，或吃麵條取意延壽。此日全家老少談笑風生，以求吉利，忌放惡言，不打罵人，總之這一天要愉快的過去。新春尚有忌諱，忌煎糕，忌毀損碗盤瓷器，忌吃食粥（以防遠行遇雨不利）垃圾忌掃出門外以避福運飛散，忌午睡，忌用刀類，也忌用白色。以求一年平安，歡渡新年祥和。

●**初二　請子婿做客**：自初二起媳婦回娘家探親（做客）拜年的日子，是日歸寧時，請隨帶禮品（帶手）。娘家有兒孩另帶送紅包，女兒有兒孩，娘家則送雞腿或紅絨繫古錢，掛在頸子上叫結於帶。如無父母也要由其兄弟帶回探親。

●**初四　接神**：舊曆廿四日送上天庭的地上諸神，今天紛紛由天上降回凡塵，俗稱：

送神早，接神遲。是日燃放爆竹接迎請神下降，降賜百福吉祥，於此時降雨最妙，能使地上神會早一刻抵達降福。

●**初五　隔開**：隔開意即新春至此結束，一切都經復原，自此開始工作，在這供拜之春飯、年糕等物撤去。春飯傳其碗具底有濕氣則此年多雨，又春飯炒油保存，以備日後可治兒孩痢疾或氣喘病云。四天內所有的垃圾、污物等一并清出戶外。店舖、工廠也貼出紅紙，書寫：開張駿發、開市大吉、開磅利市、開工大吉等字句，以示生意利市大吉兆。金庫貼：黃金萬兩，或祭關公（商人崇拜）然後大放鞭炮、拜神宴客。

●**初六　清水祖師爺**：清水祖師生日，各祖師廟演戲拜拜。此神只有台灣福建和南洋華僑間才有，中國其他地方看不到，因祖師是水神，所以深獲人人崇拜。

●**初九　天公生**：初八夜半一過，從一點至四點，為天上神格最高之玉皇上帝誕辰，對祂的祭祀要特別盛大隆重，並須在黎明前拜完。拜天公的雞要用閹雞，不用母雞，是日

西安草堂寺法會　紀念鳩摩羅什

1660周年誕辰　百餘中日佛教界人士參加

【人間社記者觀煦綜合外電報導】百餘名中日佛教界人士十七日在中國大陸陝西省西安市戶縣草堂寺，隆重舉行法會紀念後秦僧人、佛教四大譯經家之一的鳩摩羅什大師誕辰一千六百六十周年。

日本佛教的發展亦深受鳩摩羅什的影響，在其誕辰一六六○周年之際，第十屆中日佛教學術交流會議「鳩摩羅什譯經與中日兩國佛教文化—紀念鳩摩羅什誕辰一千六百六十周年」在西安市舉行。草堂寺方丈釋諦性以唐代的圭峰壁拓片致贈日本代表團長、日本佛教大學高橋弘次等人。

為配合紀念活動，西安市書法家路志杰在二十三公尺長、六公尺寬的白布上，以十點五公斤墨寫成一個大「佛」字贈送給草堂寺。

西元四○一年，秦王姚興敦請西域高僧鳩摩羅什（三四四年至四一三年）到長安，在大寺草堂翻譯佛經，與三千徒眾共譯經典七十四部三百八十四卷。

不得曬女褲，倒便桶。

●十三　關帝爺生：大概商人廳頭可以看到一紅面將軍，一手拿書、一手攬鬍子的關公，兩旁的人一位是周倉，另一位端印者是關平，據說：「原收出存的記帳法，就是祂首創。奉爲商界之神，以期信義無缺。」

●十五　上元（三界公生）：此日清晨家家供牲禮，祈求賜福，各地且有廟會、拜祖靈、司土地之神、床母（幼兒護神）等。每戶製元宵圓、掛花燈風俗，盼望士農工商能夠發展，風調雨順，國泰民安。

二月

●初二　土地公生　頭牙：福德正神的誕辰之日，據說農民祭祀會年年豐收，商人祭祀

千人聯合祭祖

清明節將居，中華天帝教總會昨天在中縣清水的天極行宮，舉辦中華民族海內外同胞聯合祭祖大典，由立法院長王金平主祭，倡導慎終追遠、弘揚固有孝道及倫理精神。主辦單位表示，活動在台灣已舉辦過三十三屆，早年由中華倫理教育學會及台灣社會各界，在民國六十二年首度於台北舉辦；八十四年因經費等問題停辦，八十六年由天帝教接辦至今。昨天祭祖典禮有一千五百多人與會，儀式肅穆、莊嚴。

圖與文／許俊傑

會生意興隆。是日亦稱「頭牙」而與農曆十二月十六日「尾牙」對稱，商戶做頭牙盛，老闆宴店員有一句叫「吃頭牙」摸嘴鬚，吃尾牙面擾擾」亦是農民商求生活中的享受。

●**初三　文昌帝生**：當年讀書人或教書先生，均一律拜文昌帝君。能保佑榜上有名，讓你飛黃騰達，這神相當日本的天神。

●**十五　精忠武王岳飛元帥**：岳飛，宋南時代之武將，大破金兵後被奸相秦檜所害，時岳飛才三十九歲而卒，後人對岳飛忠義為國枉死而奉祀。

●**十五　三山國王**：三山國王係先民從廣東拜請香火帶來台灣。是台灣粵東移民子孫特別重視。

●**十九　觀音媽生**：各家戶多往寺廟祀拜，

⬆全省各地文昌廟，經常可見考生家長捧著「高中符」，來到文昌廟祈福，希望有拜有保佑啦！　圖／林上玉

是日多有人前往補運，乃備替身（紙人形）在佛前，祈願息災求福。

三月

●初三　上帝公生　三月節：玄天上帝係北極星所化身，屠戶祀爲守護神，又爲保護小兒之神，人們祀之。亦稱三月節，祭祀組先。

●初十　前後　清明節：自冬至算起一百零五天，暮春三月稱爲清明。往時該此做郊遊行東叫「踏青」，此日祭祖墓，上香燒銀紙、備牲禮、掛紙。培墓則供祭十二菜飯，燃放鞭炮，祭後剝蛋殼，撒在墓上以示新陳代謝，亦爲吉兆之表徵。如新墳、撿骨，娶媳婦、添丁亦要培墓。

●十九　太陽公生：是日太陽公生，各戶於日出後向東方，供拜牲果。此日主要祭品：麵豬九隻，麵羊十六隻。

●二十　註生娘娘：註生娘娘爲司主懷孕生產、保護幼孩之神。參拜多爲婦女，求良緣，求生子。帶病兒往以求吉慶，子女年達十六歲成年，是日拜謝註生娘娘庇佑。

●二十三　媽祖生：天上聖母（媽祖婆）生，全省各地於此日前後舉行隆重祭典謂「迎媽祖」是日舉行繞境，每人亦祀拜，沿海漁民祀媽祖爲海神，更爲熱鬧非凡，祭日結綵懸燈，演戲遊街，人人備牲禮，供五味，燒甲馬，刈金，三跪九叩祈求闔家平安。

四月

●**初八　浴佛節**：佛教開祖釋迦牟尼生日，各寺廟堂，以此日佛誦經禮拜、「洗佛」。

●**十一　呂仙公生（燙髮、理髮拜為祖師爺）**：呂洞賓生日除各地仙公廟舉行祀拜外，收容乞食，而大唱乞食調，以祀祭演戲。

●**二十六　五穀先帝生**：五穀王，又稱藥王大師，農業與醫藥的始祖神。神農嚐百草，後世賴其功，農家及醫生此日都致祭，亦是祈求豐年之神。

五月

●**初五　端午節　賽龍舟**：亦稱五月節，又叫五日節，此日正午，調配藥特別有效，端午食粽，相傳愛國詩人屈原之死，節前製粽饋送親友、龍舟是撈回屈原，如今演變爲一種民俗，此日台南運龍舟賽，熱鬧非常，電視台亦做實況轉播。插艾、榕樹與菖蒲能夠昌盛、避邪。且有吃桃、茄豆之風俗謂吃豆老老（很長壽之意）。

●**十三　台北迎城隍及關帝爺生**：城隍是陽間陰間執行賞罰之神，全台最多人去燒香的就是台北大稻埕霞海城隍了，其盛況熱鬧，冠絕全省。

關帝爺是商人和企業以義相結慕關公之義，故奉爲保護神而敬之，關公又叫恩主公。

六　月

●**初六　開天門**：六月一日剛好半年。每人拜謝上天保佑，祈求下半年之平安，以祀神祭祖日清早爲開天門，東方甫白參拜寺廟，息災「補運」。

●**初六　曝龍袍**：相傳此日帝曝龍袍之日，蓋梅雨期，衣服易生濕霉，立夏後於此時曝物，可除蟲害。

●**十九　觀音媽成道**：十九日爲觀音佛祖成道日，民間於農曆二月十九日（生日）、六

南市愛情地圖 拜月老、求姻緣

2011.7.19.　人間福報

【本報台南訊】台南市月老廟家數之多，可能居全台之冠，台南市府計畫把府城打造爲「愛情城市」，並在七夕前公布「愛情地圖」十大路線，邀全台愛侶來台南共遊，一同感受愛情城市的浪漫與幸福。

市府將於八月六日至九月八日舉辦七夕系列活動，結合了台南各地的月老廟、旅遊景點、小吃，規畫出「愛情地圖」十大路線，其中的「月老廟路線」，依路線規畫，可走訪全市九處有供奉月老的廟宇，包括中西區的首廟天壇、大天后宮、祀典武廟、重慶寺、開隆宮，北區的大觀音亭，安南區鹿耳門天后宮與聖母廟及關廟區的山西宮。

其中，武廟供奉的月老，據說持杖能打爛桃花、驅小三，而在全台情侶間爆紅；重慶寺裡有少見的速報司與醋矸，失意的人可攪動醋缸，向速報司訴苦，速報司馬上帶著你面求月老撮合；而大觀音亭的月老嘴巴最大，舌燦蓮花，說媒的功力一流，想求好姻緣的愛侶不能錯過。

關於愛情地圖路線及月老廟詳細資訊，可以上活動官網查詢，網址：http://love.tncity.tw/。

月十九日（成道）、九月十九日（出家日）舉行例祭。

七月

●**初一　開地獄門**：相傳人死後要到陰府報到，若生前為非作惡，罪難赦，打入地獄受苦刑，只准許七月一個月休假，孤魂野鬼都來到陽間，故大寺廟前豎起燈篙，以招鬼魂，各家亦備簡單的菜餚供祭，世人對稱「普渡公、好兄弟、門口公」等。意恐無主遊魂來打擾。

●**初七　七夕　七娘媽生　魁星生**：相傳牛和織女一年一次相會，有乞巧會之習俗，及婦女糊五色彩紙為彩亭，祈求貌美才高。台南有此俗稱做十六歲，敬拜七娘媽生，答謝多年來之加護，並且大宴客報來賓，是家子女已是成年。

魁星生：皆亦以魁星誕生。

●**十四　放水燈**：中元前夕在河上放水燈，俗傳此弔請溺死孤魂，浮出陽間，以便普施。

●**十五　中元　盂蘭會　地官大帝生**：俗稱孝好兄弟，日本人稱為施餓鬼，是日祖先歸家，無論貧富戶均祭祖。此外因病曾祈願者，懸燈於門口，書寫普渡陰光，慶讚中元，下寫弟子名。寺廟於此日在廟前豎燈篙，以供孤魂聚魂集之燈，燈豎的越高則照明越遠，集鬼魂越多，一平祭之以免孤魂野鬼往他處擾之。

●**三十　關鬼門**：七月末日關鬼門，自初一起徘徊陽間之孤魂，至此日回歸冥府，各家供祭品，普渡公燈亦取下稱爲「謝燈腳」，拜祭情形約與開鬼門相同。

八月

●**初三　灶君公生　姜子牙生日**：竈神司命灶君誕辰，祭以牲禮、菜果及燒壽金，亦是姜太公生。

●**十五　中秋　太陰娘娘生**：中秋節係太陰娘娘生，每戶均擺上香果、月餅、茶果以祭月，另供米粉芋求好職業，因此俗稱「食米粉芋，有好頭路」祈求祖先保佑，則有良好職業。據說：孫子如多病痛向月娘求願很靈驗。是夜多在

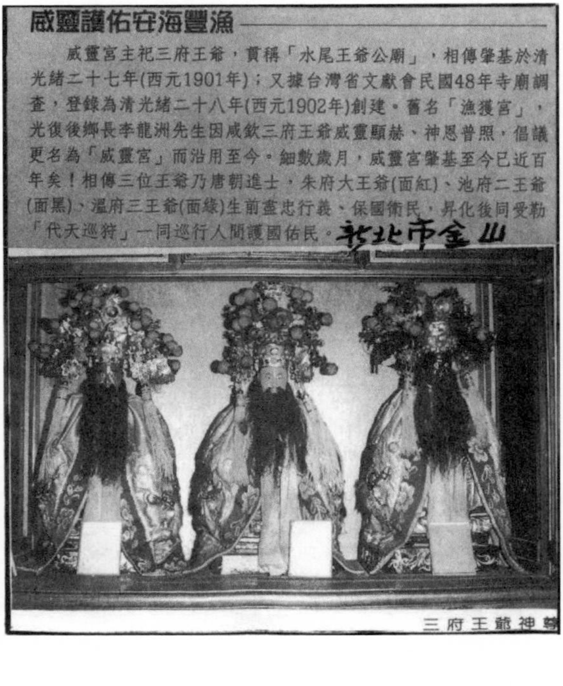

漁豐海安佑護靈威
威靈宮主祀三府王爺，貫稱「水尾王爺公廟」，相傳肇基於清光緒二十七年(西元1901年)；又據台灣省文獻會民國48年寺廟調查，登錄為清光緒二十八年(西元1902年)創建。舊名「漁獲宮」，光復後鄉長李龍洲先生因感欽三府王爺威靈顯赫、神恩普照，倡議更名為「威靈宮」而沿用至今。細數歲月，威靈宮肇基至今已近百年矣！相傳三位王爺乃唐朝進士，朱府大王爺(面紅)、池府二王爺(面黑)、溫府三王爺(面綠)生前盡忠行義、保國衛民，昇化後同受勒「代天巡狩」一同巡行人間護國佑民。

公園、庭前、或山上舉行觀月會，此外有听香或燈謎之韻事。

●**二十二　聖公王生**：爲廣澤尊王先生，對祈求庇護出外謀生者靈驗。

●**二十七　鄭成功開台紀念日**：鄭成功登陸台灣，此其功績所以萬世不朽也。台灣士民懷情莫已，建廟以祀，每年春秋兩祭，各項經費由政府核發，行迎神禮由主祭官上香禮，慎重從事。本省稱鄭成功爲「開台聖王，國姓爺、延平郡王」。光緒元年聖詔，追列鄭成功忠節敕建延平郡王廟於台南市開山路。

九月

●**初一**：南北斗星下降。

●**初九　重陽節**：因九的數字是陽數，兩個數字恰好重疊，因此叫重陽，是日全省各地舉行敬老大會，壽星聚集一堂，歙祝人瑞。意稱登高日，這大概是因爲太古時代洪水之災，而故意強迫人們練習登山，對於健身延壽甚有助益。

●**二十八　孔子誕辰**：世俗稱孔子公生，是日中樞文武百官來祭祀，台南全台首學是人山人海，且電視台亦作實況轉播，如此隆重行事，無非也是憑弔孔子之偉大也。

十月

●**初十　水仙尊王生**：古代民族神大禹王誕生，台南海安路水仙宮祭典，熱鬧非常。每當航海遭遇風險時即祈求水仙尊王以求保護，水仙是大禹、伍員、屈原、王勃、李白等集體與稱。

●**十五　三界公生**：下元節傳爲水官大誕，此日水官下降校對人間善惡，每家供牲禮，祈求平安，本省人常常在生病時或罹難時向天公或諸神祈願「開運」從十月到十二月廿四日間，爲了能平安，演供奉天公，謂之「演年尾戲」、「謝平安」。

●**二十三　青山王生**：青山靈安尊王祭典，此日台北市艋舺地方最大祭典，可與大稻埕五月十三日城隍爺媲美，盛況空前。青山和城隍一樣是主管司法檢察之神。

十一月

冬至白天最短，從今起，一陽來復，到陽曆十二月廿二日，太陽轉到赤道以南廿三度半地方，故此一緯度線稱爲冬至線。今天也要做圓仔祭祖先，敬神明，添歲，通常將圓仔糊在古井、門、窗、桌子、雞鴨、豬舍、牛棚，以感神恩保佑，並求陸續生產興旺。

十二月

●十六　**尾牙**：每月初二、十六日做牙，一年最後一次叫尾牙，做牙意即拜土地公求保庇，賺大錢，一年當中頭牙與尾牙最盛大，故尾牙日商人與農家均殺雞鴨、備牲禮去拜土地公，又開宴會請店員吃飯，在尾牙這天，主人要陳明他所僱用店員在下一個年度是否再繼續僱用或升級也要當天決定，然後通知他們，顧主在餐食中之雞頭特要向將解雇之人，此叫吃尾牙面擾擾。

●二十四　**送神**：家家戶戶的灶神帶諸神在這一天昇天述職，報告天公，關於人間一年來之善惡功罪，上帝即據諸神報告定次年每戶之吉凶禍福，各家一早供牲禮送行，供品中用甜圓仔，祀後將甜圓仔沾於灶嘴，口角生甜，意在上天奏好話、以求吉利。送神後，乘此諸神昇天述職之不在期中，舉行大清掃，掃除屋內一切晦氣之意。

一貫道讀經會考 5000人過狀元橋

【記者曹麗蕙台北報導】昨天中正紀念堂廣場洋溢陣陣讀經聲，一貫道世界總會與中華民國一貫道總會舉辦國際萬人讀經大會考，最小考生六歲，最大八十五歲，逾五千名考生獲得一科至七科不等的讀經狀元榮耀，昨天點榜後，大家穿上狀元服，舉行過狀元橋的儀式，會場熱鬧無比。

今年適逢一貫道老祖師傳道百周年紀念，來自世界七十五國家道親共逾五千人齊聚中正紀念堂，參加讀經會考，包括總統陳水扁、副總統呂秀蓮都出席鼓勵。

昨天在中正紀念堂廣場參加複試的考生，分「國內華語部」與「國外外語部」兩類，國內考生必背科目有「道之宗旨」、「禮運大同篇」、「心經」、「清靜經」、「彌勒救苦眞經」；自由選讀科目爲「大學」、「中庸」、「論語」、「老子道德經」、「金剛經」、「孟子」、「六祖壇經」。

一貫道世界總會點傳師趙志勇表示，通過讀經會考的道親朋友，不但可獲得自我肯定，還能透過經書和古聖先賢爲友，將「道」生活化，把聖賢做人處事的道理落實到日常生活中。

●二十五 天神下降：玉皇大帝帶領天神，代替廿四日昇天諸神下降妄以賜人間吉凶，爲避觸法，乃有禁忌，如吵架、損壞杯碗具等，是日不向人催討債務，否則被催討可免還債云。

過年 婚姻月

除夕稱過年，是日下午供牲禮祀神祭祖，謂辭歲。神前公媽靈前，堆疊橋塔，供年飯，春飯，壓桌錢等，則取堅固家運吉利。大年夜圍爐，爐之四周置錢多枚，餐後，長輩以壓歲錢分賞婦幼爲吉兆。當夜，屋內燈亮，晚輩守歲可使父母長壽而守歲，除夕尚有避債戲，如今已無此俗，送作堆，以往有收養女的習慣，在除夕正式嫁給自己的兒子，當圍爐後老人家囑咐兩人結成一對夫妻。因廿四日送神後，此時已升天，就利用神不在的時期結婚，不會犯神煞。事事從簡，近來許多人都喜在十二月結婚，其原因就是神明升天，決不會受到煞，且大家忙著過年，經濟大爲節省。

中國因地大物博，人口自古以來亦世界第一，歷史文化也最久遠。人和神交流的習俗也就各地不同。舉端午節爲例，這是國人祭祀水仙尊王神（民族詩人屈原）的節慶，但各地對「端午節」的名稱，尚有「端陽節」、「重五節」、「五月節」、「天中節」、

「女兒節」、「艾節」、「詩人節」等二十多個。

端午節各地習俗差異也大，僅手工飾品就有艾虎、健人、五彩縷、香袋、豆娘、葫蘆、彩蛋等不下十種，分爲門飾、簪飾、佩飾、臂飾幾大類。至於食俗，花樣就更多了。

舊時的圖像中，端午節除了插艾蒿、掛鍾馗、吃粽子外，印象最深的就是五彩絲纏手足腕了。每年端午，小孩子們一覺醒來，手腕和腳腕上多了一圈彩色絲繩，有點像當今流行的手鏈、腳鏈，豔麗、喜興而又吉祥。大街上，額畫虎符、腮塗胭脂、腕纏彩線的兒童們聚在一起，追逐嬉戲，絕對是一道美麗的風景線，比起常見的風俗畫來，既真實而又生動。

「五彩縷」，亦稱「五色縷」、「長命縷」、「延年縷」、「百歲索」、「辟病繒」等，統稱「端午索」。每個時代都有不同花樣，惟主題不變。魏晉南北朝以降，五彩絲繩逐漸演變爲傳統佩飾，並衍生出項索、繪子、纓絡、宮絛、香囊等多種飾物，或懸於門庭，或垂於帷帳，或繫於臂膀，或戴於脖頸，或別於腋下，或飾於胸前，或掛於腰間。

五彩縷亦可作傳情信物互贈，所謂「笑語玉郎還憶否？年時五彩結同心」；「五彩結同心」也是詞牌名，明代梅鼎祚就曾以〈長命縷〉爲題寫過一齣戲劇，演繹了一對青年男女之間悲歡離合的愛情故事。

五彩縷這一佩飾，似龍紋鳳羽，不僅寓意吉祥，而且賞心悅目，具有審美情趣，也屢屢出現在詩詞中。如，元朝的舒道原的「誰家兒共女，慶端陽，細纏五色臂絲長」；宋朝的王邁「後院嬋娟爭勸酒，端午彩絲雙繫結」；黃裳的「鬥巧盡輸少年，玉腕彩絲雙結」；陸游的「尙憶少小時，彩縷繫腕玉」；清朝乾隆皇帝的「黃帽雙飛槳，彩縷五色絲」等詞句，吟詠的都是這一習俗。

蘇東坡這首以端午爲題的〈浣溪沙〉：「輕汗微微透碧紈，明朝端午浴芳蘭，流香漲膩滿晴川。彩線輕纏紅玉臂，小符斜掛綠雲鬟，佳人相見一千年」，一改豪放之風，通篇婉約之韻，不免有些綺靡香豔，但卻把五彩縷的妙處點染得俏麗生動，堪稱香奩佳句。

中國是一個敬神的民族，也是詩歌的民族。全年度人民的生活，乃至許多工作、行業、文學，都必定和眾神有關，這是我們中華文化的可愛處，也是身爲中國人光榮的地方。

第七章　一個城鎮與眾神邂逅共創的民俗節慶

——以山西芮城為例

芮城，位於山西省西南端與河南交界處，隸屬山西省運城市（關聖帝君的故鄉）。芮城，古來就是三官大帝（堯、舜、禹）的活動道場，也是孚佑帝君呂洞賓的故鄉和祖廟所在，人神在此共創優美的民俗節慶。

正　月

春節（正月初一）是中國傳統節日中的重大節日，又叫農歷新年，俗稱「過年」。這天天未亮，男女競相早起，梳洗換衣，燃放鞭炮，獻祭神靈和祖先。早飯後，全家人按輩跪拜給祖先叩頭，晚輩人按次序給長輩叩頭拜年，長輩給孩子們散發壓歲錢。然後再到本族各家挨次拜年，並互祝新年好。人們在路上相遇均打躬致問：「新年好！」「年過得好！」

正月初二，青年夫婦帶上孩子到岳父家拜年，結婚後第一個春節，新婚夫婦要給岳父家送四樣禮。

正月初三，初四日繼續到各親戚家拜年。

正月初五，俗稱「破五」，表示春節已完、過了這天即出工作活，出門作事。

元宵節（正月十五）又稱上元節，是春節之後的第一個中國傳統節日，也是春節結束的信號。從正月十四日起，至十六日晚上，大鬧三天社火。晚上家家張燈燃燭，泊池里，水缸內放夜油（一種瓷質點食油的小燈）或蘿卜燈。小孩提仁花燈到處轉，把家裡各個角落都要走遍。正月十六還有一種活動是游柏林、采柏枝，以示吉祥，百歲長壽，俗稱「游柏坪」。中午，吃蒜麵。

正月二十，相傳爲藥王生日，民間家家敬獻，並在門上貼剪紙藥葫蘆。

正月二十三，俗稱太上老君生日，民間以黃表寫帖子貼于門上，其文有「新春正月二十三，太上老君煉仙丹。家家門上貼金牛，一年四季保平安」等。帖下部繪一牛，故稱「金牛帖」或「春牛帖」。這天牛馬忌使役。

正月月盡（二十九日或三十日），傳女媧氏補天，唯缺東南一隅，故本日家家吃烙餅，謂之「補天」。

二月

二月初一，傳爲太陽神生日，民間敬祭，謂陽氣已生。

二月初二，民間傳說「龍抬頭」，清早不能上井打水、怕撞龍頭要生災，石磨，水磨、油磨都要支起來。當日進食麻花，俗稱「咬蝎尾」，可免毒螫。

二月初三，傳爲文昌帝君生日，讀書人要到文昌閣和魁星樓祭祀，以求學業上進，前程遠大。

二月初五，吃涼粉，俗稱「溜光」。預祝辦事順利。

二月初六，傳爲痘神生日，民間敬祭，爲免此災。

三月

寒食節（清明節的前一到兩天），是中國傳統節日之一，在每年冬至（二十四節氣之一）後的一〇五天，又有「禁煙節」、「冷食節」、「百五節」之稱。因寒食節禁火，不許生火煮食，只能吃備好的熟食、冷食，故而得名。清明節（公歷的四月四日或五日），是中國傳統節日之一。家家掃墓祭祖，機關幹部、學生給革命烈士掃墓。實際各家清明前都要掃完自家的墳，清明當天要上家族老墳。

谷雨節（公歷四月二十日前後），家家門上帖「谷雨貼」，上寫禁蝎子文：「谷雨三月半，蝎子千千萬，不咬伶俐人，光咬糊塗蛋。」下繪公雞啄蝎，或繪蝎子打上「×」。

三月初六，傳爲眼姑生日，民間敬祭，爲免眼疾。

四　月

四月初一，小兒頭簪皂角葉，佩以線穿紅花串子及布帛制之「福」、「壽」字樣，以示除病祛邪。此由關帝破蚩尤（赤牛）之傳說而來。

五　月

端午節（五月初五），又稱端陽節、五月節、艾節、端五、重五、屈原日等。當日清早家家門上插艾葉，人人飲雄黃酒，口、鼻、耳孔抹雄黃，吃甑糕、粽子等。青年男女及小孩手腕、腳脖上截五色絲線花索，身上佩香草荷包，以避邪。還有人在這日挖車前草作飲料或捉癩蛤蟆，口內塞墨錠，據稱涼幹可作藥材，具清涼瀉火之功，可治無名腫毒。

六　月

六月初六，民間翻晒皮襖，絲綢衣物，俗言：「六月六，晒絲綢。」

七　月

七夕節（七月初七），又稱「乞巧節」，是中國的傳統情人節。這天，姑娘們結伙祭祀織女，乞福乞巧，作水內摸針等乞巧活動。

八　月

中秋節（八月十五），又稱團圓節，在外做事者要趕回與家人團聚。當晚，一家人圍坐當院，供上月餅、瓜果、糖、棗、石榴以祭月、賞月，夜半方散。

九　月

重陽節（九月初九），文人學士登高賞菊，吟詩抒懷。民間大眾蒸棗糕，饋贈親友。

今定爲老年節。

十　月

十月初一，送寒衣，傳爲孟姜女爲其夫萬喜良送寒衣哭倒長城而起。當晚，各家主婦以五色紙剪成衣服，絮上少許棉花，在大門外，村頭爲祖先亡靈焚化。

十一月

冬至節（公歷十二月二十二日或二十三日），自冬至日始白晝轉長，嚴寒開始。當天，家家煮食餛飩（扁食）。

臘　月

臘月初五，民間俗稱「五豆」，以五種豆一熬湯做早飯，此日白晝漸長。俗言「過

新北市民政局長陳嘉興（右）及桃園縣民政局長邱德順，代表恭迎團隊在新店裕隆公園交接。圖／人間社記者吳仕英

了五豆，長一斧頭」。

臘八（臘月初八），早飯吃餛飩，湯中並下有豆，棗等，謂之吃「臘八」。舊時各地大寺廟以及衙門多煮臘八粥供應貧民食用，傳爲佛祖成佛之日，後來民間仿效爲之，還講究「臘八飯，牛馬豬狗都吃遍」。此日白晝更長，俗言「過了臘八，長一權把」。

過小年（臘月二十三），意味著人們要開始爲過年準備年貨了，同時要徹底的掃塵，除舊迎新。各家大掃除，所有房舍、院落、牛棚、豬圈都要打掃乾淨，灶具要大刷大洗。本日，傳說爲灶君升天之時，家家設糖果、糖瓜祭灶，用以黏住灶君之口，不能上天講壞話。有些農婦祭灶時，口中念道：「灑米灑麵是我的錯，灶君爺爺關照著。」

除夕節（臘月的最後一天），是中國傳統節日中的重大節日。「除」是除舊布新的意思，這天家家都要灑掃庭院、巷道、貼年畫、春聯，插柏枝。並在院中畫麥囤、梯子、犁耙等石灰圖案，麥囤內還灑些五穀雜糧，以期來年五穀豐登。日將晚時，在院中燒香、放爆竹迎接諸神，祭獻祖宗。此夜講究守歲熬年，一家人圍坐包餃子（舊爲捏餛飩）、聊天，直至零點之後。

第八章 山西芮城永樂宮道教眾神圖像

題記說明：本章衆神圖神，於二〇一一年九月十二日，筆者與友人一行六人，拜訪山西芮城永樂宮時，向《永樂宮志》張亦農兄面報，在本書刊用，同時向衆神上香祈禱用於本書，以嘉惠台灣同胞。特說明之。

本書即稱「中國神譜」，那麼，凡中國民間信仰諸神，不論臺灣或大陸，自然全都盡可能找到，並請眾神佛帝君駐蹕「中國神譜」，佑我炎黃子民，與子民有最多人神交流的機會。

事實上，臺灣民間信仰諸神，其祖庭全在大陸，而道教信仰在臺灣最為流行，舉凡吾人在全台各地所見寺、廟、宮、觀、壇、殿、堂等，所供奉諸神，大多是道教神祇（很多是各教派的共同信仰神）。眾多道教神祇雖很多寺廟都有，但各道場通常一位主神配祀多位從神，沒有眾多道教神祇集於一處（有系統依位階陳列）。全中國把所有道教神祇依位階，有序展示，又能保存最佳的眾神圖像，就是我國山西芮城永樂宮的壁畫。

山西芮城永樂宮是孚佑帝君（呂洞賓）的祖庭和故鄉，呂洞賓故居也仍在芮城縣永樂鎮。

永樂宮現存壁畫面積約一千平方公尺，主要分布在龍虎殿、三清殿、純陽殿、重陽殿四座元代建築內。本章道教神祇圖像均取自「永樂宮志」一書，本書是芮城作家、好友張亦農先生，於庚寅年春節（二〇一〇年）贈我，這本書在臺灣尚無版本，書中道教眾神均常見於臺灣各寺廟，同爲臺灣同胞所信仰。這也是另一個原因，本書把永樂宮眾神圖像一併列陳於後。

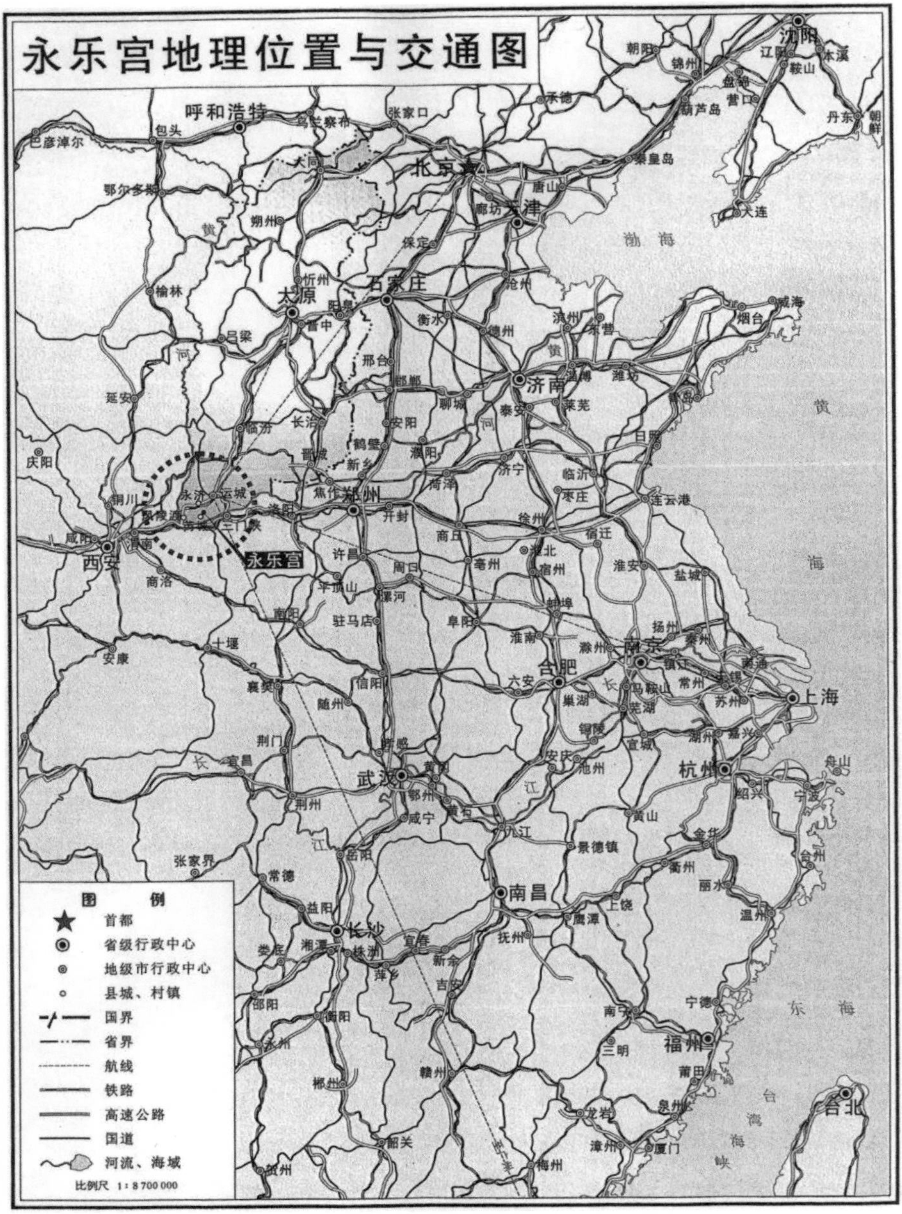
永乐宫地理位置与交通图
呼和浩特
北京
天津
石家庄
太原
济南
郑州
西安
永乐宫
合肥
南京
上海
杭州
武汉
南昌
长沙
福州
台北
沈阳
渤海
黄海
东海
台湾海峡
图例
首都
省级行政中心
地级市行政中心
县城、村镇
国界
省界
航线
铁路
高速公路
国道
河流、海域
比例尺 1:8 700 000

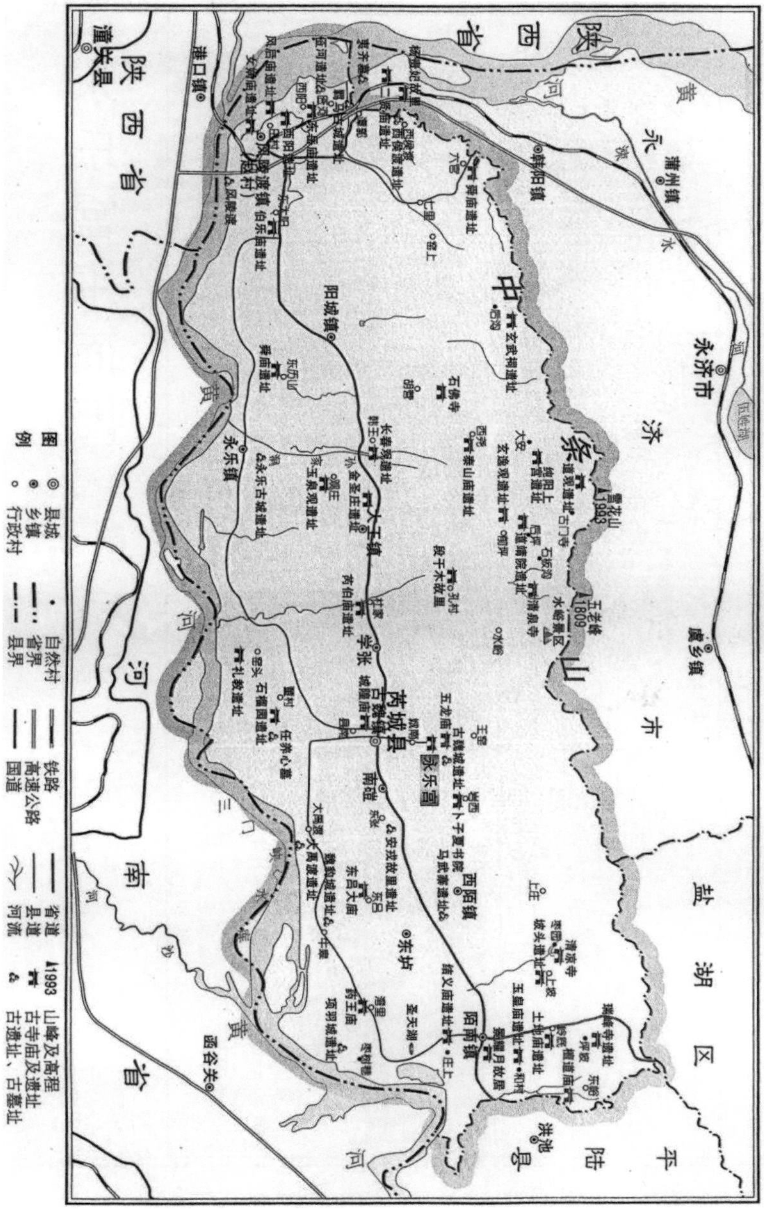
图例
◎ 县城
◉ 乡镇
○ 行政村
· 自然村
省界
县界
铁路
高速公路
国道
省道
县道
河流
▲1993 山峰及高程
古寺庙及遗址
古遗址、古墓址
陕西省
河南省
黄河
永济市
盐湖区
平陆县
中条山
芮城县
永乐宫

芮城县旅游景点分布图

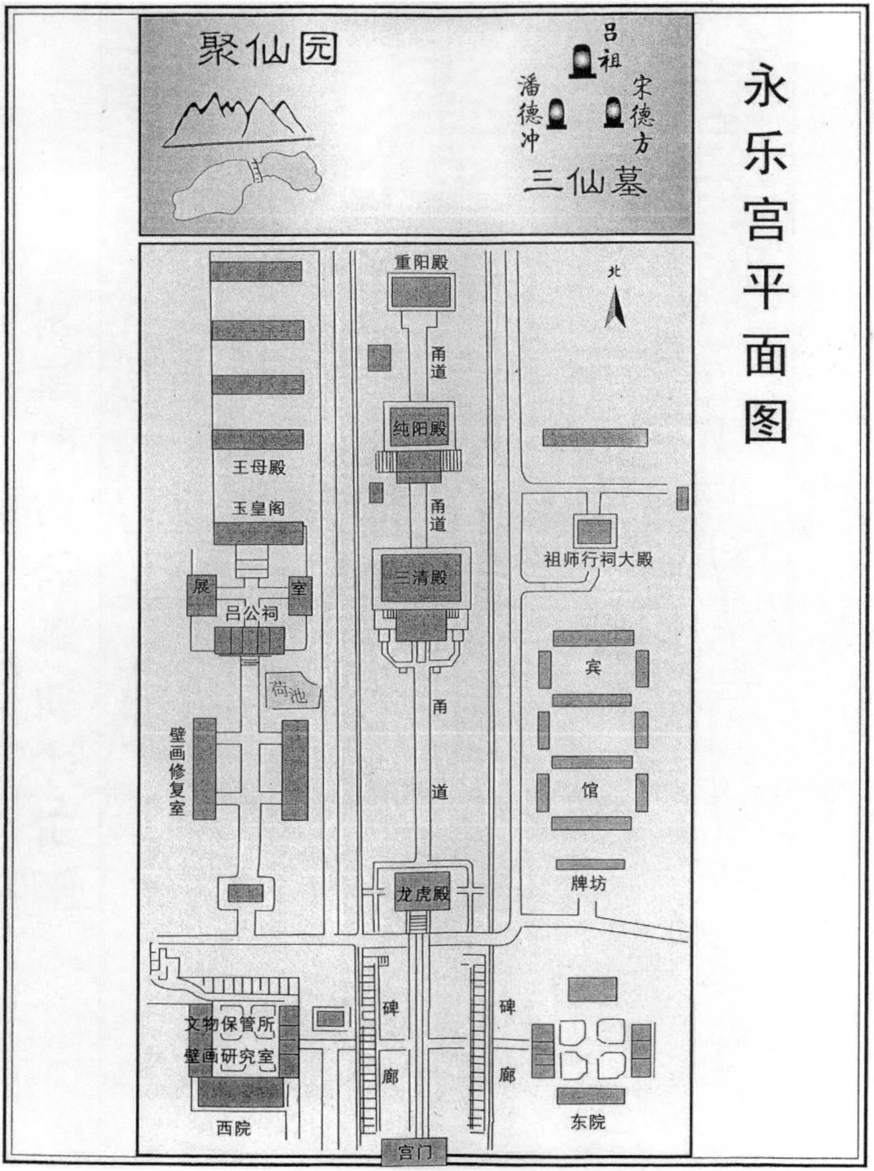
永乐宫平面图
聚仙园
吕祖
潘德冲
宋德方
三仙墓
北
重阳殿
甬道
纯阳殿
甬道
三清殿
甬道
龙虎殿
王母殿
玉皇阁
展
室
吕公祠
荷池
壁画修复室
祖师行祠大殿
宾
馆
牌坊
碑廊
碑廊
文物保管所
壁画研究室
西院
东院
宫门

《朝元圖》北壁東段全圖：以紫微大帝為主神的神祇隊伍

《朝元圖》北壁西段全圖：以勾陳大帝為主神的神祇隊伍

《朝元圖》西壁全圖：以東華木公和金母元君（西王母）為主神的神祇隊伍

《朝元圖》東壁全圖：以玉皇大帝和后土皇地祇為主神的神祇隊伍

神龕背面；三十二天帝君（局部）

右圖：神龕東壁外側：南極大帝與玄元十子中的 5 人
左圖：神龕西壁外側：東極大帝與玄元十子中的 5 人

右圖：南壁東側：青龍星君
左圖：南壁西側：白虎星君

東壁：后土皇地祇

東壁：四目老翁

東壁：天蓬元帥（局部）

東壁：飛天神王（局部）

東壁：天丁力士

西壁：金母元君（西王母）

西壁：八卦神

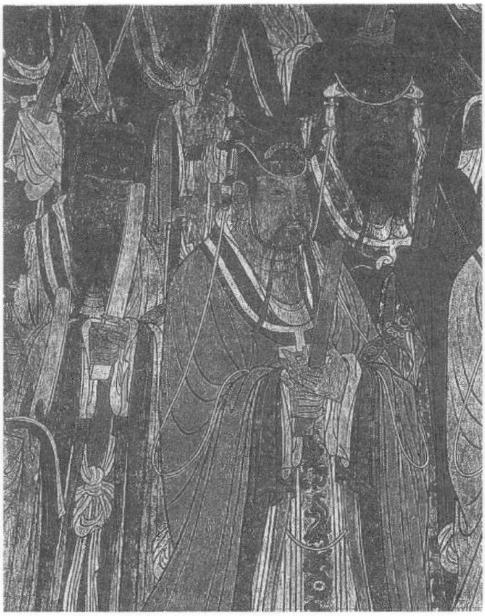

西壁：太乙神（局部）

西壁：太乙神（線描圖）

西壁：雷部諸神

西壁：孔子

西壁：六目老翁（倉頡）

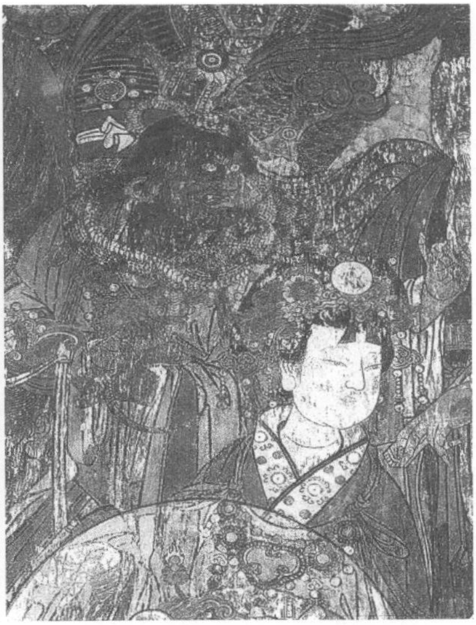

北壁東段：水星及蛇神

西壁東段：計都星（掃帚星）

西壁：風伯、雨師、雷公、電母

西壁：香爐玉女

西壁：香爐玉女（局部）

西壁：玉女（線描圖）

北壁西段：玉女（線描圖）

北壁西段：靈芝玉女

靈芝玉女（局部）

靈芝玉女（線描圖）

捧仙果玉女

純陽殿北門楣上壁畫：八仙過海圖

純陽殿神龕背面獨幅壁畫：鍾呂論道圖

第 39 幅：神化赴相公

第 43 幅：神化赴千道會

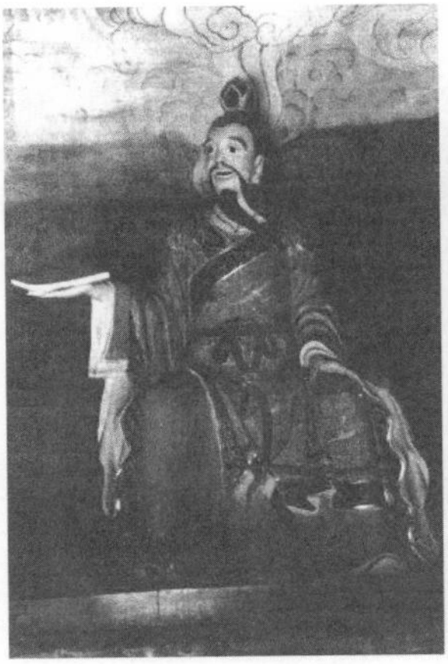

全真七子之一譚處端

全真七子之一劉處玄

全真七子之一丘處機

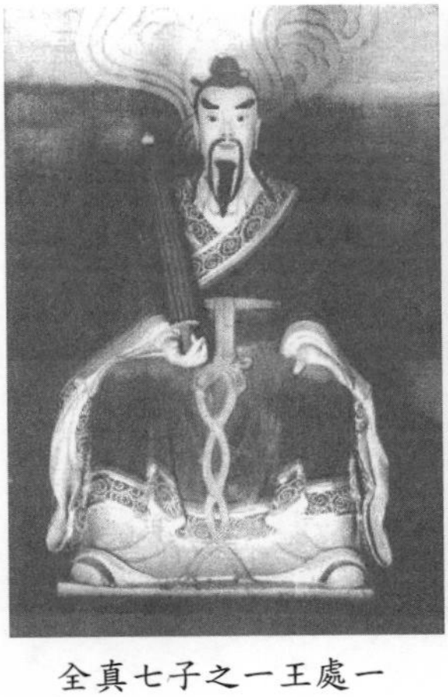

全真七子之一王處一

全真七子之一郝大通

全真七子之一孫不二

道教最高尊神：三清（上清、玉清、太清）

全真道師祖呂洞賓

全真道創始人王重陽

全真七子之一馬鈺

第九章　值年太歲・安太歲

按道教教義，天地萬物皆有神祇存在，算是泛神宗教。對六十甲子的六十位星宿神，每位神名都用天干（甲、乙、丙、丁、戊、己、庚、辛、壬、癸）和地支（子、丑、寅、卯、辰、巳、午、未、申、酉、戌、亥）循環相配而得。這十干十二支，相傳天皇氏所創，但天干配地支作六十甲子，乃黃帝時其臣大撓氏作。

我國古來曆書，均以「太歲」經行之纏次紀年，以忠臣良將、廉能官吏、賢直君子表徵六十年一甲子，六十星神爲「天道分身、化生人間」的太歲星君。且每年派出一位輪值當班，管治凡間的吉凶禍福。這六十位太歲星君如下。

道教信星宿神，以本人出生之年爲本名元辰，往昔民間習俗禮懺本命元辰的星宿神，祈求吉祥如意，名爲順星。但術數家以太歲所在爲凶方，忌掘土建築，論衡曰：「抵太歲凶，負太歲亦凶。」

又有詩曰：「太歲當頭座，無災恐有禍」，又云「太歲頭上動土」種種說法，讓人以爲太歲是「凶神」，產生了「安太歲」的習俗。

點太歲燈、「安太歲」的民俗、宗教活動，無疑是對未來能諸事順遂的期待，特別是本命生肖於值年太歲相同、即相沖者，或相隔六年，爲對沖、或偏沖者，來年趨吉避凶，更不會錯過點燈、祈求消災賜福。

六十甲子太歲星君按天干地支配列，分別爲

甲子太歲金辦將軍	甲申太歲方杰將軍	甲辰太歲李誠將軍
乙丑太歲陳材將軍	乙酉太歲蔣崇將軍	乙巳太歲吳遂將軍
丙寅太歲耿章將軍	丙戌太歲白敏將軍	丙午太歲文哲將軍
丁卯太歲沈興將軍	丁亥太歲封濟將軍	丁未太歲繆丙將軍
戊辰太歲趙達將軍	戊子太歲鄭鏜將軍	戊申太歲徐浩將軍
己巳太歲郭燦將軍	己丑太歲潘佐將軍	己酉太歲程寶將軍
庚午太歲王清將軍	庚寅太歲鄔桓將軍	庚戌太歲倪秘將軍
辛未太歲李素將軍	辛卯太歲范寧將軍	辛亥太歲葉堅將軍
壬申太歲劉旺將軍	壬辰太歲彭泰將軍	壬子太歲丘德將軍
癸酉太歲康志將軍	癸巳太歲徐華將軍	癸丑太歲朱得將軍
甲戌太歲施廣將軍	甲午太歲章詞將軍	甲寅太歲張朝將軍
乙亥太歲任保將軍	乙未太歲楊仙將軍	乙卯太歲萬清將軍
丙子太歲郭嘉將軍	丙申太歲管仲將軍	丙辰太歲辛亞將軍
丁丑太歲汪文將軍	丁酉太歲唐傑將軍	丁巳太歲楊彥將軍
戊寅太歲曾光將軍	戊戌太歲姜武將軍	戊午太歲黎卿將軍
己卯太歲龍仲將軍	己亥太歲謝燾將軍	己未太歲傅黨將軍
庚辰太歲董德將軍	庚子太歲虞起將軍	庚申太歲毛梓將軍
辛巳太歲鄭但將軍	辛酉太歲楊信將軍	辛酉太歲石政將軍
壬午太歲陸明將軍	壬寅太歲賢諤將軍	壬戌太歲洪充將軍
癸未太歲魏仁將軍	癸卯太歲皮時將軍	癸亥太歲虞程將軍

在農業社會，若遇自家人的太歲年，許多家族都會在家中安奉輪值的太歲星君，以保闔家安康，但隨著時代變遷，三、四代同堂的大家庭，被小家庭取代，一般人家中難有多餘空間容納神案，因此許多廟方在偏殿設立太歲星君牌位，統一替信眾安太歲、送太歲，便利民眾，在過年期間、過年後到元宵節是每年安太歲活動的

高峰期。

協紀辦方記載：「太歲爲百禆之統。」神樞經說：「太歲，人君之象，率領諸神，統正方位，斡運時序，總成歲功。」是地神中最有力的神。

民國九十九年（歲次庚寅）

相虎人：1歲、13歲、25歲、37歲、49歲、61歲、73歲、85歲。爲本年犯太歲的人。

相猴人：7歲、19歲、31歲、43歲、55歲、67歲、79歲、91歲。爲本年犯沖太歲的人。

太歲星君符寫法及安奉法：

各位先生女士；貴府大小老幼，如有上列生相年齡者，請參考左記樣式，用紅紙繕寫，安奉太歲星君，以祈求平安，工商倍利，五穀豐收，萬事如意，福運亨通。

1. 安奉在廳堂同位或灶君神同位或其他清淨處所。
2. 請擇農曆正月初九或十五日或另選擇吉日安奉。
3. 宜用清茶、四果、香燭、壽金、太極金、天金奉敬大吉。（焚香拜請星君到此鎮宅平安。）
4. 請於農曆十二月廿四日早，宜用香花、四果、清茶、壽金酬謝後，拆除後焚化吉。

◎大陸白雲觀太歲名：鄔桓

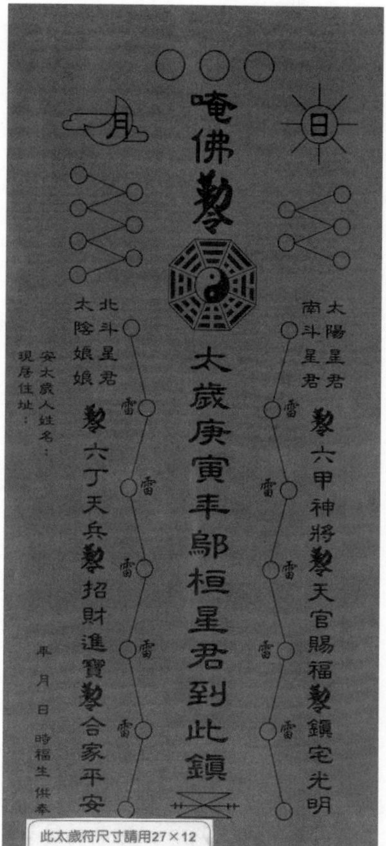

此太歲符尺寸請用27×12公分之紅紙直式繕寫。

我國道教叢林北平白雲觀，是全國宮、觀、廟、壇裡，唯一設有六十星宿神殿（又叫元辰殿）的地方，近年台北指南宮也設「太歲寶殿」。

白雲觀（在北平西郊約一公里），建於唐朝開元十年（七二二年）。金朝正隆五年（一一六〇年）毀於大火，大定七年（公元一一六七年）金世宗敕命重建，並命戶部尚書張仲愈督辦，于大定十四年（公元一一七四年）三月落成，歷六年而成，改名太極宮。改建後，太極宮比毀於大火的天長觀還要宏偉壯麗。民間贊語：「千柱之宮，百常之觀，三極之殿，巍巍乎，奕奕乎。」

元太祖晚年，命長春真人在太極宮「掌管天下道教」，因此太極宮又改爲長春宮，並逐漸成爲北方道教的中心。邱真人羽化後，就埋在此，並起造邱祖殿，遂以邱祖殿爲中心，建造了許多殿堂和館所，並改名白雲觀，這個名稱就一直沿用至今。

據星象家的說法，每人每年有星宿值年，這年的命運如何，就完全掌握在值年星宿手裡。每年農曆正月八日是所有星宿神聚會的日子，人們只要在這一天好好的祭祀一番，自能得到值年星君的庇佑。

白雲觀的星宿殿（原名瑞聖殿），建於金朝明昌元年（公元一一九〇年）奉祀金章宗母親本命丁卯之神，即今元辰殿，又名六十甲子殿。裡面供奉著六十尊星神的坐像，不分高低排列，有的身穿文裝，有的鐵甲武裝，有的鬚眉盡白，有的笑容可掬。每尊均有真人一般高大，造型、容貌各異，神態生動，莊嚴肅穆，栩栩如生。中間供奉的是斗姥元君四頭八臂，爲道教信奉的女神。相傳斗姥是北斗眾星之母，爲龍漢年間周御王之妃，名紫光夫人，生九子，初生二子爲天皇大帝、紫微大帝；後生七子爲貪狼、巨門、祿存、文曲、廉貞、武曲、破軍等七星，爲信徒向本命元辰之神祈福的殿堂，相傳這些作品都出自名匠所雕塑，爲現存造像之精品。

六十甲子太歲神在臺灣很夯，但其像少見。本文依台南市土城正統鹿耳門聖母廟印，方文科編著，《道教六十星辰神像與十二生肖圖》，特轉印神像供各界參考使用，如本文後。

乙丑太歲陳材大將軍

甲子太歲金辦大將軍

丁卯太歲沈興大將軍

丙寅太歲耿章大將軍

己巳太歲郭燦大將軍

戊辰太歲趙達大將軍

辛未太歲李素大將軍

庚午太歲王濟大將軍

癸酉太歲康志大將軍

壬申太歲劉旺大將軍

乙亥太歲任保大將軍

甲戌太歲施廣大將軍

丁丑太歲汪文大將軍

丙子太歲郭嘉大將軍

己卯太歲龍仲大將軍

戊寅太歲魯先大將軍

辛巳太歲鄭但大將軍

庚辰太歲董德大將軍

癸未太歲魏仁大將軍

壬午太歲陸明大將軍

乙酉太歲蔣崇大將軍

甲申太歲方查大將軍

丁亥太歲封濟大將軍

丙戌太歲白敏大將軍

己丑太歲傅佑大將軍

戊子太歲鄒鐺大將軍

辛卯太歲范寧大將軍

庚寅太歲鄔桓大將軍

癸巳太歲徐單大將軍

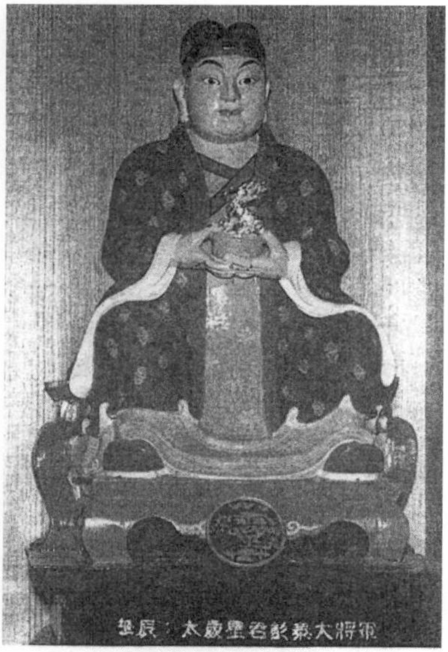

壬辰太歲彭泰大將軍

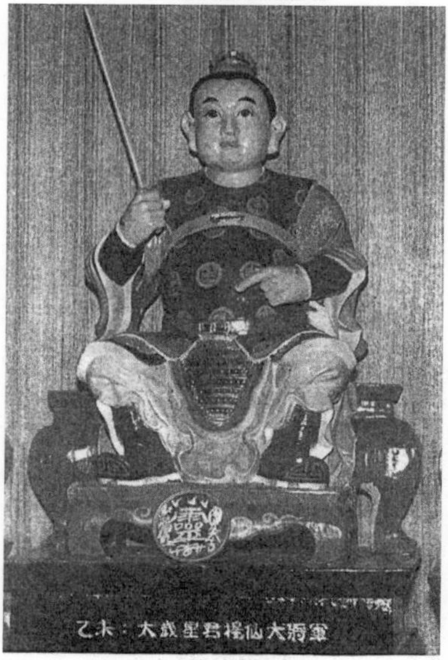

乙未太歲楊仙大將軍

甲午太歲章詞大將軍

丁酉太歲唐查大將軍

丙申太歲管仲大將軍

己亥太歲謝太大將軍

戊戌太歲姜武大將軍

辛丑太歲楊信大將軍

庚子太歲盧秘大將軍

癸卯太歲皮時大將軍

壬寅太歲賀諤大將軍

乙巳太歲吳遂大將軍

甲辰太歲李誠大將軍

丁未太歲繆丙大將軍

丙午太歲文哲大將軍

己酉太歲程寶大將軍

戊申太歲徐浩大將軍

辛亥太歲葉堅大將軍

庚戌太歲倪秘大將軍

癸丑太歲朱得大將軍

壬子太歲丘德大將軍

乙卯太歲萬清大將軍

甲寅太歲張朝大將軍

丁巳太歲楊彥大將軍

丙辰太歲辛亞大將軍

己未太歲傅賞大將軍

戊午太歲黎卿大將軍

辛酉太歲石政大將軍

庚申太歲毛梓大將軍

癸亥太歲虞程大將軍

壬戌太歲洪充大將軍

第二篇 實務：中國民間宗教信仰一般實務作爲

大陸湄洲祖廟開基媽祖之二媽神像

鹿港天后宮簡史

本宮創建於明末清初(民國前321年，萬曆19年)，原廟位於現址北側，古地名「船仔頭」附近（今三條巷內），奉祀天上聖母媽祖，為早年閩籍的守護神之一。清康熙22年（1683年）施琅將軍平台時幕僚藍理恭請湄洲開基媽祖神像，護軍渡海，事平後班師回朝之際，其族侄施啟秉等感念媽祖神靈顯赫，恩被黎庶，而懇留聖像於本宮崇祀，是為台灣供奉「湄洲開基祖廟」的天上聖母 媽祖。

第十章　一般祭祀敬神禮儀

當人們離開了兒童時代，不斷社會化，終其一生，活在一個「禮儀的世界」，誰都不想當「野人」。當然，與眾神交流，不論有求、無求，也有一定的禮儀。

祭祀，乃爲人神相接之具體表示，用意固在敬神，而亦重在求神。所謂敬神，即上天尊祖，崇德報功是也。求神，不外乎祈禱，個人方面：所祈禱者，在消災降福、富貴長命；集體方面：所祈禱者，則在風調雨順，合境平安。

祭祀，必有其禮儀；禮儀，必有其方法。其內容與方式，大致如下：

一、神前擺列牲饌祭品。

二、點燃神案蠟燭。

三、神前獻茶三杯。

四、焚香迎神。

五、敬酌第一次酒。

六、擲杯筊以問神明之降臨。

七、神明既降、進第二次酒。

八、有祈禱於神明者，擲杯筊以問神明之諾否。

九、雙手捧持冥紙與爆竹拜供神明察看。

十、焚燒冥紙，燃放爆竹。

十一、進第三次酒。

十二、擲杯筊，問神明已否餐畢。

十三、持酒潑灑冥紙灰燼，以防紙灰飛散。

禮儀中，有五項須略加說明：

一、牲饌：牲醴有三牲五牲之分。三牲：爲豬、雞、魚三品。五牲：爲豬、雞、鴨（鵝）、魚、卵（或他物）。三牲五牲之外，更有其他山珍海饈之屬者。

二、茶酒：祀神必獻茶、酒，尤以酒爲不可缺。俗云：「拜神無酒擲無筊。」意謂非酒不得神之滿意也。

國際金紙 正流行

中國民間信仰人性化的一面．

近年來，有業者發行「國際版」金紙來取代傳統金紙，除了新台幣之外，還有爲外籍或是信仰西方宗教的祖先，而準備的美金、英鎊、人民幣、歐元，銷路不錯，目前最高面額是一張三千萬元美金。

業者笑說，民衆可以針對不同背景的先人，選擇燒不同的貨幣，也可以省去祖先還要換鈔的麻煩。 文與圖／施鴻基

人間福報 一〇二．六．十五．

有些地方一時買不到酒，則以生米泡水代之，稱做「米酒」。

三、香燭：俗謂：「燒香點燭。」可見香與燭，為拜神所需之供物。

四、冥紙：俗以各種紙製錢幣焚化之，以供神明及死亡者應用，謂之冥紙。冥紙種類繁多，大致可分為「金紙」「銀紙」兩種。

●金紙

盆金：玉皇上帝、三官大帝。

頂極：分大極、小極，用於諸神。

天金：分頂極天金、大天金、中天金、小天金四種，拜獻玉皇大帝、三官大帝。

壽金：諸神。

福金：福德正神等。

中金：中壇元帥、玉皇大帝、三官大帝。

●銀紙

銀紙：分大小銀兩種，大銀用於祭祀祖靈，小銀用於鬼差。

高錢：謝神祭祀時燒用。

白高錢：行喪時懸掛門戶。

庫錢：納入棺內，供死者冥界使用。

外庫錢：放逐小鬼時，給予零用。

燈坐：謝神祭祀時，裝入六甲。

經衣：作爲鬼衣。

金白紙：諸神部屬零星費用。

替身：白虎、黑虎、天狗、五鬼。

婆姐衣：註生娘娘及十二婆姐。

五、擲杯筊：筊以竹木斲削，如彎月形，有兩具，外突內平，外稱陽，內稱陰。占時，則擲於地，一陽一陰爲聖筊，表示神明許諾之意，兩陽爲笑筊，表示神明冷笑，吉凶未明，兩陰爲怒筊，表示神明怒斥，凶多吉少。禱者有所求，先示答謝條件，擲杯筊以問神，及至如願獲償，備醴告祭，謂謝神。

以上五個過程（牲饌、茶酒、香燭、冥紙、擲杯筊），只是人神交流溝通的基本「備禮」。而事實上，古今以來從封神、請神、迎神，到送神或退神，各地區都有不同禮儀，通常大同小異，有些很有歷史、文化的意義。舉每年農曆十二月二十四日「送神」日，依「筅黗」儀式，爲眾神（祖先）整冠潔容、清香爐、抽香腳、篩香灰，最後再用附有竹葉的長竹，清掃廟內天花板塵穢。平時神像、香爐等，都不能亂動，必待送神後才能進行的事，避免冒犯神靈。

「筅」是竹製的清潔品具，「黗」指黃濁、黃黑，是神壇前平時被香爐燻出的黃濁油污。

祭祀禮儀雖有一般性，所謂「外行看熱鬧、內行看門道」，各教派、各地區仍有很多差異。再以中國人最普遍的祭拜祖先禮儀，做簡要說明。

祭拜祖先起源於在商朝。商朝是將祖先看成神明，能庇佑消災、幫助家運亨通。而到了周朝的祭拜祖先，是一種孝道觀。祭拜時如同他們仍在世時一樣的盡孝道。

現代一般傳統的祭祖既有孝道的成份，也有求祖先庇佑的成份。祭拜祖先是一種信念，一種血脈傳承，飲水思源、慎終追遠的孝道觀。以禮敬的態度來盡親子人倫之道。

傳藝中心 循古禮送神

【本報宜蘭訊】昨日農曆十二月二十四日是民間習俗送神日，國立傳統藝術中心邀請環保署長沈世宏等人，於園區文昌祠主持筅黗儀式，並依循古禮爲諸神整冠潔容。

傳藝中心表示，農曆十二月二十四日是廟宇或家中供奉的諸神昇天述職日子，大年初四才會回到人間。由於平時神像、香爐及祖先牌位等不可隨意亂動，避免冒犯神靈，有在送神後當天，才能對這些具有神靈的物品清掃擦拭，謂之「筅黗」。「筅」，是指竹製的清潔用具，「黗」指黃濁、黃黑，代表神壇前平時被香爐燻出的黃濁油污。

一般人習慣在送神當天，對居家環境大掃除，象徵「大拼唐（大掃除），才會富」。

傳藝中心昨日在園區文昌祠舉行「送神筅黗，迎春納福」活動，邀請沈世宏、國立台灣傳統藝術總處籌備處主任柯基良、台灣美化協會總召集人王文貴共同主持。三人祭拜諸神後，分別爲文昌帝君、西秦王爺、魯班先師等神像整冠潔容，並共同清理香爐、抽香腳、篩香灰，最後再用附有竹葉的長竹，清掃廟內天花板塵穢，一切依循古禮進行，簡單隆重。

沈世宏說，環境清潔與保護工作需要全民參與，希望民衆都能趁著春節前，進行環境大掃除，爲來年帶來好運氣與財氣。

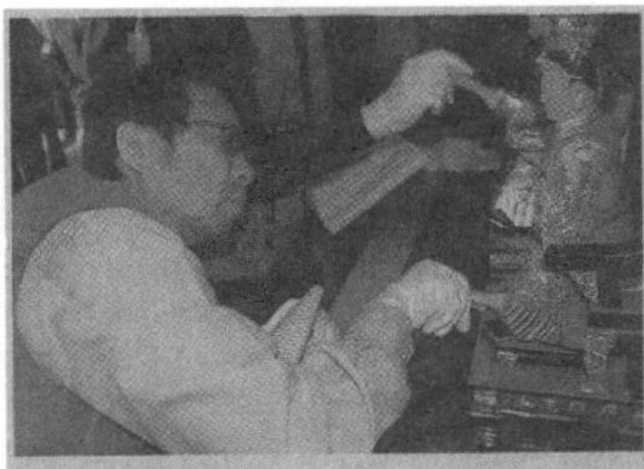

昨日為送神日，傳藝中心邀請環保署長沈世宏等人，清掃園區內的文昌祠，並依循古禮為諸神整冠潔容。圖／中央社

人間福報 2010.2.8.

至於祖先是否能庇佑消災、幫助家運亨通，則端賴我們的信仰了。

傳統的習俗，會在家中的神明廳神明的右側擺設「神主牌位」（祖宗牌位）早晚敬香茶水禮拜。每逢祖先的生辰或是忌辰時，還有年節的時候，都會再加用供品來祭拜。

生、忌辰時的祭拜，會準備三牲五禮、酒、菜飯等供品；元宵節則會準備糕餅及湯圓；清明節則準備潤餅、菜飯、水果；端午節則準備粽子、水果；中元節的供品則有三牲五禮；中秋節則準備月餅及文旦；冬至時則準備湯圓及水餃；除夕時則會準備三牲五禮、年糕及發糕、蘿蔔糕、糖果、年柑。大年初一要有年糕、年柑及發粿置放桌上至初五，是為壓年。

現代因生活型態不同祭拜祖先供品以方便、誠心為最高原則，全素者可以素材及水果來代替。不要拘泥一定要三牲五禮或幾菜幾碗才可符合習俗。準備者有歡喜心祖先也自然歡喜，吃祭拜過祖先的東西就如同與祖先共餐。

我年青的時候生長在傳統農業社會，成長過程看到最多的是全年各種拜拜，每次拜拜一定有一位以上神明接受供養。祭拜祖先一般有如下禮儀（程序）。

1. 每天早晚先行換茶水，點上三炷香，先跟祖先問早道好。

2. 奉請祖先上座（如父母、祖父母、姓氏祖先等請奉請上座）。

3.請受子孫茶水供養。

4.如遇節日需唸出因今日爲某節日子孫（姓名）等準備供品（供品要一一唸出）請祖先接受供養。

5.有事請求——請說明事由，請祖先做主幫忙。說明後請祖先們享用。

6.插香後，三拜行禮。

7.初一、十五或節日於炷香燒三分之二後，再燒紙錢並請祖先接受供養收取。

8.俟紙錢完全燒完後雙手合十禮拜，再收供品。

一般祭祀、敬神禮儀，各地區雖大同小異，有很高的普遍性。但就個別事項，如祭祖、授籙傳度（江西三清山道教祖庭、如照片）、求財、求姻緣、安太歲、求金榜題名等，都有不同的禮儀；而相同事項可能各廟宇也小有不同，但「萬法唯心」，誠意誠心最重要。

20多間宮廟陣頭起駕 遶境祈福

【記者郭畫宏台北報導】為關聖帝君聖誕暖壽，「高雄市第一屆關帝文化節」活動昨日在高雄意誠堂舉行祭典大禮，市長陳菊應邀擔任主祭官，並點燃砲火，數十間宮廟的鎮殿主神及衆神靈同時起駕出巡，不僅為一連七天的宗教民俗活動揭開序幕，亦象徵南部首個大型宗教文化節慶的誕生。

國曆七月二十四日（農曆六月二十四日）是關聖帝君一千八百五十二年聖誕千秋之日，在高雄市府支持下，高雄市關帝聯誼會今年創辦「高雄市第一屆關帝文化節」，集結市內二十多間廟宇參與，中國大陸道教團體也共襄盛舉，規畫一系列靜、動態宗教文化活動，期建構一個與北城隍、中媽祖、東寒鄆等文化節慶相當，屬於南部在地的「關帝文化聖地」主題特色。

這場百年難得一見的宗教活動，融入多項文化元素，像是各間宮廟以《三國演義》為主題，設計二十多輛各具特色的燈光花車，也跟著遶境隊伍行經高雄市區，彰顯關公的精神，也為市民祈福招財；各陣頭除晚上在衛武營表演外，白天也會參加遶境，並表演飛跳、翻滾等精采功夫。

靜態部分，將於衛武營藝術文化中心展出「關公文物展」，以宗教博覽會形式介紹關公的生平事蹟，還有神轎、古文物展示，以及請示問事、收驚等化災解厄的宗教儀式展演；二十六日也會在衛武營舉辦大型祈福法會。

「高雄市第一屆關帝文化節」昨天在高雄意誠堂舉行遶境起駕大典，遶境隊伍從高雄縣佛教會、高雄道德院及中國儒教會出發，連續三天行經高雄市各主要道路，保佑民衆出入平安。 圖／顏福江

江西龍虎山道教祖庭，2008 年 8 月。

第十一章　中國民間宗教信仰一般祭祀典範

淨空法師談到祭祀、祭禮時，說：「祭之旨在不忘本，所謂返本報始也。」祭事誠屬心性極則之理，而表現於生活中，乃一切行門之大根大本也。大師談祭要旨有三：

第一、祭祖先。旨在教民誠、信、忠、敬，愛人如己，事死如生，情至厚也。

第二、祭天。天者天理也，有事必有理，祭天旨在教民即事以明其法爾自然之理。

第三、祭諸神。諸神即指萬事萬物之謂也，祭之旨在教民敬事愛物，以成百藝，精神生活之表現也。

是故，中國民間信仰不能以迷信二字推翻之。晚近以來，國人有信西方天主基督者，回頭來說自己的民族信仰是迷信、是拜偶像，乃數典忘祖之說，要從嚴糾正才是。

中國之傳統習俗常因地而異、因宗教而異、因姓氏而異，更因現今年輕一輩不懂者大有人在，懂得者亦常感無所適從，故編此祭祀典範提供給大家參考。

全載之典範只做參考，仍應以各家傳統爲主。

一、談敬神明：「虔則靈感，敬神如神在」敬神必須出自內心誠意方行之，否則準備再多的祭品、金錢也是枉然。

故在敬神前必須清潔其身，衣服乾淨整齊，洗手、臉等必須確實做到，敬神時切記勿喧嘩（途中與人交談）、嚼檳榔、吸煙、憤怒等等皆爲敬神大忌。遇有大節慶，如過年初一或參加進香，更需以素爲食，一般進香最少以三天爲限。

二、家裡神明：祭品——依各人慣例準備牲醴或敬果、餅品或各種素齋等，若準備牲醴另需酒三杯或三次。

金紙——大太極、壽生、壽金、福金、四方金等，數量依其心意決，一般壽金要多加一些。

時間——酒敬過三次，一柱香約過三分之二時燒金，後收其祭品成也。（正月初一日拜素食，過年過節時需拜家裡神明及每日早晚參香）

三、一般寺廟拜神：祭品——依各人慣例與拜家裡神明略同即可，若進佛寺就必須以素齋或敬果、素餅爲祭品。若是許願求筊者，就必須按照所許之物還願。

金紙──大太極、壽生、壽金、福金、四方金等。

時間──應按主辦寺之時間表行之，只可提前絕不能延後，因一般參加進香又叫隨香，絕不可超在神轎前（任務者例外）如此才是參加進香正確之法。回駕入廟後，也需參香稟明我也回來了。

四、參加進香時：祭品──一般因不方便所以祭品皆無準備，若須要時可準備一些敬果、餅品之類較爲方便。

金紙──大太極、壽生、壽金、福金、四方金等。

時間──應按主辦寺廟之時間表行之，只可提前絕不能延後，因一般參加進香又叫隨香，出發前必須向神明參香稟報我已來，而后後一切活動中都必須跟隨在神轎後面，絕不可超在神轎前面（任務者例外），如此才是參加進香正確之法。回駕入廟後也須參香稟明我也回來了。

五、拜祖先：祭品──依各人慣例另準備碗、筷、湯匙各十份（或依祖先人數）口訣：「老祖公、老祖媽、祖公、祖媽、阿公、阿媽：今日是何時，請皆回來用食」，另有人習慣在燒金前擲筊請示滿意否。

金紙——過年、七月十五需準備壽金、四方金、銀紙，其他節日則以四方金、銀紙或依其自己習慣。

時間——一柱香約過三分之二時擲筊燒金。（正月初一拜素食、正月十五、清明、五月五日、七月十五日、九月九日、過年）

六、祖先忌日：祭品——與拜祖先同。

金紙——往生、銀紙、四方金。

時間——與拜祖先同。

七、拜天公：祭品——依各人慣例準備或五齋（冬粉、銀針、香菇、豆乾、木耳），牲醴大多準備三牲五醴（三酒杯與五酒杯），另需紅龜、番薯粿、發粿、紅圓、麵線、麻米粩素材及香花等，另加三杯清茶、燭一對。

金紙——天金、尺金、大太極、壽生、福金、四方金。

時間——酒敬過三次，一柱香約過三分之二燒金點爆竹。（正月初一日、正月初九日、正月十五日、十月十五日）

八、男女孤魂：祭品——依慣例，葷、素均可，量以意為之，另需臉盆水（用小椅墊高，忌放於地上）毛巾一條放於臉盆上，粉、鏡子、梳、香煙、檳榔。口訣：「男女孤魂並非好兄弟」。

金紙——更衣、銀紙、往生、四方金、壽金。

時間——更衣在上香後馬上燒之，不可與其他金紙同燒一處。然後在一柱香約過三分之二時燒金。（七月一日、十五日、二十九日）

九、七娘媽：祭品——雞酒七碗、八糕、胭脂粉。

金紙——四方金、壽金。

時間——一柱香過三分之二時燒金。（七月七日）

十、中秋節：祭品——中秋月餅、柚、紅柿等。

金紙——壽金、四方金、大太極、壽金、福金。

時間——一柱香約過三分之二時燒金。（八月十五日傍晚）

十一、拜百姓公：祭品——依各人慣例或許願還願，另需燭一對。

金紙——更衣、銀紙、四方金、往生，若準備有牲醴需壽金與酒三杯。

時間——上香後馬上燒更衣，而後一柱香約過三分之二燒金。

十二、拜地基主：祭品──依慣例準備，在廚房（面向客廳）或在屋子前後門，向屋內祭拜。

金紙──一只壽金、一只四方金。

時間──燒金要過些，一柱香過五分之四時。（正月十五、清明、五月五日、七月十五日、九月九日、過年）

十三、拜床母：祭品──依慣例準備，大約雞酒或雞腿一碗、飯一碗。

金紙──一只四方盒。

時間──燒金要快些，一柱香才過五分之一時。

十四、掃墓：祭品──亡人：一碗、一雙筷、茶一杯、燭一對。土地公：牲醴、發粿、紅（草）龜、丁粿、黑豆米糕、春乾等，燭一對、三杯酒、一杯茶。龍神與土地公略同。

金紙──土地公：壽金、四方金、福金。龍神：壽金、四方金。亡人：銀紙、四方金、往生、古仔紙。

時間──一柱香過三分之二時燒金。

十五、普　渡：祭品——隨其心意準備，切記不用麵線及罐頭之類少用。

金紙——壽金、四方金、福金、往生、銀紙、庫錢、更衣。

時間——依誦經行事，上香後馬上燒更衣，而後在祭品上繼續接香，燒金時庫錢與銀紙不可與其他金紙混在一起燒。

十六、拜土地公：祭品——二月二日及十二月十六日需準備牲醴，其他日準備一般祭品即可。

金紙——大太極、壽金、四方金、福金。

時間——一柱香過三分之二時燒金。（每月初二、十六日）

2011.6.4. 大瀑布下的祭典

二〇一一中國貴州黃果樹瀑布節唱山祭水大典於黃果樹大瀑布舉行，這是黃果樹大瀑布自二〇〇四年以來連續第八次舉辦該活動，表達「聖祭瑰麗山水，祈福國泰民安」的美好願望。黃果樹瀑布節已經成爲貴州省層次最高、規模最大、最具知名度和影響力的旅遊節慶品牌活動之一。　圖／本報香港傳眞一般皆應以入鄉隨俗之習慣，故進各處寺廟參香應以各寺廟習慣爲主，若有不懂問及寺廟人員，相信必能得到滿意答案。

若寺裡有供奉地藏王菩薩，則應先向地藏王菩薩鞠躬 ；另佛寺內中央拜墊不跪拜，自取在兩邊拜墊跪拜，一般跪拜行三拜九叩禮，參香時先拜天公。

在我國歷史上，對眾神仙佛聖賢的各種祭典中，應以「祭孔」大典最爲隆重。不僅是各級官方，含儒、佛、道各寺廟（宮、殿、堂等）、各教派，均無不祭孔。

一貫道世界總會發起人張培成老前人(中)，於一九九一年擔任台北市孔廟春季釋奠大典正獻官。 圖／一貫道基礎忠恕提供

一九九一年台北市孔廟春季釋奠大典，由一貫道世界總會發起人張培成老前人擔任正獻官（如下圖）。而二〇一一年台北孔廟祭典也是盛況空前。

台北市孔廟座落於台北市大龍峒地區，是臺灣唯一由地方發起集資所興建，自古人文薈萃，儒道文化氣息濃厚，本年度春祭典禮於三月十三日於孔廟園區隆重舉辦，在新編樂、舞、儀禮中，隆重向孔子表遠最崇高的敬意。台北市政府爲紀念至聖先師孔子聖德、延續春秋祭聖傳統精神、推廣所屬孔廟之精緻祭典文化及啓動孔廟文化園區魅力觀光景點特色，特別以春天活潑躍動、欣欣向榮及現代性爲特色元素，展現春祭樂舞的時代流變性，作爲建國百年獻禮，期讓精緻祭典文化在國際上展現光芒。

台北市孔廟自九十七年首辦春祭活動，備受各界重視與迴響，一百年春祭儀程涵蓋二十九項古制祭拜哲學，展現儒家祭典人文之美，在儀程中加入中、英、日、韓、河洛五語經朗誦典，正獻官由台北市副市長邱文祥擔任，並邀請本市各界代表及駐外使節代表擔任獻官陪祭，將儒學文化推向世界舞臺。爲展現臺灣學子多元設計的文創能力與活力及「學以致用」的師道傳承精神，本次春祭典禮，除由臺灣藝術大學林秀貞副教授所編排佾舞，展現儒家「中和」之美的當代建構，貼近時代脈動外，並由南門國中音樂班擔任演奏、臺灣藝術大學中國音樂學系學生擔任歌生、明倫高中學生擔任禮生、開平餐飲學校學生擔任祭饌廚師，傳承此一珍貴傳統習俗。在春祭典禮之後，除由正獻官抽出今年的學運籤，爲全市莘莘學子祈福，分送「祈學福袋」外，也結合社區擴大在六藝廣場上舉辦「依仁游藝嘉年華」等精彩活動，讓前來參禮的民眾行程豐富，收穫滿行囊！

另台北市孔廟並獲得交通部觀光局的支持，目前正在執行「競爭型國際觀光魅力據點畫」，計劃執行至今，除了持續推動台北市孔廟特有的春秋祭典外，更針對不同年齡及不同國籍的遊客及民眾，推出個項豐富且多元的活動，包括「古禮祭典、儒家風格展演與體驗」、「儒道及傳統文化研習活動」、「孔廟情境劇——孔廟傳奇三部曲」、以及「孔子大使——外語人員培訓導覽」等活動，期望以孔廟爲核心，打造一個具有儀典場所、儒學象徵、教育傳承與歷史建築等多重意涵的台北市特色文化觀光重鎮。（圖文，台北市，民政報報，第36期，100年4月15日。）

▲民眾體驗雅樂舞

▲情境劇二部曲童遊孔廟演出實況

▲正獻官為學子抽出辛卯年學運籤

▲臺藝大佾舞獻演

民100年台北孔廟春祭

▲春祭由邱副市長擔任正獻官

第十二章 個別領域需要的祭祀敬神禮儀例舉

祭祀敬神或人神各種交流禮儀，有其一般性的大同小異，古來也有許多個殊領域項目，恐有千百種之多。今例舉五種：向月老公求好姻緣、拜好兄弟、拜地基主、現代公司行號祭祀簡介及搬家入厝等，略說祭拜禮儀過程。

壹、向月老公求好姻緣

現代社會少子化嚴重，很多人也找不到好姻緣，相信「媒神」很多歡迎。月下老人又叫「媒神」，俗云：「姻緣天註定，不是媒婆腳賢走」，即指姻緣天註定（月下老人），是月老公牽的緣線。

通常情人節、中秋節最適合到寺廟月老殿求好姻緣，須備六樣「法禮」（如圖），向月老稟告自己姓名、地址及所求對象類型，再配合道士「求緣法事」上呈疏文，便更能加速姻緣早到。

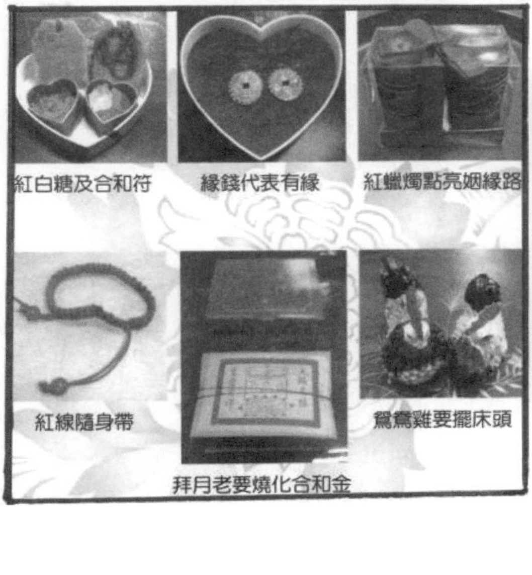
紅白糖及合和符
緣錢代表有緣
紅蠟燭點亮姻緣路
紅線隨身帶
鴛鴦雞要擺床頭
拜月老要燒化合和金

貳、拜好兄弟

中元普渡的對象是「好兄弟」，每年七月初一日地府開鬼門，七月最後一天關鬼門，七月時讓這些鬼魂得吃、得穿、得渡；慶讚中元普渡，不只是地獄出來的鬼魂而已，其中也有山川、河海、陸地、三十六彙，我們稱它爲「十方萬彙一切男女孤魂等眾」，家家戶戶及宮廟在七月時舉辦大普渡，恭請太乙救苦大天尊（救苦）、羽林大神（監齋）、中元二品赦罪地官（普渡公）等，度盡一切魂靈等眾，祈求「風調雨順、國泰民安」。

平常時爲何還要祭拜好兄弟呢？有一種靈魂不能去投胎，也不能去天堂、地獄，還滯留在人間，另一種是怨恨或領令來報仇的，尤其心有罣礙放不下，或親情、恩情、愛情等沒辦法拋開的，有的是自殺、跳樓、上吊、服毒、自溢的

中華宗教文化交流協會　北京成立

【本報台北電】宗旨在加強中國宗教界對外交流的「中華宗教文化交流協會」，三十日在北京成立，該協會會長由中國宗教事務局局長葉小文擔任。

協會名譽會長包括中國的：全國人大常委會副委員長、天主教愛國會主席、天主教主教團代主席傅鐵山，全國政協副主席、佛教協會名譽會長帕巴拉・格列朗傑，以及全國政協副主席、中國基督教「兩會」名譽主席、名譽會長丁光訓等三人。

據報導，中華宗教文化交流協會（英文縮寫爲CRCCA）在中國是具有法人地位的全國性非營利性社會組織，也是依法登記的社會團體法人。

該協會是個開展宗教文化對外交流、交往的平台，旨在凝聚海內外、國內外宗教界、文化學術界和政府有關部門的力量，拓展宗教文化對外交流的新領域，開創宗教文化對外交流工作的新局面。

明年該會將展開一系列活動，其中包括與中國佛教協會於明年四月十三日至十六日，在浙江省杭州市和舟山市聯合舉辦首屆「世界佛教論壇」。

（二〇〇五.十二.三十一，人間福報，九版）

亡靈，有的想要「抓交替」替死鬼，這些魂魄還尚在人間，該由誰來管呢？這些亡魂都是城隍爺管轄的，而鄉鎮、城市、都州、縣等城隍爺都在人間及地獄之中辦案，就像當今的「警察局及派出所」，在維護治安、賞善罰惡、所以城隍爺常繞境祈求平安，不管是居家、公司、店面、工廠、八大行業等，每逢初一、十五或初二、十六，皆會在公司、店面前擺設香案，供品，金帛等，祈求生意興隆、財源廣進、闔府平安。

供品：只要能吃能喝的、飯菜或民生必需品，如柴、油、鹽、米、醬、醋、茶一切可拜、記得拜拜時，需面朝外，案桌也向外，香爐插三支香，而每一道菜都要插一支香，「好兄弟」才知道這些飯菜等給它們吃的、穿的、用的。

金紙：刈金、大銀、小銀、巾衣、金錢白錢等，若「普渡」時要加大百壽金、壽金、福金。

參、拜地基主

何謂地基主？在現在寸土寸金的社會，每家每戶都有地基主。

俗稱：來龍去脈之龍神，最原先開拓者的亡靈，滯留的孤魂，先來後到之亡魂，佔地爲癘魂等等之說，我們稱它爲「地基主、地主恩公」；它是無形界、家內陰靈，而我們是有形的，我們陽世人爲求平安，萬事順利，須和地基主和平共處。

祭祀：地基主祭拜非常簡單，平時初一、十五或初二、十六，在下午三點至五點（申時）最適合，拜拜用我們晚餐要吃的那一餐飯菜，來祭拜就好了，如遇年節或有拜祖先（公媽）的日子，記得多加一些飯菜！例如：端午節加粽子、中秋用月餅、冬至加圓仔湯等。

地點：案桌設置在屋內靠近餐廳的牆壁，牆壁後面不可有廁所，拜的方向不能向大門、後門、側門、窗戶等，向著門或窗拜拜，皆爲破財，財漏出去，如果向爐灶拜，地基主也得不到，因爲灶王爺比地基主大，它不敢拿，也無法溝通。

金紙：只用刈金即可，也可加大銀、小銀或巾衣。

聯合敬天祭祖 千餘人參加

天主教、宗親會等參與 中縣天極行宮儀式肅穆

95.3.27.人間福報，9版.

【記者黃映禎台北報導】爲宏揚祭祖孝道，中華天帝教總會、中華倫理教育學會和中華民國禮樂學會昨天在台中縣天帝教天極行宮，舉辦海內外同胞聯合祭祖大典，現場湧進一千兩百多人參加，儀式肅穆隆重。

祭祖大典仿古代祭孔大典進行，由協辦團體的天主教主教王愈榮、國際尊親會總會長廖正豪和台中縣副縣長陳茂淵擔任主祭官，在迎入百家姓祖先牌位後，恭讀祝文祝禱。

三獻禮後的賜福禮，由新竹市朱氏宗親會理事長朱坤塗將象徵列祖列宗福氣與智慧的「福」屏，授與年輕代表，以示祖恩祖德福祚綿延不絕。

現場除了百餘名陪祭者身著藍色祭袍，還有難得一見的百家姓旗陣，以及熱鬧的同仁堂龍隊配合大鼓隊繞場一周，象徵祥龍獻瑞。

天帝教表示，祭天、敬祖是中華民族倫理思想表現，目前台灣雖有社團舉辦類似活動，但多屬單一團體，而海內外同胞祭祖大典，聯合不同宗教和單位，是目前華人祭祖中最具代表性，值得重視。

注意：平時拜拜飯菜可多可少，那怕是一飯、一菜、一湯都可以，您吃什麼祂就吃什麼，與公媽相同也，地基主亡魂人數不一定多寡，只要誠心誠意即可，如果是開店、公司、工廠等，金帛紙錢可多燒一些，會很靈驗感應的，燒化金紙時要在案桌附近，不可拿到大門以外焚化，否則地基主一樣收不到。

肆、現代公司行號祭祀簡則

走在大街小巷，熱鬧的大城，一年四季各種節日慶典、神佛祖師誕辰，公司行號忙著祭祀敬神。仔細看看，他們在拜什麼？

開工、入宅、開市、動土 必備祭品

1. 水果：三種或五種均可。唯忌蕃石榴、蕃茄、李子。
2. 紅圓：三碗。清茶或酒：三杯。素菜：三樣。
3. 發粿：三粒或蛋糕亦可。糕餅、乾糧類備齊五種。
4. 香：三炷或盤香均可（水沉香）更佳。鮮花一對。
5. 焚香祈念文疏約過二十分鐘後，再燒化「朝天祈福表文」。（如下）

6.禮品。

如何恭請神佛祈福禮儀

咱！中國人做事，在擬定計劃後，都喜歡挑選黃道吉日迎神或謝神祈福，將事情趨向圓滿之意。但是要怎樣來恭請諸位神佛賜福呢？

依正統迎神佛會禮儀是要有「請神佛祈福表文」來作溝通，就如我們必須與政府單位或公司來往的公文或契約一樣。一般大眾沒有拜師學習過，都不知如何書寫「朝天祈福」表文？

註：請神祝文應以「黃色」或「紅色」紙。長度為28公分及寬42公分（約A3紙張）。依下列「朝天祈福表文」內容填上自己的姓名、地址或公司行號名稱及住址。用黑色毛筆或簽字筆書寫工整。於祭拜中再恭頌一次以達最高之敬意。主祭人或主事者祈念。

朝天祈福表文 開市、入宅 開工、動土 專用

伏以

焚香拜請。伏以日吉時良。天地開張。當空結座高臺。立案焚香。香煙沈沈。神必降臨。香煙昇起。神通萬里。拜請年值功曹。月值使者。日值功曹。時值使者。傳香童子。奏事童郎。爲民傳奏。恭護虛空過往列位眾神佛。

心香三炷　仰叩鴻恩　今據南膽部洲

臺灣省。現局住址○○。　善信男女：林○○誠心帶領閤家人等或及（全體員工同仁）涓取今○年○月○日時吉日、良辰敬備香、花、清茶、果品等恭請諸列位眾神佛降來本家受善信男女：林○○閤家人等或及（全體員工同仁）虔誠奉敬叩求。神光普照。鎮宅光明（開市或入宅或開工或動土）○○順利。又祈○○年合家平安。事業興隆。財源廣進。身體健康。諸事如意。貴人顯助

神靈顯赫家安泰　無災無禍福常來

恭此　上聞

天運　年　月　日　林○○三叩上疏

伍、搬家入厝祭祀簡則

現代社會一般城市小市民搬家已不重視這些，但大戶人家，傳統家族或社會地位崇隆者，還是很講究，只要多注意媒體報導大人物、有點地位之行誼，便能發現「禮失存於野」。

以搬家入厝爲例，各地大同小異，供品、備禮、安香、安床、拜地基主及注意事項，簡略說明。

居家環境會影響人的身體及心理，從而改變人的命運，所謂「一命二運三風水」，所以居住環境對一個人是非常的重要。搬家在擇日術語上稱爲「移徙」，意思爲遷移搬家居處異動，是一件重要的事，搬家首先要符合方位，再要愼選黃道吉日。

一、搬家當天最好能準備六樣吉祥物品入宅：

1. 米：用米桶裝八分滿的米上面放紅包一個。

2. 紅色的鮮花和發糕兩個，代表喜氣一路發。

3. 碗筷和湯匙：六副或一打，上面貼上紅紙。

4.畚箕和新的掃帚，上面貼上紅紙。

5.新烘爐一個（內裝木炭）。

6.水：用水桶裝三分滿的水，內裝硬幣數十枚。

二、搬家的時間最好在中午之前，並在日落之前完成，切忌夜晚入屋。

三、在入厝吉日吉時前，要選一個「安香」的日子先行遷入神明再請祖先，準備鮮花、飯菜、水果祭拜。

四、新烘爐點上炭火，與親朋好友吃甜湯圓，人氣愈多愈可收旺宅之效。

五、油、米、鹽、糖各取一樣，家中成員各一件衣物象徵性貼上紅紙，代表可以不愁吃穿、不愁用，全家沾滿喜氣。

六、搬家當日的晚上，應將屋內所有燈光全部打開至次日，使屋內陽氣旺而不息。

七、搬家時幫忙的人最好生肖是屬雞或龍，屬虎者和孕婦避免在現場。

八、在「安床」日，先在床上貼一小塊紅紙先不就定位，等吉時到時再定位，就位後最好能找一個屬龍的人先臥床。

九、拜地基主：地基主是每一間房子的「宅神」，拜拜時間宜選在陰氣漸昇的酉時（傍晚五到七時），傳說地基主的個子不高所以供桌亦不可設得太高，並需擺碗筷兩雙，以供地靈公及地靈母夫妻兩人使用。呼請時要稱其「地龍公」或「地靈公」，不可直呼地基主。祭品可以用家中現成的便飯菜（最好是有飯菜及湯，一定要煮熟的，亦可將剛拜完神明的供品拿來拜）水果（不要用芭樂、釋迦、蕃茄）、茶或酒三杯、紅燭一對。祭拜後再以刈金、銀紙及經衣等打點，至於供桌可擺在廚房門口向客廳內拜，也可擺在廚房後門朝室外拜，依各地方的習俗而自行決定。

所謂民間信仰，必然在不同地區形成不同習俗。例如，同樣拜地基主，但搬家入厝和平時家中就有不同禮儀，要準備的東西（供品、法禮）也不同，平時拜地基主很隨意，家中當餐吃什麼拜什麼；搬家入厝則講究，還另備六樣吉祥品入宅（如上項）。

禮儀可能也有「流行」，或受時代潮流影響。以拜好兄弟為例，早年用來拜好兄弟照路用的「普度公燈」，

民俗學先驅捐中研院 珍貴道教文物

文物中較為特殊者包括：用來收納道士法器用物的「竹編師公籠」、祭解用的「木雕關煞亭」，及用來為好兄弟照路的「普度公燈」，這些文物今日幾乎已完全絕跡，更見其彌足珍貴。

中央研究院民族學研究所展出劉枝萬（上圖）所捐贈的珍貴文物與圖書，多項目前已經幾乎絕跡的文物，對台灣民族學研究貢獻良多。 圖／胡經周

現在早已不用，而成爲民俗文物（如剪報下圖）。

早年拜拜（距今約三十年前），尤其重要神佛慶典大拜拜，各種金紙堆積如山，燒的煙灰滿天飄，近十多年來受到環保理念影響，大家象徵性的燒一些，這是一種轉變。也有從理論上解說，認爲這些「錢」，亡者或眾神不一定收得到，不如布施、頌經等有功德，近年來各寺廟燒的金紙似乎少多了！

第十三章　祭祀供品的種類及其迷思

中國民間信仰祭祀眾神所用供品，因教派、神明、歷史淵源而有不同。例如，佛教眾神祭祀供品必然全素，無所謂的「三牲」、「五牲」供品，儒、道及其他教派多所講究。

但中國民間信仰經千年演化，大多儒、佛、道融合，一般寺廟（宮、堂）雖可從名稱判斷教派，但神明已不分了。正式祭祀對供品大多很講究，現將各類供品用於何種祭祀！略爲簡說。

三牲：一般用於祭拜土地公、灶君、家中的神明或者是祖先的祭祀時使用。三牲又分爲半生熟的與全熟的，半生熟的三牲用於祭祀明神，而全熟的三牲則用來祭祀祖先。三牲分別是：豬肉一大塊、雞一隻、魚一條，在供桌上的排列方法爲：豬肉置於中，雞和魚則放置於兩旁。

小三牲：是三牲的簡化，可用雞蛋代替雞，用花枝或魷魚代替魚，用小塊的豬肉代替一大塊豬肉。通常是「謝外方」或是犒勞天兵神將時使用的。

生三牲：未經烹煮過的三牲，一般用來祭祀虎爺。

四牲：通常用於喜慶或是神誕時，因爲「四」是雙數，所以不在喪事上使用、在陳列時沒有固定的排列方式。有豬肉一大塊、雞一隻、鴨一隻（或鴨蛋）、海鮮一種。

五牲：通常用在玉皇大帝、三官大帝或城隍爺等的大祭典上，另外冠婚喪祭中也可以使用。有豬肉一大塊、雞一隻、鴨（鵝）一隻、魚一條、豬肝一個或魷魚一條。五牲的排列方式是：豬肉居於中，稱爲「中牲」；雞及鴨（鵝）置於兩旁，稱爲「邊牲」；魚與豬肝（魷魚）置於邊牲之後，又稱爲「下牲」。

牛：只限於祭祀孔子時才用的，是殺好而且沒有烹煮過，也沒有去毛的全牛。

全豬羊：用於團體性的大祭典、冠婚喪祭或者是還願時才用的。是殺好但是沒有烹煮過的全豬、全羊。

飯菜：用來祭祖先或者是孤魂時使用的，通常會準備六樣、十樣或者是十二樣。

菜碗：用於供奉釋迦、觀音、彌勒佛等佛時使用的，通常會準備六樣、十樣或者是十二樣的素菜。

五齋：金針（金）、木耳（木）、冬粉（水）、香菇（火）、筍乾（土）等五種，它們所代表的意義是：天地五方皆來祭祀，通常用於祭祀天公等重要祭典。

六齋：在木耳、金針、紫菜、碗豆、菜心、蠶豆、香菇、桂圓、豆苗、海帶、麵筋等素菜中選取六樣合稱爲「六齋」，通常用於供奉天公的時候。

五味碗：是指用五個碗分陳五味做爲祭品，通常用來祭祀地基主或有應公之類的孤魂野鬼。

七味碗：這是祭祀七娘媽時特有的祭品，是指七碗不同的粿食或是糕點，例如：湯圓、米糕、雞酒、油飯、桂圓、紅蛋、蓮子、花生等，內容不限。

油飯：用於生育禮俗的特殊食品。如滿月時祭祀孩童的守護神，或者是七娘媽、註生娘娘等。

五果：柑、橘、香蕉、甘蔗及蘋果合稱爲「五果」，通常用於供奉天公的時候。另

小朋友 扛虎爺遶境

虎年到，彰化縣鹿港鎮福德祠的「虎爺」昨天出巡，在鹿港遶境為國民及店家祈福。廟方請小朋友換穿虎花紋服裝，扛虎爺神轎，儘管戶外天氣氣溫僅有十度，但他們不畏刺骨寒風，嘴裡大喊「大家發財」，吸引了民眾圍觀，為他們加油打氣 人間福報 2010.2.19 圖與文／鄭文正

外，香蕉、李子、鳳梨、米糕及生仁也稱爲「五果」這五果分別代表招、你、來、高、昇的意思。柑橘代表吉祥，在過年祭神時會圍上紅紙條象徵一尸甘甜美好；普渡時把柑橘放在神豬的嘴裡，表示甘願犧牲奉獻給神明。鳳梨又稱爲旺來，是過年祭神及開市時不可少的水果，用來祈求興旺常來。

甘蔗：是一種代表甘甜美好、節節高昇的水果。在結婚時，女方會準備一對有頭有尾的甘蔗，讓新娘帶到婆家，表示能像甘蔗一樣「繁殖生產」。拜天公時，則會繫兩根甘蔗在桌旁，用來祈求錢財能節節高昇；除夕及過年時，則將削好又切塊的甘蔗用來祭祀神明及祖先，用來祈求來年事事如意，吃甜的日子比吃苦的日子多。

四果：就是四季（春、夏、秋、冬）的應時水果，而不是四種水果，祭拜時只要選擇當季的數種水果就可以了。

蛇神化河神　供品只愛蛋

【本報台中訊】台中市大甲區大甲溪河床上的「河神廟」，相傳是蛇神轉化而成，只愛吃蛋不愛其他供品，供桌上經常形成小蛋山，是全台少見的寺廟奇景。

七十歲的廟祝王啓茂表示，七年前他整農地時從河床挖起一塊巨石，放在田邊不以爲意，某日有名老者路過當地，認爲是塊奇石要求他供奉，當時半信半疑，心想「有拜有保佑」，就在石頭前準備簡單香案。當晚即夢見有三人形，自稱「河神」找上他，他們自稱是上千年的長蛇化身成河神，鎮守當地的大甲溪。

信徒深信河神是蛇神轉化而成，供品以蛋爲主，不論是雞蛋、鴨蛋都可以，重要節慶時才供奉三牲，供品最忌酒類。供桌上的蛋堆積如山，信徒有時參拜完就取回，也有人交換別人拜過的，認爲愈多人拜過的愈靈驗。

人間福報

大甲溪「河神廟」的河神，據傳是蛇神轉化而成，供品只愛蛋。　圖／苗君平

五子：桂圓、紅棗、榛子、花生及瓜子合稱爲「五子」，通常用於祭祀織女星。

麵線：把麵線紮上紅繩或紅紙，用於神佛誕辰時的供品。

清茶：用來供奉神佛及祖先，一般只供三小杯。也可以只供奉乾茶葉，然後終年不徹供。因爲茶能清心及陶情，所以人們認爲用茶來敬神是非常虔誠的表示。

酒：一般用於祭祀神明、祖先、冠婚喪祭及年節拜拜的時候，而且祭拜時通常是使用米酒。祭神時用三小杯，祭祖時用五、七、九或十一小杯不等。俗話說：「拜神，無酒擲無筊」。

生菜：考生通常會用芹菜（勤學）、蘿蔔（好彩頭）、蒜（算）及蔥（聰明）來祭祀文昌帝君，在祭祀時要綁一小段紅紙，有討喜的意義在裡面。這些生菜中，芹菜要用有根有葉的全株芹菜，蔥也要用有根鬚的，表示有始有終。

以上拜神用供品大多有一定禮制，另民俗演化各地有所不同。進入現代社會，工商繁榮，一切講求方便，出現很多權宜作法。

大街小巷多加注意商家，不管公司、店面、工廠、各行業，乃至住家，每到初一、十五或初二、十六，都在門口擺設香案、供品、金紙等，這是再拜門口公（好兄弟）。除了普渡遊走人間的亡魂，也在祈求生意興隆、財源廣進、闔府平安。

這時所用的供品沒有限制，只要能吃能喝的，飯菜到民生用品，柴、米、油、鹽、醋、茶、都可以當供品，拿來獻祭給衆神、靈享用。

中國民間信仰雖說儒、佛、道不分，但某些「核心思想」就分的清清楚楚，沒有任何灰色空間，就是以殺生爲供品這部份。舉凡正信佛教（如佛光山、中台山、法鼓山、慈濟等所倡導者），是絕對不以殺生爲供品。星雲大師認爲中國人「崇鬼」、「畏鬼」又「諂鬼」，不敢直呼鬼名，故以「好兄弟」稱之。爲了讓好兄弟在七月這一個月的時間裡能夠解除饑虛，於是天天殺豬宰羊，廣設宴席以普施鬼魂，因此造成無數生靈成爲人們刀下、嘴邊的犧牲品。

人間福報 2011.6.2.

二王廟修復亮相　古建築重現風采

歷時近三年修復的四川省都江堰二王廟，日前對外開放，目前除老君殿等少數建築外，二王廟景點已基本完工並對外開放。

都江堰市二王廟古建築群是世界文化遺產都江堰的重要組成部分，位於岷江東岸的玉壘山麓，是為紀念都江堰的開鑿者、秦蜀郡太守李冰及其子二郎而修建的。

二王廟古建築群於二〇〇八年六月三十日動工搶救，國家文物局投資一點零五億元，其中有百分之七十使用原構件重建，重新修復的二王廟至少可以抗八級地震。

圖／本報香港傳真

其實，殺豬宰羊來祭拜亡者和諸路鬼神，是否真有需要？根據《地藏菩藏本願經》

說：「臨終之日，慎勿殺害，拜祭鬼神，求諸魍魎。何以故？爾所殺害乃至拜祭，無纖毫之力利益亡人，但結罪緣，轉增深重。」可見如果爲了祭拜亡者而殺豬宰羊，等於又爲他造殺生之業，對亡者而言只有害處而無益處。尤其，人的生離死別已經很哀傷了，爲何還要把這種痛苦加諸在豬羊等動物身上呢？

所以，佛教爲了導正民間不良習俗的作風，以提昇信仰層次，除了積極發揚盂蘭盆節主要的供養三寶、孝道敬祖精神，將七月份定爲「孝道月」外，也配合節俗舉行「瑜伽燄口」、「三時繫念」等普濟十方一切幽靈、功德回向一切眾生的佛事法會。

法會當中除了解除餓鬼的饑虛之外，最主要的是爲他們說法、皈依、受戒，使其具足正見，不再造罪受苦，早日脫離苦趣，成就菩提。因此，佛門中的施放焰口與民間祈安免難的中元普渡，其目的與意義自是不同，不但普渡亡魂，並藉此慈悲普濟、莊嚴隆重的法會，接引更多人，獲得更多社會人士的共識和參與，而達到改善民間殺生、浪費的「普渡」風俗，誠可謂「生亡兩利」，實應大力推廣。

所以，祭拜祖先、供養眾神，到底是「大魚大肉」好！或「香花素果」爲佳？可能很難在眾多寺廟中，取得統一的共識。但以筆者身爲皈依的佛教徒，當然不鼓勵再用三牲、四牲、五牲等「殺生供品」，而以全素（不殺生）祭祀、供神，使「生亡兩利」。

佛教有十種最佳供品，見本書「香、燈與十供養：佛道有別」一文。

另外針對個別事項的需要，祭拜特別的神，供品當然有所不同。如現代社會也很流行的，每到考季很多家長帶著孩子拜各地的文昌廟，少不了菜頭、包子、粽子、芹菜，寺廟旁的販賣還有誦願文、聰明水、桂花葉等也要多買些，「禮多神不怪」。當然，准考證影本要呈給神明，祂才知道要保庇誰「金榜題名」！

我是客家人 支持停賽神豬

人間福報 2011 8.12

動物保護團體、客家大老呼籲廢除變質又不人道的神豬比賽，我是客家子弟，了解賽神豬習俗，但目睹豬隻遭虐養虐殺畫面，覺得習俗應隨時代變革，避免虐待動物的汙名。

在客家傳統習俗，寺廟為了慶祝神明誕辰或中元普度，舉辦神豬賽，祈求平安和豐收，鄉親認為祭拜的神豬愈大福氣愈大，飼養神豬的鄉親愈光榮。筆者認為，這種習俗無可厚非，因為農業時代物資匱乏，用豐美供品祭祀，表達對神明的虔敬，尤其祭拜後的供品可飽餐一頓，又可與親友分享，有濃厚人情味。

但今日，大家避大魚大肉唯恐不及，飼養神豬方式更遭非議，許多客家知名人士呼籲「義民祭敬神只需一塊肉，不需整隻豬」，的確，神豬賽能增加節慶氣氛，但飼主為了個人榮耀，讓豬隻無限制增重，悖離習俗的意義。

時代進步、生活型態改變，有些傳統祭祀方式已不合宜，我支持大老停賽神豬的呼籲，但如果依習俗不廢神豬賽，鄉親也應該思考不要再以重量論輸贏，讓飼主平常心飼養，以尊重生命態度表達虔敬心意。

李德貴（花縣玉里／公務員）

愛其禮 也不該凌虐生命

台灣動物社會研究會因民間傳統祭典的神豬比賽，是在凌虐豬隻，發起「反對虐養神豬」連署，由於所舉案例是客家義民祭，一些客家大老也疾呼停止殘虐生命的神豬賽。

其實閩客祭典皆有神豬賽，多年前就有人呼籲停止，但遭以「爾愛其羊，我愛其禮」反駁，但今日有人以凌虐方式飼養神豬，難道尊重生命會因信仰而有不同標準？

以現實而論，這種虐待虐殺行為，已違反畜牧法與動保法，可是農委會卻以宗教民俗未處理，等到動物保護團體追蹤和披露後，才要求地方縣市查訪，在惡性循環下，信仰習俗包裝了凌虐，加上公權力怠惰，使台灣成為動物的刑場。

除了民眾應有對動物生命權覺醒，政府更該洗刷台灣凌虐動物的汙名，以每年捕到的流浪貓狗為例，美其名人道處理，難道不能結紮後飼養嗎？說穿了是替不尊重動物生命權、任意遺棄的人開方便之門。

若政府吝於努力宣導動物生命亦無價，那民間那會改變觀念呢？

項城（新北市／文字工作者）

第十四章　香、燈與十供養：佛道有別

拜拜、敬神、求神、人神溝通交流，香和燈是必備的「工具」，香是人神間的「通路」，但佛、道用香意義上小有差別，惟道教似乎有較大「學問」；燈則代表光明面。

男女侍廟堂，虔誠禱上蒼．欲知禍福事，香譜細參詳

這是道教觀點，二十四種香譜應用，凡諸佛神聖慶典，消災求安，或遇疑難困惑，必用好香三炷，選大小均等焚之，先祈祝後，平排插於爐中，祭祀畢，約剩半炷香時，視三炷香長短，對照香譜說明（如下），吉凶必現於譜中，奇驗靈應如神。

據傳，這是北京萬國道德學院一位周咸照先生，贈送斗姥九皇真經，連此香譜，奉聖命編入求度真經，公開道友，救世是幸。但想必這些只能參考，勿過於迷信。畢竟，「禍福無門、惟人自遭」。

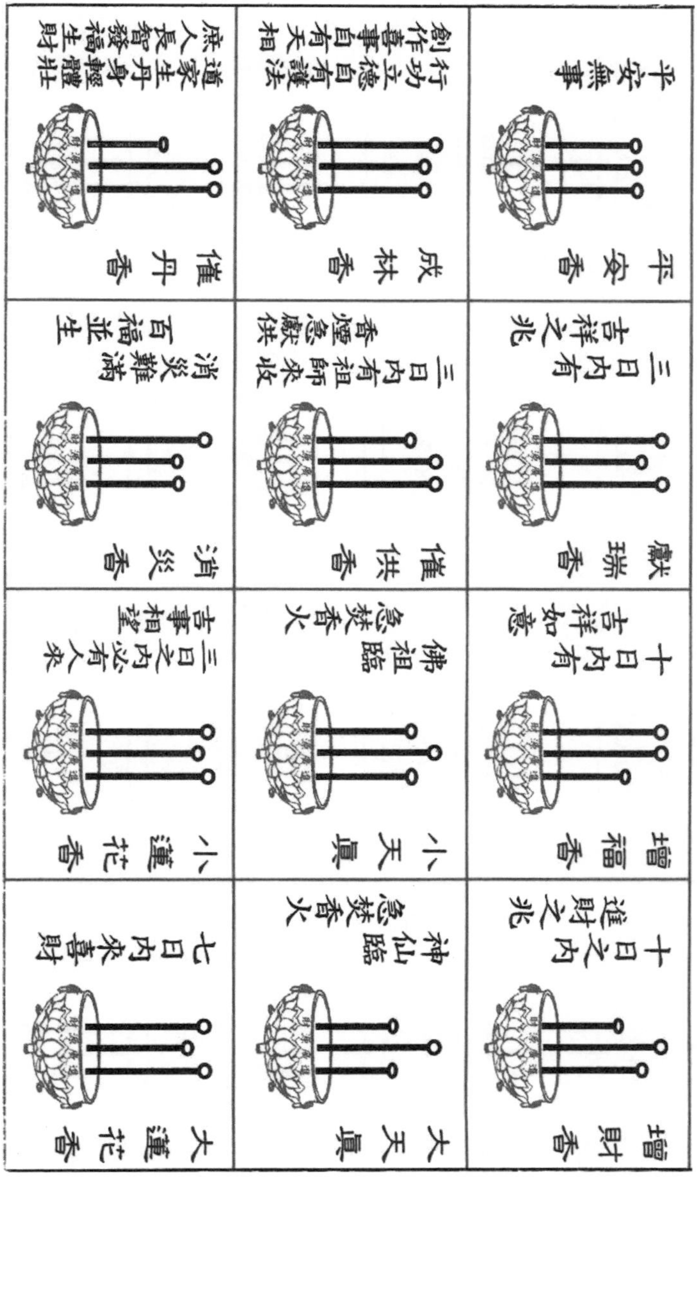
平安香
平安無事
獻瑞香
三日內有吉祥之兆
增福香
十日內有吉祥如意
增財香
十日之內進財之兆
成林香
行功立德自有護法
創作喜事自有天相
催供香
三日內有祖師來收
香煙急獻供
小天真
佛祖臨急焚香火
大天真
神仙臨急焚香火
催丹香
道家生丹身輕體壯
庶人長智發福生財
消災香
消災難滿百福並生
小蓮花香
三日之內必有人來
吉事相望
大蓮花香
七日內來喜財

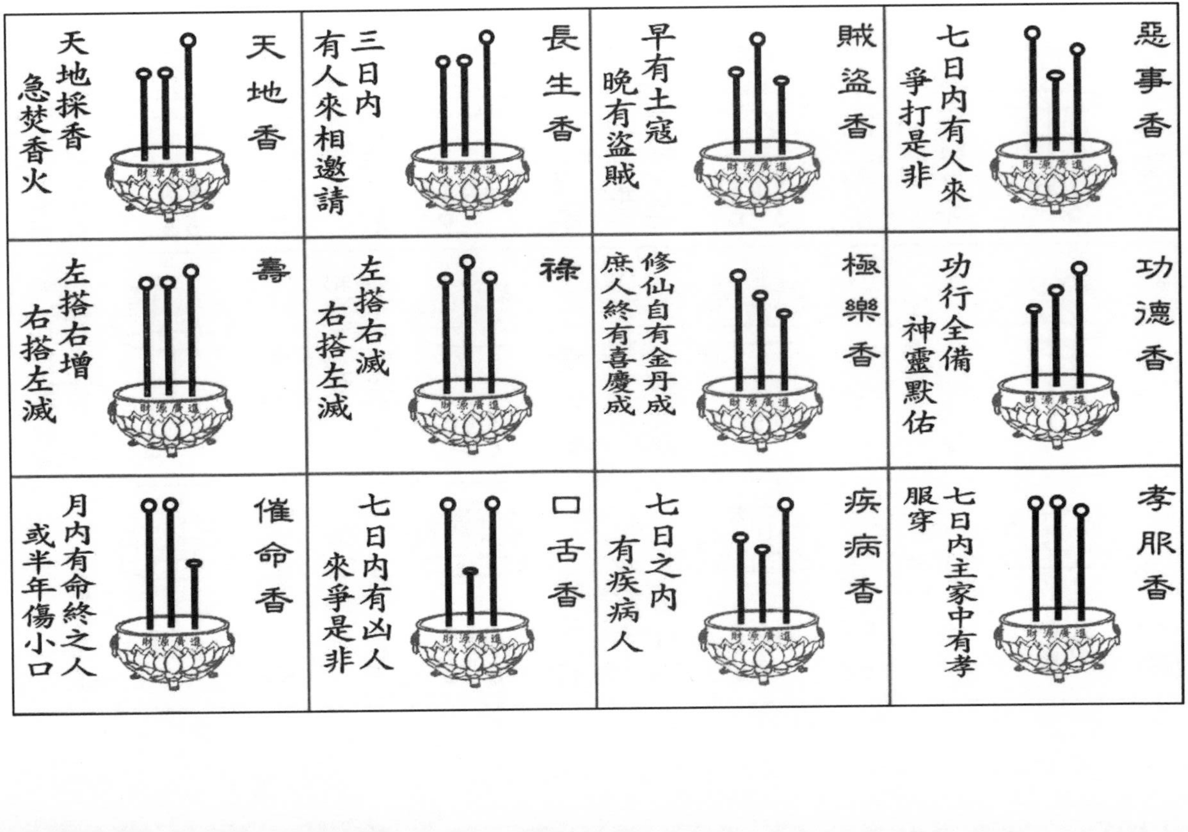
惡事香
七日内有人來
爭打是非
賊盜香
早有土寇
晚有盜賊
長生香
三日内
有人來相邀請
天地香
天地採香
急焚香火
功德香
功行全備
神靈默佑
極樂香
修仙自有金丹成
庶人終有喜慶成
祿
左搭右減
右搭左減
壽
左搭右增
右搭左減
孝服香
七日内主家中有孝
服穿
疾病香
七日之内
有疾病人
口舌香
七日内有凶人
來爭是非
催命香
月内有命終之人
或半年傷小口

但佛教（正信佛教），強調用香的淨心、虔誠，必能把佛弟子信心、願望，與佛菩薩產生交流。

焚香供佛是佛弟子對三寶的誠敬，佛前供香，表達佛弟子修菩薩道的勇猛精進。供香表達了一種虔誠、恭敬的心態，一種真心的願望或祈盼，一種與諸佛菩薩交流的資訊，一種願力，悲心和菩提心的發露。因此，每一支香都代表了一種願斷的表達。

據《賢愚經》卷六記載：佛陀當年住在祇園時，長者富奇那建造了一座旃檀堂，準備禮敬佛陀。他手持香爐，遙望祇園，梵香禮敬。香煙裊裊，飄往祇園，徐徐降在佛陀頭頂，形成一頂「香雲蓋」。佛陀知悉，即赴富奇那的旃檀堂。根據這個傳說，「香」是佛弟子把信心通達於佛的媒介，所以佛經上稱「香爲佛使」。這也是佛教中以香敬佛的緣起。

在佛教中以香供佛，是一種虔誠的、真誠的供養，因爲香是傳遞真誠心情的一種媒介。焚香中產生的一種清淨、虔誠、忘我的狀態，目睹一縷清香裊裊上升直達天庭的神聖境界，只有在真實、坦誠的狀態中才能產生。

佛教徒的用香，大約可分爲二大類：一者爲薰香，二者爲焚香。香品可分爲檀香、硝楠、沉香及本草香四種，其中以檀香與沉香爲最常見。另外，所謂四大名香，沉香、檀香、龍腦香與麝香，無一不是珍品，其中以被喻爲「植物中的鑽石」的沉香爲首，其與生俱來的香氣，淡雅宜人。

沉香，又名「沉水香」。沉香香品高雅，而且十分難得，自古以來即被列爲眾香之首。與檀香不同，沉香並不是一種木材，而是一種特殊香樹「結」出的，混合了油脂（樹脂）成分和木質成分的固態凝聚物。而這類香樹的木質本身並無特殊的香味，而且結構較爲鬆軟；一般來說，沉香的密度越大，代表凝聚的樹脂越多，其品質也越好，所以古人常以能否沉於水中，作爲不同級別的判斷：最高級，入水則沉的，名爲「沉水香」；次級的，半浮半沉者，名爲「棧香」；只能稍稍入水而漂於水面的名爲「黃熟香」。

沉香用途廣泛，極爲珍貴，經濟潛力無窮，台灣是全世界最大的沉香進口國，大部分使用在宗教、醫藥及收藏上，品質好的沉香少，且價格昂貴，產量幾近枯竭。因爲產量越來越少，沉香已經在二〇〇四年列爲華盛頓公約組織的國際保護植物。

沉香優雅的香氣，至今仍無法由人工調製，加上種類多樣而珍貴，是供佛修持的最佳聖品，本草綱目記載沉香木具有強烈的抗菌效能、香氣入脾、清神理氣、補五臟、止咳化痰、暖胃溫脾、通氣定痛、能入藥，是上等藥材極品。（文，蔡富丞，人間福報，二〇一一年六月二十五日）

燈的使用也有很大的學問，佛道各有異同，但代表光明面和生命力則佛道相同，通常點燈代表光明、希望、平安、吉祥。在一般寺廟有下列常見的燈（道教）：

◎**光明燈．平安燈**：寓意燈火不滅，照耀本命元辰光彩，破除黑暗，身體健康，諸事平安。

◎**財神燈．財庫燈**：使求財者所求如願，旋轉財庫燈代表生生不息的財運，保佑財源廣進。

◎**姻緣燈**：月老佑良緣早到，夫妻感情美滿，家庭和樂幸福。

其他如文昌燈、華陀燈……在民間寺廟無處不點燈，都有特別的意義。在佛教（正信）講點燈，有三層重要意義。

㈠《施燈功德經》說明點燈的功德：

1. 雙目、四肢永遠完好不生缺陷。
2. 身無病痛，嗓門柔軟，聲音妙好。
3. 心地清明聰慧，不為愚痴所轉。
4. 心身自在，善財善寶滾滾而來。

㈡共結法緣（結萬人緣）：在大型法會（如禪淨密三修法會），這樣的萬人點

人間福報

蒙古人傳承39代

延續祭祀燈780年

【本報香港電】自西元一二二七年成吉思汗病逝後，蒙古族人民為了永遠紀念這位為蒙古民族統一和發展建功的英雄，一直堅持長年祭奠的制度，到今天，祭祀成吉思汗的神燈已延續七百八十年。

每天一早，達爾扈特人斯迪都會走進成吉思汗陵後殿供奉成吉思汗和夫人孛爾帖靈柩的靈包，給供案上的長明燈火不間斷地燃燒。

成吉思汗陵祭祀文化辦公室副主任斯迪，今年四十歲，接替他父親成為神聖的「雅木圖」（專司成吉思汗祭祀的人員）。成吉思汗的守靈人傳到斯迪這一輩，已經是第三十九代，斯迪說，父親傳授給他的祭祀知識對外仍嚴格保密。

斯迪的六十七歲父親朝魯巴特爾表示：「達爾扈特人祭祀的知識和規矩，都是父子間口口相傳，這套祭祀制度堅持了七百八十年，非常完整、珍貴」。成吉思汗祭祀主要表達蒙古人對長生天、祖先及英雄的崇拜，為蒙古文化的重要部分，中國大陸提出申報為世界文化遺產。曾一度失傳的《成吉思汗祭祀金書》已由達爾扈特人重新編撰完成，共製作兩套，一套由成吉思汗陵檔案館永久保存，另一套專供達爾扈特人祭祀使用。

96.4.29.

人類歷史上延續最久的灯，近800年而不滅。

燈供養中不僅供佛植福，更和萬人共結法緣，共結善緣。太虛大師說：「未成佛道，先結人緣」，有緣才能使人生更圓滿，才有機會成佛道大業；反之，沒有人緣，做人都困難，如何成佛道？

㈢淨化人心，建立祥和社會：大眾在共修，心外心中都有燈，以一念清淨心供養諸佛菩薩，人人清淨心，人人淨化，社會便多一份祥和氣氛。

總之香、燈之用，佛道有同有異，道教在「禍福」上下工夫，佛教視爲一種「供養」。故在佛教徒有所謂的「十供養」（十種上好的供品），分別是：

◎**香**供養：象徵戒香，通氣養神，燃香時香自滅而留香與人，是佛教裡捨己爲人的精神。

◎**燈**供養：象徵光明，佛家傳法又叫傳燈。現代社會用電燈等各式新燈，其意相同。

◎**花**供養：象徵微妙，在莊嚴的佛堂、法會，擺上淡雅芬芳的花，恭敬之心，油然而生。

◎**塗**供養：象徵甘露，撫慰眾生煩惱，用水供佛，能洗己心垢，使心靈身明淨。

◎**果**供養：象徵出世聖果，每事要有始有終，才能有所收穫，得到幸苦耕耘的「果」。

◎**茶**供養：象徵清醒，一杯好茶讓人很有精神，亦提示學佛要時時有察自己，不得昏沈。

◎**食**供養：象徵禪悅，舉凡合於正信佛教規範之食品，包含三餐料理，都是禪悅妙食，養身為行菩薩道。

◎**寶**供養：象徵摩尼寶珠，經典、佛像、項鍊都是寶，也是上好的供品。

◎**珠**供養：象徵法寶、珠者圓，指示學佛之人做事做人都要圓融，惟有圓融才能結眾生緣。

◎**衣**供養：象徵柔和、忍辱，出離生死之意義；衣也引申依靠、僧衣、海青等物。

信佛之人都知道要供養佛，也希望以最好的供品來供佛，這「十供養」就是供佛的十種最好供品。

以上十供養之中，燈的使用應最為廣泛（道教），舉凡一切法事、法會等，幾無不點燈。臺灣一般寺廟或地方民俗（通常也由寺廟主持），每年常有「放水燈」。

「放水燈」旨在超薦含冤投水或失足落水而死的冤魂，水燈為小屋狀之紙厝燈，內置燈燭與香柱，在夜間流放於水面，以其燦明燈火接引水中孤魂，前來接受普度。

水燈一般又分為兩大類型：「燃放蓮燈」與「流放水燈」，前者旨在招引神兵天將，包括殉國捐軀之忠魂義魄；後者則是招引一般的孤魂野鬼。

據《漂放蓮燈集》云：

原始符命、時刻升遷、北都寒池、部衛形神、制魔保舉、度品南宮、四魂受煉、仙化成人、隨劫轉輪、與天齊年、永度三塗。可知施放水燈將可藉燈火燦爛之光，突破地獄寒池幽冥之府，指引溺死冤魂隨燈載度，超脫沉淪之後，轉生人界。

台東天后宮作醮工作人員，到台東市太平溪施放水燈，爲水上孤魂野鬼照路，招收上岸共享供食，也爲地方靖安。圖／羅紹平

第十五章　安神位的方法

注意民俗信仰的人，會常聽到「請神」、「送神」、「安神」或「退神」等術語。俗語說：「請神容易送神難」，其實未必，端看你如何「送」神？又如何「退」神？這「送・退」之間，表示必須走完一定的程序（有時要依神指示的條件），就必定可以完成「送神」、「退神」的需要。

但本文針對民間信仰使用最多的「安神」，就其過程、注意事項、方法等略說之。

一、安神擇日應注意事項

1. 宜根據民曆擇取「安香」吉日安神位。
2. 取大利方向，忌犯「沖」、「煞」方向安神。

※欲安奉香位之方向，本年若無吉利方向，亦可安奉「浮爐」。「浮爐」者，爐下

放一新圓型瓷盤；來年再擇吉日拿走瓷盤。

二、安神必備祭品

1.神佛（聖像）或祖先牌位、香爐、爐灰（香灰）、五果、牲饌、香、燭、紙帛、紅圓、發粿，另備淨符一道。

2.果：鳳利「旺來」、橘子（甘）、柿（利市）、甘蔗（佳境回甘）、香瓜（子孫延綿），其他水果均可；唯忌番石榴、番茄。

3.牲饌：祖先必以豬、雞、魚等三牲祭拜，安神佛可有可無。

4.香：香（烏沉香更吉）。

5.紙帛：拜神宜以壽金、大封金、四方金、福金。拜祖先要用刈金、大銀、小銀。

6.紅圓：「紅」吉祥也，「圓」取團圓、圓滿之意。

7.發粿：象徵「發富」、「發貴」之意。

8.淨符：淨灑宅第，去穢除氛，迎祥納福。

三、安神應注意事項

1.香位高度：以「文公尺」量之，取其高低適宜之吉字做定位。

2.香位之右邊不可「動鬧」或壓迫太甚，以免「主」「家」犯刑傷（虎忌鬧）。左邊不可逢廁或「空」「穢」（龍忌臭）。

3.神位正對面的視野不可與屋角、柱子、凶煞物對沖，凶。

4.神爐上端不得有樑柱，不可壓著神案、神像，凶。

5.先安神位，後安祖先牌位，不可順序更換（陰陽顛倒）。

6.祖先牌位高度不可比神像高，祖先爐位亦不能超越神佛爐位，以免犯沖。

7.神佛與祖先香位，不可單奉祖先香位，以免陰盛陽衰，主凶。

8.神案前，不可放置剪刀、藥瓶、穢品，等不敬不祥之物以免招災。

9.安神爐之高低：爐位應與佛像之腹部相齊，而奉香時又以伸手可及，最爲大吉。

10.爐位高低偏差未盡理想時，取壽金用紅紙包紮墊在神像或者香爐之座下，以平穩爲吉。

11.神像宜擇吉日、良辰開光入神，不可忽略此項儀式。

12.祖先爐內不可亂放金、鐵……等投機取巧之物品。

四、安神法之次序

首先高度確定→淨符灑神位壇室→釘架子或神棹定位→擺妥神燈、燭台→陳列花果祭品→主祭上香先安爐位（香十五柱）→捧著神佛、牌位，繞香爐香煙三遍，安座定位→主祭再上香安神祭疏（香六柱），先朝外拜天，後向內拜神、接神→陪祭虔誠參香祝禱→敬酒三遍→擲筊問事→獻紙帛、化紙帛（發毫光）送神（安主神、送外神）→主祭、陪祭拱手再拜神祇→香煙三日內不能中斷，可用香環延續→大吉。

五、安爐法

安神之訣（爐者神之宅也，所以必先安爐，以待神祇降臨，此乃正統安神之方法），首先主祭者燃香十五柱，按安爐時辰，對準香爐內方位（如下圖示），按順時針走向，如子丑寅卯辰巳午未申酉戌亥；卯辰

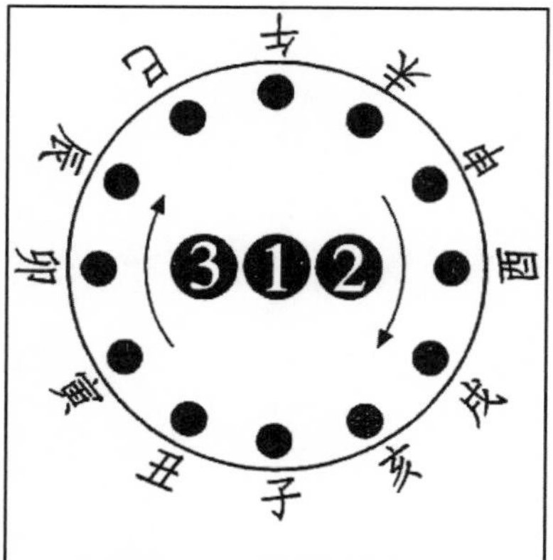

安爐豎香方位圖

巳午……亥子丑寅，一一豎入十二時辰豎香方位即告完成，再將手上剩餘的三柱香，平行分開，首先在香爐的正中心豎入一柱，次在正中心右側豎入第二柱，最後在左側豎入第三柱，然後合手拱拜誠心默唸「安爐大吉，神光普照，闔家平安」。

六、安神法

主祭或家人雙手捧神像或牌位，在剛剛安妥之香爐的香煙上端，順行巡爐（繞）三遍，口中喃唸「進，進，進，吉日安神，神光普照，鎮宅光明」然後將神像或牌位安座定任；主祭與陪祭誠心參番，由主祭祭疏（附文）或祝禱祈求、敬酒，一、二、三遍（沒拜三牲酒禮者免奉酒），主祭擲筊請示神祇；敬獻紙帛，化紙帛，事畢，傍晚時再準備拜地基主（不是入新宅則免拜地基主）。安神後該香煙不可中斷，也要注意香燭之安全。

七、安神後拜地基主

祭品：菜飯、酒三杯、香、碗二個、筷子二雙、湯匙。

紙帛：銀紙、更衣、四方金，於廚房祭忙（朝內而拜）。

八、安神文疏

伏以

心香一柱　仰叩鴻恩　今據

臺灣省〇〇府〇〇鎮〇〇路〇〇號居住善信〇〇〇誠心帶領〇〇〇人等涓今〇年〇月〇日〇日吉日良辰敬備香花茶果〇〇等恭請〇〇神降來本家受善信〇〇〇等虔誠奉敬叩求

神光普照　鎮宅光明又祈闔家平安事業興隆財源廣進身體健康諸事如意貴人顯助

神靈顯赫家安泰

無災無禍福常來　恭此

上聞

天道　年　月　日　〇〇〇百叩上疏

顯然「安神」有很多禮儀、規矩，有很多吉凶盛衰沖煞方位等考量，若比較各教派，似乎道教傾向「唯物」較多，因爲道教安神有較多法器、供品、法禮等；而佛教傾向「唯心」，認爲萬法唯心造，恭敬的心最重要。

以安奉神佛像爲例說明，正信佛教認爲現代社會小家庭多，空間有限，很多上班族根本住在「單人房」，神像要安在那裡？除了臥房無處可安！那麼神像就安在房間內亦可，用櫃子或簾子間隔，以示敬重。這並非說佛菩薩要多麼講究，而是自己一顆心是否受到影響！

其他如擇日、開光等，民間信仰（含道教）都很講究、儒、佛則較簡易「唯心」，能簡從簡，想必較合現代社會所需。

安奉神佛像 著重恭敬心

人間福報 2011.6.29.

問：佛堂可以布置房間內嗎？朋友說會對佛神不敬，請問是眞的嗎？聽說佛像未經開光，容易有邪僻入侵，是眞的嗎？又供神只能單尊或雙尊嗎？或是喜歡供幾尊都無妨呢？

福報禪師答：世人對於博物館裡的展覽品，總是呵護再三，給它們最好的展示條件，方位、空調、光線、安全……無一不是經過精密計算，因爲珍寶難遭難遇。佛經中說，能投生爲人得遇佛法，如同大海中百年才浮出水面的盲龜，正好碰到浮木之孔那麼難得。學佛因緣如此殊勝，佛陀聖像比珍寶更難遭難遇，那麼您要如何安奉神佛像，心中必有定見。

即使沒有以上的體認，也應抱著安奉神佛像，是對先聖的尊重，而奉於家中樓層最高樓或客廳採光通風最好的位置。

不過現在上班外宿族不少，如因空間不足，只好在房間安奉佛像，應盡量與床鋪區隔開來，可用櫃子或簾子間隔，以示敬重。倒不是佛菩薩要我們多麼講究，對於已經開悟解脫的佛菩薩來說，到哪裡都一樣，會受影響的是我們自己，試想佛堂最主要的作用，是用來禮佛、禪坐、誦經，做這些功課時，心思難保不受旁邊那張舒適的大床影響，道理和「書桌盡量不放在房裡」是相通的，只是對佛堂，我們更應該多一分恭敬的心。

再者，佛堂以簡單莊嚴爲要，而且應視空間大小而考量要供養佛像幾尊。佛堂是靜心修持的功能，只要達到這功能，不須太計較佛像多寡。

佛是道德圓滿、覺悟宇宙人生眞理的聖者，那裡需要凡夫爲他開光呢？在安奉佛像時，自己首先就失去信心，邪祟當然會趁虛而入，沒開光的佛像會不會有問題先不說，倒是沒有開光的心，很容易受江湖術士所騙，藉此斂財。

第十六章 清明掃墓：認祖歸宗與愼終追遠

農歷三月初是中國傳統的清明節。「清明」最初指的是節氣。在我國傳統的曆法中，把一年分成二十四個節氣，用來反映氣候變化和指導農業生產，而「清明」就是其中之一，時間大約在「春分」之後，「穀雨」之前，換算成國曆，約在四月四日或五日。

在《淮南子》一書中記載：「清明」是在冬至過後的一百零六日，也是「春分」後的第十五日，這時候萬物潔淨，空氣清新，風景明麗，花卉草木在這樣的環境中呈現出欣欣向榮的景象，所以叫做「清明」，正因爲如此，所以深受人們的喜愛。

作爲節日的「清」與作爲節氣的「清明」，既有聯繫又有區別。從聯繫上來看，清明節是從「清明」這一個節氣演變而來的，在二十四個節氣中，只有「清明」和「冬至」兩個節氣演化爲節日；從區別上看，節氣只是時序的標誌，而節日則包含有某種風俗習慣和紀念意義。

但是，清明節是如何從節氣演變爲節日的呢？

根據《荊楚歲時記》中說：離冬至一百零五天有大風暴雨，稱這一天叫做「寒食」，要禁火三日，由於寒食節的日子與清明的日子相近，因此古人在寒食的活動，往往沿續到清明，久而久之，寒食和清明也就沒有什麼區別了，而到今天寒食節更已經被清明節所取代了。

相信所有中國人（港台或海外華人），一定都掃過墓，年青時只是一種隨著父母長輩的「例行公事」，每年都要做的事。

我小時候，隨長輩到荒郊野外「培墓」，通常掃墓進行一半時，就有「放牛的孩子」數人（通常頂多三、四人），來「圍觀」，大人說這叫「右墓桂」（取讀音），因爲掃完墓必須把祭品（任何可吃的）送些給放牛的孩子。

大約民國六〇年代後，因社會日漸小康，已看不到這種「奇景」。更因人口日愈增加，絕大多數人往生後必須火化，骨灰放在以企業經營的「寶塔」或寺廟塔中。

於是，掃墓不一定到郊外的墓地，而是到放先人骨灰的寶塔，即不須要「掃」，也看不到「墓」，大多時候連神主牌也不須「請」下來，只透過電腦示現的影像祭拜。時代變了！

現代社會有許多忙人，他們連掃墓也沒時間，可以透過經營寶塔的企業單位代辦，新時代有新方法。

就如在陽間，會親友一樣，要以懷念心，親切感來相會，若非出自內心尊敬，反而不好，況且掃墓也是祈求先靈庇佑最好的方法。雖然清明爲掃墓節，但是若能每年二次或三次清掃墳墓，帶子孫同去正好教導孝的開始，要是增加次數更有料想不到的益處回報與子孫。掃墓時準備花、香、燭、掃帚、水桶、水果等，把墓地前污物，清洗基石。整個墓地打掃後參拜、點燭、上香、敬果、獻花等，供養物品參拜後大家一起與先靈共餐，剩下一定要帶回家，不可留在墓地，發生腐爛，生蟲等引起衛生問題，參拜上香後合掌，表示先靈與吾心合一，慰藉先靈早日往生西方，感謝庇佑子孫平安。要求保護往後子孫之幸福。

掃墓分「掛紙」和「培墓」二種。掛紙又叫「壓墓紙」，即在打掃祖墳，除去叢生的樹枝、野草，並禔拜之後，在墓頭壓上「墓紙」表示爲祖先的居處添換新瓦。墓紙爲長方形，有黃色、白色和五色紙等三種，漳州人多用黃色紙，三張一疊地用小石頭壓在墓碑和后土、墓頭上，泉州人則多用五色紙，且不拘數量和方位。

培墓則是較隆重的祭墓儀式，要準備牲禮和十二碗菜碗，后土也要一副牲禮，此外，還得準備「子孫燈」，通常，新墓要連續三年，有娶媳或生男丁的當年也要培墓。培墓後要剝蛋殼和芋皮丟在墳上，象徵希望祖先「脫殼」或「蟬蛻」的重生解脫的意思。

漳州人在三月初三（俗稱三日節）掃墓，泉州人在清明掃墓。關於這個日子的岐異，據說是因爲漳州人和泉州人常因清明買菜引發糾紛，彼此械鬥，所以由官府出面調停，規定漳州人在三日節、泉州人在清明掃墓。連橫的《臺灣通史》卷二十三記載：「三月初三日，古曰上巳。漳人謂之三日節，祀祖祭墓。而泉人以清明祭墓，謂之嘗墓；嘗，春祭也。祭以餑餅，治牲醴，掛紙錢，歸乃食之，餑餅以麵爲衣，內裹蔬菜，炸油者謂之春餅。嘗墓之禮，富貴家歲一行之，常人則兩、三年一行。婦孺歸時，各插榕枝於髻，以祓不詳。」

掃墓的另一層意義，是「認祖歸宗、愼終追遠」。所以吾人會看到一個現象，所有離家很久的人（如來台半世紀的各省人、海外歸鄉等），最後回到大陸老家，必定先到祖墳一拜（或進而修墳）。

爲何？「認祖歸宗」，有的做了大事業、升了大官，也都要回老家掃墓，因「祖上有德」。而更深的意義，則是「愼終追遠」，可使「民德歸厚」，這是民族歷史文化上無尙之價值。故清明節叫「民族掃墓節」，那一民族？當然就是中華民族，炎黃子孫啦！

現在許多人也已不知道祖先來自何處？以下列出各姓氏堂號參考，認識祖先源流。

讚普拜桌
每份2000元
以一整桌祭祀物品、飾品，立上報恩人姓名牌，共參讚普，感恩先人庇祐子孫、平安如意。（拜桌物品於第三日下午三點後領回）

超渡牌位
每份1600元
為每一位先人書寫牌位，供於法會祭祀，經由法師禱文超渡。（每牌位限登記先人三人姓名，倘登記先人四人時，須再另行添購牌位）

福祿壽全席
每份6000元
專區設置先靈牌位、大滿漢、庫錢兩份，拜桌一桌，並請專任法師誦經超渡。
（全套原價＄7600元，回饋優惠價＄6000元）

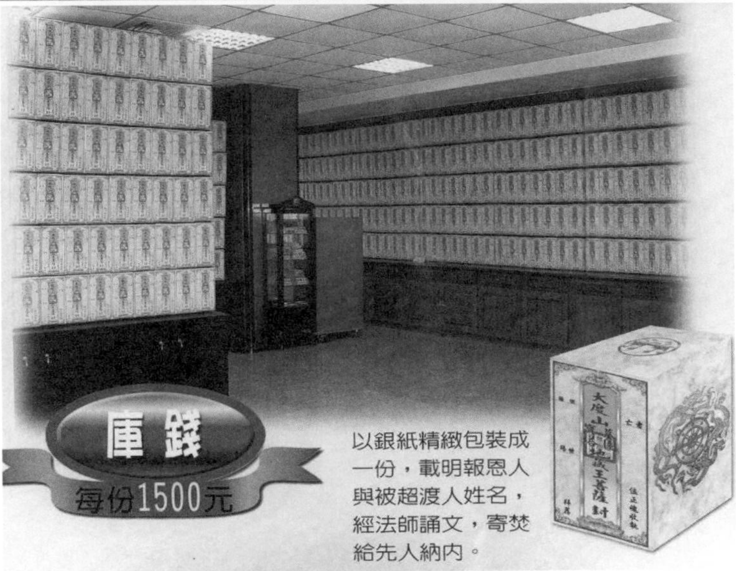
庫錢
每份1500元
以銀紙精緻包裝成一份，載明報恩人與被超渡人姓名，經法師誦文，寄焚給先人納內。

《文化大觀園》

中華始祖 炎黃二帝

◎衣殿臣

炎，即炎帝神農氏。傳說中的古代王者，生於歷鄉。《孔子世家．辯物》：「昔黃帝以雲紀官，炎帝以火，共工以木，太昊以龍，其義一也。」

炎帝的最大貢獻，就是他興農業，嚐百草。對此，《淮南子．修物訓》記載說：「古者茹草飲水，時多疾病毒傷之害。於是，神農氏始教民播種五穀，嚐百草之滋味，水泉之甘苦，命民知所辟就。」

黃，即黃帝軒轅氏，與炎帝神農氏同為中華民族的祖先。他是少典之子，姓公孫，居軒轅之丘，故號軒轅氏。又居姬水，因改姓姬。國於有熊，亦稱有熊氏。以土德王，土色黃，故曰黃帝。

黃帝軒轅氏最重要的貢獻，是打敗蚩尤。據說蚩尤是古代九黎族的首領，以金作兵器，凶猛無比，他打敗了炎帝所統轄的部族，到處侵擾，弄得中原不得安寧。黃帝憤於蚩尤的橫行無道，與其展開生死之戰，終於獲勝，為民除了害。

至於「炎黃」二帝並提，被視為中華民族的始祖，則見於《漢書．魏豹傳》：「至春秋末，諸侯耗盡，而炎黃唐虞之苗裔，尚猶頗有存者。」今天我們所說的「炎黃子孫」便來源於此。

大年初五佛光山佛陀紀念館第一次地宮珍寶入宮法會的盛大恭送隊伍。

人間社記者陳碧雲攝

附錄：姓氏堂號的認識

中華文化復興運動推行委員會臺灣分會，希望每一姓氏的家宅，都能廣泛設置堂號和祖宗牌位，並設法修訂族譜，讓每一個人都能認識自己的祖先，以發揚尊祖敬宗的不忘本精神。

文復會指出，臺灣地區居民的祖先，都是來自中國大陸，而且幾乎都有其光榮的歷史。故兩岸一家親，同是炎黃子孫，萬萬不能搞分裂。

由於年代久遠，許夕人對祖先的事蹟和歷史淵源，都不太清楚，甚或一知半解，堂號亦名郡號，郡是行政區域的建置，也是一個姓氏的發祥本源。

各當號的代表姓氏是：

魯國堂：孔、曾、顏、公治。

河南堂：于、山、柳、俞、邱、陸、山、廉、向、利、種、方、元、平。

濟陽堂：丁、卞、柯、郤、陶、庾、蔡、長孫。

雁門堂：田、文、童、農。

西河堂：卜、林、卓、宰、靳、毛。

隴西堂：李、董、彭、牛、時、辛。

天水堂：嚴、趙、尹、桂、皮、秦、艾、狄、上官、莊。

平陽堂：仇、歐、衛、饒、汪、巫、來、常、管、鳳。

吳興堂：尤、水、沈、明、姚、施。

太原堂：王、羊、祁、易、武、祝、宮、溫、霍、閻、尉遲、令狐、澹臺。

高平堂：白、東、呼、姬、許、隆、葉、翟、韓樂、鄧、終。

京兆堂：宋、申、央、別、冷、杜、車、宗、段、計、韋、晁、郜、浦、象、康、舒、雍、壽、酆、黎。

渤海堂：皇甫、家、甘、封、高、歐陽。

汝南堂：左、言、汝、周、南、殷、商、梅、廖、袁、藍。

魏郡堂：柏。

千乘堂：倪。

高陽堂：紀、耿、許、仲孫。

敦煌堂：洪。

齊郡堂：查、晏、富、潭。

扶風堂：馬、班、祿、萬、魯。

上黨堂：包、尙、連、鮑、樊。

陳留堂：伊、阮、虞、謝。

沛國堂：朱。

河間堂：凌、章、詹、邢。

南昌堂：涂。

豫章堂：羅。

武陵堂：冉、華、龍、龔、顧。

樂安堂：任、孫。

馮翊堂：吉、雷。

中山堂：仲、湯、藺。

西平堂：池。

安定堂：伍、胡、席、梁、桿。

東海堂：有、茅、徐。

河東堂：呂、薛、裴、儲、聶。

下邳堂：闕、余。

延陵堂：吳。

蘆江堂：何。

北海堂：邢、郎。

平陵堂：孟。

彭城堂：金、劉、錢。

清河堂：房、傅、張。

東平堂：花。

博陵堂：邵。

山陽堂：岳。

滎陽堂：昌、潘、鄭。

臨海堂：屈。

范陽堂：鄒、簡、燕、盧祖。

會稽堂：夏。

河內堂：荀、司馬、淳于。

廣陵堂：貢、盛。

薛郡堂：海。

上谷堂：成、侯、寇、榮。

晉陽堂：唐、景、匡。

新安堂：古。

武威堂：石、安、賈。

潁川堂：陳、鄔、賴、鍾。

護國堂：逢、邊、戴、稽、曹。

餘杭堂：隗。

汾陽堂：郭。

琅瑜堂：符、雲、諸葛。

廣平堂：游、賀、談。

江夏堂：費、黃。

遼西堂：項。

平原堂：東方。

頓邱堂：葛、司空。

弘農堂：楊。

百濟堂：福。

內黃堂：駱。

鐘陵堂：熊。

鉅鹿堂：魏。

蘭陵堂：蕭。

解梁堂：關。

燕山堂：竇。

武功堂：蘇。

始平堂：翁、馮、龐。

東安堂：蔣。

東齊堂：姜。

濮陽堂：爰。

懸空寺 全球十大危建

美國《時代》周刊評選公布了全球十大「危建」名單，恆山懸空寺名列其中。去年底，《時代》周刊組織全球有影響力的古建築專家，對世界各地的危險建築，進行實地考察，最終確定了全球十大「危建」名單，其中恆山懸空寺排名第四。英國一位建築學家評論，中國的懸空寺，把美學、力學和宗教融為一體，這樣奇特的藝術在世界上是罕見的。

圖／本報資料照片

2010.六.十六. 人間福報

第十七章 中國民間宗教信仰的職業功能：眾神寺廟包辦人生大小事

人活在世上，必有賴以生活、生存，維持生命展演的「資糧」，這種資糧就是人們所從事的行業。通常習稱三百六十行，但人世間的行業恐有千百以上，中國社會簡化成士、農、工、商，這只是約略稱謂。

即然人人必有賴以維生的行業，則可判斷世人一生中，每個人必做過一種以上行業；人的一生也必有其信仰，尤其在中國民間信仰這種「多神論」，就每人從事的行業必定與神有某種交流、交集。有「鐵齒」說自己無宗教信仰，但當他到了某一公司行號，初一十五還是要「拿香跟著拜」，拜誰？爲何而拜？遲早心中會起一絲漣漪！

或有到了生命的末期，親人問：「你要用佛教儀式還是那一教儀式？」他才用細微的聲音說：「我想皈依佛陀。」為何要弄到最後呢？吾勸眾生信佛要盡早，不要拖到最後一天，萬一來不及呢？？

眾神的職掌

一般對神都有誤解，以為「神都是萬能的」，其實眾神之中除佛、菩薩外，極少是萬能的，有求必應的。神如同人，也是各有專業，各司其職，約略如次：

司法：城隍爺、土地公　**娛樂**：田都元帥、西秦王爺

學務：文昌帝君、孔子公　**驅邪**：天上聖母、托塔李天王、太子爺

農務：天上聖母、神農大帝（五谷先師）　**除疫**：天上聖母、王爺、千歲爺

工務：巧聖先師　**女藝**：七星娘娘

商務：天上聖母、關聖帝君　**生育**：註生娘娘

醫務：保生大帝、飛天大聖　**福利**：天上聖母、財神、善神、祿神、子神、壽神

命務：東嶽大帝

航務：天上聖母、水仙尊王　**婚姻**：月老星君

這是就神的職業來說，和人的行業相通的。例如，生育當然拜求註生娘娘，非求七

星娘娘；婚姻則求月老星君，非求關聖帝君；做生意要發財，就得誠心求關聖帝君了！

各行各業的祖師爺

雖說現代社會已演化到了廿一世紀，許多人說傳統農業社會的「行規」早已丟光光，某部份是，但某方面現代完全接收了傳統，依然行禮如儀。吾人只要注意公司行號、各行各業，初一十五都在拜拜，到底在拜誰？當然按農民曆全年各聖神佛有各種祭祀，主要各行各業還是要拜祖師爺。經整理中國民間各行業祖師爺如表：

各行各業祖師爺

行業	祖師爺	說明
糕餅業	諸葛	率軍征蠻凱旋回川時，泒經瀘水「猖祖阻道，而待祭祀，諸葛亮改用牛馬肉作「餒」外包麵粉作成「饅頭」來代替人頭的祭品。
豆腐業	關羽	關公未發跡前，曾賣過豆腐。
米糧業	神農氏	神農氏始製耒鉏，教民種五穀，始創農耕立國。
中藥業	神農氏	親嘗百草，作藥方以治民疾。
造酒業	儀狄	夏禹時，帝女爲進獻貢品，而令儀狄造其味甘美，甚得禹帝讚賞，因而蔚成造酒之風。
茶業	陸羽	唐時，陸羽曾寫了一部有關品茗的「茶經」，經傳頌後，因風氣隨之盛行。

檳榔業	韓　愈	唐宋八大家之一，韓愈因批評時政，貶官潮洲，意志消沉，因喫檳榔而解悶、癒病。而後人廣爲傳述。
屠宰業	真武大帝	真武大帝（玄天上帝）年輕時，以殺豬爲業，但心地善良，而爲觀音菩薩渡化得道成佛。
命相師	鬼谷子	春秋時代人，姓王名詡，居住青溪遊蹤不定，人稱「鬼谷子」，入雲夢山才得道，後留下「陰符經」和「鬼谷子」兩部書，今仍流傳在世。
中醫師	華　陀	三國時代名醫，曾爲關公刮骨療傷，醫術精湛，名噪一時。
紡織業	嫘　祖	嫘祖乃黃帝元妃，相傳由她開始教民養蠶取絲。
裝潢業	魯　班	姓公孫名班，春秋時，魯之巧工，能將器物做得精巧無比，手藝高明，有巧奪天工之能。
文具 書店 印刷業	文昌帝君	黃帝之子名揮，善於造弦張網，因而以釀爲姓，累世託生爲儒，曾輔佐周公，留心經典，文采斐然，深受天下學子文人崇奉。
紙　業	蔡　倫	東漢時宦官，始用敝布、魚網、樹膚等爲原料造紙成功。
筆　業	蒙　恬	秦時威震匈奴大將，以枯木爲管，鹿毛爲柱，羊毛爲被，製成「蒼毫」即秦筆，而被尊奉爲造筆始祖。
畫　家	王　維	唐開元進士，擅長做詩、作畫。世人說他詩中有畫、畫中有詩。
燒窯業	女媧娘娘	從神話裏記載：「女媧煉石以補天」的事蹟，經傳頌後，被奉爲燒窯業的祖師。

漁業	姜太公	姓呂名尙，善兵略，在滑水隱居釣魚，遇文王，而奉爲國師，幫助武王伐紂，建立周朝。
餐飲業	易牙	春秋時，以善調味；見賞於齊桓公而聞名。
歌藝業	老郎神	唐明皇，喜好聲色、冶遊，而組梨園，有集灰狼常變成紅衣童子，蒞臨指導梨園子弟練唱，成果非凡，因之受封爲「老郎神」後來梨園界即奉爲祖師。
美容美姿業	李漁	清戲曲家李漁，人稱「李十郎」精於譜曲善於指導藝人姿態表演及化粧打扮，後爲美容、美姿業奉爲祖師。
理髮業	呂洞賓	據說呂洞座下之柳仙，曾以「隨剃即長」來戲耍剃頭師傅，經呂洞賓下凡，以飛刀變剃刀，來剃光柳仙頭髮而結束這場鬧劇，後理髮業即奉爲祖師。
綠燈戶	管仲	春秋時，管仲在晉國首創女閭（妓院）七百，爲公娼的創始人，因而被綠燈戶奉爲祖師。

各行業的祖師爺對該行業的從事者，雖無下「指導棋」的功能，但有尊從崇師或思想傳承的意義。例如，中醫師尊華陀爲祖師爺，裝潢業尊魯班爲祖師爺，讀書人無不拜孔子爲宗師，他們雖過逝千百年，在各行業的人們心中，已升格成神，且是自己心中的神，從業者當然產生一種有影響力的功能。其他各行業祖師如：

飯館茶樓：灶君（瑩惑真君）

錢莊銀行：趙玄壇

皮業鞋業：孫臏、白頭兒佛

堪輿：麻衣仙

醫院藥材：神農、黃帝、崎伯或孫思邈

中國民間信仰是一種生活方式．廟宇是人生工作服務站

中國民間信仰經幾千年發展，已和人們的生活方式融合，成爲每一個中國人生活的一部份。從出生到長大成人，讀書、工作、旅行、成家，你必定和很多位中國歷史上的神，有過交流、交集，甚至曾經感動過，就成爲那位神的信徒（或皈依爲弟子）。今台北松山慈惠堂，規模宏偉，做了很多救渡眾生的大事業，成立「中華道統慈惠協會」，積極從事發揚中華文化，提振民族精神，對整個中華民族貢獻很大。然而，這緣起一介女子受到瑤池金母（西王母）的啓發，開展出今天慈惠堂的「神道設教」事業。

話說民國五十七年，郭葉子蒙西王母神威降靈附身，乃皈依西王母。此後，每至向晚，神明例必凡降，親授郭葉子濟世度眾、消災解厄之法。民國五十八年西王母再次附身郭葉子，曰：

> 吾乃　瑤池金母，因不忍天地之變，蒼生執迷不悟，長此以往，必會永墮輪迴，今特派眾神聖臨凡，開辦普渡收圓大業，共挽狂瀾，駕航返本還原。

語畢，馨香裊繞不絕。自領聖命，郭葉子開始她的「神道設教、濟渡眾生，突破地獄黑暗、解除人類魔障，以及啓迪信眾靈修、淨化人心」大事業，這就是今天的「松山慈惠堂」。如同中國各地區無數的「諸神道場」，慈惠堂也包辦了信眾的人生、工作、婚姻、事業、教育……道場屬於人，神也爲人服務，且服務項目不少於政府功能。以慈惠堂的點光明燈（又叫元辰燈）爲例，各行各業也有不同的職業功能。

文昌燈：以上班族、學生爲主要對象。透過啓點文昌燈，以祈求一年中考試、學業、升遷等功名運勢之順遂。

五路財神燈：以投資人、企業主、業務人員等商家、經營者爲主要對象。以祈求一

馬英九和郝龍彬中間就是松山慈惠堂堂主郭葉子

年中事業基礎穩固、財源廣進、利潤豐厚。

金輪財利燈：金輪乃武財神玄壇趙元帥之法器，趙元帥一手拿著金輪，一手拿著鐵索，驅鬼捉妖，亦有使買賣和順得利之職司，以他爲主將的法事稱爲金輪如意大法，所以被民間當成財神。整年照耀，可守住財源，使財氣旺盛，財利廣進，金玉滿堂。

魁星狀元燈：魁星爲北斗的第一星，爲魁首或魁斗星。昔日讀書人相信魁星與金榜題名有密切關係，中狀元爲「大魁天下士」或「一舉奪魁」。啓點「魁星狀元燈」，藉由魁星高照，進而狀元摘桂。

天醫燈：天醫者，道教之醫神。道法中有天醫十三科，各有醫神，以對制各項病症。啓點天醫燈，以祈求一年中天醫諸神庇佑，疾病早離。

現代人生活緊張忙碌，時感精神不振無法專心工作，此乃本命元辰暗淡無光所致，「安點光明燈」有如枯木迎雨再一春，慈惠堂爲嘉惠十方信衆，特提供安奉「終生福壽燈」服務，共分爲長生燈、智慧燈、事業燈、藥王燈，可謂「一次點燈，年年順遂，終生光明」。

長生燈：長生燈屬於永久性光明燈，啓點一次，年年順遂，終生光明。《莊子》（在宥）槨：「無勞汝形，無勞汝形，無勞汝精，乃可以長生。」故長生燈是以祈求身體康健爲主。多半是子女爲其父母長所啓點，以祈求父母健康長壽。

智慧燈：屬於永久性光明燈，啓點一次，年年順遂，終生光明。透過該燈的啓點，祈求事主心神安定，智慧靈明，品學兼優，功名與仕途順遂。

事業燈：屬於永久性光明燈，啓點一次，年年順遂，終生光明。啓點事業燈，懇祈諸神助我們事業基礎穩固，紅利綿長，廣納財源，名利雙收。

藥王燈：藥王者，醫神之首也，即唐代名醫孫思邈。道法中有天醫十三科，各有醫神，以對制各項病症。啓點藥王燈，以祈求一年中天醫諸神庇佑，疾病早離。啓點一次，終生啓點。

各司其職 行業神信仰展 南縣開展

人間福報 2010.2.23.

【本報台南訊】台南縣文化處於蕭壟文化園區舉辦「行業神信仰文化展」，展出二十六個行業祭拜的六十多類神祇，及六百多件神像及相關文化，讓不同行業的民眾在新的一年都能好運旺旺來。

台南縣文化處長葉澤山表示，行業神信仰及使用的用具，記錄著台灣移民遷移、定居、發展的歷史，透過展覽，民眾可以體會先民的生活史。而且許多行業只知道要拜神，但不知其由來，透過這次展出，能輕鬆找到答案。

南方俗民物質文化資料館主任徐瀛洲表示，每個行業的守護神都有一段故事；例女紅業的祖師爺劉海禪師，因其父親生前愛錢，死後墜入苦海，爲拯救父親，於是劉海禪師以線串起銅錢，要把父親釣上來；沒想到父親變成蟾蜍咬錢，成爲流傳民間的「劉海戲蟾蜍」故事。由於要把線穿進銅錢並不簡單，劉海才成爲女紅業的神師爺。

而達摩則因「隻履西歸」傳說，成爲製鞋業必拜的神明；孔明因相傳是饅頭發明者，成糕餅業者祭拜的神明。這些有趣的故事，都值得民眾了解。

人間福報 月老賜良緣

台南市鹿耳門天后宮將於月老聖誕（農曆六月十二日）前夕（國曆七月十日），舉辦第七屆月老賜良緣未婚聯誼活動，歡迎目前無交往對象的未婚男女（各限四十名額）於七月五日前報名參加，報名請電洽：（○六）二八四一三八六。

據統計，該廟月老公六年來已撮合上千對佳偶，去年更撮合逾三百對，新人還願時，會將結婚時的謝卡等貼滿牆面，與眾人分享結婚的喜悅。

2011.6.30.　文與圖／邵心杰

中國人可能是全世界與神關係最密切的民族，而且所信仰的神仙聖佛都和中華民族發展有關。若我們從一個人（中國人）生到死略觀其人生，會發現尚未出生時，他的父母已拜過月老公或註生娘娘，出生後的嬰兒期媽媽要「拜牀母」，有的要給神做「契子」（如王建民和他的兒子都給台南山西宮主神關聖帝君做契子），成長過程少不了隨父母掃墓、祭祖或到寺廟拜神。

及其長大成人，投入職場，不論幹那一行業（士、農、工、商、醫、娛樂、造酒、美容、演藝……），少不了拜該行業的祖師神。

人非萬能，更非全知，隨著歲月增長，人越老越感覺自己的無知無能，到了中年終於講出一句真心話：「一切都靠神！」

到此刻，人對神有新的認識，原來中國民間信仰的眾神，祂們包辦了人生大小事。最後兩腿一蹬，走了！還把骨灰交給神保管（各寺廟納骨塔）。常聽人說：「做人辛苦！」想必做神也很辛苦，祂們的工作不比人少！

◀武平定光佛的祭壇位於鎮獅岩的岩洞內，中間3尊定光佛為化身、真身現存杭州，最右尊為台灣信眾復刻所贈（林克倫攝）

2011.6.18. 中时报

定光佛文化節 濃濃客家味

林克倫／龍岩報導

「首屆海峽客家風情節．定光佛文化節」於十二日在福建龍岩市武平縣舉行，活動以「定光緣、海峽情」為主題，共邀請台灣四百多名嘉賓與當地民眾，共同祭祀客家保護神定光佛並舉行學術文化研討會。

定光佛源自北宋年間，福建同安人鄭自嚴修成高僧後，在武平岩前設道場弘法傳道、濟世救民，在當地與閩粵贛等地成為護國佑民的象徵，日後並由朝廷敕封為「定光佛轉世」；幾百年來，定光佛信仰逐漸流傳，並於明清時傳入台灣，成為閩台客家人共同的主要信仰之一。

一九九一年，台北淡水鄞山寺主持胡俊彥，為尋找定光佛祖廟，一路從浙江杭州轉至武平，在認根定源後，建立起台灣信徒每三年到武平奉香續靈的交流活動；而今年的定光佛文化節活動，安排了金身起駕、祭典儀式、祈福法會、繞境巡安等宗教儀規，並舉辦客家風味美食嘉年華，讓台灣嘉賓一嘗道地的客家美食。

眾仙佛神鬼也負責治百病

在中國民間信仰中，自古以來也相信眾仙佛神鬼可以治人百病，幾乎也可以治療眾生疑難雜症。以下是民國廿八年孟春月，由福州會文堂印行的《居家必備》（同現今之農民曆），刊布之治病妙方，配合每日值日神和值日符的使用，引部份參考：

十神卿　十昇神　十楊神　十卿神　十卿神　十危神　十泉神　十陽神　二昇神　廿卿神　廿神卿
一將禮二　二張將三　三范將四　五郭將六　史將七　危將八　鄧將九　林將十　蘇將一　康將二　符魏叔
女公通元值　石楊正值良　仁棗值明伯　公孔值仲神卿　值神衛家　郑文通

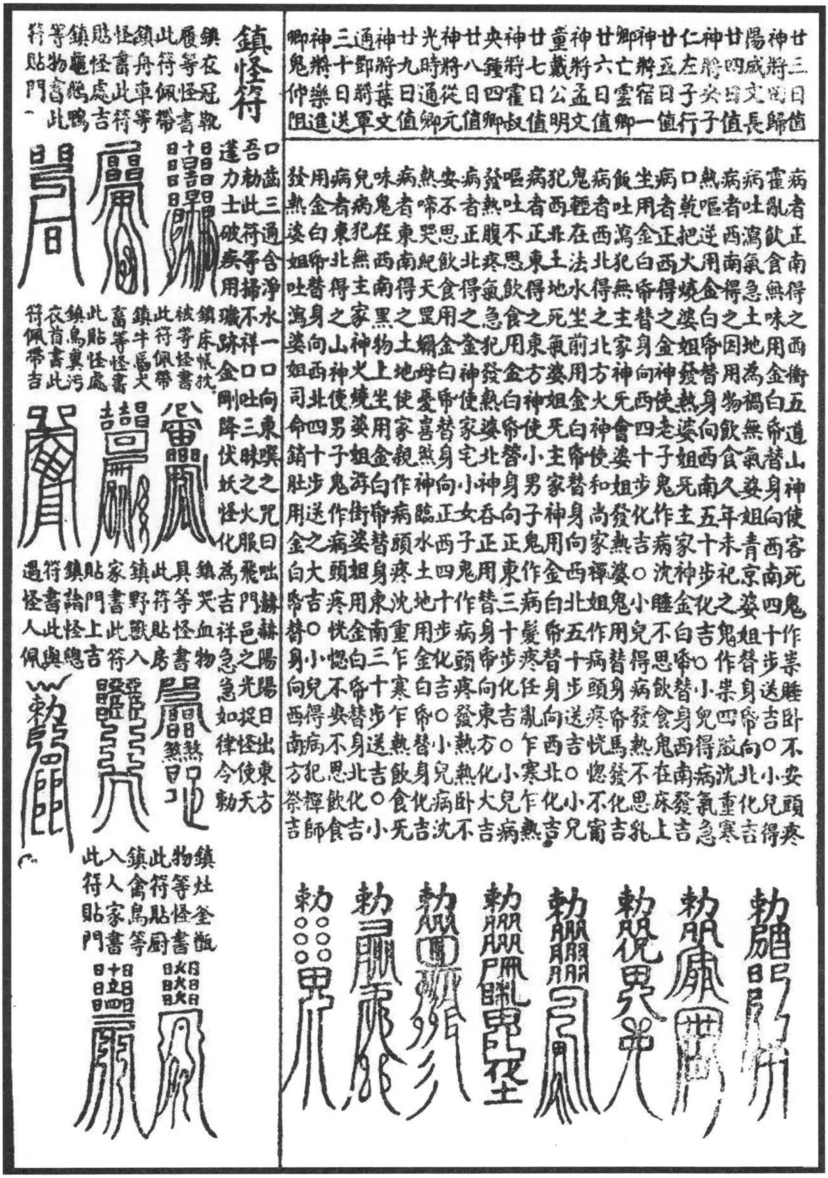
鎮怪符

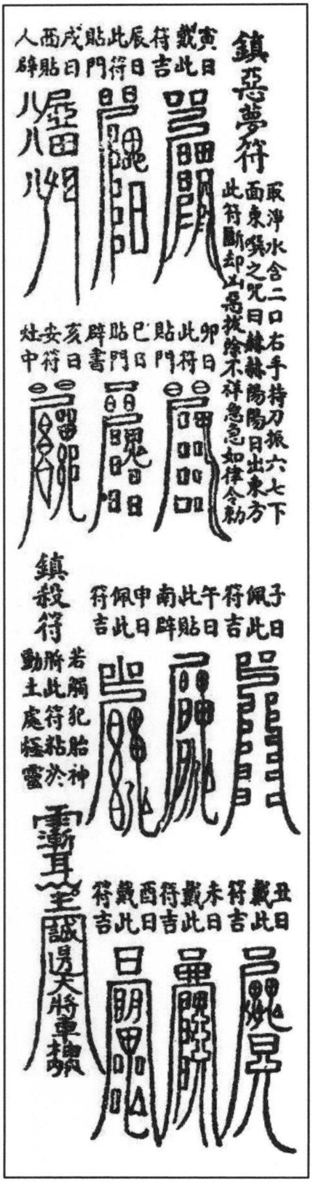

前引圖文資料上緣有每日值日神將。同第三篇所述之每日門神，可見神的工作也很多，幾乎要應付人們每日所求的一切事情。

或有人會疑惑，都已是廿一世紀了，眾神還要承擔爲人治病的責任嗎？這麼問不如說是人還需要神幫忙解決人生許多問題。至於有沒有用？或問題解決了沒？只要到各寺廟看看答案就有了：人山人海，來求神的、還願的……謝神的……

佛光山寺住持心培和尚（右圖左二）、中國佛教會理事長圓宗長老（右圖右一）等各宗教領袖，帶領居民念誦祝禱文；左圖為天主教信眾為災區住民祈福。　圖／中央社、高雄市政府

中華民國九十三年六月十五日／星期二　中國時報 ChinaTimes　社會新聞　A8

全台寺廟違設納骨塔 717大執法

申設法令門檻高　現有免課稅優惠　兩年來不到一成符合規定　45萬個骨灰罈何去何從？內政部恐將面臨民怨壓力

▲寺廟附設納骨塔若未能取得合法登記，七月十七日起將面臨取締或拆遷

第十八章　一個節慶、兩個信仰系統：中元節

我國從唐朝開始，推動「三教一家」大工程，使儒、佛、道三教產生融合，成爲中華文化的三個核心價值。可能因爲如此，宗教民俗也產生合流。

例如道教的三官大帝是儒家堯舜禹三聖，道教的關聖帝君是佛教伽藍菩薩，包公包青天即是五殿閻羅。本文舉中元節主神目蓮尊者，亦涵括佛道兩個信仰系統。

中元祭爲台灣重要民俗節慶，源起於兩個信仰系統的宗教儀式，道教稱之爲中元節，佛教則爲盂蘭盆節。

道教說法，農曆七月十五爲地官壽誕，掌管地獄的地官起慈悲心，釋放獄中眾鬼囚，從七月初一起重返人間享受一個月的香火、施食，以激起其向道之心經由祭典與道士作法的過程，信徒協助地官，超渡亡魂餓鬼，使他們得以早日解脫，避免在人間作祟，因此道士都在這一天誦經、作法、事以三牲五果普度十方孤魂野鬼，其間並顯示出道教對

於地獄亡魂的觀念。

佛陀弟子目連尊者，爲解求亡母墜入鬼道，在農曆七月十五日作盂蘭盆，具五果供養眾鬼，使其母脫離地獄之苦，所以佛教又稱這一天爲「盂蘭盆節」。信徒咸信七月十五日是眾僧閉關悟道的圓滿之期，如果在這一天布施十方大德，可增福百倍；從此中元節供盂蘭的習俗便廣爲流傳。

由於盂蘭盆會及中元節的最終目的都在於普度眾生，時日一久，兩者間的界限逐漸模糊，而形成了目前這個蘊涵了中國人的包容、博愛，以及孝道精神的節日。

在傳統的習俗中，農曆七月俗稱「鬼月」，也就陰間裡所有無人祭祀的孤魂野鬼，全被放出來覓食，從七月一日到七月三十日，鬼門關閉才重返陰間。

所以民間對七月的禁忌滿多的，什麼七月不能嫁娶、不能搬家、不能出門旅行、不能晚歸、不能到水邊玩水等等。

「中元」的名稱是來自於道教，而中元指的，就是道教信仰的最高神「三官大帝」中的地官，因此七月十五這天，民間都會祭祀地官大帝，而地官大帝就是古代賢君大舜，所以民間就以祭祀地官大帝，感謝大地的福佑，作物得以生生不息。

那中元普渡的由來，相傳「目犍連」也就是目蓮尊者有一天，他透過他的神通眼，突然看到了自己死去的母親混在惡鬼群裡，餓的不成人形，備受痛苦，於是目蓮尊者用缽盛飯，端給母親，誰知，飯一入口，頓時化成炭火，目蓮尊者看到自己的母親被受煎熬，內心真是痛苦不堪，立即去見佛祖，請求佛祖指點，如何營救母親脫離苦海。

佛祖說：「你母親生前自私刻薄，不做善事，所以才會有這種報應，要救她不是你一個人能辦得到的，你必須在七月十五當天，爲各地出家準備羅列百味五果供養眾餓鬼，結合所有僧侶及眾神的威力，不但可以拯救陷在地獄的母親，脫離苦海，早日投胎，也可以解救別人的父母，讓他們也脫離苦海」。

於是目蓮尊者照著佛祖的指示去做，終於解救自己的母親，並普渡了別人的父母親；在佛教稱爲「盂蘭盆」法會。

這種習俗一直傳承下來，於是就成爲中元普渡的儀式，那在家家戶戶門前普渡時都會擺設長長的供桌，供桌上擺著很豐盛的祭品，還插著「慶讚中元」的旗子，使這些孤魂野鬼能找到可以供養他們的地方。

通常以寺廟爲中心，附近居民將祭品拿到寺廟來祭拜，或是以各行各業爲主，例如：市場普渡；也有里長來主辦，社區鄰里爲對象。祭品不拘，通常都很豐盛，糕點和粿類通常都不能少，因爲七月天氣炎熱，祭拜時間又長，所以食物容易腐爛，以前的人都認爲七月普渡的東西容易壞，是因爲那好兄弟、孤魂野鬼來吃過，其實不是這個因素，而是因爲天氣熱、時間長的關係。

各地有許多傳統的普渡活動，尤其以基隆的中元祭最具有特色的放水燈，宜蘭的搶孤，人們相信人死後會變成鬼魂，悠遊於天地之間，中原普渡祭拜孤魂野鬼，讓他們也能享受到人世間的熱誠，而結合目連救母的故事來傳揚孝道，也勉勵人多行善事，發揮人溺已溺的精神，中元節可說是一個具有正面意義的節慶。

一般民間宗教所謂的「中元節」，實際上是由道教「中元祭」與佛教「盂蘭盆會」融合而成。因爲中元祭與盂蘭盆會都在農曆七月十五日舉行，自然而然地七月十五就演變爲今日似道似佛的「中元普渡」。

道教有「三元之說」：即正月十五的「上元」，七月十五「中元」，與十月十五「下元」。三元導源於「三官」，就是天、地、水。道士們分別在三元祭拜三官，即上元祭拜「天官」紫微大帝；中元祭拜「地官」清虛大帝；下元則祭拜「水官」洞陰大帝。他們相信中元節是地官的赦罪之日，因此，在這一天除了祭祀清虛大帝，也誦經、做法會，以牲果來普渡孤魂野鬼。

對台灣民眾而言，大多聽過「目蓮救母」的故事。董芳苑教授認爲佛教的「盂蘭盆會」應起源於「目蓮救母」。佛教《盂蘭盆經》（Ulambana Sutra）記載：釋迦得意門生目蓮不忍見亡母在餓鬼道中受苦，向釋迦請教解救方法，釋迦要目蓮在每年七月十五，請佛僧來爲亡母念經超渡，並將百味五果置於施食盆中，以解救母親脫離饑餓之苦。

「盂蘭」是梵語（Ulambana）的意譯，意即「救倒懸」，乃指拯救地獄中受苦的鬼魂，「盆」則指施食盆。目蓮單純的救母事蹟，後來演變成解救地獄受苦鬼魂的節日，這就是「盂蘭盆會」的由來。

我國最早行盂蘭盆會者，傳說是梁武帝，據《佛祖統紀》卷三十七所載：「大同四年，帝幸同泰寺設盂蘭盆齋。」《釋氏六帖》也記載有：梁武帝每逢七月十五日即以盆施諸寺。自此以後，蔚成風氣，歷代帝王臣民多遵佛制，興盂蘭盆會，以報答父母、祖先恩德。如唐朝代宗、德宗等，都曾設盂蘭盆供，代宗還將過去施盆於寺的儀寺改設於宮內道場，並設高祖以下七聖位，將帝名綴於巨審上，從太廟迎入內道場中。

此外，《法苑珠林》載：國家大寺，如長安西明、慈恩等寺，每年迗盆獻供種種雜物及舉盆音樂人等，並有迗盆官人，來者不一；而信眾獻盆獻供者亦多。可知唐代朝廷和民間對於盂蘭盆供是相當的重視。

盂蘭盆會之所以如此流行，深得民心，實由於其強調藉供養十方自恣僧以達慈孝雙親，乃至度脫七世父母的思想，與中國崇尚孝道，愼終追遠的倫理傳統不謀而合；再加上帝王的倡導，因此很快就由寺院走向民間，由佛教節日成爲民間節日了。

盂蘭盆會的啓建興設，到唐代都還謹遵佛意，主要在供佛齋僧以報父母先亡。但是到了宋代，民間的盂蘭盆會卻與道教「中元地官節」合一而流行道士誦經普渡眾鬼，其使獲得地官赦罪，獲得解脫。如此則更著重於超渡亡靈、祭祀祖先，而與中國傳統對祖先鬼魂崇拜又融和在一起，盂蘭盆會的性質也因此由「孝親」變成了「祭鬼」，亦即爲了亡者的鬼魂可得救渡，原以盆供佛僧，卻改以盆施餓鬼了。此習流傳至今，「中元普渡」已是民間七月的主要祭典。

民間信仰因經過千百年流轉，形式與內涵難免距本意很遠，再以七月爲例。在民間信仰中，農曆七月是一個重要的月份，各地除了普渡拜拜外，也有許多祭祀與藝文活動，其中，又以七月十五日爲大日子——中元節，也就是民間俗稱的「中元普渡」，當天有許多活動舉辦，像是搶孤、放水燈和立燈蒿等，顯示人們對此節慶的重視。

許多人認爲農曆七月諸事不宜，在各方面都有很多禁忌，像是拜拜不能準備梨子、鳳梨，晚上要避免外出等，但是佛教可就沒有這些忌諱了。因爲農曆七月在佛門稱爲僧伽月、功德月、報恩月、孝道月等，從佛教的觀點，這是個歡喜光明的月份，許多佛教團體或寺廟，都在七月間舉辦各項供僧或佛化超渡法會，以效法佛陀時代，供養十方僧侶，以將功德迴向於一切眾生的意義。

事實上，無論是道家的「中元節」或佛教的「盂蘭盆節」，本意是爲了報恩及超渡，而內涵也是「孝親」而不是「祭鬼」、「供僧」而不是「殺生」。

或許不同的時代，可以把傳統節慶做不同的詮釋或包裝，也許人真有創意，或另有動機（如進行文化創意產業包裝），發展觀光等。台北大龍峒保安宮董事長廖武治表示，保安宮將中元節詮釋爲極具人文價值的節日，包含佛教慈悲的普施救贖、道教的地官赦罪，及儒家祭祖與孝道文化。

這正就是我國從唐朝以來推行的「三家融合」。故說，儒、佛、道是中華文化的三個核心價值，台灣近百年來雖有很多悲情，又被倭國統治，但宗教信仰和人民生活型態，則始終在中華文化涵蓋範圍，現在的台灣可謂中華文化的「模範省」。

棄靈媒工作 索非亞：生活中修行

人间福報 2011.8.1.

農曆辛卯年七月初二

時值農曆七月，進入民間信仰中被認為「諸事不宜」的「鬼月」。儘管民間的七月彷彿「鬼影幢幢」，事實上，佛教中的七月卻是僧信孝親報恩、祈福修善的「吉祥月」。本周「轉念看世間」特別專訪《靈界的譯者》作者索非亞（本名劉柏君），她以曾是「靈媒」的過來人身分，闡釋正信的宗教觀，傳達善惡因果、把握當下的觀念。

【記者郭書宏專題報導】西方神學家聖奧古斯丁有句名言：「信仰尋求理解」，索非亞「異於常人」的生命歷程，為這句話作了精采的另類注腳。

參加佛學課 顛覆舊認知

甫完成政大宗教研究所口試的索非亞說：「請不要迷信通靈！」。索非亞，一歲時就會通靈，六歲會報名牌，自從被家人發現有「陰陽眼」後，常被鄰居找去看房子、辦喪事，課餘時替人收驚、祭改，口耳相傳後有了固定的看診時間，十五歲與親戚一起開設道場，正式從事靈媒工作；直到二十六歲，厭倦了靈媒生活決定退出。

之後索非亞進入台北大學社工系就讀，透過學習慢慢整理自己，積極規畫有限的學生時期，享受著浩瀚書海帶來的愉悅，並且投入打棒球的嗜好，為日後成為台灣首位棒球賽執法女性主審奠下深厚基礎。但過程中，她仍難擋夜深人靜，面對自己的孤獨與惶恐，尤其是過去對從事靈媒時在內心產生的懺悔和恐懼。

所幸，索非亞在機緣下親近法鼓山道場，參加了「學佛五講」，透過每周一次的課程，從法師口中開始有系統地認識佛教，讓她發現佛教與一般民間信仰的差距，而與法師的相處亦讓她體會：「人的修行是在家庭、在工作、在朋友、在生活，而不是那些不知是神、是鬼的靈界訊息。」

接觸伊斯蘭 解生命疑惑

為了進一步尋求真理，索非亞選擇進入政大宗教研究所進修，她開始用學術角度接觸且看待各種宗教，也藉此將書架上一本多年前受贈於中東穆斯林的中阿對照《古蘭經》拿出來閱讀，並藉著二〇〇五年十月底齋戒月參觀台北清真寺的機會，向伊斯蘭教的長者「阿訇」（註：伊斯蘭教中受過完整知識訓練並有好德性者）請益生命疑惑。

曾為靈媒的索非亞，現為虔誠的伊斯蘭教徒。 圖／索非亞

那次參觀清真寺的經驗，讓索非亞對穆斯林看淡生死、樂天安分的生活態度心生嚮往，打開她糾結的心；而研讀從清真寺帶回的書籍後，她深深被伊斯蘭教「本著順從造化養育宇宙萬物的真主，獲得身心的安寧，社會的安定與世界和平」等教義吸引。爾後幾天，她不斷自問：「到底有什麼理由不能成為穆斯林？」在與家人溝通後，索非亞前往一位阿訇家中請教宗教知識，也在當下成為穆斯林。

看盡人鬼神 悟把握當下

成為穆斯林後，索非亞積極學習伊斯蘭教義與知識，並以「伊斯蘭教法中社會福利思想」為論文題目，也隨學校教授前往印尼、馬來西亞參訪，認識更多的穆斯林與拓展教義知識；家人見索非亞信仰，變得更健康、更快樂的改變，陸續成為穆斯林。

「幸福有許多種，擁有信仰是其中之一。」索非亞說，當靈媒的往昔宛如昨日死，無論過去如何發生、如何精彩或荒誕，終究還是得回歸到「人」的生活；從前她總認為天生具有「見鬼」能力，是上天對她找麻煩，現在的她倒覺得是考驗，並且心懷感恩。

身為虔誠穆斯林，目前則在佛教聖嚴教育基金會工作的索非亞說，一路看盡各方的人、鬼、神，她發現，人能做的終究是把握當下、認真過生活，「隨時提起因果觀念、覺察內在的起心動念，多做好事服務他人，進而當個散播幸福的人吧！」

展現濃濃人情味 台北保安宮中元祭

人間福報 一〇一.七.二七

【記者郭書宏台北報導】再過幾天農曆七月即將到來，台北大龍峒保安宮八月十日起，將舉行「二〇一二台北大龍峒保安宮中元祭系列活動」，藉由豎燈篙、牽轙、普度及盂蘭盆法會等宗教儀式，讓民衆體驗農曆七月的台灣人情味。

台北大龍峒保安宮董事長廖武治表示，台灣最值得驕傲的特質，是人與人之間濃濃的人情味，實際上，台灣民間風俗與信仰蘊含著對萬物的尊重；保安宮將中元祭詮釋爲極具人文價值的節日，包涵了佛教慈悲的普施救贖、儒家祭祖與孝道文化，以及道教中的地官赦罪。

保安宮中元祭系列活動八月十日（農曆七月十一日）由「豎燈篙」揭開序幕，每年豎起的燈篙是三支大竹，今年儀式將於上午八時在保安宮對面庭園舉行，爲的是召告天神、地祇、本境十方幽魂，保安宮舉行普度，邀請所有衆生前來聽經聞法，領受普度施食。

中元節前夕則將進行「牽轙法會」。廖武治表示，全台灣除了雲林口湖鄉有牽轙法會，北部最爲知名、獨一無二者當屬大龍峒保安宮，除了往生者家屬參與牽轙，也有不少信徒認捐無名功德轙，向天災共業罹難的同胞致上關懷之意。

重頭戲爲八月十四日（農曆七月十五日）的「中元普度盂蘭盆法會」，當天上午八時三十分啓建「水懺法會」，諷誦《慈悲三昧水懺》。下午四時，進行「盂蘭盆法會」瑜珈焰口施食，超拔本境十方幽冥衆生，法會持續至晚上八時回向後圓滿。

7月報恩祈安孝道月 台中市長胡志強：讚

台中市長胡志強（左）及夫人邵曉鈴，至惠中寺參加孝道月報恩祈安法會，肯定七月是「孝道月」。 圖／人間社記者江峰平

【人間社記者江峰平台中報導】台中市長胡志強及夫人邵曉鈴三日至惠中寺參加「孝道月報恩祈安法會」，爲台中市民祈福，並呼籲發揚傳統孝道精神，孝親尊師應當即時。

胡志強表示，農曆七月傳統上認爲是「鬼月」，但星雲大師認爲七月是「孝道月」，不但要孝親、思親，更要思考如何報恩，「這是非常好的觀念，甚至我們在緬懷親友的同時，更可以思考我們可以爲逝去的親人做些什麼，幫他完成未完成的心願、未盡的責任，更能發揚孝道月的精神。」胡市長及夫人的蒞臨，受到參加法會的近千位民衆的熱烈歡迎。

人間福報 一〇一.八.五.

第十九章　祈安禮斗大法會

春季：五月初九日起至五月十一日止
秋季：十一月十九日起至十一月廿一日止

禮斗或稱拜斗，是一種爲人禳災解厄、祈福延壽的科儀。因爲，人的生死，即魂魄的來源和歸屬，均在「斗府」，因此，斗就是人的本命元辰，拜斗可以使自己的元辰光彩。由於拜斗是極玄奧的一種儀式，因此須延請高功法師主持，所安設的元辰斗也是意涵深遠，因此，不論是制解，還是求事業，求福祿壽，求消災解厄，求功名，財利，都有意想不到的功果。

世間一切生命，均屬斗宮，星辰運轉，歲煞行沖，皆屬星宿之所主宰，仰賴星光並照以護體，仁德扶持以健身。若有善男信女誠心禮斗，發願行善，自然轉禍爲福，代災侵爲祥。傳說「禮斗道場」的來源，就是因爲秦始皇併吞六國，面對天災的恐怖，以及

生老病死的威脅，使他追求長生不老藥，祈求內體的長生，因而啓發了「禮斗」的思想。

依據道書太清玉冊記載：「中斗有三星，主保命」，「西斗有四星，主護身」、「東斗有五星，主計算」、「南斗有六星，主延壽」，「北斗有七星」道場上的「斗」需要有顯示陰陽、四境、五行、八卦、順天、行氣的象徵。

斗燈中各器物，概具有降神與辟邪之雙重作用，即民間信仰上之咒物之集大成。按「斗」之意義，依照本般說法，係指「星斗」，斗內有燈，等於星光閃耀。天上群星皆屬斗部，人之十二元神所宿（元神或作元辰，即道教所謂人之靈魂），故或稱「元神燈」即生命根源之象徵。公家總斗燈，代表該地區居民全體之生命；私人各首之斗燈，則代表其一家人之生命，藉以驅邪，冀求延命與保安。斗首種類則依諸位大德喜好，或從事行業之需要而定。斗首者實乃深受神明所庇佑，必會發福生財，行爲無上光榮、生意事業發展、工廠興隆、五穀豐收、六畜興旺、萬事如意、大吉大利、闔家平安順利。下文將簡述斗燈中各部份所代表的意義及作用。

米　：蓋五穀具有辟邪祛穢作用，是各民族普遍的信仰，惟米爲五穀之一，所以斗內盛米，或芸即用以祈求五穀豐登，供養眾人之寓意。並保惜天然五穀。

燈火：代表北星斗火，日、月、星、三光普照（註：北斗解厄，南斗延壽）是生命力之象徵。法會期間，應悉心維護，不得使其熄滅。祭畢須聽其油盡燈枯，自然熄火。

涼傘：象徵文官遵守綱常，亦是保護斗籤之裝飾品，無特別意義。

斗籤：是斗燈所有人之標示，祈求個人之元辰光彩。各斗首者僅塡其首稱與人名。

劍　：表示除魔除妖保身康寧，智慧分別善惡（屬金），象徵武官，則「文能安邦，武能定國」之寓意。

鏡　：光輝返照良心及照妖辟邪之意（屬水）。

秤　：代表北斗七星，爲人是否公正（屬土）。秤量核算人間善惡功過之寓意。

尺　：量人生功過（屬水），表示其人天良未泯，仍存公德心。又民間相信，可用尺、斗、秤度量衡器祈禱延壽。

剪刀：「金咬剪」之寓意，銳利無比，能以剪除凶神惡煞作祟，即群邪立正，永遠除去慾（屬火），或云，尺是一根筆直木竹，宛然「一」字狀」；剪刀土名「加刀」諧音「家」；鏡爲圓形，即團圓，故尺、剪刀與鏡三物，合併而寓有「祈求一家團圓之意。

斗　：修身養性修圓。

綜而言之，斗內物件大致賦有降神與辟邪之兩種作用，而後者色彩濃於前者。質言之，斗燈係博採民間信仰而成，是人民生命之象徵，旨在驅邪押煞與延命保安。祈安禮斗植福法會，斗燈爲最主要的祈福消災之物，斗燈其含意具有微妙之靈應神物，可驅兇避邪消災解厄，祈福延壽使家庭平安團圓。

禮斗置放法器神物之意義

一斗：代表宇宙（生育萬物，生生不息）。
二米：代表生機（五穀豐登，食祿有餘）。
三燈：代表神光（日月星辰，神光普照）。
四傘：代表扶佑（神明隆臨，扶佑元辰）。
五籤：代表元辰（元辰光彩，神明護佑）。
六尺：代表量渡（量迎善福，渡棄惡厄）。
七秤：代表公道（心存公道，勿貪便宜）。
八劍：代表除魔（斬妖驅邪，護身平安）。
九鏡：代表圓滿（照妖驅魔，美滿團圓）。
十剪：代表除邪（照妖驅魔，正善立身）。

春秋祈安禮斗法會

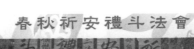

第二十章　中國民間宗教信仰諸聖神佛誕辰千秋與寺廟時令（農曆）

打開任一本農民曆，發現每月每日都有「神事」，有些是全國性，有地方性。惟經簡化，擇其重要神佛與人事，一般寺廟常用以下四種時令表。

㈠諸聖神佛誕辰千秋表（全國性、各宗教道場適用）。

㈡諸佛菩薩聖誕及紀念日（佛教道場）。

㈢單一寺廟行事曆（選松山慈惠堂、霞海城隍廟兩種）。

㈣道教眾神誕神千秋時令（道教適用）。

諸聖神佛誕辰千秋表（農曆）

正月令	
正月初一日	元始天尊聖壽
正月初一日	盤古聖祖聖壽
正月初一日	彌勒尊佛佛誕
正月初四日	孫天醫真人千秋
正月初五日	接財神
正月初六日	清水祖師聖誕
正月初八日	五殿閻羅天子千秋
正月初九日	玉皇上帝大天尊聖壽
正月初九日	萬教帝君聖壽
正月十二日	羅千歲千秋
正月十三日	關聖帝君飛昇
正月十五日	上元天官大帝聖壽
正月十五日	門神戶尉千秋
正月十五日	臨水陳奶夫人聖誕
正月十六日	王媽娘娘（廣惠尊王夫人）
正月二十日	招財童子聖誕
正月廿一日	水德星君千秋
正月廿二日	武德尊侯沈祖公聖誕
正月廿四日	雷都光耀大帝聖誕
正月廿八日	笙陽祖師許真君千秋

二月令	
二月初一日	一殿閻羅秦廣王千秋
二月初二日	濟公活佛佛誕
二月初二日	福德正神聖誕
二月初二日	土穀尊神聖誕
二月初三日	文昌帝君聖誕
二月初四日	八仙曹國舅聖誕
二月初五日	八仙藍采和聖誕
二月初六日	東飛大帝聖誕
二月初六日	東華大帝聖誕
二月初八日	三殿閻羅宋帝王千秋
二月初八日	馬神爺千秋
二月十五日	太上老君道德天尊聖壽
二月十五日	九天玄女娘娘聖誕
二月十五日	三山國王千秋
二月十五日	精忠岳王千秋
二月十六日	開漳聖王聖誕
二月十八日	四殿閻羅五官王千秋
二月十九日	玉女娘娘誕生
二月十九日	觀世音菩薩佛誕
二月廿一日	普賢菩薩佛誕
二月廿六日	南宮趙真君聖誕

三月令	
三月初一日	二殿閻羅王江王千秋
三月初三日	吳千歲千秋
三月初三日	玄天上帝聖壽
三月初三日	軒轅黃帝聖誕
三月初四日	張千歲千秋
三月初六日	濟公活佛成道日
三月初七日	三天主考聖誕
三月初八日	堪輿祖師楊公聖誕
三月初八日	趙千歲千秋
三月初八日	六殿閻羅卞城王千秋
三月十五日	無極老中娘聖壽
三月十五日	保生大帝吳真人聖誕
三月十五日	中路財神趙元帥聖誕
三月十六日	準提菩薩佛誕
三月十八日	土地婆聖誕
三月十八日	中嶽大帝誕辰
三月十八日	南天廖將軍聖誕
三月十九日	太陽星君聖誕
三月二十日	註生娘娘聖誕
三月廿三日	天上聖母聖誕
三月廿六日	鬼谷先師聖誕
三月廿七日	七殿閻羅泰山王千秋
三月廿八日	東嶽大帝聖誕
三月廿八日	倉頡先師聖誕

四月令	
四月初一日	八殿閻羅都市王千秋
四月初四日	文殊菩薩佛誕
四月初八日	釋迦牟尼佛佛祖佛誕
四月初八日	白主公聖誕
四月初八日	九殿閻羅平等王千秋
四月初十日	台南六甲頂姑婆祖千秋
四月初十日	保儀大夫名許遠（尪公祖）
四月十四日	八仙呂仙祖（孚佑帝君）聖誕
四月十五日	八仙漢鍾離聖誕
四月十七日	十殿閻羅轉輪王千秋
四月十八日	北極紫微大帝萬壽
四月十八日	華陀神醫先師千秋
四月廿一日	先天朱將軍聖誕
四月廿一日	李托塔天王聖誕
四月廿四日	金光祖師聖誕
四月廿五日	武安尊王千秋
四月廿六日	南鯤鯓李大王爺千秋
四月廿六日	李府大王爺聖誕
四月廿六日	神農大帝聖誕
四月廿七日	范府五王爺聖誕
四月廿八日	藥王扁鵲聖誕

五月令

五月初一日	八仙何仙姑聖誕
五月初一日	南極長生帝君聖誕
五月初五日	五福大帝得道
五月初五日	南天駱恩師聖誕
五月初五日	侯千歲千秋
五月初六日	清水祖師成道日
五月初六日	薛千歲千秋
五月初七日	巧聖先師聖誕
五月初七日	耿千歲千秋
五月十三日	霞海城隍爺聖誕
五月十三日	關平太子聖誕
五月十七日	蕭太傅聖誕
五月十八日	張天師聖誕
五月十九日	九天馬恩師聖誕

六月令

六月初三日	韋馱護法佛誕
六月初六日	九天李恩師聖誕
六月初六日	虎爺誕辰千秋
六月初六日	彭祖聖誕
六月初七日	八仙韓湘子聖誕
六月十一日	田都元帥聖誕
六月十二日	莫府千歲名莫英千秋
六月十五日	護國軍師劉伯溫聖誕
六月十五日	無極老母娘聖誕
六月十五日	王靈天君聖誕
六月十六日	先天王君靈官聖誕
六月十八日	池府二王爺聖誕
六月十九日	觀世音菩薩成道日
六月廿四日	關聖帝君聖誕
六月廿四日	西秦王爺聖誕
六月廿四日	南極大帝聖誕
六月廿四日	雷祖大帝聖誕
六月廿六日	二郎元帥聖誕
六月廿九日	周倉大將軍聖誕

七　月　令	
七月初七日	七星娘娘千秋
七月初七日	魁斗星君千秋
七月初七日	衛房聖母聖誕
七月初十日	八仙鐵拐李聖誕
七月十三日	大勢至菩薩佛誕
七月十四日	開基恩主千秋
七月十五日	中元地官大帝聖誕
七月十八日	瑤池王母娘娘聖誕
七月十九日	天然古佛佛誕
七月十九日	太白金星聖誕
七月十九日	值年太歲星君千秋
七月廿一日	普庵菩薩佛辰
七月廿三日	南宮柳星君誕
七月廿三日	諸葛武侯千秋
七月廿三日	法王公聖君千秋
七月廿四日	鄭延平郡平千秋
七月廿五日	武德侯沈祖公千秋
七月三十日	地藏王菩薩佛誕

八　月　令	
八月初三日	北斗星君聖誕
八月初三日	九天司命灶君聖誕
八月初三日	九天朱恩師聖誕
八月初三日	姜相子牙千秋
八月初五日	雷聲普化天尊聖誕
八月初八日	瑤池大會
八月初十日	北嶽大帝誕辰
八月十五日	臨水夫人林姑娘聖誕
八月十五日	朱府四王爺聖誕
八月十五日	月下老人聖誕
八月十五日	福德正神成道日
八月十五日	天然古佛成道
八月十五日	太陰星君聖誕
八月廿二日	廣澤尊王聖誕
八月廿三日	張桓侯大帝聖誕
八月廿七日	至聖先師孔子聖誕
八月廿九日	中華聖母聖誕

九月令

九月初一日	南斗星君聖誕
九月初一日	文財神（比干）聖誕
九月初九日	九皇大帝聖誕
九月初九日	斗母星君聖誕
九月初九日	玄天上帝飛昇
九月初九日	臨水夫人李姑聖誕
九月初九日	中壇元帥聖誕
九月初九日	酆都大帝聖誕
九月初九日	天上聖母飛昇
九月十三日	孟婆尊神千秋
九月十五日	女媧娘娘聖誕
九月十五日	無極老母聖誕
九月十五日	朱聖夫子聖誕
九月十五日	輔順將軍聖誕
九月十五日	吳府三王爺聖誕
九月十八日	倉聖先師千秋
九月十八日	顯應祖師聖誕
九月十九日	觀世音菩薩出家日
九月廿八日	五顯大帝聖誕
九月廿九日	藥師琉璃光佛佛誕

十月令

十月初一日	陰陽公聖誕
十月初一日	東嶽大帝誕辰（另說）
十月初三日	濟公禪師得道紀念日
十月初五日	達摩祖師成道日
十月初十日	八仙張果老聖誕
十月初十日	水仙尊王千秋
十月十二日	齊天大聖佛辰
十月十五日	下元水官大帝聖誕
十月十八日	地母至尊（娘娘）千秋
十月廿二日	青山靈安尊王千秋
十月廿三日	南天周將軍聖誕
十月廿五日	感天大帝許真人千秋
十月廿七日	紫微星君聖誕
十月廿九日	鄔府千歲聖誕

十一月令	
十一月初四日	安南尊王聖誕
十一月初六日	西嶽大帝誕辰
十一月十一日	太乙救苦天尊聖誕
十一月十五日	無極老母娘聖誕
十一月十七日	阿彌陀佛佛經
十一月十九日	九蓮菩薩佛辰
十一月廿三日	張仙大帝聖誕
十一月廿七日	董公真人聖誕

十二月令	
十二月初一日	譚千歲千秋
十二月初四日	三代祖師聖誕
十二月初六日	普庵祖師聖誕
十二月初八日	釋迦牟尼佛成道日
十二月十六日	尾牙酬謝福德正神
十二月十六日	南嶽大帝誕辰
十二月十六日	福德正神千秋
十二月廿四日	送神日
十二月廿五日	天神下降
十二月廿九日	南北斗星君下降
十二月廿九日	華嚴菩薩佛誕

諸佛菩薩聖誕及紀念日

農曆正月初一 彌勒菩薩聖誕
農曆正月初六 定光佛聖誕
農曆正月初九 帝釋天尊誕辰
農曆二月初八 本師釋迦牟尼佛出家紀念日
農曆二月初八 六祖大師聖誕
農曆二月十五 本師釋迦牟尼佛涅槃日
農曆二月十九 觀世音菩薩聖誕
農曆二月廿一 普賢菩薩聖誕
農曆三月十六 準提菩薩聖誕
農曆四月初一 文殊山廟會
農曆四月初四 文殊師利菩薩聖誕
農曆四月初八 本師釋迦牟尼佛聖誕
農曆四月廿八 藥王菩薩聖誕
農曆五月十三 伽藍菩薩聖誕
農曆六月初三 韋馱菩薩聖誕
農曆六月十九 觀世音菩薩成道紀念日
農曆七月十三 大勢至菩薩聖誕
農曆七月十五 盂蘭盆節佛歡喜日
農曆七月廿一 普庵祖師聖誕
農曆七月廿四 龍樹菩薩聖誕
農曆七月三十 地藏王菩薩聖誕
農曆八月初三 六祖大師涅槃日
農曆八月廿二 燃燈古佛聖誕
農曆九月十九 觀世音菩薩出家紀念日
農曆九月三十 消災延壽藥師佛聖誕
農曆十月初五 達摩初祖聖誕
農曆十月廿五 宗喀巴大師涅槃日
農曆十一月十七 阿彌陀佛聖誕
農曆十一月十九 九蓮菩薩聖誕
農曆十二月初八 本師釋迦牟尼佛成道紀念日
農曆十二月廿九 華嚴菩薩聖誕

松山慈惠堂一〇〇年重要行事一覽表

國曆日期	農曆日期	慶典・法會・相關活動
1月1日	十一月廿七日	祈天護國佑民移星轉斗大法會
1月23日	十二月廿日	謝平安法會／慈惠櫻花節／歲末年終冬令救濟、清寒獎助學金
1月24日	十二月廿一日	啓點辛卯年平安光明燈法會
1月27日	十二月廿四日	庚寅年迴向法會
2月3日起至3月13日	正月初一日起至二月九日	過七星平安橋消災祈福儀式
2月3日	正月初一日	新春團拜暨新春祈安法會
2月3日至11日	正月初一日至初九日	四川省成都市歌舞、雜技、變臉表演
2月8日起	正月初六日起	年初祭解
2月11日	正月初九日	玉皇上帝聖壽
2月13日	正月十一日	愛心園遊會、燈謎猜獎暨快樂捐血活動
2月17日	正月十五日	五路財神天官大帝聖壽
3至6月份		慈惠雅韻歌舞引公演
3月6日	二月初二日	福德正神聖壽／文昌祈祿消災法會
3月7日	二月初三日	文昌帝君聖壽
3月11日至13日	二月初七日至初九日	春季祈安禮斗法會
4月5日	三月初三日	功德堂春季祭祖法會
4月23日至5月1日	三月廿一日至廿九日	2011慈惠文化季
5月25日至29日	四月廿三日至廿七日	冥陽普利梁皇大法會
6月6日	五月初五日	端午煉藥
6月11日至12日	五月初十日十一日	心靈改革系列講座
7月3日	六月初三日	蟠桃聖會暨契子女皈依典禮
7月6日至7日	六月初六日至初七日	開天門上天章消災法會
7月11日至15日	六月十一日至十五日	慈惠兒童夏令營
8月17日	七月十八日	瑤池金母大天尊壽誕
8月18日至8月20日	七月十九日至廿一日	孝道感恩超度大法會
9至11月份		慈惠雅韻歌舞引公演
9月19日至9月21日	八月廿二日至廿四日	植福還庫受生大齋法會
9月21日	八月廿四日	本堂四十一週年慶
10月1日	九月初五日	功德堂秋季祭祖法會
10月初	九月初	重陽敬老松柏獎頒獎表揚
10月5日	九月初九日	斗姆元君聖壽／中壇元帥聖壽
10月5日至9日	九月初九日至十三日	秋季祈安禮斗法會
11月11日至13日	十月十六日至十八日	血盆法會
11月13日	十月十八日	無上虛空地母元君聖壽暨契子女皈依典禮／契子女暨信徒聯誼餐會
11月19日至20日	十月廿四日至廿五日	心靈改革系列講座
1月13日至14日	十二月二十日至廿一日	謝平安燈法會／啓點辛卯年光明燈法會

※本堂每於清明、中元、重陽三節特爲安奉於本堂功德堂的信士之九玄七祖誦經祭拜。

※本堂於每年農曆十一月起，開始接受信眾報名預約來年之安太歲、個人與家庭光明燈、財神燈、天醫燈、文昌燈、金輪燈、魁星燈。

聖誕千秋表

松山霞海城隍廟恭神仙佛聖誕千秋表

正月份	七月份	本廟戊子年盛事（農曆）
正月初一 元始天尊萬壽	七月十五 中元地官大帝聖誕	正月初九點燈祈福日
正月初五 接財神補財庫	七月三十 地藏王菩薩佛誕	慈悲水懺法會每月第一星期日上午舉行
正月十五 上元天官大帝聖誕	八月份	添福祿壽法會每月第三個星期上午舉行
二月份	八月十五 月老星君聖誕	正月五日接財神日（添補財庫大法會）
二月初二 福德正神千秋	九月份	三月十五日中路財神爺聖誕（添補財庫大法會）
二月十九 觀音佛祖聖誕	九月初九 斗姥星君（斗母）聖誕	十月十五日水官解厄賜福日（添補財庫大法會）
三月份	九月初九 中壇元帥聖誕	五月十三日慶祝霞海城隍老爺聖誕
三月十五 中路財神元帥聖誕	九月十九 觀音佛祖出家日	春季禮斗5月9日起至5月11日舉行三天
五月份	十月份	春季禮斗11月19日起至11月21日舉行三天
五月十三 霞海城隍爺聖誕	十月十五 下元水官大帝聖誕	六月七日補運日（備有米糕、福圓、麵線）
六月份	十一月份	七月十九至二十一日慶讚中元超薦普施法會
六月初六 虎爺聖誕	十一月七日 城隍夫人聖誕	八月十五日慶祝月老星君聖誕（求姻緣法會）
六月初七 補運日	十二月	十二月二十日圓經法會
六月十九 觀音佛祖得道日	十二月二十 本廟圓經日	每日辦理：祭解、補運、補財庫、求姻緣。

道教衆神聖誕千秋時令（適用道教）

正月

初一日天臘之辰
初三日郝真人聖誕、孫真人聖誕
初五日孫祖清靜真人聖誕
初九日玉皇上帝聖誕
十三日關聖帝君飛升
十五日上元天官聖誕
十九日長春邱真人聖誕

二月

初一日勾陳神聖誕、劉真人聖誕
初二日土地正神聖誕、姜太公聖誕
初三日文昌梓潼帝君聖誕
初六日東華帝君聖誕

十三日葛真君聖誕
十五日太上老君聖誕
十六日天仙娘娘聖誕
十八日玉陽王真君聖誕
十九日慈航觀音聖誕
二十五日玄天聖父明真帝聖誕

三月

初一日潭祖長真真人聖誕
初三日玄天上帝聖誕、王母娘娘聖誕
初五日玄天上帝聖誕
初六日眼光娘娘聖誕
十五日財神趙公元帥聖誕
十六日三茅真君得道之辰、中岳大帝聖誕
十八日王祖玉陽真人、后土娘娘聖誕
十九日太陽星君聖誕

二十日子孫娘娘聖誕
二十三日天后媽祖聖誕
二十六日鬼谷先師誕
二十八日東岳大帝聖誕

四　月

初一日長生潭真君成道之辰
初十日何仙姑聖誕
十四日呂祖純陽祖師聖誕
十五日鐘離帝君聖誕
十八日北極紫微大帝聖誕、泰山聖母聖誕、華陀神醫先師聖誕
二十日眼光聖母娘娘聖誕
二十八日神農先帝聖誕

五　月

初一日南極長生大帝聖誕
初五日地臘之辰、南方雷祖聖誕

十一日城隍爺聖誕
十三日關平帝君聖誕
十八日張天師聖誕、呂祖成道
二十日馬祖丹陽真人聖誕
二十九日紫青白祖師聖誕
夏至靈寶天尊誕辰

六月

初十日劉海蟾帝君聖誕
十五日王靈天君聖誕
十九日慈航觀音聖誕、扁鵲高真人聖誕
二十三日火神聖誕
二十四日南極大帝、中方雷祖聖誕、關聖帝君聖誕
二十六日二郎真君聖誕、妙道真君之聖誕

七月

初七日道德臘之辰

十二日西方雷祖聖誕
十五日中元地官大帝聖誕
十八日王母娘娘聖誕
十九日值年太歲星君聖誕
二十日劉祖長生真人聖誕
二十二日馬元帥聖誕
二十三日諸葛武侯聖誕
二十五日齊天大聖誕
二十六日張三豐祖師聖誕

八月

初一日許府真君
初三日九天司命灶君聖誕、北斗下降之辰
初五日北方雷祖聖誕
初八日瑤池大會
初十日北岳大帝

十五日太陽星君誕、曹國舅祖師聖誕
二十七日北斗下降之辰

九月

初一日南斗星君下降
初一至初九日北斗九星降世辰
初九日斗姥元君、九皇星君、重陽帝君、玄天上帝飛升，中壇元帥、豐都大帝聖誕
二十二日增福財神誕
二十三日薩翁真君聖誕
二十八日顯靈官馬元帥聖誕

十月

初一日民歲臘之辰、東皇大帝聖誕
初三日三茅應化真君聖誕
初六日天曹諸司五岳五帝聖誕
初十日張果老聖誕
十五日下元水官大帝聖誕

十八日地母娘娘聖誕
十九日長春邱真君飛升
二十日虛靖天師誕
二十七日北極紫微大帝聖誕

十一月

初六日西岳大帝聖誕
初九日湘子韓祖聖誕
十一日太乙救苦天尊聖誕
二十三日南斗下降之辰
二十六日北方五道聖誕
冬至元始天尊聖誕

十二月

初一日群仙會蓬萊
初八日侯王臘之辰
十六日福德正神之聖誕、南岳大帝聖誕

二十日魯班先師聖誕

二十一日天猷上帝聖誕

二十二日重陽祖師聖誕、丹陽馬真君成道

二十四日司命灶君上天朝玉帝奏人善惡

二十五日天神下降

二十九日清靜孫真君成道

星雲大師昨天出席《人間佛國》新書記者會（左上）。該書（左下）是由潘煊撰文，大師導覽佛陀紀念館的建築及空間布局，讓讀者深入認識佛陀真身舍利所在的「人間佛國」。 圖／人間社記者慧豪、董紫筠、天下文化提供

第三篇　中國民間宗教信仰：眾神的家譜與家園

江蘇鹽城永寧禪寺二十三日舉行方丈陞座法會，佛光山開山星雲大師（傘蓋下坐者）應邀舉行佛學講座，談「和諧社會」。

圖／人間社記者心成

壹、農曆元月誕生諸神

元始天尊——元始天王

・生日：元月一日

・稱呼「元始天王」、「玉清紫虛高上元皇太上大道君」。

・略傳：

按道教神觀的基本理論，宇宙始爲一元氣，一元氣又分成元、玄、始三氣，三氣形成三清境，即玉清、上清、太清。玉清爲元始天尊（詳見本書「中國歷史上的神仙」一文），地位至高無上，唐宋以來三清之尊位皆以元始天尊爲中心。三清之下，有八位主神，玉皇大帝是八大主神之一。但民間可能受到小說（如西遊記）影響，每視玉皇大帝地位最高。

・探討：

一、民間通常以玉皇大帝爲至高無上的神，並且將其與元始天尊合而爲一，是不正確的，它的證點有二：

⑴根據曾任台灣省道教會理事長趙家焯在道學與道教一書中表示：「道教是多神教，最崇高的神有：元始天尊、太上老君、玉皇大帝」。根據《永樂宮志》（山西芮城張亦農、景昆俊編），玉皇大帝之位階也在元始天尊之下，可見兩神非同一神。

⑵根據陶弘景真靈位業圖：分神爲七級，以元始天尊居上清第一正位，玉帝居玉清三元宮第一中位，太上老君居太清正位。

二、根據天堂遊記述：元始天尊居於玉虛宮，此玉清聖境，除非得道上聖高真，不然凡人及中下界神靈是難以進來，因爲玉虛乃大道源泉，道氣無量無盡，強烈難敵。又述：無名天地之「始」，有名萬物之「母」，謂「元始、老母」，可謂一體兩面，老母即元始，衆生稱其爲「老母」，表現天與衆生之密切親情。

按道教神學，宇宙間三個至高之神，是元始天尊（玉清）、靈寶天尊（上清）和道德天尊（太清、太上老君），而以元始天尊最高位。

元始天尊，2007年11月，攝於北京博物館

彌勒尊佛

• 生日：元月一日

• 稱呼：布袋和尚、彌勒菩薩、彌勒、俗姓阿逸多。

• 研究：

一、彌勒佛，俗姓阿逸多。生於南天竺貴族世家。彌勒佛是三世佛之一佛（三世佛指，過去佛是拘那含牟尼，現在佛是釋迦牟尼佛，未來佛是彌勒佛等）。

二、彌勒佛又稱布袋和尚，於我國五代時在明州奉化縣化身應世，名叫契，常在手杖上掛一布袋，並攜帶破蓆，平時所用的日常用具都放在布袋內，在街上見到東西就行乞，未用完的就放入袋內，經常語無定向，當時號稱長汀子，在梁貞明二年三月三日，端坐在嶽林寺走廊，說偈：「彌勒真彌勒，分身千百億，時人都不識」，作偈後，即安然昇化。後來，認識他的人，

布袋和尚傳說 列大陸國遺

2010.七.廿二 人間福報

【人間社記者觀閎綜合報導】大陸浙江省奉化市申報的《布袋和尚傳說》，已列入寧波市和浙江省非物質文化遺產名錄，最近通過評審，列入中國文化部第三批國家級非物質文化遺產名錄推薦項目名單。

奉化長汀村與布袋和尚淵源最深，從他出生、出家到圓寂，都和長汀有密切的關係。據長汀村世代相傳的《張氏宗譜》記載：彌勒佛曾於六朝蕭梁時降跡，後以唐末五代間現身於長汀。我祖奇其狀，收養爲螟子（義子）。名契此，號長汀子，又稱布袋和尚、歡喜和尚。

在奉化境內，有關布袋和尚的傳說版本有十餘種。長汀村村民年近七旬的張嘉國，歷經近三十年，蒐集整理了四十多個有關布袋和尚的傳說故事，編纂成《奉化長汀布袋和尚傳說》，內容包括《長汀水蜜桃》、《圍燒蝗蟲》、《千人塘》、《整地種草莓》等。

張嘉國說，長汀村的布袋和尚最爲人稱道的特點是：樂於爲民做好事；氣量很大，笑口常開，「笑天下可笑之人，容天下難容之事」；提倡人際和諧與包容。

在別處又看到彌勒背袋子行在街上，消息傳開，大家爭相繪像，拿回供奉。

「笑到幾時方合口；坐來無日不開懷。」彌勒菩薩坐山門外，送往迎來人人都歡喜。這位大肚和尚給人印象總是笑口常開，但在印度，祂卻是位纖瘦的思維菩薩。

彌勒菩薩無量劫前是位修行者，一日遇洪水暴漲，七日無法外出乞食，當時一對兔王母子便投入火海以身護法供養。行者當下發願，世世不起殺想，不食眾生肉，直到成佛，因此稱爲慈氏，即「彌勒」。

久遠劫前，彌勒與釋迦牟尼一起出家修行，但因釋迦牟尼先發大乘心，並以單腳站立七日讚嘆底沙佛，所以比彌勒早成佛。彌勒菩薩將繼釋迦牟尼佛之後遞補佛位，現生於兜率內院，頂帶寶冠瓔珞，兩腳交叉而坐；或右手指臉頰，左腳下垂成半跏思

位於光孝寺山門的彌勒菩薩坐像。

中台禪寺四天王殿中的彌勒菩薩

惟的彌勒像，就是在兜率天等待下生的坐姿。

「當來下生彌勒尊佛」將在五十七億六千萬年後，來到人間於龍華樹下成佛，分三次說法，因此許多佛教徒多發願「龍華三會見佛聞法。」（圖、文引：杜荷，人間福報）

保生大帝——孫真人

- 生日：元月四日
- 稱呼：本名孫思邈，俗稱大道公或保生大帝。
- 略傳：

真人姓孫名思邈，唐京兆府（今陝西省長安縣）華原人，七歲的時候，一天能背誦一千多句話，十六歲的時候，喜歡談論老莊哲學和百家學說，平時也喜歡研究佛經。有一天，洛州總管獨孤信看到孫思邈，稱他爲聖童，只可惜大材小用。在周宣帝時，真人看到王室多變故，就到太白山隱居。隋文帝時，徵召爲國子博士，但真人慕道心切，並向友人說：「再過五十年，就會有聖人應世而出，我也應隨緣救世渡人。」後來，唐太宗登位，召孫真人到京師。

關於孫真人，一直流傳著一則故事（神仙傳）。有一天他在山上散步，無意間看見有條小蛇，被牧童打傷了正在流血。孫思邈立刻脫掉身上的衣服把小蛇贖出來施以救助。他並且給蛇細心地敷藥，再重新把牠放回草中。過了十幾天，他又外出散步，半路上遇見一個白衣少年下馬向他行禮說：

「我弟弟承蒙先生救助，實在感激不盡！」

孫思邈覺得莫名其妙，一時不知如何回答。那個少年又邀請他到家裏去坐坐，少年並且讓出馬給給他騎。他們一路飛馳而去，不久來到一個小城，花木茂盛，金碧輝煌，儼然是王侯之家。白衣少年請孫思邈進了房間，他看見一個人穿著紅衣帶著小帽，旁邊還站滿了侍從，這人一見孫思邈來到，立刻滿面笑容上前迎接；他說：

「承蒙先生厚恩，因此特別派我家小兒迎接您來！」

他一面說，一面用手指著一個青衣小童說：

「前些日子，小兒外出被牧童所傷，幸虧蒙您脫衣贖救，他才能活到今天！」說完，他叫青衣小童上前拜謝孫思邈。孫思邈這才想起前幾天脫衣救蛇的事。但孫思邈心裏還是不安，他就偷偷問旁邊的人這是什麼地方。人家回答他說：

「這裡是涇陽水府」。

那個紅衣王者設下酒宴伎樂招待孫思邈，但是他因爲修道斷食所以婉辭了，只是喝一點酒，留連三天以後，王者又送他許多珍珠寶貝，孫思邈堅持不收。紅衣王者又叫他兒子拿出龍宮的珍貴藥方三十種送給孫思邈說：

「這些藥方可以幫助先生濟世救人」！

最後，紅衣王者派了馬匹送孫思邈回家。後來孫思邈用那些藥方行醫，果然十分有效，於是就把它們編入千金方裡。

隋文帝仰慕孫思邈的大名，想要召他做官，被他婉拒了。他曾私下告訴別人說：

「五十年後，會有聖人出來治理天下，我到那時自然會出來協助他濟世救人！」

後來果然唐太宗當政，他才應招上京晉見皇帝。唐太宗很驚訝他容貌的年輕就對他說：

「我聽說有道的人都是值得尊重的，卻沒想到修道真能青春永駐、長生不老呢！」

永徽三年，孫思邈已經一百多歲。有一天他沐浴之後，端坐在榻上對子孫說：

「我今天要去遊訪無何有之鄉！」

不久他就嚥了氣。但是他紅潤的臉色一個月都不變，入棺時，只見一件空衣，其他什麼也沒有。

在民間廟宇內，保生大帝有孫真人，許真人，吳真人三位，其中孫真人即是孫思邈。但一般人只知保生大帝，不知是那一位保生大帝。

清水祖師——麻章上人

・生日：元月六日

・稱呼：俗名姓陳名應，又名陳昭，法號僧普足，又叫麻章上人、蓬萊祖師、祖師公、烏面祖師、落鼻祖師、清水真人、昭應大師。

・探討：

清水祖師的祖廟在福建省安溪縣蓬萊山清水岩，始建於北宋，已有九百多年歷史，也是我國清水祖師文化的發源地。

清水祖師原名陳應，法號普足。福建永春縣小姑鄉人，生於宋仁宗二十二年（西元一〇四四年）。據

安溪清水岩紀錄片　福建開拍

2011.2.10. 人間福報.

【本報綜合報導】以清水祖師生平為主題的六集電視紀錄片、及同名電影《安溪清水岩》，八日在福建省安溪縣清水岩風景區舉行開機儀式。

位於福建安溪縣的蓬萊山清水岩，始建於北宋，至今已有九百五十多年歷史，是清水祖師文化的發源地。由於今年正值清水祖師誕辰九百七十四周年，在往清水岩的山路兩旁，到處可見抬著神輦、點著大香，前往進香的信衆，其中不乏台灣以及東南亞信衆。

據了解，電視紀錄片《安溪清水岩》將製作成六集，每集約三十至四十分鐘，估計耗時十五個月完成，而電影版《安溪清水岩》片長約九十分鐘，製作時間則須等電視紀錄片定版後，才著手進行。

紀錄片主要以不同時代的代表性詩歌、繪畫、民間戲劇呈現，再透過史實故事，描述清水祖師和清水岩的歷史事件、人物故事等，進而了解清水祖師文化的精神內涵和人文思考。

清水祖師生於宋仁宗景裕四年（西元一〇三七年），俗姓陳，法號普足，一生為民祈雨、修橋造路、施醫濟藥、種茶造林，造福百姓。其與媽祖、保生大帝、光澤尊王並稱閩南四大信仰。據估計，目前擁有清水祖師信仰者上億人，其中台灣有一千多萬。世界各地敬奉清水祖師的分爐分廟數千座，分佈在二十多個國家和地區，其中，台灣有近五百座。

說生有道骨，因此在幼年時就到附近大雲院出家。年事稍長，曾到明公禪師處學習大小乘佛學，因聰慧過人，甚得寵愛。當他學成告辭時，明公禪師盡將衣鉢傳授給他，並且囑附他說：「不是到了嚴重緊要的大事，不得穿著此衣。」又「從今以後當捨棄萬緣，一心以利物濟人爲志。」陳普足聆聽師諭後，果真嚴遵師命畢生力行實踐。回來後，即盡力到處募捐，修橋造路，並親自施醫藥，符水爲人治病，而且每遇旱疫爲人祈禱，往往有奇效。

宋神宗元豐六年（西元一〇八二年）癸亥，清溪縣境大旱，鄉人請求祈雨，果然立獲甘霖，廣濟群農。鄉民都認爲他的道行精嚴，能夠感動天地，乃敦請定居於清溪鄉。眾人募足款項，在張岩山之側，爲他蓋一庵所，因臨近石泉清澈無比，乃命名爲「清水巖」。

宋建中靖國九年五月十三日（西元一一〇九年），

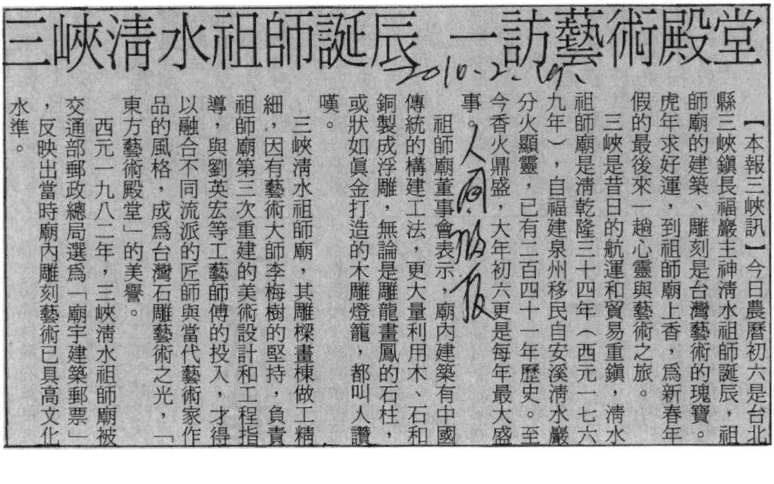

三峽清水祖師誕辰 一訪藝術殿堂

【本報三峽訊】今日農曆初六是台北縣三峽鎮長福巖主神清水祖師誕辰，祖師廟的建築、雕刻是台灣藝術的瑰寶。虎年求好運，到祖師廟上香，為新春年假的最後來一趟心靈與藝術之旅。

三峽是昔日的航運和貿易重鎮，清水祖師廟是清乾隆三十四年（西元一七六九年），自福建泉州移民自安溪清水巖分火顯靈，已有二百四十一年歷史。至今香火鼎盛，大年初六更是每年最大盛事。

祖師廟董事會表示，廟內建築有中國傳統的構建工法，更大量利用木、石和銅製成浮雕，無論是雕龍畫鳳的石柱，或狀如眞金打造的木雕燈籠，都叫人讚嘆。

三峽清水祖師廟，其雕樑畫棟做工精細，因有藝術大師李梅樹的堅持，負責祖師廟第三次重建的美術設計和工程指導，與劉英宏等工藝師傅的投入，才得以融合不同流派的匠師與當代藝術家作品的風格，成為台灣石雕藝術之光，「東方藝術殿堂」的美譽。

西元一九八二年，三峽清水祖師廟被交通部郵政總局選為「廟宇建築郵票」，反映出當時廟內雕刻藝術已具高文化水準。

普足端然坐逝於巖內，享年六十五歲。在臺灣、福建原屬安溪移民開拓的地方，必有供奉清水祖師的廟宇，其中臺北市艋舺清水岩，臺北縣淡水鎮清水岩、臺北縣三峽長福岩等較為有名。

台北市艋舺清水巖祖師廟是全台北市最古老的廟宇，主祀清水祖師（左圖），仍完善保存許多清朝嘉慶、同治時期的廟宇藝術與特色。國片《艋舺》上映後，讓艋舺清水巖祖師廟一夕間增加許多參訪民眾。
記者郭書宏攝、本報資料照片

【記者郭書宏台北報導】你知道當前熱門國片《艋舺》中的「廟口」，指的是那一座廟嗎？答案就是位於台北市康定路的「艋舺清水巖祖師廟」。搭上這部賣座國片的熱潮，讓艋舺清水巖祖師廟一夕間增加許多「揪團」參訪的民眾，讓這座原本質樸古拙的廟宇，增添不少生氣與活力。

「這裡就是廟口，我們的地盤。」、「艋舺從清朝到日據時代，一直都是台北最熱鬧的商業中心。」相信看過《艋舺》一片的觀眾，對這兩句台詞並不陌生；伴隨這部電影的帶動，許多民眾按圖索驥回到拍攝地點，讓艋舺清水巖祖師廟恢復昔日的人潮與熱鬧。

「這裡是劇中人物結拜場景！」、「那邊就是片尾真相揭露的地方！」台北市政府觀光傳播局相中《艋舺》將帶來的觀光熱潮與商機，結合旅行社推出「艋舺電影場景一日遊」行程，包含佛具街、剝皮寮等景點，其中又以清水巖祖師廟最為熱門。

建於清乾隆五十二年（西元一七八七年）的艋舺清水巖祖師廟，與艋舺龍山寺、大龍峒保安宮並稱「台北三大廟」，主祀福建安溪縣民守護神清水祖師，是早年著名的「頂下郊拚」三邑人與同安人械鬥事件的關鍵地點，也曾是當地角頭聚集地。

艋舺清水巖祖師廟最為人們津津樂道的是「落鼻祖師」傳說，相傳每逢天災巨變前，清水祖師便會落鼻警示。在清末中法戰爭時，淡水人奉清水祖師助陣，事後淡水人希望留下神像，但艋舺人不同意，經協議後決定單月在艋舺，雙月在淡水供奉，今日已無此一習俗。

褪去昔日繁華與角頭聚集色彩，這座台北古廟，仍完善保存許多清朝嘉慶、同治時期的廟宇藝術與特色，例如三川殿立面牆身有透雕的螭虎石窗，圓心為「麻姑獻壽」與「松鶴仙翁」；對看牆堵上有用色素雅且雕刻別緻的「卍」字淺浮雕，寓意「綿綿萬代」。

艋舺清水巖祖師廟後殿的雕刻構件，像是龍柱、柱櫈及石柱等，均雕工細緻且完好如初；另外，龍邊目前留有一座歷史久遠的獨立二層閣樓建築，為當今台灣廟宇中所罕見。

人間福報．2010.3.11.

五殿閻羅王——包青天

‧生日：元月八日

‧稱呼：閻王、閻羅、包拯、包青天

‧探討：

包青天即包拯，宋朝盧州合肥人，字希仁，人稱包公、包龍圖、包文正公、閻羅天子等。其父包懷、母周氏，生兄弟三人，包公排行老么。幼時拜一寧老先生為師。及長，舉進士第，官拜大理評事，掌刑法，後多所昇遷。仁宗時，授龍圖閣學士，嘉祐元年攝理開封府，後又拜禮部侍郎等職。

包公本性耿直，務敦厚，立朝剛毅，為官清廉，大公無私，貌若木訥，不苟

江案重審 期有現代包青天

人間福報．2011.6.9.

媒體報導，軍事法院昨天上午針對江國慶案，召開再審案的準備程序庭，義務律師團與檢察官難得立場一致，都表達要為江員洗刷冤屈，希望在八月十三日江國慶被槍決十四周年前能平反。

但當年非法取供的軍官，以超過追訴期當盾牌，獲不起訴處分，引起公憤，筆者身為空軍退役榮民，亦感義憤填膺。

善惡因果歷歷不爽，因緣成熟際會，就是沉冤得雪時，江國慶冤案讓國人得知，非法取供的軍官，是如何濫權殘酷，即使迫於破案壓力，及迎合長官爭取績效，但對江員施以不人道的酷刑，行徑令人不齒。

而從國防部註銷功獎的資料、得知，當年因這件冤案，記功獎勵的人竟多達三十三名，不止於已知的九名官員，他們踏著死者的血跡，一步步爬升，對照江案的重審，何其諷刺！

恐怖分子賓拉登策畫一連串爆炸案，他並非執行者卻是主謀，所以付出了代價，反觀涉嫌江案非法取供的軍官，僅註銷勳獎，卻無法制裁，實在太沒有天理了，報載義務律師團已再議期限屆滿前，具狀聲請台灣高檢署，與國防部高等軍事法院檢察署，撤銷原不起訴處分，以發回地檢署續查。

期望軍事法院重審，能有現代包青天，盡速替江員平反，並使違法者得到應有制裁。

吳一忠（嘉縣水上／榮民）

言笑，以致有人比喻其笑比黃河清澈還難。他明察秋毫，權貴與官宦們因此檢斂形跡，故京師常言：「關節不到，有閻羅包老。」當時連婦人、幼童都知道有個包青天廉潔公正。

據說因包公爲官清正，所以轄兼陰陽，白天治陽世，夜裡治陰司，有「活閻王」之稱；今民間所謂十殿閻羅之第五殿即由包公掌轄。

第五殿閻羅王，聯曰：「青天有眼，鐵面無私」。凡是世人生前⑴多嘴長舌挑撥離間，拆散人之婚姻，操淫業、逼良從娼。⑵缺德、好賭詐財，不悟真理、犯上斷祖德，時有好色心強姦心。⑶愛慕虛榮、貪淫蕩婦喪名節，時患妬心、

神像來源：混元雜誌，第 11 期，99 年元月

怨心、恨心、橫心、邪心、毒心、淫心、偏心、私心、狠心、狗心、獸心等等歪心。如生前不知悔改，改頭換面多行善德，則死後必倫落於誅心小地獄由五殿閻羅嚴刑重辦，永不超生。

對於閻羅王有兩種不同說法：⑴說是包拯，因在陽間當官時至公無私，所以死後成爲第五殿冥王。⑵另一種說法是：大藏經裡所說的閻羅王者是早期毗沙國王與維陀始生王，共戰時兵力不敵，因而立誓願爲地獄王，臣佐十八人，領百萬之衆，頭有角、耳皆悉忿懟同立誓曰，後當奉助治理一切罪人。

另按「地獄遊記」，五殿森羅王，何者正確？不易考證。再按「隋書」韓擒虎傳：「生爲上柱國，死作閻羅王，斯亦足矣。」可見韓擒虎死後曾任閻羅王，但隋朝到宋朝包老時期，尚有四百多年，即韓閻羅王任期達四百多年。

遊第五殿聽閻王

論誅心

濟公活佛　降　　丁巳年四月廿九日

詩曰：惡毒心腸惡鬼誅。千謀萬計總成無。
閻羅鐵面浮寒色。死後方知世路殊。

濟佛曰：前期因我有要事，請　楊戩仙師代引楊生遊冥，二楊初遊五殿，一路談笑，還露出滴滴道味，希世人閱讀經書，當仔細體會弦外之音，不可專攻那表面文章，好像吃瓜子，要品嚐內仁，如果猛嚼外殼，是無法嚐到眞滋味的，今日準備遊冥，楊生上蓮台。

楊生曰：五殿閻羅，世間常言爲「包拯大人」蒞任，果然不同凡響。「凍頂」表示「冷冰冰面孔」，「鐵觀音」乃言「菩薩硬心腸」，正是包大人作風。

閻王曰：哈哈，聖賢堂之聖筆名不虛傳，道器慧根非凡，猜中我言。

冥王曰：前次我已言明，將親帶二位進入「誅心地獄」參觀，請隨我入獄吧！命衆將軍護駕。

楊生曰：多謝　冥王眷顧，前面就是「十六誅心小地獄」，已聞慘叫之聲傳來，我看又是一片血腥刑場！

冥王曰：衆生都已「變心」，故來地獄不得不將心掏下來治療一番！

玉皇大帝——上帝

・生日：元月九日

・稱呼：

上帝、天帝、玉皇、天公、天祖公、昊天上帝、玉天大帝、玉皇上帝、玉皇大天尊玄靈高上帝、上天主宰。（佛教稱謂：帝釋天）

・探討：

玉皇大帝簡稱大帝或上帝，俗稱天公。由於天公住在天上玉京，因此才稱玉皇上帝。道教認爲天公是萬物的原始，天上至尊神，佛教稱「帝釋天」。

玉皇上帝是自然具體的「天」神化；一般天公崇拜沒有偶像，即使在廟宇中亦以牌位代替；因爲蒼蒼者天，擡頭即見，有了偶像反而不像。玉皇上帝的神像造型，重旒執生，形若古代帝王。奉祀玉皇的大殿，稱爲「靈霄寶殿」，在三十三天之上。民間每家在廳前高懸一個香爐，叫「天公爐」，以代表天公。虔誠者每月初一、十五，以至每日早晚都要上香。民間相信天公不但授命於天子統治人間，而且也統轄儒、釋、道三教的神、佛，以及古代信仰的天神、地祇與人鬼。所以，天公統領天、地、人三界神靈，並爲天地宇宙萬物興衰隆替、吉凶禍福的主宰。民間更確信祂掌握人間萬物生長、保育和賞罰大權，是最具威嚴的至上神。

臺灣崇拜玉皇上帝的廟宇有八十三座，以臺南市祐民街開基玉皇宮最古老，創建於明朝永曆年間。其次爲彰化元清觀，創建於乾隆二十八年。最具規模的是臺北市木柵指南呂在後方的凌霄寶殿，環境幽美，居高臨下，可瞭望臺北市景；建築富麗堂皇，可謂集民間宗教藝術之大成，爲本省著名觀光勝地。但每到天公生、拜天公，就不止八十三座廟在慶祝拜拜，而是一種「全民活動」，可見台灣人之崇拜玉皇大帝！

按玉皇上帝雖然是宇宙間的至高神明，卻並非全能全智全在者，所以需要眾神的協助，來統治陽間與陰間。很多人不知道天公也不能「萬年執政」！

中國民間信仰之眾神中，玉皇大帝這個職位是輪替的，以示「民主」。這種思想可能是受到堯、舜、禹之禪讓思想所影響。歷代玉皇大帝如後：

第一代　玉皇大天尊　玄玄高上帝（黃老）。

第二代　玉皇大天尊　玄元高上帝（紫微帝君）。

第三代　玉皇大天尊　玄明高上帝（大寰教化聖主）。

第四代　玉皇大天尊　玄微高上帝（鴻鈞老祖）。

第五代　玉皇大天尊　玄寰高上帝（星化帝君）。
第六代　玉皇大天尊　玄中高上帝（旡原天尊）。
第七代　玉皇大天尊　玄理高上帝（光華聖主）。
第八代　玉皇大天尊　玄天高上帝（大羅祖師）。
第九代　玉皇大天尊　玄運高上帝（精一天師）。
第十代　玉皇大天尊　玄化高上帝（延衍祖師）。
第十一代　玉皇大天尊　玄陰高上帝（北華帝君）。
第十二代　玉皇大天尊　玄陽高上帝（廣度真王）。
第十三代　玉皇大天尊　玄正高上帝（度化天尊）。
第十四代　玉皇大天尊　玄旡高上帝（伏魔世祖）。
第十五代　玉皇大天尊　玄震高上帝（興儒天尊）。
第十六代　玉皇大天尊　玄蒼高上帝（救世天王）。
第十七代　玉皇大天尊　玄穹高上帝（妙樂國王）。
第十八代　玉皇大天尊　玄靈高上帝（關聖帝君）。

在中國民間信仰眾神中，玉皇大帝被當成地位最高的神。事實上道教教義中，玉皇大帝是三清之下八大主神之一；而在佛教裡，玉皇大帝稱「帝釋天」，且是摩耶夫人生釋迦世尊時的接生者。所以，佛陀是由帝釋天（玉皇大帝）接生到人間的。（按聖嚴法師，《佛母摩耶夫人》，法鼓山，二〇〇四年八月）

另據《大般涅槃經後分》卷下記載，釋尊荼毘之時，以大悲力之故，碎金剛體為細末的舍利，唯留四牙不壞。此四顆佛牙，一顆帝釋天於佛口上頷取佛牙舍利，回忉利天宮起塔供養。另有三顆佛牙舍利遺留於人間：第一顆，被珍藏在錫蘭坎底市的馬拉葛瓦等；第二顆，現在供奉在北京西山靈光寺佛牙舍利塔中；第三顆，即是現今將供奉在佛光山佛陀紀念館的「佛牙舍利」。

玉皇大帝誕辰　屏東玉皇宮放天燈祈福

【本報屏東訊】今天是玉皇大帝誕辰，從昨天起，各地供奉玉皇大帝的廟宇即湧入大批香客，其中屏東市玉皇宮是市區規模最大的天公廟，從昨天起香客絡繹不絕，晚上還放天燈祈福。廟方表示，今年適逢金狗年，安太歲、點燈的民眾比往年增加許多，今天廟方準備上萬台斤的壽麵，免費供信眾享用。

大年初九是玉皇大帝誕辰，也是農曆春節期間的重頭戲之一，玉皇宮管理委員會總幹事辜朝山表示，今年安太歲、點光明燈的民眾比往年增加，從初七起，廟方就加派人力在現場協助信眾寫訴文，現場還有屏東科技大學學生協助讀訴文，現場人人虔誠上香；有學生說：「看到信眾上香的虔誠，才見識到宗教的力量」。

玉皇宮前廣場每年都有放天燈祈福活動，今年也不例外，昨晚許多香客到廣場購天燈、寫心願後施放，直到深夜子時進入大年初九日，現場上香的氣氛進入最高潮。

初九天公生 供佛齋天祝壽祈福

人間福報 97.2.15.

【本報綜合報導】今天是農曆正月初九，民間信仰的「天公生」，民間廟宇紛紛「拜天公」，佛教徒尊稱欲界忉利天天主—玉皇大帝為「帝釋天」或「釋提桓因」，因此各寺院道場則以「供佛齋天」向這位常聞佛陀說法的佛教大護法祝壽。

「供佛齋天」用通俗的話講就是「請客」。一般民間「拜天公」只請玉皇大帝吃飯，其實玉皇大帝崇敬佛陀，因此祝壽儀式上會先供養三寶，再請天神、天人用齋，受請的天神、天將代表一共有二十四位，都是與人間有密切關係的天神，例如：主管財寶、智慧的大功德天、大辯才天；曾經請佛住世的四天王天；主宰人間風調雨順的日宮太陽天、月宮太陰天、鬼子聖母天、娑竭龍王天；獎善懲惡的星宮月府天、閻摩羅王天、緊那羅王天、雷神大將天等。

參加「供佛齋天」的信眾，也藉此焚香敬禱，感謝諸天的一年來的庇佑。

彰化 溫市長主持祭典

國家二級古蹟彰化市元清觀從昨天子時起舉行隆重祝壽祈福大典，並備平安符鑰匙圈贈送，參拜者還有平安圓、壽麵線、壽桃等，祈福又保平安。

位在彰化市民生路的元清觀，俗稱天公壇，創建已二百四十五年，是台灣唯一以觀為名，並供奉玉皇大帝的廟宇。元清觀前年四月間，受祝融之災，珍貴文物損失慘重，原在正殿供奉的玉皇大帝金身，經過整修後暫供奉於元清觀第二殿，但信眾仍絡繹不絕。

元清觀目前是由彰化市公所管理，市公所從昨天子時（即晚間十一時到今天凌晨一時），舉行祝壽祈福大典，由市長溫國銘擔任主祭，元清觀並備有鑲有平安符的鑰匙圈贈送參拜者，還通宵準備麵線、壽桃及平安圓，大家吃平安。

外澳 黑面天公最出名

頭城外澳天公廟背山面海，前是濱海公路，車潮相當多，不過，過了公路即是寬闊的外澳沙灘，昨天慶天宮為天公祝壽，信徒扛著供奉的黑面天公等諸神，赤足奔踩在沙灘上，吸引圍觀人潮。

廟方昨天準備平安粥、炒米粉等讓民眾與香客吃平安，今天還會繼續供應。

俗稱宜蘭外澳天公廟的慶天宮，也主祀玉皇上帝，一般天公廟供奉的神像聖容都是上粉彩，但慶天宮的天公神像卻是黑面的，相當特異。廟方說，其實當年天公神像訂製時也是粉彩臉，但在完工要迎回安座前，神明指示臨時改塗黑漆，信徒迎回時，黑漆甚至還未乾，留下一段傳奇。

草湖 平安粥煮4500斤米

香火鼎盛的草湖玉尊宮湧進許多信徒參拜，光昨天就吃掉四千五百台斤白米煮的平安粥，動員上百名義工幫忙，不少年紀很大的義工，從年輕做到老，每年過年都來幫「天公」的忙。

玉尊宮最有名的就是平安粥，從大年初一無限量供應到初九，很多宜蘭出外遊子過年返鄉，一定要到玉尊宮拜天公，吃碗平安粥，才像過了年。

餐廳管理人員賴瓊雪說，平安粥的配料很多，像是香菇、白蘿蔔、紅蘿蔔、高麗菜、木耳等，整個廚房有十多口灶，從早到晚煮個不停，初一到初七，每天都煮近三千台斤的米，昨天初八人最多，連夜供應，煮了四千五百台斤。

「這裡的平安粥最好吃」，住宜蘭市的陳小姐說，平安粥料多好吃，她還打包回家讓家人「呷平安」，過去她也曾試著自己煮，怎麼樣都沒有玉尊宮的味道好，「可能是有『天公』加持過，所以滋味特別好！」

天公生 民眾湧入寺廟祈福

人間福報 95.2.7.

【記者黃映禎、許宏義、人間社記者黃承瑞、吳美芳綜合報導】昨天農曆正月初九是玉皇大帝「天公生」，各地信眾攜素食鮮果，前往寺院或供奉玉皇大帝的宮廟燒香祈福，參加各項法會、活動，為天公祝壽，表達虔誠之心。研究民間禮俗的謝國元提醒民眾，天公是素食的，如果民眾準備葷食，天公只好賞給天兵天將，可就失了本意。以前的人拜天公有很多禁忌，包括三天前就得齋戒沐浴淨身、女性衣物不得曬在戶外等等，但現代人已不再這麼繁瑣，不變的是一樣誠敬的心。

台北 普門寺、擇善寺供佛齋天

佛光山台北普門寺與新莊擇善寺五日晚上舉行供佛齋天法會，分別請心定和尚、慧勤法師擔任主法，金剛、師姐、青年的獻供場面進行有序，與會的信眾誠心禮佛，在新的一年虔誠祝禱國泰民安、風調雨順。

宜蘭 慶雲宮、玉尊宮人潮洶湧

宜蘭地區幾座供奉玉皇上帝的廟宇，包括頭城鎮大里慶雲宮和具百年歷史的三星鄉玉尊宮，皆人潮洶湧，香火鼎盛，上萬以上的信眾前往焚香敬拜，期盼新的一年萬事亨通，財源滾滾。

以供奉四千多兩重純金玉皇大帝神像聞名的「頭城大里天公廟」，祭拜人潮也很多，往返的道路嚴重壅塞，還勞動員警從凌晨起輪流站崗指揮交通。

對於信眾的熱情，幾座天公廟都準備平安粥供眾品嘗。

雲林縣 萬安宮系列慶祝活動

雲林縣萬安宮三、四日展開一系列慶祝天公生活動，全國各地分靈的廟宇也紛紛組進香團回來慶祝，萬安宮前廣場進駐了歌仔戲團、布袋戲和民間技藝團體表演，人潮兩天來不斷地湧入廟中，增添熱鬧的氣氛。

嘉義 天公壇循古禮辦祭典慶祝

奉祀天公玉皇大帝的嘉義縣朴子市天公壇，昨天清晨七時循古禮舉辦祭典為天公祝壽，信徒人手一柱清香，祈求上蒼保祐家戶平安，同時放鞭炮、敲鑼、打鼓，場面非常熱鬧。

天公壇管理委員會主任委員康華旭表示，天公玉皇上帝為天上神明，傳統信仰天公的腳不落地，因此廟方在舉辦祭典拜天公時，供桌四個桌腳均墊上金紙，讓供桌不直接直觸地面，也成為拜天公的特色之一。

台南 天壇、開基玉皇宮發紅包

台南市歷史悠久的三級古蹟台灣首廟天壇，和歷史悠久的開基玉皇宮，初八深夜十一時人潮開始聚集，附近路途為之堵塞，附近道路擠得水洩不通。祝壽後，廟方發出數百個開運紅包，以及素食料理的「福食」給信眾享用。

台南市長許添財昨晚先到開基玉皇宮上香，深夜十一時再到天壇祝禱玉皇上帝聖誕。也有不少民眾在家擺設香案供品，同時買來「天公金」，希望祈求天公賜福全家平安順遂。

高雄美濃 迎聖蹟敬河神

高雄縣美濃鎮一年一度「迎聖蹟、敬河神」祭典活動昨天登場，客家婦女挑著字紙簍和敬字亭的紙灰由廣善堂步行到美濃溪畔，在舉行祭拜河伯水官儀式後，將紙灰放流到溪中。

而在敬字亭則舉辦燒紙過化祈福和書法現場揮毫，為學子示範文字書法，重溫敬字惜紙的傳統精神。

屏東 玉皇宮萬斤壽麵供眾

屏東市區最大的天公廟玉皇宮，昨天免費提供一萬二千台斤的壽麵，吸引數千民眾排隊，隊伍還一路排到自由路上；有人希望藉吃壽麵保平安，也有人衝著「免費」而來，一整天為玉皇大帝祝壽的信眾絡繹不絕。

花蓮縣 保安宮神明出巡遶境

花蓮縣新城鄉保安宮初八舉行兩次遶境，上午前往鄰近的嘉新村和佳林村，下午則往本地的嘉里村，共出動約四十多個陣頭，並請來鄰近友廟的神明共同出巡，讓街頭巷尾的鄰居共同感受到喜慶的喜悅。

門神戶尉——門丞

• 生日：元月十五日

• 稱呼：

門丞、戶尉、神荼、鬱壘、秦叔寶、尉遲恭。

• 探討：

中國古代神話傳說中司門之神，《禮記・月令》有「祀門」、「祀戶」的記載，《禮記・喪大記注》也有「禮門神」之說。漢時門神指神荼、郁壘。《論衡・訂鬼》引《山海經》曰：「滄海之中，有度朔之山，上有大桃木，其屈蟠三千里，其枝間東北曰鬼門，萬鬼所出入也。上有二神人，一曰神荼，一日郁壘，主閱領萬鬼。惡害之鬼，執以葦索，而以食虎。于是黃帝乃作禮以時驅之，立大桃人，門戶畫神荼、郁壘與虎，懸葦索，以

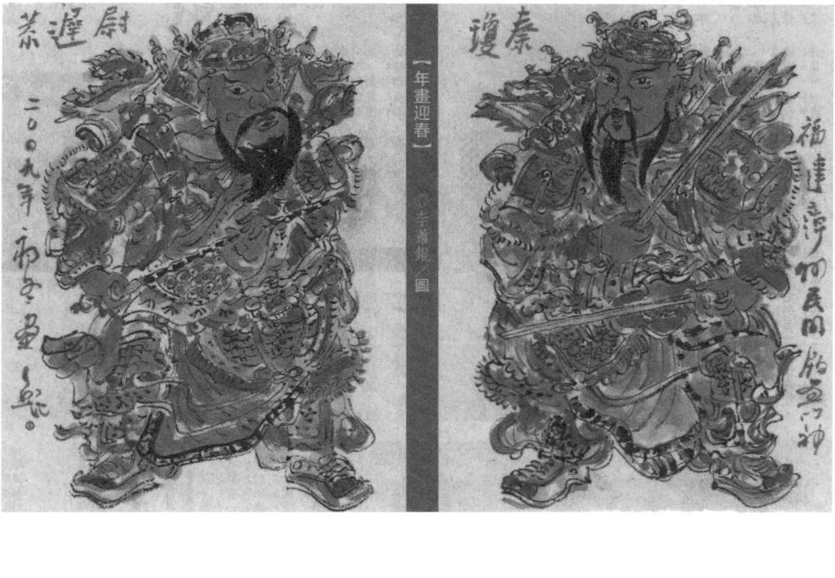

【年畫迎春】©李蕭錕／圖

御凶魅。」後世所繪門神，神荼白臉、喜相；郁壘紅臉，怒相，歷代相沿。道書《無上黃籙大齋立成儀》列神荼、郁壘于神祇之最下位。

唐代門神改指秦叔寶、尉遲敬德（《三教搜神大全》作胡敬德）。據傳唐太宗不豫，寢門外鬼魅呼號，夜無寧靜，秦叔寶、胡敬德戎裝立門以伺，夜果無驚。唐太宗遂命畫工圖兩人武勇之形，懸于宮掖之門，邪祟遂息。後世沿襲，遂為門神。宋以後，門神愈益多樣，或戴虎頭盔，或為將軍，或為朝官，復加爵鹿、蝠喜、寶馬、瓶鞍等狀，皆取美名以迎祥。

【台灣工藝之家府城聯展】門神

圖／呂世仁　文／佛光緣美術館總館

人間福報

民間流傳的門神有多種，呂世仁的「門神」以較少聽聞的孟章神君、監兵神君為主角，融合彩繪與雕塑，作工精細。右邊的監兵神君持劍，左邊孟章神君執矛，人物栩栩如生，民俗上認為可招財、辟邪，所以深受收藏人士喜好。

2010.7.5.

展期：即日起至8/8　展地：佛光緣美術館總館（佛光山大雄寶殿後方）

門神地位雖不崇高，但在民間信仰很普遍，且歷史久遠而種類很多，可謂五花八門。總的來說，約下列幾種：

◎捉鬼門神：神荼、鬱壘、秦瓊、尉遲恭、魏徵等。

◎祈福門神：盛行商業界，如「賜福天官」等。

◎道界門神：左青龍（孟章神加）、右白虎（監兵道君）。

◎武將門神：除前面秦瓊、尉遲恭外，另有歷史人物。四種門神以「武將門神」最多元，通常貼在臨街大門，手持各種鎮妖兵器。如三國演義中的超雲、馬超、馬岱；水滸傳裡的呂方、郭盛、解珍、解寶；戰國時代的孫臏和龐涓；封神榜中的燃燈道人、趙公明、涥哈二將。還有宋代岳飛、東漢演義裡的姚期、馬午；楊家將中的孟良、焦贊、楊宗保和穆桂英（夫妻門神）。

這是中華文化的奇趣處，不起眼的門神，還是有很多文化意涵，中華文明真是博大精深！門神除了種類多，各種「門」也有不同的神，或不同節令貼不同的神。例如「天神廟」的門神是二十八星宿：

◎東西蒼龍七宿（角木蛟、亢金龍、氐土貉、房日兔、心月孤、尾火虎、箕水豹）；

◎西方白虎七宿（奎木狼、類金狗、胃土彘、昴日雞、畢月烏、觜火猴、參水猿）；

◎南方朱雀七宿（井木犴、鬼金羊、柳土獐、星日馬、張月鹿、翼火蛇、軫水蚓）；

◎北方玄武七宿（斗木獬、牛金牛、女土蝠、虛日鼠、危月燕、室火豬、壁水貐）。

另外，門神尚有「值日生」，每日輪流，每日都有不同的門神，負責守門的安全工作，每日值日神如入：

初一日值神王文卿虎賁將，

初二日值神張伸卿司馬卿，

初三日值神李仲卿怪文昌，

初四日值神馬仲卿王文章，

初五日值神侯佐卿怪仲居，

初六日值神辰子江虎明心，

初七日值神刑孫卿趙子王，

初八日值神虞子張石義楊，
初九日值神郭子良楊仲公，
初十日值神馬子卿張文通，
十一日值神扈女卿禮利公，
十二日值神童元昇張文通，
十三日值神樂石楊范仲楊，
十四日值神褚正卿郭子良，
十五日值神孔仁卿史公來，
十六日值神衞正卿危小明，
十七日值神未伯眾威文公，
十八日值神妹仲陽鄧都卿，
十九日值神楊神昇林衞卿，
二十日值神社衞卿蘇寶家，
二十一日值神孟邦卿康文卿，
二十二日值神魏文卿百叔通，

日本東京都祖門會、各寺院住持及負責人至佛光山參訪，與佛光山寺住持心培和尚（前排右三）合影。圖／人間社記者陳昱臻

二十三日值神田歸陽成文長，
二十四日值神央子仁左子行，
二十五日值神宿一卿亡雲卿，
二十六日值神孟文童戴公明，
二十七日值神霍叔央鍾四卿，
二十八日值神從元光時通卿，
二十九日值神葉文通鄧將軍，
三十日值神樂進卿鬼仲阻。

上元天官大帝——堯帝

•生日：元月十五日

•稱呼：天官大帝就是我國古代的聖君堯帝，道教稱天官大帝、紫微大帝，為三官（天、地、水官）之一，三者在民間寺廟合稱「三界公」（即堯、舜、禹）。

•略傳

一、堯帝理民，以德爲政，天下安和，百姓均能安居樂業，在祀祭上，堯帝又被稱爲：「天官大帝賜福神」，一般習俗以爲，元宵節就是堯帝下凡人間要來賜福的日子。

堯是帝嚳的兒子，帝摯的弟弟，在帝摯居帝位時，封堯爲陶侯，改封爲唐，故叫陶唐氏，伊祁姓，摯禪位給堯，堯以火德王天下，建都平陽，堯自奉儉薄，使民賦稅收減少，因此民生富饒，而不窮侈，據聞在當時有大風，猰、貐、封豨、脩蛇等惡經常伐害民命，堯立派羿前去收服，在青丘水澤收除大風，在洞庭除斬猰、貐、脩蛇，更在桑林擒擊封豨，一時大快民心，頗得百姓愛戴。

二、計堯在位共九十八年，享壽一百九十八歲，這當然是一種民間傳說。按《中國大事年表》，堯元年是西元前二三三三年。堯在治理天下時，由於實施德政仁政，使百姓都能樂從，雖不褒賞而民悅勸，不責罰，而民自畏罪，人人能遵以國法。守於人道，而行於仁，若有聖德能人，必授官理事重用，適才而用，在帝時，總以天下爲己憂，從不敢以帝而淫樂，碰上有亂臣賊子之時決加嚴辦逐之。而賢聖良哲必務求，因此才能有舜、禹、稷、契、咎、繇、眾賢聖輔德，賢能佐職，幫忙治理國事，教化萬民，行仁義，遵禮節、儀風，從容中道而不越法，良治天下，使國泰而民安矣。

在道教初起的時期，能被尊拜崇司人間禍福的神祇，有三官，後來才有「元始，太上」

等位，尊三官之上。天官大帝稱號爲「上元一品賜福天官紫微大帝」，在三官真經上元天官寶誥中尊號「上元九炁賜福天官曜靈元陽大帝紫微帝君」：就是：「天官大帝」，或稱「紫微大帝」，相傳「堯帝」膺任天官大帝，天官的地位僅次於玉帝，統御萬靈，所有得道神仙都是三官所保舉的。天官大帝居住在「紫微垣」天中三垣之中垣，一名叫著紫宮垣或簡稱紫垣，又名紫微宮或稱紫宮，是位於北斗的東北方，有十五星，因紫微星爲尊星。按理紫微星是「大帝之座」，乃是天星主，爲眾星之樞紐，主掌造化樞機，降福消災；所以星占家就以「紫微」爲中心，來斷論人的禍與福，這就是所謂的「紫微斗數」學了。

元宵節及「天官大帝賜福日」，道教奉稱堯帝爲：「上元一品錫福天官大帝」，因爲位居於紫微宮，頭戴冕旒冠，巍然高坐檀香金龍椅，身穿金黃龍袍，手上拿著朝天笏，一顏慈祥溫和，猶如沐春聖仙，凡是世間人如能普仁施德者，據說在上元夜，堯帝將會下凡人間賜福，以表昊天覆民之德，所以在這天家家戶戶都在大廳堂上懸掛著「天官賜福神」軸圖。故知，民間所稱「天宮」是堯帝，我國的聖人。

臨水夫人陳靖姑——順天聖母

・生日：元月十五日

・稱呼：安胎保產之神，臨水夫人，順天聖母。順懿夫人，慈濟夫人。

・略傳、研究：

道教中有三奶派，以三奶夫人為主神，就是李奶夫人李紗娘，主廟建在鐵坑（政和）；陳奶夫人，陳靖姑，主廟在臨水（古田）；林奶夫人為林三娘，主廟在轉水（甯德）。

陳靖姑是唐福州古田縣人（今福建古田縣）。生於唐代宗皇帝大曆二年（公元七六七年），父陳昌，母葛氏，夫劉杞。據傳說靖姑在年輕幼少之時，就非常的聰明。而且有通幻通靈之能力，長大成年後嫁給劉杞為妻，在唐德宗六年臨水鄉一帶適逢大乾旱，靖姑雖懷孕有數月，但惦念旱災帶來眾黎民之苦，於是毅然脫胎上壇祈雨，驟時天下甘霖，旱象即為消除，可是靖姑也因而逝世，時年僅廿四歲，其遺言：「死後為神，救人產難。」

退庵隨筆所說，在閩南一帶的婦人崇祀「臨水夫人」，其所傳的事蹟，並不是全然無因，在十國春秋記載：臨水夫人是陳守元的妹妹，名叫靖姑，陳守元以左道官事福州王璘，後勸王昶建三清殿，而靖姑在山中煉道的時候，常常受到守元的濟餉，當在缺糧的時候，也以簞飯度日，苦行修道，曾得秘築符篆，能驅役鬼物，據說當時在永福的地方有一白蛇妖孽，經常出沒無數郡縣，而殘害無數生靈，有時還隱居於宮禁；變幻人形隨時作害，於是王璘就召請靖姑圍驅，此時妖孽精物卻化爲三子欲突重圍，潰圍而出，飛入古田井中，靖姑亦圍井三匝後，終於捉到三子而將妖孽降伏了。惠宗以靖姑，收妖定安，功勞莫大，故而又封姑爲：「順懿夫人」，食古田三百戶，以一子爲舍人，靖姑食色不受，乃賜宮女三十六人爲弟子，後逃居海上，不知所終。

另在道教典籍中，也尊稱「惠忱慈量天尊」，但民間大多只稱臨水夫人，爲婦幼保護神。世傳臨水夫人是安胎保產之神，有十二位助理，稱「十二婆姐」。

「十二婆姐」是臨水夫人陳靖姑的助手.

中國時報

▲新營十二婆姐遠近馳名，是目前全台少數維持運作的婆姐陣。（陳易志翻攝）

99.8.19.

傳說中的十二婆祖，因為是生育保護神「臨水夫人」陳靖姑的助手，廟會的十二婆陣也成為嬰兒的庇護者。

廟會十二婆陣 嬰兒庇護者

目前最知名的是新營婆姐陣，新營市民榮社區發展協會總幹事林忠信說，「婆姐子因母親改嫁而四處尋找，他的祖母『婆姐母』不放心而尾隨照料，形成特殊逗趣的婆姐陣」。民間傳說中，婆姐陣有保宅安居、收驚護嬰功能，老人家都喜歡抱著小娃兒讓婆姐摸摸頭，或將嬰兒衣服放在地上，由婆姐們踩過，據說能使孩子平安健康、乖巧聰明。

現因社會變遷，婆姐陣逐漸凋零，僅餘新營婆姐陣黃秀鸞等少數幾團維持演出；然而珍惜家中寶貝、期望孩子一瞑大一寸的心情，卻不曾消退。（採訪／曹婷婷、周曉婷、陳易志，整理／黃哲斌）

陳靖姑臨水宮 與台交流逾20年

林克倫／寧德報導

中國時報 100.6.18

在台灣擁有頗多信眾的陳靖姑臨水夫人「三奶」信仰，今年首次列入第三屆海峽論壇活動，福建寧德市於十二日，在古田縣臨水宮祖廟舉辦「第三屆海峽論壇．陳靖姑文化節」，共有台灣廿多座臨水宮分廟、一百五十多位信眾，以及宜蘭、南投、新竹等地代表參與盛會。

陳靖姑相傳為唐代大歷人士，廿四歲施法祈雨抗旱，為民除害而獻身於古田，後被民眾尊崇為「救產、護胎、佑民」的女神，有「臨水夫人」、「順天聖母」等封號，而古田鎮的臨水宮因主要祭祀陳靖姑、李三娘與林紗娘，故合稱「三奶夫人」，台灣民間則慣稱「夫人媽」，部分信徒還與註生娘娘混為一拜，但實者不同。

臨水宮與台灣分廟的交流已有廿年歷史，根據宮誌記載，一九九二年曾有屏東二男二女信眾來到古田，由於當時路途遙遠且交通不便，加上天色已晚，遂要求在宮廟內借住一晚、與「母親」相伴。

未料，隔日清晨遭當地公安部門查獲，以違反宮廟不得留宿之規定罰款，這四名屏東信眾不服抗議，再經上報後認處理失當，當地政府出面賠禮道歉還請吃飯；有了這段因緣，這幾位信眾回台後來奔走募款，幫臨水宮蓋了一幢三層香客大樓，記者採訪當日還在此樓用餐，格局樣式與台灣如出一轍。

對於「陳靖姑文化節」列入第三屆海峽論壇活動，寧德市台辦主任傅偉福指出，對加強兩岸文化交流和密切民間基層聯繫有深遠意義，希望透過活動及閩東遊，讓台灣民眾對福建有更深瞭解；古田縣委統戰部部長陳和平也指出，兩岸陳靖姑信仰由來已久，是加深兩岸信眾情誼的平台，而宜蘭市羅東鎮和古田縣大橋鎮也有意成為對接鄉鎮。

順天聖母協會 至福建謁祖進香

2010.三.八.人間福報、

【本報綜合報導】來自兩岸的二十六支臨水宮觀代表團，共五百多人，七日齊聚中國福州省倉山的陳靖姑出生地，舉行謁祖進香儀式，是台灣順天聖母協會首次組團到福州開展的交流活動。

當天上午，參加儀式的各支隊伍身抬著來自各地的陳靖姑金身，走進其出生地及授業恩師許真君的祖廟，依次對神位朝拜，隨後二十多尊金身被請上祭祀台。

台灣順天聖母協會副理事長馮隆原，率二十多位台灣信衆登台祭祀，協會常務理事游美玲雙跪坐於金身前，代表台灣信衆獻上鮮花，馮隆原則將代表台灣陳靖姑金身的會旗安放在祭祀台上。

「陳靖姑的祖廟在福州，信仰植根於福州，我們是來尋根的。」馮隆原說，這是第一次見到如此多兩岸信衆參加，深深感受到信仰的號召力。

目前全世界的臨水分宮分廟有四千多座，信仰人口達八千多萬人，信衆遍布中國福建、浙江、江西香港、澳門地區、台灣，及東南亞、歐美等地。其中，在台灣以順天聖母陳靖姑爲主神的宗廟就有四百多座，信衆達上千萬人。

200年陳靖姑壁畫 福建保存

人間福報、2010、三、廿四、

【人間社記者觀琰綜合報導】中國福建省古田縣第三次全國文物普查時，在泮洋鄉中直村陳靖姑分廟—錢公寶殿，發現當地有史以來保存最完整的清代「陳靖姑傳說」壁畫，十分珍貴。

據考查，該殿始建於清乾隆年間，錢公寶殿在道光年間重修，「陳靖姑傳說」壁畫應是在這次重修時繪製，有近二百年的歷史。

在正殿四壁描繪的《陳靖姑傳說》壁畫，選取三十八回陳靖姑的重大事件爲主要題材，描述她出生至二十四歲臨水宮得道的神話故事，每幅以墨線相隔，人物栩栩如生，色彩鮮豔。

陳靖姑文化節 福州舉行

人間福報

第四屆陳靖姑文化節昨天在大陸福州市南江濱公園舉行，來自兩岸共二十多家臨水夫人宮廟參加，除了臨水夫人祭祀大典外，並舉行《臨水文化在倉山》大型畫冊發表會。據了解，東南亞各地有一千八百多座臨水宮，信徒達八千多萬，台灣則有四百多座廟宇，信徒達上千萬。二〇一一.二.十五.

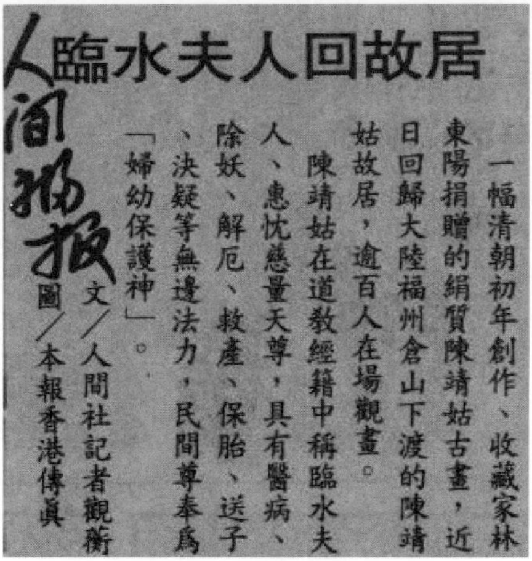

人間福報

臨水夫人回故居

一幅清朝初年創作、收藏家林東陽捐贈的絹質陳靖姑古畫，近日回歸大陸福州倉山下渡的陳靖姑故居，逾百人在場觀畫。

陳靖姑在道教經籍中稱臨水夫人、惠忱慈量天尊，具有醫病、除妖、解厄、救產、保胎、送子、決疑等無邊法力，民間尊奉爲「婦幼保護神」。

文／人間社記者觀衛 圖／本報香港傳真

長春祖師——長春子

• 生日：元月十九日

• 稱呼：天仙狀元、紫府選仙、上品全真教主、神化明應主教真君、長春演道主教真人，長春全道神化明應真君。

・略傳：

1.祖師姓邱、名處機、字通密、號長春（或春子），是山東登州府棲霞縣濱都人，生於金朝熙宗皇帝皇統八年（戊辰歲），也就是宋朝高宗皇帝紹興十八年（公元一一四八年）。長春祖師是道家北宗真人之一，承王重陽祖師爲師，年紀要比「太古真人」少八歲，居七真中之一的老么。成道雖是最慢，但在苦行內外功卻居第一，於北京阜城門外白雲觀開壇演教。而在龍門山潛於修行，成爲開道教龍門派正宗。

2.長春祖師于七月初九日跨鶴飛昇，而後天帝封爲：「天仙狀元、紫府選仙、上品金真教主、神化明應主教真君」。元世祖勅封「長春演道主教真人」，元武宗封：「長春全道神化明應真君」。

・研究：

全真教創立的時間，大約在金海陵帝金世宗時期，孫克寬先生指出確實的時間是正隆己卯至大定丁亥（一一五九—一一六七）。創教的地點，大定丁亥（一一六七）以前是在陝西京兆區的終南山附近，以後則以山東暨海州等地爲中心。或謂陝西在歷史上向爲漢人根據地，是以民族意識特別強烈，其向東發展，是因爲山東半島爲南北交通孔道，自昔即爲人文薈萃所在地，近有耿京、辛棄疾、李全、彭義斌等英雄人物起義於斯，故學說易於傳播。若以時間爲背景來推測，金海陵正隆間，欲舉兵伐宋，王重陽眼及天下將亂，創教以求自救，待金世宗大定後，山東半島最爲平靜，遂由自救而轉爲濟世救人，正式收徒，以廣宣傳、弘揚教義了。

王重陽有弟子七人，即丹陽子馬鈺、長真子譚處端、長生子劉處玄、長春子邱處機、玉陽子王處一、廣陵子郝大通、清淨散人孫不二。今錄其生卒年月、年齡、籍貫及其崇奉的偏向於後：

姓名	道號	籍貫	年齡	生卒	偏向
馬鈺	丹陽子	寧海州	六一	生：宋徽宗宣和五年（一一二三） 卒：金世宗大定二十三年（一一八三）	近道
譚處端	長真子	寧海州	六三	生：宋徽宗宣和五年（一一二三） 卒：金世宗大定二十五年（一一八五）	近佛
劉處玄	長生子	東萊	五七	生：金熙宗皇統七年（一一四七） 卒：金章宗泰和三年（一二〇三）	近佛
邱處機	長春子	登州	八〇	生：金熙宗皇統八年（一一四八） 卒：元太祖丁亥年（一二二七）	近儒
王處一	玉陽子	寧海州	七六	生：金熙宗皇統二年（一一四二） 卒：元太祖丁丑年（一二一七）	近道
郝大通	廣陵子	寧海州	七三	生：金熙宗天眷三年（一一四〇） 卒：元太祖壬申年（一二一二）	近道
孫不二	清淨散人	寧海州	六四	生：宗徽宗宣和元年（一一一九） 卒：金世宗大定二十二年（一一八二）	近道

以上七人，合稱全真七子，其中清淨散人孫不二是女流，原是馬鈺的妻子，七人中，她生得最早，死得也最早。壽命最短的是劉處玄，最長的是邱處機，最後死的也是邱處機。諸人雖然都是崇奉道教，而馬鈺的道教色彩最濃，王處一、郝大通、孫不二等近似，惟郝大通精於易數，更近乎陰陽方士的體系；劉處玄近佛，譚處端近似，只有邱處機是近於儒。

長春子
邱長春畫像
（取材自金蓮正宗仙源像傳）

貳、農曆二月誕生諸神

一殿秦廣王—蔣子文

• 生日：二月一日

• 稱呼：冥府十殿閻王之一

• 略傳：

現任一殿秦廣王姓蔣名子文，東漢廣陵人。爲秣陵尉（秣陵，是漢代縣名，約現在的南京市地）。

1. 傳說蔣子文在一次驅逐盜匪至鐘山下（位於南京市中山門外，亦名紫金山，聖遊山，北山，山勢非常險峻），時不慎傷額而亡。因其生前仍是貴氣擊身，且有福德義行的人，死後當然是爲神；傳說中：在孫權都建業（按孫權於魏明帝太和二年稱帝，建業就是東漢的秣陵縣），曾有人見過，子文乘著白馬，手執白羽扇，顯形在道路上，於是乎當地百姓又把子文稱爲此地的土地神。而孫權在帝時又封爲都中侯，又將原來的鍾山改爲蔣山。

2.秦廣王掌十殿之第一殿，凡人死後，先到陰陽界交簿廳報到後，陰差便將亡魂押至本殿，並將報到卡一併歸入陰府檔案，並查其善惡，善功多者，帶入陰府各殿參觀，或由各有緣恩師度回再修煉，或發送至賞善司或聚善所；罪過多者，發令交二殿審判，或押進罰惡司；但如罪重者，必先押上孽鏡臺，照現其原形，使其俯首認罪，再送二殿。

本殿另有：

㈠孽鏡台：由天地靈氣造成，凡人之靈魂到此，便照出原來面目。

㈡補經所：出家人替人誦經消災欠缺誠心，純爲買賣行爲，甚至偷減經文，死後到此補經。

㈢枉死城：被世人墮胎的小兒在此，以其怨恨心消耗父母財錢，待其父母死後尚有糾纏。

遊第一殿與秦廣王敍談

濟公活佛 降　　丙辰年八月廿九日

詩曰：六慾七情誤一生。縱題金榜亦浮名。
桃源最好修身地。隱士逍遙步玉京。

濟佛曰：今天準備遊冥，楊生你心神爲何不靜？

楊生曰：俗事纏身，一心數用，所以精神散亂。

濟佛曰：遊冥非是兒戲，心若不靜，人靈難入陰府，但今天若不能遊冥，必耽誤著書時間，我賜你一粒「定心丸」，快服下，準備起程。

楊生曰：感謝　恩師，我已服下，感覺精神爲之一振，煩心盡消。

濟佛曰：速上蓮台，起程吧。……已到了。

楊生曰：這是什麼地方，前面有一大殿，人影幢幢，有些看不太清楚。

濟佛曰：前面就是「冥府第一殿」，我們快前去參見　冥王。

冥王曰：世人到本殿，明白自己已經離開世間，在生不信鬼神與因果報應，一旦到此，了解人死並非萬事可以化消，所謂「一旦無常萬事空，陰路只有孽隨身。」亡魂深知將受陰律審判受刑，個個心寒而慄，痛哭後悔。而且離開了陽間親人、嬌妻愛子、高樓金銀，恩愛難捨，現在只有孑然一身赴黃泉，想來禁不住悲哀流淚。

楊生曰：爲何那些陰差對亡魂不尊敬，用鐵叉押之，或用鞭抽打，亡魂個個噤若寒蟬，實在太可憐了。

冥王曰：這些亡魂，在世不守道德，所以陰差對其不客氣，此乃其罪應得，正是「惡人自有惡人磨，僥倖投機度奈河。」

資料來源：「地獄遊記」，以下至十殿均同

福德正神——土地公

・生日：二月二日

・稱呼：土地公，省稱土地，俗叫老土地，又稱后土、社公。

・略傳、探討：

福德正神一般通稱爲「土地公」，民間也有稱「福德爺」、「伯公」、「土地公伯」、「后土」，或者簡稱「土地」的。民間的土地公，實際上溶合了古代君主所祭「天地社稷」中的地祇和社稷，八臘中的「先嗇」、「田畯」、「坊」、「水庸」之神，共工氏之子后土和五祀中的「中霤」神。

臺灣的土地公，除了每家在家堂設有神像或神位之外，每一個聚落都有土地公的廟，通稱福德祠，以其「造福鄉里，施德萬民」特別在廟門上方掛「福德正神」的橫匾，兩旁懸一幅「福自天降維守正，德能配地合稱神」的對聯。

土地公源於自然崇拜，當土地公成爲人格化的神明之後，土地公就成了人鬼崇拜。因此，隨時代或隨地域的不同而姓名各異。最早的土地公可能是「春秋左氏傳」所說：「共工有子曰句龍，佐顓頊，能平九土爲后土，故封爲上公，祀以爲社。」後世將有德性的人祀為土地公。臺灣民間這類傳說甚多，特括錄三則於下。大甲福德祠的傳說是：虞舜時期，各地有洪水為災，便命禹王去治水。當時有一位姓張的協助工作，由於過分勞累而殉職了，禹王接位之後，為了追念他的功績，令九州各地建廟祭祀張公；由於他是功在土地，所以稱土地公，特別為農民所崇拜，後來尊稱為「萬福之神」。土地公在神界系統中，屬最基層的「行政官」神，約同人間村里長，其職能：

㈠村落和家宅守護神。
㈡農業之神，教民耕種之法。
㈢守護墓園，亡靈遺體永恆的守護者。
㈣財神，商家初二、十六都要祭土地公，祈財源廣進。
㈤山神，神州大地每一座山都有守護的土地公。
㈥社區總管，凡土地公轄區內雜事都能管。

前面提到的「句龍」是誰？他是炎帝神農氏的十一世孫，於顓頊高陽氏時（公元前二五一四—二四三七年），官居后土之職，因功祀以「社」，後世乃以「社」為「后土」。故，句龍即「土地公祖」。

土地公聖誕 福德祠湧人潮

【本報綜合報導】明天就是農曆二月二日土地公生日，各地土地公廟皆有慶祝活動，昨天亦開始湧進祝壽人潮。

台北縣中和烘爐地南山福德宮聞名全台，適逢一年一度的土地公生日，南山福德宮昨天已經湧進提早祝壽的人潮，民衆獻上麵條製成的壽塔、水果等供品，誠心地爲土地公祝壽。

福德宮依照習俗，今、明兩天將提供信衆還願及廟方特製的平安壽龜（紅龜粿），民衆只要向土地公擲筊獲允杯，即可將壽龜帶回家食用，祈求新的一年吉祥、平安，財運滾滾來。另外，福德宮也提供免費素餐給信衆食用。

台北縣永和店仔街福德宮，明天早上將舉辦建廟三百三十九周年慶典，將設置一百六十八桌福壽平安餐，爲土地公祝壽，並將遶境遊行，爲信徒祈福消災。

南部的高雄縣岡山鎮壽天宮福德祠，今、明二天讓信徒擲筊「借發財金」，只要擲出聖筊，就可憑身分證或駕照借得二百元發財金。

高雄縣田寮鄉大南天福德祠，今年依舊有傳統的乞龜活動，最大的平安龜重達二萬六千四百四十六台斤，昨天已擺設在廟前廣場供信徒參拜，明天活動達到最高潮。

台北市五分埔福德宮遶境活動，今年是五分埔福德宮一百六十周年，第一次舉辦遶境，共有八十五個陣頭。

王宏光攝

一般台灣民間土地公廟對土地公的簡介：

福德正神簡略（台灣民間對土地公最正式的簡史）

福德正神係周朝帝王周武王二年二月初二日誕生，即公元前一千一百三十四年。姓張名福德，字濂輝，七歲就讀古文，年少英俊，天資聰明，事親至孝，爲人忠厚，從事慈善，不離人群，年三十六歲時，官運來臨，在周成王二十四年，即公元前一千零九十八年間，榮任朝廷統稅官，任期之中，愛民如子，體恤民間貧困，做了無數善舉。至周穆王三年，公元前一千零三十二年，永別人世，享年一百零二歲，因在古時，人類喜留美鬚，壽終三天容貌不變，宛如活人之相，眾人前往瞻仰，人皆稱奇。

福德逝世之後，改白魏超接任統稅官，其人奸惡無常，愛財如命，因有權勢在身，橫行霸道，想起張福德生前爲官廉正，百姓感其恩德，念念不忘，有一貧戶，想造福民間，即以簡陋安其位，用四塊大石打成石墳，一塊作頂，三塊作牆，因福德爲官公正，取其名福德，後加正神，福德正神朝夕膜拜，而後一人用一個破函安在地上，照用其名敬拜，魏派人士閱之，譏笑不已，但那位貧人不理其譏笑，尚以此語回答說：「有錢有屋住大堂，無錢無屋居破缸。」之諺語。豈料有奇蹟巧合，虔誠信仰福德之人，爲時不久，由貧家而變富家，原因是五谷豐收，六畜興旺，人馬平安，眾鄉民認爲是福德神恩護佑，鄉民集議籌資興建福德堂一座以茲報答，至廟堂完成之後，將其畫像儀態塑成金身，供眾人膜拜。

自此神真顯耀，香火綿延，傳遍遐邇，各方聞之必往祈禱，真是有求必應，靈驗異常，如有心人士安其宅上，合家禎祥。此事不久傳至朝廷，即承當朝周穆王，賜號「土地公」，並頒賜聯一對曰：「福而有德千家敬，正則爲神萬世尊」。「安仁自安宅，有土必有神」。此事傳出之後，百姓更爲敬奉，中國以前未有佛教，就有土地公神，爲最古老，萬神之冠。在我們中國無論鄉村社區，陌路阡頭，皆有土地廟，大小均有，土地公最受人的崇拜，一年之中祭祀最多，每月初二、十六，必有祭祀，稱爲「做牙」或稱「牙

土地公生慶典扎根文化

人間福報 95.3.2.

【記者黃映禎台北綜合報導】昨天農曆二月初二是土地公誕辰日，全台各地大小祭祀不絕，虔誠信衆準備素果糕點祭拜，感謝福德正神的庇佑，而各地宮廟也以系列活動與民衆同歡，也扎根濃厚的本土文化。

土地公在過去是農耕人家土地守護神，一般商家則奉爲財神，在客家族群中，更暱稱爲「伯公」。**台北市長慶廟**舉辦的「伯公生慶典」活動，包括國際佛光會中華總會榮譽總會長吳伯雄、台北市副市長金溥聰、長慶廟主委何二郎、台北市客家事務委員會主委黃正宗等都到場祭拜，廟內廟外人山人海，現場還有客家民族的八音演奏、客家美食品嘗以及舞蹈表演，使慶典熱鬧不已。

台北市五分埔福德宮今年建廟百六十周年，自上周六起與信義區公所合作舉辦「福德文化節」，昨天在莊嚴隆重的獻壽大典之後，下午舉辦首次遶境，浩浩蕩蕩的八十五個陣頭，綿延松信路鄰近街道。此外，福德宮內推出靜態文物展，把五分埔的歷史文獻和福德宮珍藏的石碑、雕像、龍柱等，一一陳列，前往敬拜的信衆還可同時了解五分埔和福德宮的歷史淵源。

北市大安區錦安里、錦華里、錦泰里三里，也在昨天舉辦別開生面的「**錦町文化啓動日**」，透過台北都會從古到今的傳統象徵—土地公，結合里長爲現代土地公之喻，進行跨里文化結盟，五日將推出「文化導遊」活動，在策辦人張清運所創辦的「新臺風」店內舉行土地公文物展和社區老照片展，之後成立「錦町文化促進會」，邀約錦町文史工作者參與日後的文化活動。

台中市長春福德祠管理委員會昨天捐贈當地消防局一部救護車，以及配備先進的救護器材，由市長胡志強、消防局長吳青芳、福德祠主委陳清松，在廣場前主持捐車儀式。消防局表示，福德祠的捐贈，正是民間宗教團體回饋社會的最佳典範。

建於清康熙二十三年的**嘉義市北安宮**，爲慶祝土地公聖誕，過去一連三天在廟門口請來當地布袋戲團，進行熱鬧的酬神戲。

客家族群聚集的**屏東縣內埔鄉美和村**，於上周日就先爲當地的**福德祠**在僑智國小操場舉辦伯公生聯歡晚會之後，再以隆重古禮祭伯公，熱鬧的遶境有八家將、陣頭、客家婦女挑花燈隨行，還有打八仙布袋戲演出；昨天在福德祠與羅經圈五穀宮前，邀村民打饃戲吃客家飯。

過年前完成三十八點二公尺土地公金身安座的**宜蘭縣四結福德廟**，已成爲宜蘭新地標，主委陳榮楷表示，廟方昨天在廟埕舉行神轎過火儀式，象徵驅邪避凶。福德廟預計在年底舉辦大型「土地公文化祭」活動。

發展木屐文化聞名的**宜蘭蘇澳白米社區**，日前委託木屐師傅陳信雄特別以加拿大進口的檜木訂做一雙漢朝宮廷式的木屐，送給當地土地公做生日禮物，昨天陣頭出巡遶街時，先替一位土地公大神尪穿上，沿途出盡鋒頭。

福」，希望有迎福招財之意，正月初二日稱爲「頭牙」，二月初二日稱爲「牙禮」爲福德正神祝壽之意，十二月十六日稱爲「尾牙」，商人每次祭祀酒餚，宴請同仁，以報終年辛苦，農民種田爲生，其心理以爲平日所得谷糧，乃是寄托土地公管顧而收成。

土地公不但普及全中國，名揚海外，流芳萬世，凡到遇任何地方謀生，必安其神位。土地公歷史至今已有三千一百四十一年了，爲宏揚中華固有文化及眾善信徒熱心支持，以期使年長者便於閱讀，歡迎各方賢達出資助印贈閱，功德無量。

文昌梓潼帝君──梓潼君帝

・生日：二月三日

・稱呼：梓潼、文昌帝、濟順王、英顯王、梓潼帝君、梓潼夫子、靈應帝君。

・略傳：

「文昌帝君」又稱「梓潼帝君」，姓張名亞，西晉末年人（西元二六五──三一六年），距今約一千七百多年前，生於越之西、嶲之南（即今之廣西與西康省兩省之越嶲縣人），後移居七曲山（四川省梓潼縣），廣興文教，爲蜀中師，曾任晉朝官吏。蜀人感懷恩德，立廟曰『清孟觀』，恭奉『梓潼帝君祠』祀之。

文昌帝君提倡救人之災，濟人之急，憫人之孤，容人之過，廣行陰德，常須隱惡揚善，不可口是心非，行時時之方便，作種種之陰功，諸惡莫作，眾善奉行，千餘年來教化國人良心道德，靈威顯赫。

清朝趙翼的『陔餘叢考』一書特別考證記載文昌帝君係張亞成神後的封號，並詳述其多次轉世化身之經過：

——唐玄宗避難四川時，曾顯化於萬里橋，玄宗追封為「左丞相」；唐僖宗時亦有陰助之功，加封「順濟王」。

——宋太祖敕封「忠文仁武孝德聖烈王」；元仁宗延祐三年（西元一三一四年）加封聖號「輔元開化文昌司祿帝君」。

——元朝加封為「帝君」後，天下學校亦設祠祀之，每歲二月三日朝廷遣臣致祭，極盡隆盛。

——明景宗皇帝景泰五年（西元一四五四年）於北京新建廟宇，皇帝親敕賜「文昌宮」額。

——清朝嘉慶六年（西元一八〇一年），仁宗敕令禮部，將「梓潼帝君」正式列入祀典，並通令天下學府建廟祀之，春秋二季則遣官致祭。由以上可知，千餘年來朝野均極尊奉文昌帝君，只可惜到民國之後漸凋零。

台灣省文昌閣之肇建，約於清康熙三十一——三年（西元一六九二——四年）之間，係「臺廈兵備道」高拱乾親手創立「奎光閣」，位於台灣府學（台南市）朱子祠後。今本省文昌帝君廟約有廿餘座，廟中同祀祿馬神，此外附祀從神尚有送祿神，送財神、書童、印童等。或謂梓潼君有二侍，一曰天聾，一曰地啞，旨在曉諭世人凡事謙沖爲懷，切忌鋒芒盡露。清代本省文昌祠多爲士人聚會之所在，凡逢帝君神誕，必備果品舉行「三獻禮」。古時文人學子更組織「文昌會」，勸世人敬惜字紙、珍惜文字、廣行陰德，每於神誕祭典後，集中焚燒收集之字紙，再恭抬紙灰桶，繞境後運往海中棄置，稱爲「迎聖蹟」。

台灣省『彰化縣志』：「蓋以世所傳帝君之書，如陰騭文、感應篇、勸孝文、教經解諸書，皆有裨於教化，不失聖人之旨，故學者崇之，使日用起居皆有敬畏，非徒志科名者，祀以求福也。」因此，自高拱乾首建文昌閣後，台灣省各縣亦紛紛因神設廟，以爲教化之所。目前台北市龍山寺後殿、大龍峒保安宮後殿、大龍峒覺修宮、馬偕醫院後有文昌宮，士林大南路福德宮、新竹北埔鄉慈天宮、台中縣大肚鄉磺溪書院、高雄鹽埕區文武廟及河北路天公廟等均供奉文昌帝君，每逢考季香火鼎盛。

現爲國家三級古蹟的南投縣集集鎮永昌里東昌巷四號——「明新書院」，係清光緒年間所建，恭奉文昌帝君，該書院迄今仍保存每年六月爲考生「呈疏文、點玄靈、開竅門」的古代傳統儀式，流傳考生佩帶文昌香火赴考場。

值得一提的是慈天宮、磺溪書院，每年文昌帝君聖誕日均舉辦文化節活動，由鄉內各國中、國小校長穿古袍遵古禮虔誠祭祀文昌帝君，頒發獎學金倡導陰騭文，激勵學子。

此外，值得介紹的是，民間亦流傳供奉「五文昌」，包括㈠文昌帝君㈡關聖帝君㈢呂洞賓仙祖（孚佑帝君、純陽真人）㈣朱熹夫子（朱衣星君、紫陽夫子）㈤魁斗星君，由此可見自古以來文昌帝君神威顯赫，深入民心。今之世，求取功名，必奉行陰騭文，諸惡莫作，眾善奉行，必得善報。

先賢推薦的話

印光大師：「文昌帝君於宿世中，心敦五常，躬奉三教，自行化他。惟欲止於至善。功高德者，遂得職掌文衡。恐末學無知，昧己永劫常住之性，因作陰騭文，以訓世人，俾世人深明因果，廣行陰騭，修善修福，得獲善果。」。「陰騭文係斷惡修善之資糧，學佛之人，應躬行陰騭文、太上感應篇，諸惡莫作，眾善奉行，精修淨業，始能了脫生死。」。「陰騭文、感應篇，若以大菩提心行之，則可以超凡入聖、了脫生死，斷三惑以證法身，圓福慧以成佛道，況區區成仙之人天小果而已」。

「人生世間，不可無所作爲。士農工商，各務其業。以爲養身，養家之本。隨分、隨力，執持佛號。且諸惡莫作，眾善奉行，舉凡有力能及之種種善事，或出資、或出言，極力助成。修一切善，斷一切惡，以此培植福田，作往生之助行，如順水揚帆，速到彼岸。」

淨空大師：「陰騭文、感應篇，是千年萬世做人根基（真正善根）。照陰騭文、感應篇做，入世則爲聖人，出世間成菩薩、成佛。」。「學佛從頭做起，若過去學大乘經典不受用的，應一切放下，好好以了凡四訓、陰騭文、及感應篇認真做三年打基礎。」

台灣供奉文昌帝君甚爲盛行，如台北市大龍峒、福德宮、文昌宮、關渡宮、龍山寺、醒心宮、樹人書院；新北市大觀書社、文昌祠（新莊）；台中市文昌廟、文昌宮；彰化文一廟、興賢書院；南投藍田書院、文昌桂宮；台南慶安宮、天心社正義堂、二天府文昌廟……台灣幾乎各縣市都有供奉文昌帝君的寺廟。

永貞宮文昌祠 開中門迎士子

【本報頭份訊】苗栗縣頭份鎮永貞宮第四屆士子開中門活動，將於明天上午舉行，今年受表彰的博士及高考及格者共二十六人，永貞宮都將頒發榮譽狀，同時永存宮內陳列，榮譽狀還有士子的父母、祖父母姓名，表揚他們培育子弟辛勞。

永貞宮主委傅福雄指出，廟方舉辦的「文昌祠開中門迎士子」活動，受鄉親重視，不少家長的子女在取得博士學位或高考及格後，都會向廟方詢問，期待參加開中門活動。

客家人非常重視子女教育，苗栗市文昌祠歷來有「開中門」祭聖的傳統，博士或高考及格者都可享此殊榮、光耀門楣。

頭份永貞宮為獎掖文風，鼓勵子弟向學，從二○○七年起，廟方也針對頭份、造橋、三灣、南庄等鄉鎮子弟，舉辦開中門祭文昌帝君活動，安排布馬陣等陣頭帶領士子「踩街」，場面隆重。

考季近 向文昌帝君祈福

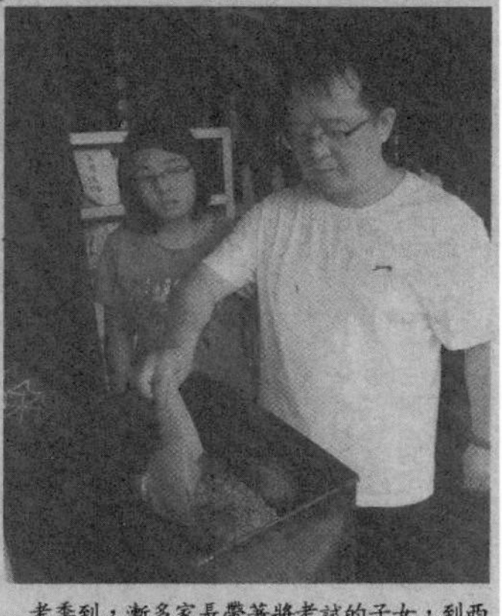

考季到，漸多家長帶著將考試的子女，到西螺振文書院，將考試時間地點等資料，燒給五文昌帝君，祈求考運順利。 李鋅銅攝

【本報西螺訊】隨著基測逼近，許多父母帶著子女，向五文昌帝君參拜，西螺振文書院裡，也出現人潮，將寫著考試時間地點科目及應考人的資料，燒給五文昌帝君，祈福考運順利。

振文書院位於西螺鎮興農西路、文昌路口，建於清嘉慶二年（西元一七九七年），原本是文昌帝君祠，後供奉五文昌帝君（文昌梓潼帝君、文衡帝君、孚佑帝君、朱衣帝君、綠衣帝君），被視為主管文書考類的靈驗祈福地，平時香火鼎盛。

時值五月，接下來是六、七月的主要考季，來此上香祈福者漸多。

從彰化來的張媽媽，準備素果帶女兒來此燒香。「因為女兒在西螺念書，一定要來拜文昌。」

住西螺的林先生帶著女兒來祈福。「女兒今年要考高中。」他說，每隔一段時間都會來，現在女兒要考試了，更要和文昌帝君說一聲。

振文書院大殿桌上，有提供填寫考生資料的紙條，學生將考試日期地點等資料寫上，向五文昌帝君上香祈福後，將紙條在一旁的鐵盒內火化。大人小孩雙手合十，祈福文思泉湧、考運順利。

圖／潘欣中

←每到考季，各地文昌廟都顯得特別香火鼎盛。

人間福報.2011.6.29.

聽說考運也很重要，抱抱佛腳是一定要的啦！收到准考証後，我和孩子的爸帶著准考証影本連跑好幾家廟宇，在天后宮的關聖帝君供桌前，恭敬呈上准考証影本，口中念著兒子姓名及考場，稟報神明千萬找對考場和兒子本人；在龍山寺碰到許多像我這樣的痴心父母，供上菜頭、包子、粽子、芹菜，不曾上菜場的外子還把代表勤學的芹菜看成芫荽，扯著嗓門問我：「芫荽代表什麼意義呀？」糗啦！誰會拜芫荽討晦氣，會衰的！

我把兒子從書桌拖進文昌宮，鼓動他：「你得去讓文昌公認識你呀！」文昌宮周邊攤販很貼心，參拜用品一應俱全，連誦願文、聽明水、桂花葉，都有現成的販賣。我特地排了快一小時的隊，帶了應考當天兒子要穿的兩件衣服蓋文昌印，祈求讓兒子穩定心神，開智慧頭腦清明。

別笑我們這些痴心父母太迷信，這些作為無非是為求得心安罷了，希望孩子「有讀的題目都有出，會寫的都寫對，不會寫的都猜對。」眾神保庇唷！

（本文由【台北市婦女閱讀寫作協會提供】http://mypaper.pchome.com.tw/melodywang101）

善化慶安宮　秋祭沈光文

94.9.19.人間福報

明末遺臣　來台推廣教化　有「台灣孔子」封號

【本報善化訊】台南縣善化鎮慶安宮昨天舉辦秋節秋祭，祭拜有「台灣孔子」封號的沈光文，沈氏後代到場同祭，並捐出族譜給籌設中、預計年底前開放的全台唯一「沈光文紀念館」。

慶安宮原本供奉五文昌，民國七十一年在地方人士及寧波同鄉會奔走下，為沈光文立像、入祠慶安宮，成為六文昌，也是全台唯一供奉沈光文的廟宇，每年中秋節舉辦秋祭，昨天上午地方仕紳耆老都到場，沈氏第十代後代沈允聯等人也前往拜祭。

籌設於二樓的沈光文文物館面積約二十多坪，未來館內將陳列有關沈光文的各式史料。昨天其後代沈允聯捐給文物館兩本沈氏族譜，並在廟方人員引導下參觀即將完工的文物館；廟方表示，館內除了有沈公聖像外，還有當年的行跡圖等文史資料，完工後將再邀請沈氏家族，共同紀念這位當年在困境中仍努力教化後人的先人。

依相關史料記載，明末遺臣沈光文曾官拜太僕寺少卿，當年為反清復明奔走，之後搭乘的船被颱風吹到台灣，因而在台灣落腳，輾轉到善化教導平埔族人漢文與醫藥，死在善化，著有台灣賦等詩詞作品，連戰祖父連橫所著的《台灣通史》指為台灣文獻鼻祖，又因學生無數，而有台灣孔子之稱。

東華帝君——東王公

・生日：二月六日

・稱呼：東華少陽帝君、東王公、東木公、全真道教主

・略傳：

東華帝君姓王名玄輔，號少陽，出生於戰國時代青州府（今山東省益都縣），隱崑崙山內修煉道行，到後來又居隱於五臺山，也就是我國四大名山之一，在道家而言稱爲：紫府山，而在佛家又稱爲清涼山，地理是位於山西省五臺縣的東北方，帝君，就在此山潛修仙術。到了以後終於在終南山得了太上老君的秘訣，夢傳「黃庭經」以及所得道學著世，並且授道於鍾離權。

或稱東王父、東木公、木公、東華帝君。據《神異經》載，東王公居於東荒山中大石室，長一丈，頭髮皓白，人形鳥面而虎尾。《吳越春秋・勾踐陰謀外傳》有越王立東郊以祭陽名曰東王公之說。道教神化其爲居東海中之男仙領袖，爲東華至真之所化生，凡天上天下男子之登仙得道者，名籍所隸，悉爲所主。漢初童謠云：著青裙，入天門，揖金母，拜木公。意謂世人成仙升天，先謁金母，後拜木公，方得升九天，入三清，禮

太上覲元始。

另據《神仙傳》說，東王原名倪，字君明。當世界尚無人類，他已生化在碧海之上、蒼靈之墟了。他坐鎮東方，主理世上陽氣，故稱「東王公」。

按道教教義，東王公是三清之下八大主神之一（參「中國歷史上的神仙」一文），全真道尊稱「東華帝君」，奉爲教主。

三殿宋帝王

•生日：二月八日

•稱呼：冥府十殿閻王之一，坐鎮第三殿，故稱：三殿宋帝王。

•研究：

三殿宋帝王，大殿之上，有聯曰：「善有善報，惡有惡報。」並列有：

1.偷盜貧窮人的物件者，應受冰池之刑。

2.損害忠良者，應刀戳之刑。

3.長舌婦專說人之陰短者，應受挖苦腸之刑。

按「地獄遊記」一書，三殿也有小地獄，部份針對現代犯罪：

㈠挖眼地獄：凡「狗眼看人低」，常看人不順眼，或被人看一眼就要暴力相向甚至殺人，死後到此受挖眼之苦刑。

㈡銅鐵刮臉地獄：無恥的、不要臉的、沒有禮義廉恥的，死後到此。被用鐵刀、銅刀、刮下臉皮，頭部呈現糊爛紅肉，其狀甚慘！

㈢倒吊小地獄：不守五倫，敗德壞行，死後先到這裡「受訓」，再到阿鼻地獄。

遊第三殿會晤宋帝王

丙辰年十月初九日

濟公活佛　降

詩曰：揮鸞闡教著書忙。實訪幽冥寫錦章。地獄門開迎道客。修真何必畏閻王。

楊生曰：原來是　玉皇上帝之玉詔，上寫：

幽冥教主欽奉　玉皇大天尊詔曰：

朕居靈霄，位統三千，握九幽六道生殺之權。溯自原靈降世以來，上古之世，人心淳厚，天性純真，故生為人，死後歸天，本無地獄之設。迨至中古之世，人心漸惡，天性日染污塵，倫常乖戾，各立堵牆，因而自造地獄，除守忠、孝、節、義，及修真煉道者外，一一墮落六道輪迴中。今逢叔世，世態囂張，人心變惡加厲，作奸犯科不息，尤於淫風熾甚，天地正氣元靈已墮，禍由自取，故刼煞不絕。天本好生，不忍蒼生盡墮，故真道普降，以平浩刼，拯救善士。今有南贍部洲南天直轄鸞堂臺中聖賢堂　關卿領旨，揮鸞闡教，上繼孔孟仁義，下承佛道真宗，發揚道德文化，普度天下群生，績業輝煌，　朕為使世人知陰間地獄實況，故賜旨於聖賢堂，開著「地獄遊記」寶典，命　濟公活佛帶領正乩聖筆楊生，神遊十殿，將陰司各獄刑罰情形，洩漏於世，並在遊冥中，開示真理，破除衆生之迷惑，著作之間，如　濟公活佛引導楊生駕到，命各殿獄官差吏迎接，協助著書，俾使寶典早日完成，旨到之日，各遵　詔命，如有違者，嚴罰不赦。此諭。

天運丙辰年八月十五日

原來就是　玉帝向幽冥各獄所下之旨令。

九天玄女娘娘——玄女

•生日：二月十五日

•稱呼：玄女，俗稱：九天娘娘，連理媽。

•略傳：

據雲笈七籤及九天玄女傳載，爲上古之神女，俗稱：九天娘娘、九天玄女娘娘，或簡稱玄女，爲黃帝之師，也是聖母元君之弟子，當黃帝戰蚩尤於涿鹿的時候，玄女曾下降，並授黃帝以兵符印劍等物，還爲黃帝製夔牛鼓八十面，遂破蚩尤。這在黃帝內傳亦載：「帝伐蚩尤，玄女爲帝製夔鼓八十面」。王勃乾元殿頌有「帝座聞鼙，玄女薦龍庭之策」句。玄女除爲黃帝製鼓及獻策外，據隋書所載，尚有爲黃帝解答男女俯仰升降盈虛之術。

按；有人把九天玄女又稱連理媽，有大媽至九媽之九尊神體。但也有人說：九天玄女就是：女媧娘娘，尚待考證。按理說：玄女爲黃帝師，「聖母元君」之弟子，而女媧氏則是伏羲皇的妹妹。故指「玄女娘娘」爲「女媧娘娘」可能是錯誤的。

或稱九天娘娘、九天玄女。人頭鳥身。道教謂黃帝與蚩尤戰于涿鹿，帝不能勝，嘆于太山之阿，感于王母，乃命九天玄女下降，授帝以遁甲、兵、符、圖、策、印、劍等物，並爲制夔牛鼓八十面，遂大破蚩尤而定天下。

民間信仰總是有神話傳說，又經千百年，成爲一個民族的「夢境」，不論宗教或夢境，重點不在「真・假」，而在「信・誠」。

太上老君——老子

・生日：二月十五日

・稱呼：老子，老聃，老君，李老君，至太上老君、太上玄元皇帝，太上混元皇帝，大聖祖太上玄元皇帝，大道玄元皇帝，大聖祖高上大道金闕玄元天皇大帝，太上老君混元上德皇帝，玄玄皇帝，太上道祖，無極老祖，三清道祖，道德天尊、混玄聖祖、無極至尊、無極聖祖。大悲大願大聖大慈太上老君道德天尊。無極混元皇帝西子帝君。

・略傳：

太上老君姓李名耳，字伯陽，名重耳，生下來就白髮，故號老子，而耳有三個漏洞，又號「老聃」。太上老君也就是春秋時「李耳」。照道德經序謂：「老子的父親姓李名

「無果」，而母親尹氏，名「益壽」。玄妙內篇載：「李母懷胎八十一載，逍遙李樹下、剖割左腋而生。」

老子是春秋時楚國人，據史記老子傳載：「老子，楚苦縣厲鄉曲仁里人」。苦縣爲漢置，晉改稱谷陽，唐又改稱仙原，故城在今河南省鹿邑縣之東。與孔子同爲春秋時代的人，或長於孔子，孔子適周，曾問禮於老聃。

老子的封號頗多，在唐書載：「唐高宗乾封元年封爲太上玄元皇帝，玄宗天寶二年加封爲：大聖祖太上玄元皇帝，八年改稱大道玄元皇帝，十三年更稱大聖祖高上大道金闕玄元天皇大帝。」考查唐代尊崇老子，並非一直加封，據資治通鑑注略謂：「自高宗始封爲太上玄元皇帝後，到武則天稱帝，取消其封號，改稱：「老君」，今之稱李老君，則爲武后之改稱。至太上老君之稱號。則始於宋，而據宋史載：「大中祥符六年加號太上老君混元上德皇帝。」

道家以老子爲始祖，地位極高，爲三清中之太清。道譜稱老子爲「玄玄皇帝」，或謂避帝諱，或係元與玄通之故。老子之有廟，亦始於唐代，據舊唐書禮儀志載：「開元二十年正月己丑，詔兩京及諸州各置玄元皇帝廟乙所。」

老子思想有兩個基本概念：反、無。政治哲學是以「無」爲依據。老子深觀宇宙，

「有生於無」。此後起之有，爲依先存之無而來的法則，老子稱之「觀復」、「復命」、「守母」。在萬物中保持虛靜，復歸自然。

㈠此種「復命原理」用於政事，則是清靜無爲。「清靜爲天下正」、「無爲則無不治」、「聖人處無爲之事，行不言之教」。

故無爲第一義，爲減政府之功能，縮小政事之範圍。

㈡有爲或過度都有害民：

有爲政治的惡果：「法令滋彰，盜賊多有」。

三大苛政：1.厚斂之害：「民之饑，以其上食稅之多，是以饑。」

2.重刑之害：「民不畏死，奈何以死懼之。」

3.黷武之害：「大軍之後，必有兇年。」故須無爲而治。

儒家欲用仁義忠孝糾苛政，老子均認同蹈有爲之害。

「我無爲而民自化，我好靜而民自正，我無事而民自富，我無欲而民自樸。」、「治大國若烹小鮮。」

㈢政治體制：似放任主義，但非無政府主義。有數種不同「爲」的程度，無爲而治，最理想。「小國寡民」、「雞犬相聞，老死不相往來」。雖有甲兵，無所陳之。仁義刑法之治又次之。無爲也是順萬物之性，不加勉強，「夫物芸芸，各復歸其根。歸根曰靜。靜曰復命，復命曰常，知常曰明，不知常，妄作，凶。」

反思老子無爲而無不爲，由柔弱而至陰險：「將欲歙之，必固張之。將欲弱之，必固強之。將欲廢之，必故興之。將欲奪之，必固與之。是謂微明。」此其間，每個步驟充滿算計，謀略，怎樣是無爲呢？以下再掃描《老子》一書中有關治國平天下之道，以能把握老子思想之概要。

老子崇尚以無爲治國，尤其「去仁義」，「民之難治，以其智多。故以智治國，國之賊；不以智治國，國之福。」用無爲治國，則「其政悶悶，其民淳淳」；用有爲治國，則「其政察察，其民缺缺」。這應該是三代以前的政治景象。

老子治國平天下之道，最後仍以無爲做核心思

學者揭謎 老子甘肅臨洮縣「飛升」

95.1.27 人間福報

【本報香港電】根據有關史料、實物及民間祭祀風俗可以推斷出，道教始祖老子出關後，在甘肅等地修身傳道，最後在甘肅臨洮縣「飛升」。

二十一日在中國甘肅省蘭州市召開的「第一屆老子文化國際論壇」小組討論會上，學者張炳玉和延濤如此發言。張炳玉說，經整理研究大量史料並實地走訪後，他們探尋出老子在甘肅的大致行程線路：從出函谷關（今河南靈寶縣東北），過散關（今陝西寶雞市西南）後，進入甘肅，遊天水、隴西、臨洮、蘭州、酒泉等地後回到隴西邑，落戶臨洮，最終在臨洮東山「飛升」。

張炳玉認爲，老子在散關著《道德經》後，由關令尹喜相伴西行，這是老子傳道事業的開始。

延濤說，臨洮縣岳麓山至今還有：超然台、說經台、飛升崖、文鋒塔（又名筆鋒塔，相傳爲老子寫經插筆處）等老子的遺跡。

唐太宗李世民所修《氏族志》稱：「李氏凡十三望，以隴西爲第一」。後世天下李氏都稱老子爲李姓「太上始祖」。

兩位學者的發言在論壇研討會上，引起很大回響。中國社會科學研究院哲學研究所所長李景源說，這個觀點確實是個大膽的推斷，爲老子晚年最後的蹤跡研究，提供了有價值的線索。

老子是道教創始人，爲後人留下一部五千餘言《道德經》。司馬遷《史記》記載，老子姓李，名耳，字聃，因而人稱老聃，曾做過周王室管理藏書的史官，後來隱居不仕，騎青牛西出函谷關後，「莫知其所終」。聯合國教科文組織北京辦事處社會及人文科學處理專家謝卡琳認爲，老子在《道德經》提出的「人法地，地法天，天法道，道法自然」之說，十三字就道明了人與自然的關係。

維，統治者、政治人物和人民都能做到「無知無欲」最爲佳境。〈安民〉（第三章）曰：

> 不尚賢，使民不爭。不貴難得之貨，使民不為盜。不見可欲，使心不亂。是以聖人之治，虛其心，實其腹，弱其智，強其骨。常使民無知無欲，使夫知者，不敢為也。為無為，則無不治。

綜合老子的政治思想，爲反知識、反仁義、反開發的歷史退化論。最難在如何人「無知無欲」，蓋因「求知求欲」是人性，「民本多智」，要如何使民無知無欲，老子卻未說明白。

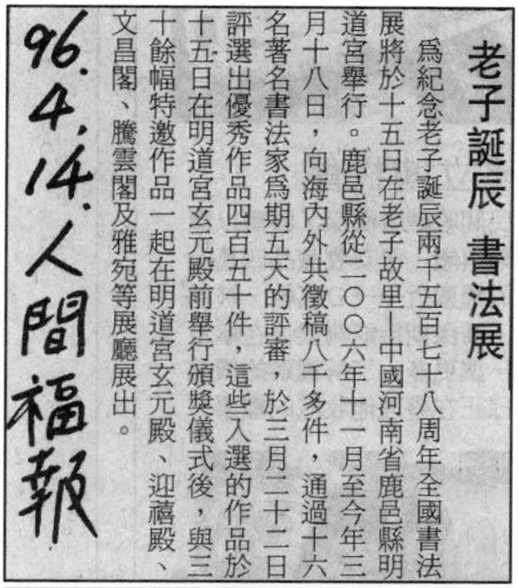

老子誕辰　書法展

爲紀念老子誕辰兩千五百七十八周年全國書法展將於十五日在老子故里—中國河南省鹿邑縣明道宮舉行。鹿邑縣從二〇〇六年十一月至今年三月十八日，向海內外共徵稿八千多件，通過十六名著名書法家爲期五天的評審，於三月二十二日評選出優秀作品四百五十件，這些入選的作品於十五日在明道宮玄元殿前舉行頒獎儀式後，與三十餘幅特邀作品一起在明道宮玄元殿、迎禧殿、文昌閣、騰雲閣及雅宛等展廳展出。

96.4.14.人間福報

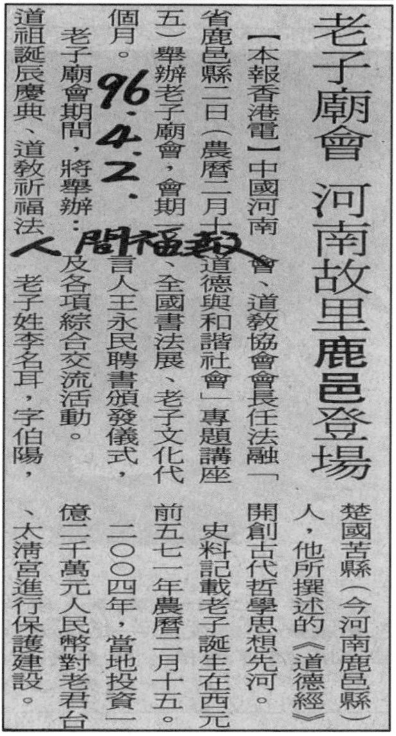

老子廟會　河南故里鹿邑登場

【本報香港電】中國河南省鹿邑縣二日（農曆二月十五）舉辦老子廟會，會期三個月。

老子廟會期間，將舉辦：道祖誕辰慶典、道教祈福法會、道教協會會長任法融「道德與和諧社會」專題講座、全國書法展、老子文化代言人王永民聘書頒發儀式，及各項綜合交流活動。

老子姓李名耳，字伯陽，楚國苦縣（今河南鹿邑縣）人，他所撰述的《道德經》開創古代哲學思想先河。

史料記載老子誕生在西元前五七一年農曆二月十五。

二〇〇四年，當地投資一億二千萬元人民幣對老君台、太清宮進行保護建設。

96.4.2.人間福報

精忠岳王——岳武穆

・生日：二月十五日

・稱呼：精忠武穆王、岳武穆、岳元帥、岳王。

・略傳：

精忠武穆王岳恩主，是鸞門五恩主之一，姓岳名飛，字鵬舉，宋相州湯陰（今河南湯陰縣）永和鄉人，生於徽宗崇寧二年（公元一一〇三年二月十五日巳時，出生的這個時間有一大鳥若鵠飛鳴宅上，故以爲名。

讀《南宋史》最令人扼腕痛心者，莫過於宋高宗出賣民族利益，只爲自己位子坐的安穩，縱容秦檜弄權殺害岳飛，實在是亡國之君。岳飛冤獄到孝宗時得以平反，改葬飛骨於臨安府西湖棲霞嶺之陽（即今杭州西湖岳王墓），追謚武穆，寧宗再追封爲鄂王。

平反岳飛原因之一是朝廷要鼓舞民心士氣，但此刻已是南宋末葉，蒙古崛起，先滅西夏，再滅金，滅宋已是蒙古最後的任務。宋理宗時，蒙古憲宗蒙哥可汗開始大舉征宋，至元八年（一二七一年），蒙古建國號「元」。蒙古從忽必烈建元開始，才算入主中原。

祥興二年（一二七九年）二月，南宋最後的皇帝趙昺才八歲，由最後的幾位忠臣義

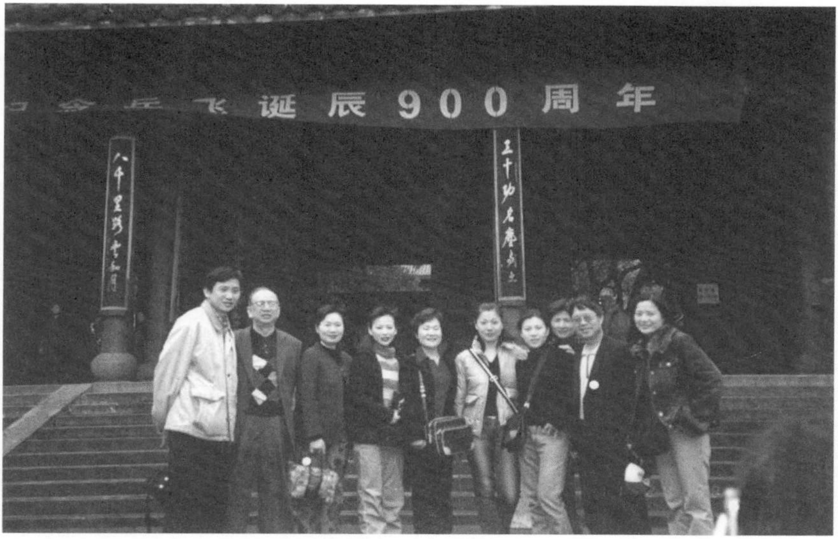

杭州西湖岳飛廟前，1998 年

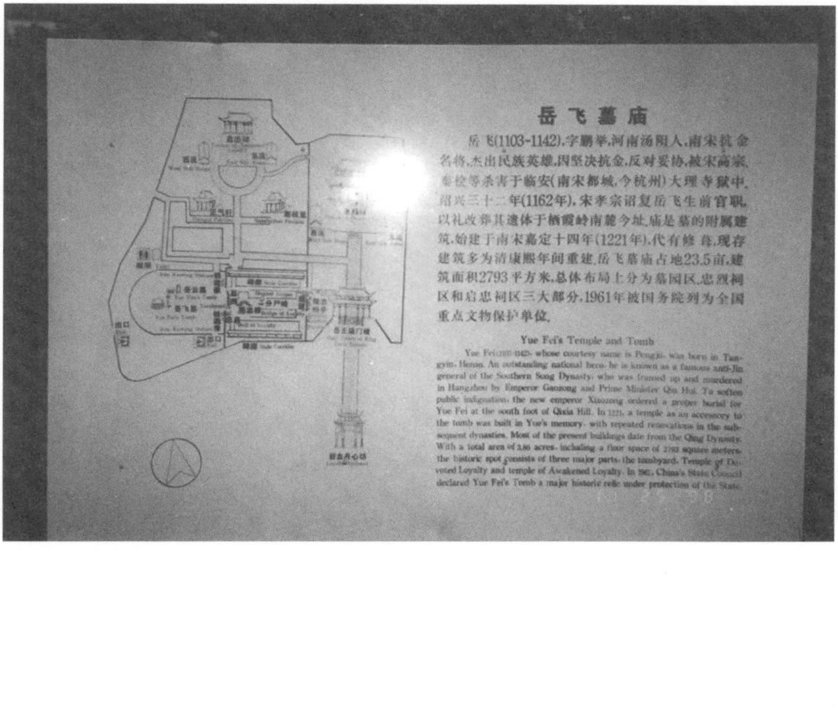

士護衛到崖山（今廣東赤溪縣東海中）。元兵包圍了崖山，右丞相陸秀夫見大勢已去，背負小皇帝投海而亡，文天祥則兵敗被俘，南宋亡。

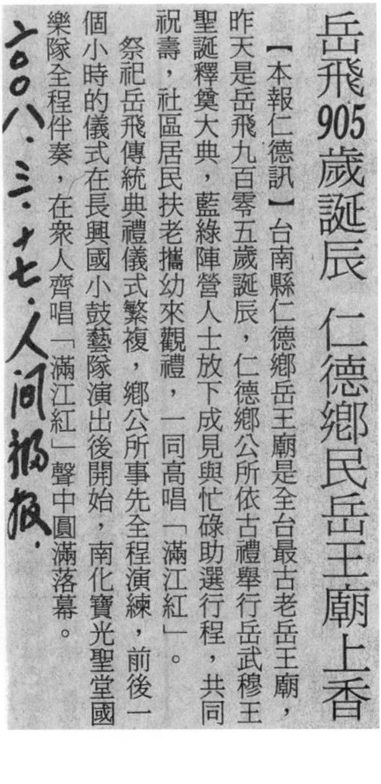

岳飛905歲誕辰 仁德鄉民岳王廟上香

【本報仁德訊】台南縣仁德鄉岳王廟是全台最古老岳王廟，昨天是岳飛九百零五歲誕辰，仁德鄉公所依古禮舉行岳武穆王聖誕釋奠大典，藍綠陣營人士放下成見與忙碌助選行程，共同祝壽，社區居民扶老攜幼來觀禮，一同高唱「滿江紅」。

祭祀岳飛傳統典禮儀式繁複，鄉公所事先全程演練，前後一個小時的儀式在長興國小鼓藝隊演出後開始，南化寶光聖堂國樂隊全程伴奏，在衆人齊唱「滿江紅」聲中圓滿落幕。

[illegible]〇八．三．十七．人間福報．

文天祥臨終所寫的〈正氣歌〉提到在齊太史簡、在晉董狐筆、在秦張良椎、在漢蘇武節或〈出師表〉，都是中華民族氣節的表徵。就刑而死後，在他衣帶中尚有幾句自贊說：「孔曰成仁，孟曰取義，惟其義盡，所以仁至。讀聖賢書，所學何事？而今而後，庶幾無愧？」。

就是這種民族文化氣節的存在，中華民族才始終不亡，異族入主中國，最後也中國化了。而十九、廿世紀中國受到西方帝國主義及日本軍國主義侵凌，險些亡國亡種。廿一世紀中國之崛起，所依賴的動力，還是孔仁孟義這股文化力量。

爲什麼說「廿一世紀中國之崛起，所依賴的力量，還是孔仁孟義這股力量」？回顧中國千百年歷史，多少統治者曾經大幹「去中國化」，要「打倒孔家店」（如元朝、清初及中共的文化大革命），結果如何？孔家店未被打倒，中共反而被「中國化」，回到中國文化之本位上，故有崛起之動力。

反觀台灣，台獨執政者用盡手段搞「去中國化」，教育部杜正勝部長大刪各級學校課本中的「孔孟詩書」，也在搞「打倒孔家店」的勾當，結果也是可以預期的。兩岸的統一還是靠文化的力量，從目前兩岸民間的儒、釋、道及其他文化交流，便能看到樂觀的前景。

中國歷史上確實沒有那一朝代，如宋朝連續碰到四個強大的異族入侵，不斷掠食瓜分中國資源。但這種情況從大歷史觀

文天祥金榜

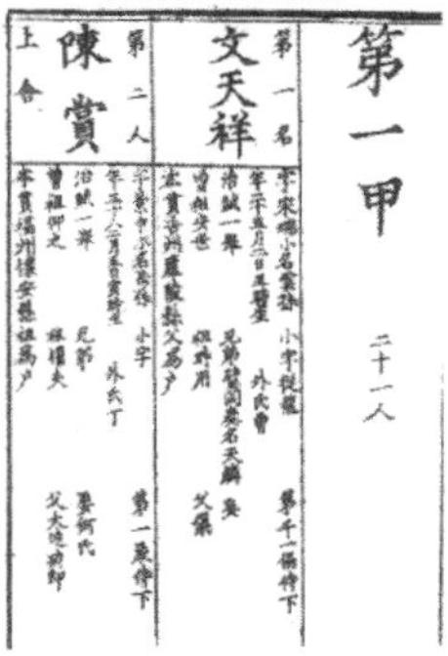
第一甲 二十一人

第一名 文天祥

第二人 陳賞

資料來源：張元，中國文化史，頁三八。

岳飛像

圖片來源：國立編譯館，歷史，第二冊，頁三七。

之，也不全是負面的。

國家武力盛衰是一時的，大宋在軍事上雖敗於遼夏金蒙諸民族，不僅割地賠款，最後連宋政權也賠了（蒙滅宋）。另一方面，文化的力量仍然是中華民族一支穿透時空「永遠的主力」，看那遼金夏蒙或元，轉瞬即逝，統統又回歸了中國。遼金夏等文化已成考古資料，宋人的文化遺產，迄今仍在，大宋子民的痛苦沒有白受。

岳飛精忠報國、後世景仰、而名垂萬名，奸相秦檜賣國求榮，爲人唾棄，而遺臭萬年，據杭州志載：「明景泰間，同知馬偉葺，取檜折幹爲二，植岳王墓前，是有取斬秦檜之意，今名稱爲分屍檜。在正德八年，都指揮李隆另設有秦檜、秦檜妻王氏、萬俟卨三像令反接跪墓前。嘉靖十四年，巡按御史張景，刻有：「盡忠報國」四字。而樹立於石墓之南。

國內新竹的關帝廟於民國六十六年改稱爲武聖廟。

碧霞宮封印 主神返天述職

宜蘭市碧霞宮昨日舉行「封印」儀式，宣告主神放年假，門生以扶鸞方式與神明溝通。2010.2.4. 羅建旺攝

【本報宜蘭訊】宜蘭市碧霞宮昨日封印，門生跪報工作成果，鸞生扶鸞，以沾硃砂的鸞筆批示，鎮宮三神器印、敕、令在點封後，恭送主神岳武穆王返天述職，有如人間放年假。

春節將至，人要放年假，神明也不例外。碧霞宮即以「封印」典禮，宣告神明假期開始，過年後一個月開印，結束年假。這項儀式自一八九六年創廟後，相傳百餘年從未間斷。

碧霞宮昨日舉行年度封印，儀式隆重，全體門生虔敬迎神參叩後，鸞生扶鸞筆，一一在清冊點名，負責典儀、鸞務、宣講、禮誦、婦工、總務等組禮跪神前，呈上清冊，報告一年來的工作成果，鸞生扶鸞以硃砂筆批示，清冊焚化，由神明帶回天庭述職，憑功行賞。農曆正月二十日開印。

除增祀歷代武成王廟之功臣名將外，並採民國四年關岳廟制，塑岳飛之像，位於武成王像之後，關公像之前。其兩側則為岳雲，張憲之塑像，猶如關公像兩側之關平、周倉也。

三山國王

‧生日：二月十五日

‧稱呼：三山國王為廣東省揭陽縣阿婆墟之明山、獨山、中山等三山之山神總稱。

‧探討：

關於三山國王來歷的傳說有兩種，但不知那一種最正確？可能兩種都正確，或都不確。一種傳說發生在唐朝，當時潮州匪賊蜂起，有一股匪徒居然擁眾兩三萬，嘯聚一方，打起旗號，稱起土皇帝來了。附近州府官兵皆非敵手，朝廷十分震怒。據說當時的那位年輕皇帝，血氣方剛，要御駕親征，指名要與匪首決一死戰，皇帝勇氣十足，武技卻平常，當他在揭陽縣阿婆墟和賊匪接戰時，連敗三陣。他親自出馬與匪首決戰一百多回合，又大敗，異常狼狽地逃到獨山、明山、中山等三座山麓下；眼看前有滿山遍野的賊兵追趕，後有大山阻擋，自信這次必死無疑。

詎料，此際千鈞一髮危急的時候，突然三位體形魁梧的陌生將軍統率三支人馬，分別自三座山奔馳而至，勇猛地支援官軍，一場激戰後，匪首被殺，賊兵全部殲滅。皇帝急問三位將軍姓名，他們答說是此地三座的山神，特來救駕的；說完話後，這三位山神又率領三支人馬分別隱沒於這三座山中，倏然不見。

皇帝得勝班師回朝，就敕封三位山神爲「三山護國王」；後來一般善信爲了順口，簡稱「三山國王」。台灣民間信仰流行三山國王，光彰化縣就有三十八座三山國王廟。

此外，另有一種較爲具體的傳說：在宋朝昺帝時候，有一個名叫陳有連的人叛亂，此人交遊廣闊，號召力強，不多久居然各地響應，聲勢一天一天浩大，甚或威脅到朝廷的安全。

昺帝爲能激勵士氣，毅然決定御

三山國王跨海雲集 祈福兩岸

二〇〇九、十、廿三、人間福報

【本報埔鹽訊】彰化縣三山國王廟客家文化協會將在埔鹽鄉順天宮舉辦「三山國王廟文化祭典」，全縣三十八間三山國王廟，二十五日將與大陸梅縣祖廟共襄盛舉，熱鬧可期。

順天宮主委柯國基表示，三山國王廟早期主要由客家族群所參拜，彰化縣共有三十八間三山國王廟組成協會。但後來河洛與客家族群融合，信徒早已沒有族群之分，每年都擲筊輪流由爐主辦祈福大會。

三山國王廟文化祭典今年結合埔鹽鄉糯米祭系列活動擴大辦理，昨天埔鹽鄉長陳慶煌、縣議員黃錦滄等人都到順天宮參與宣傳活動。

二十五日祈福大會聘請名師訓練七十三名禮生以古禮祭祀，還席開百桌。順天宮去年改建，不僅神尊請民族工藝獎木雕家張文議雕刻，廟宇還有「綠建築」採光、通風設計，可說是傳統與現代的新結合。

柯國基說，順天宮大廳有一座如來佛祖藝品神像，頭及眼神會隨著民眾移動而移動，那是設計效果，讓人有種「逃不過如來之眼」的想像。

到順天宮也別忘了看看木雕工藝家雕刻的巾山、明山、獨山三山國王神像，神像上方還有交趾燒的神龍，大門旁的欄杆則用青斗石雕造型的貔貅代表招財擋煞，五隻蝙蝠造型的五福臨門，正殿內「內枝外葉」的立體木雕都值得細細品味。

駕親征，連戰九十九陣，每一陣皆大敗，最後一陣幾乎全軍覆沒，昺帝看見大勢已去，乃騎了戰馬落荒逃難，匪兵得知昺帝逃走的路徑，便一路追趕到潮州。

這時的昺帝，真是狼狽不堪，進退維谷，前有大河，激流奔湍，無法飛渡，後有追兵，呼嘯殺來，生命危在頃刻之間；他在此無可奈何之際，乃下馬跪在河邊祈求上天保佑，說也奇怪，突見對岸三座山上祥雲飛湧，有無數軍旗和人馬在分批調動。於是昺帝即向對岸招手求救，剎那間，有一位將軍率領軍隊渡河，指揮大軍把叛賊殺退，救出昺帝脫險；班師還

總統贈匾三山國王廟

總統馬英九昨日至雲林縣大埤鄉國家三級古蹟三山國王廟香參拜，並贈匾「流澤遐被」。馬英九鼓勵寺廟信眾，到寺廟參拜前，多了解一下寺廟、神明的歷史，讓參拜除宗教信仰外，能多一點歷史與文化的意義。2010.3.8. 人間福報

三山國王文化節　新莊廣福宮揭幕

按照客家古禮舉行祭典　戲劇、音樂、美食　認識客家信仰

【記者黃映禎報導】台北市、縣聯合舉辦的「二〇〇六三山國王文化節」，今天在台北縣新莊市廣福宮揭幕，現場除了以隆重的古禮祭祀三山國王外，並準備客家戲劇、音樂以及美味的客家美食讓前來民眾品嘗。

新莊廣福宮是國家二級古蹟，興建於清乾隆四十五年間，供奉中山國王、明山國王、獨山國王等三山國王。北市客委會主委黃正宗指出，大台北的開發是以新莊區為出發點，當年新莊聚集許多客家鄉民，廣福宮是當時最具指標性的客家信仰中心；然而隨著客家族群外移，廣福宮香火稀落，因此主辦單位特別挑選在廣福宮舉辦文化節，希望藉此活動，讓移居台北的客家人，重新認識客家信仰，以及三山國王與客家族群開發歷史的密切關係，喚起客家族群對廣福宮的重視。

北縣客家事務課表示，活動在台北縣是首次舉辦，農曆二月二十五日是中山國王聖誕，因此希望藉此先為中山國王暖壽。等到七月十六日和十一月十二日的明山、獨山兩位神明聖誕前夕，政府單位也會有相關活動舉辦。

上午十時，傳統的扒龍船和鼓樂為文化節活動暖場，跳家官後，按照客家古禮舉行祭典，由台北縣長周錫瑋和台北市副市長葉金川擔任主祭，中午則有客家傳統戲劇表演，廣福宮內還有十二幅客家文史資料展示圖，整個活動至下午三時截止。

（二〇〇六年三月十八日，人間福報，九版。）

都後，想那位救駕的將軍，遂派人調查究竟是誰率領那一支勤王的大隊人馬？始終查不出來；但見那三座山雄峙依然，附近人跡罕至，從來沒有軍隊駐紮。始知山神相助，派遣神兵神將救駕。昺帝敕封這三座山爲「三山國王」，所有潮州人都信奉此神。「中山」有寫成「巾山」，應是流傳之誤。

此後，對三山國王的信仰，從潮州人擴展到廣東人，其祖廟就在廣東梅縣；及至明、清時代粵籍移民來臺時，就隨船攜帶這位山神神像，以祈保沿途平安。因此，凡是粵籍移民在臺定居的村落，皆有三山國王的神廟，多達一百二十多座。較著名的有：彰化縣永靖鄉甘霖宮、社頭鄉枋橋頭鎮安宮、鹿港鎮埔崙里霖肇宮，宜蘭縣員山鄉三山國王廟。

開漳聖王——陳將軍

- 生日：二月十六日
- 稱呼：威惠聖王、聖王公、威烈侯、陳聖王、

開漳聖王 陳元光家世表

祖父－德公陳犢　字克耕
祖母－魏氏
父　－陳政　字一民
母　－郭氏
妻　－長夫人鍾氏
（封恭懿肅雍夫人）
二夫人寧氏
（追贈寅敬協肅夫人）
三夫人宋氏
（追贈寅敬協雍夫人）
子　－陳珦　字朝珮
孫　－陳酆　字有芑
曾孫－陳謀　字以忠
陳訏　字正雅

●武身開漳聖王公神像

陳聖公、陳將軍、陳府將軍。

・略傳：

聖王姓陳名元光，唐朝時代人，由河南而入福建，開拓漳州府，死後封為「威惠聖王」，漳州人立廟祀之，謂稱為「開漳聖王」，今以台北市碧山巖開漳聖王廟為背景，分述之。

位於台北市內湖碧山之尖峰，又稱「尖頂開漳聖王廟」，奉祀開閩民族英雄陳元光及其部屬「李伯瑤」、「馬仁」兩位將軍。康熙末

● 馬仁將軍神像

● 李伯瑤將軍神像

北港昭烈宮 由祠堂改成廟宇

9年前開放 主祀開漳聖王 陳氏宗親遍及雲、嘉兩縣

96、九、10、人間福報

【本報北港訊】成立已有二百四十二年歷史的雲林縣北港昭烈宮，早期僅是陳氏宗親祠堂，是北港、新港地區不少陳姓民眾的信仰中心，九年前決定開放，讓大眾也能參拜廟中主祀的開漳聖王，由祠堂改成廟宇，其他地區少見。

昭烈宮管委會主委陳慶容說，開漳聖王就是俗稱陳聖王公，是唐朝的武進士，隨其父平定閩漳匪亂，大力開發漳州，因此被尊為開漳聖王。

二百多年前，北港陳姓宗親成立陳姓王會，由會員輪流奉祀陳姓王，後來才集資興建宗祠供奉，歷經三次重建才有現今規模。陳慶容說，民國四十三年間，當時副總統陳誠還題匾祝賀，參拜的陳氏宗親遍及雲、嘉兩縣，組織相當龐大。

陳慶容表示，民國八十七年祠堂又再重建，當時不少委員認為，開漳聖王不應只有陳姓宗親才能參拜，應該開放給大眾，經神明同意，正式對外開放，並更改堂名為昭烈宮。

昭烈宮主祀開漳聖王，副神為武安尊王、魯班公等，其中每逢北港朝天宮媽祖聖誕之際，都會贊助藝閣車遊行的魯班公會，由於沒有寺廟奉祀，民國九十年間樂捐一百萬元香油錢，獲得信徒大會、昭烈宮神明同意後，五尊神像也列入神殿奉祀，還經過法院認證，相當地特殊。

年，漳州府人氏黃某攜眷佩帶開漳聖王香火渡海來台墾荒。行於碧山之尖頂，忽聞嗡嗡之聲，不絕於耳，停步視之，其聲傳自身前一塊石下小洞，認爲此處適合於安座聖王難得一見之「蜂穴」吉地，遂將隨身佩帶香火懸掛於石洞中膜拜後離去。

值至清乾隆十六年（公元一七五一年）碧山尖頂山下一帶，土匪猖獗，結黨成群，聚眾劫舍，擄人勒索，蠻橫無比，民不聊生。某日黃昏，匪徒又在山下聚集，計議行劫，忽見尖頂山頭金光萬道，鋒芒四射，戰鼓齊鳴，宛如萬馬奔騰。匪眾聞聞見喪膽，斯時懸掛聖王香火之石塊巨響一聲分裂爲三，中塊乃聖王化身，而兩邊石塊即爲李、馬將軍（現在開基祖廟內奉祀之神石）仍立在原地不動外，周圍散石一直滾落山下匪徒聚集處；使匪眾保命要緊，紛紛棄械，鼠竄而逃，自此以後再也未見土匪在此一帶爲非作歹。事後

●開基祖廟石室外觀

●開基祖廟香火鼎盛

開基祖廟內奉祀的神石

開漳聖王公神像

●廟埕上遠眺壯觀的大台北盆地景觀

●「碧山」的由來解說牌

●環境清幽的健行步道

●虎壁浮雕：伏虎尊者(十八羅漢之一)伏虎圖

●龍牆浮雕：降龍尊者(十八羅漢之一)降龍圖

信仰逾300年 開漳聖王返鄉

祖籍河南固始縣 當地未曾奉祀 僑聯總會牽線 打造新神像 4日啓程回家

2011.11.2.

【本報斗六訊】兩岸宗教史上信仰超過三百年的「開漳聖王」終於要「回家」了。透過華僑救國聯合總會牽線，訂製一尊開漳聖王神像，昨天於雲林斗六市福德宮舉行開光、入座儀式，四日將啓程，返回開漳聖王的大陸河南固始縣故土。

僑聯總會副祕書長廖俊傑指出，開漳聖王原名陳元光，西元六六九年、時值唐朝高宗在位，他奉旨率軍南下福建平亂，並成立「漳州府」、任首爲刺史，治理有方，讓本爲蠻獠之地的漳州變得文明、安定繁榮，後人尊爲開漳聖王。

廖俊傑說，開漳聖王信仰隨先民移入台灣，目前全台有三百六十多間廟宇供奉開漳聖王，以其爲主神者就有八十六間，但絕大多數信衆不知其故鄉在河南固始縣，當地也未曾奉祀；僑聯總會理事長簡漢生對此感到遺憾，發願要讓開漳聖王回老家，積極與固始縣政府和酒廠業者等地方人士聯繫、勸說，終於成行。

僑聯總會花費十五萬打造的開漳聖王神像，採坐姿，高六十六公分，身著「文武甲」，左側是文袍，右側爲武甲；廖俊傑指出，兩周前開始訂製時，才得知製作這麼高的神像須費時兩年，所幸查詢後有一尊半成品，加工後就能如期交貨，再向航空公司詢問神像上機的規定，限高就是六十六公分，「開漳聖王也想回家，冥冥中都安排好一切了！」

斗六福興宮奉祀開漳聖王已超過二百年，宮中神像尺寸也是全台最大，因此僑聯總會請求廟方協辦活動，將開漳聖王像暫留於宮中；昨天由福興宮主余秋淵主持開光儀式，氣氛肅穆，順利完成儀式後，衆人鼓掌慶賀。

廖俊傑對福興宮的大力支持表示感激，認爲開漳聖王返鄉後，可望讓兩岸信衆都了解開漳聖王對中華文化發揚傳播的貢獻，及先民拓荒的歷史，意義非凡。

開漳聖王神像底達固始縣後，將先前往陳集鄉舊居的「陳將軍祠」坐堂，接受鄉親瞻仰和崇敬，並在故居中住一宿。

人间福报

在僑聯總會牽線下，開漳聖王神像昨在雲林斗六福興宮進行開光。 圖／高堂堯

附近黃、郭、林、簡、鄭等五姓居民為感念聖王平息匪亂，共同商議在原址建立石室小廟奉祀聖王化身之神石。遠近一帶居民聞訊踴至膜拜虔誠祈求，果然神靈顯耀，病者得癒，物失復得，士、農、工、商皆得順遂，救災救劫，降福民間（石室祖廟自建廟至今已歷二百六十餘年）。

追溯至嘉慶六年（公元一八〇一年）因鑒及香客日增，如此石室小廟無法容納大批香客膜拜，建地雖狹窄，惟原址係屬古蹟聖地，人傑地台，不忍他遷，故在原址小廟前另建本殿，雕造鎮殿聖王及李、馬將軍金身選擇吉日進神安座，奠定初基。至咸豐十一年第一次修建，後又重修過兩次，民國三年第四次重修，值至民國四十七年某日風雨交加之夜，發生山崩地坍，廟庭全毀無立足之地，惟有本殿絲毫未損，人皆稱奇，實係聖王顯靈保護寶殿而未波及。遂由當時本廟管理委員會與地方人士共同策畫整修並加建地下室，擴建本殿及廟庭，至民國六十年完成重修工程（第五次重修）成為莊嚴寶殿，香客稱便，拜者日增，有求皆驗，福庇萬民，澤彼四方，皆沐神恩。

就此各地人士紛紛前來祈求分靈，經聖王指示，准予分傳者，至目前為止計有數百尊，甚至遠渡國外，大顯聖靈。

四殿五官王

・生日：二月十八日

・稱呼：四殿五官王

・研究：

五官王：姓呂，冥府十殿閻王之一，坐鎮第四殿，亦管轄十六小地獄，另有新增加的小地獄，也是因陽界的人類社會腐化太快，出現新犯罪所須。

㈠灌藥地獄：陽界毒品、僞藥氾濫，奸商黑道要錢不要命（是不要別人的命）；乃至庸醫害人，罪惡滔天，凡此罪人，到本地獄，獄卒把一桶桶黑色液體灌入口中……

㈡沸湯澆手地獄：陽界因推行「西方民主政治」的資本主義社會，把「原始叢林」當自由典範，於是竊盜橫行，不擇手段，奪人財錢。本地獄專嚴徵這些小偷、強盜之流。

（特註：含政治上的篡竊行爲，都算本獄所管。）

㈢刺嘴地獄：現在陽界社會到處是謊言，不論政壇、文壇，至一般人，都以謊話爲正常。凡此，死後到此受刑。

另外如毒蜂地獄，專治騙財騙色和各行業敗類。斷筋剔骨地獄專治做生意偷斤減兩，偷工減料、沉迷賭桌等。

以上五小地獄乃是由「四殿五官王」所管轄的。第四殿五官王，聯曰：「死後怕苦難，生前要端心」。本殿亦告示：

⑴今世不要殺生，爲日後子孫昌盛，福壽無量之應。

⑵婦女弱生女，用藥脫胎滅生者，

遊第四殿會晤五官王

濟公活佛　降　　丁巳年正月十六日

詩曰：人生走馬看花燈。趕路匆匆歲月增。
萬象更新丹正熟。一元復始欲飛昇。

楊生曰：貴殿辦理審判罪魂情形如何？

冥王曰：我亦管轄十六小地獄，其它尚有新增地獄，以防陽人日新月異所犯之罪，地獄分層負責，各有所司。凡是在生爲非作歹之人，死後從鬼門關而入，上孽鏡臺照出原形，罪證齊全後，看所犯之罪爲何殿管轄，逐移交各殿處理，我現在將辦理一件案件，請兩位隨我升堂參觀。

楊生曰：是、是。案前二位牛馬將軍押來一位男性罪魂，形體看來好像總經理或董事長之格，滿面紅光，已有些禿頭，不知犯何罪？其已顯得驚慌發抖！

冥王曰：此位罪魂，頭腦聰明，在世本是經營西藥商，後來想發橫財，因自己對藥品頗有熟悉，便製造僞藥販賣，害人不淺，今日壽數該終，被陰差押來判罪。

受十字釘刑。

⑶自殺、上吊、喝毒藥、跳井、哽死、被殺、餓死、等冤死者，死後入枉死城，各受害者待強迫者到日、眼見其受石磨、石搗等刑，以消忿恨，再投生、如無因而死者，得重行投生。

觀世音菩薩——觀音

・生日：二月十九日

・稱呼：觀音佛祖、觀音媽、佛祖媽、觀音佛、南海觀世音、大悲菩薩、大慈大悲觀世音菩薩、觀音大士。

・略傳：

觀音大士：古時之仙女。搜神記：「著有一國王曰妙莊，有三女……，三妙善。妙善初修佛教，王迫之嫁，而至屍多林，遇太

此為湖北黃梅四祖寺的海島觀音菩薩像，左右為善財童子與龍女。

張大千繪觀世音菩薩像，雙足各踏一朵蓮花。

作者攝於海南島南海觀音，2008 年

觀音菩薩成道日 海內外齊慶

人間福報 2009.8.10.

中國西南禪宗祖庭雙桂堂 重啓百年山門 台灣新竹廟宇舉辦儀式 為災民祈福

【本報綜合報導】昨日為農曆六月十九日，是觀世音菩薩成道日。不管在台灣，或是中國，皆舉辦慶祝活動。有中國「西南禪宗祖庭」之稱的重慶梁平雙桂堂，正山門封閉百年多後，昨日重新開放。新竹市多家廟宇舉辦消災祈福活動，希望颱風災情減少，未來風調雨順。

封閉一百多年的重慶雙桂堂正山門，昨日重新開放。舉辦祈福大典，以一誠至「雙桂祖庭、共祈海眾安和」為主題，由重慶市佛教協會副會長、雙桂堂方丈身振法師主持。

現場法器長鳴，佛樂齊奏。祈福大典活動，有來自中國各地佛教高僧、信男善女和香客，共同宣誦祈福文，祈願四海升平、眾緣和合、社會安寧、世界和平。而八位高僧主禮壇拈香禮佛、供奉慧燈、撞鐘許願等儀式，上萬信徒在佛前虔誠禮佛。

雙桂堂又名「福國寺」，建於西元一六五三年，寺內因二株桂花樹而得名。雙桂法派弟子眾多，高僧大德輩出，開山宗長破山海明為中國西南佛教禪宗領袖，被尊為「古佛出世」、「小釋迦」，雙桂堂另有「蜀中叢林之首」、「第一禪林」的美譽。

而台灣新竹普天宮為慶祝觀世音菩薩一千八百五十年聖誕，適逢莫拉克颱風重創台灣，災情慘重，舉行祈福儀式。竹塹慈緣宮、法蓮廟，也都利用這個日子向觀世音菩薩祈願，新竹市長林政則前往各廟宇上香，祈盼國人「平安度過風災，災民迅速重建家園」。

白星君，化一老人指與杳山修行，乃得成道。道稱碧落洞天帝王、圓通目在天尊。」

宋徽帝（自號道教皇帝）宣和元年，詔改佛祖號爲大覺金仙，羅漢稱爲尊者，觀世音菩薩稱爲觀音大士，併入道教。

・探討：

一、興林國妙莊王的第三公主。

妙莊王有三個女兒，大女兒妙音愛好文學，招了一位文駙馬；二女妙元則愛武才，招了一位武駙馬；惟獨三女妙善公主酷愛誦經禮佛，到白雀寺出家爲尼，因此觸怒父王，終於把她處死。死後妙善的靈魂周遊陰府，回陽

《觀音得道》一書封面，大東書局，民國59年1月出版。

中國歷史通俗小說　觀音得道

第一回　溯源流書生說法　驚癡頑菩薩化身

話說我們中國的宗教，向來分爲儒道釋三大支派，三教之中，除了儒教道教是中國本部所創始，釋教却是由西域傳入的，因爲他拿覺世渡人爲宗旨，信仰的人也就不少，勢力也與儒教道教鼎足而三，一直流傳到現在，依然保持着他的地位，在佛家的區分，把全世界劃成四大部洲，稱爲東勝神洲，南瞻部洲，西牛賀洲，北俱蘆洲，我們中國是屬於南瞻部洲的，南瞻部洲有四座名山，號稱佛國，這四座山就是九華、五臺、峨嵋、普陀，管領這四座山的，就是地藏王菩薩，普賢菩薩，文殊菩薩，觀音菩薩，等四位大士，故九華證地藏王，稱爲大行，五臺證文殊，稱爲大智，峨嵋證普賢，稱爲大勇，普陀證觀音，稱爲大慈，領域也是很分明的，在這四位大士裏邊，最受一般人所敬禮的，無疑的要首推觀世音菩薩，因爲我們若然在人群中提起他的佛號，端的是老幼咸知，婦孺都曉，差不多人人的腦海裏，都深深的嵌着一尊觀世音菩薩的法象，這種普遍的敬禮，是觀音法力所感化的麼，這却未必，其中倒有九分以上，是迷信的觀念所造成的，他們的理想，並且與觀音大士相反，觀音的宗旨，是要使世人大澈大悟，共登覺岸，照法華經上說「苦惱衆生，一心稱名，菩薩即時觀其音聲，皆得解脫，以是名觀世音：」我們看了這幾句話，就可以知道世尊的宗旨，可是現在我們看見那一班信仰觀音的人，誰不在迷信裏討生活哩，他們以爲只要相信了觀音，隨便自己的作爲如何，觀音就會來保佑的，一切不遂的慾望，觀音也會賜予圓滿的，他們最怕的是死，就以爲只消平日多燒香多念佛號，便可以却病延年，最怕的死了打入地獄，永不超生，就以爲只消平日多持齋多誦經卷，便可以死後到天堂佛國中去享樂，甚而至於一切的罪惡，都可以念幾聲觀世音菩薩，就可以完畢的，因此念佛人的心理，就

一

《觀音得道》第一頁.

後就到大香山苦心修練得了正果。後來妙善又到陰府，潛渡父母脫出地獄之苦。

二、自從佛教傳入中國後，因觀音慈悲善行實符佛旨，所以佛教奉祂爲大慈大悲觀世音菩薩，傳說祂的靈聖時常普濟百姓，世人稱爲慈航菩薩，歷代轉折間，兵災禍變常起，人們的心靈尋求神祐，由是期望著共同的意向，無形中提高了觀世音的信仰地位，俗稱救苦救難觀世音菩薩，民宅祀拜上，觀世音與關帝，土地爺共爲主神。

浙江普陀山與峨眉山、五台山、九華山、共稱佛教四大名山，在杭州灣外有三百多個島嶼形成朵朵蓮花形、浮現在東海，有說，南海觀世音曾在此顯靈，因此入空門的和尚、尼姑，都以能到普陀山進香，視爲人生最大願望，所以每年有遠從四川、山西、東北來朝謁者。

三、觀音菩薩以大悲著稱，修習耳根圓通法門，與娑婆世界眾生特別有緣，當人們遇到災難時，稱其名號，便應聲前往救度，故名「觀世音」。「普門品」云：「眾生被困厄，無量苦逼身，觀音妙智力，能救世間苦……妙音觀世音，梵音海潮音，勝彼世間音，是故須常念。」

觀音菩薩爲西方極樂世界教主阿彌陀佛座下的上首菩薩，與大勢至菩薩爲左右脅侍，並稱「西方三聖」。《悲華經》中說，往昔寶藏佛時，阿彌陀佛爲轉輪王，觀音菩

人間福報 身障繡娘 繡觀音 2011. 7-19

四十九歲的江蘇蘇州鎮身障繡娘陳秋英，上月拿到大陸第四居全國殘疾人職業技能競賽刺繡類第一名，九月將赴韓國首爾參加第八居國際殘疾人職業技能競賽。

陳秋英十四歲時腿部患骨髓炎導致身障，十九歲那年開始接觸刺繡，透過自學苦練，她獲得刺繡廠的工作，她繡的「雙面貓」堪稱一絕，同行也幫她取了「女貓王」的稱號。她現在最大的心願是開個刺繡作坊，把自己的刺繡技藝傳授給更多的人。

圖爲陳秋英二十年前所繡的〈騎龍觀音〉。 圖／本報香港傳眞

薩爲第一太子不眴，於寶藏佛前發菩提心立宏誓願，因而賜名觀世音，待阿彌陀佛入滅後，次補佛處，佛號「遍一切功德山王如來」。因此，觀音菩薩寶冠上有一尊化佛，即阿彌陀佛像。

其實，觀音菩薩早已成佛，《讚觀音文》說：「南無過去正法名如來，現前觀世音

菩薩。」菩薩為救度眾生，倒駕慈航，才自願回歸菩薩位。

湖北黃梅四祖寺，觀音菩薩安奉在大雄寶殿後面，為一尊站在石雕上的海島觀音，龜或鰲魚為坐騎，右手持楊柳，左手托淨瓶，用以救人百病。兩旁便是善財和龍女，整面牆依據《法華經・普門品》造「觀音救八難」雕像。讓觀音普度眾生的大悲，深烙人心。（圖文，摘自杜荷，二〇一〇年二月十九日，人間福報。）

普賢菩薩

• 生日：二月廿一日（另一說：四月廿一日）。
• 稱呼：普賢、普吉、梵語謂之「三曼多跋陀羅」。
• 研究

普賢菩薩，是佛家諸菩薩之一，以行願廣大侍佛右（文殊菩薩以般若甚深侍佛左），代表一切菩薩。大日經疏：「普賢菩薩者，普是遍一切

普賢菩薩像
明嘉靖十一年（公元 1532 年）
銅鍍金　高 42.5 厘米

處，賢是最妙善義，謂菩提心所起願行，遍一切處，純一妙善，備具眾德，故以爲名。」普賢菩薩簡稱普賢，佛家又有密教普賢，顯教普賢、實相普賢、究竟普賢、賢現普賢等諸稱。普賢爲釋迦如來二脇士之一，文殊侍佛之左方，普賢乘白象，侍佛之右方。華嚴經謂釋迦，文殊、普賢爲「一佛二菩薩之法門」，亦稱華嚴三聖。探玄記謂「普賢當法界門、文殊當般若門」，晉華嚴經入法界品略謂普賢、文殊爲五百菩薩之上首。是佛界中普賢之地位，僅次於釋迦、文殊。因其與釋迦、三寶同爲主神。

2010.3.5.人間福報.

到普賢殿　誦十大願

到佛光山，除了賞花燈，別忘了到普賢殿走走，沉澱心靈。一進普賢殿即見諸位法師引領信衆，用虔誠的心禮拜普賢菩薩。法師親自教導大衆唱誦「普賢菩薩十大願」，嘹亮莊嚴的音聲盈繞於殿內：「一者禮敬諸佛，二者稱讚如來…。」

法師殷切地開示，學習普賢菩薩的慈悲，學會普賢菩薩的智慧，把佛法落實在生活中，讓人心從此善良光明，讓世界從此友愛和平，讓人民具足正知正見，讓我們的國家從此富強康樂。佛光山春節平安燈會自即日起至十五日，上午九時到晚間十時，歡迎闔家到佛光山禮佛。

圖與文／人間社記者和懺

左圖：二〇〇九年本書作者在四川峨眉山留影

下圖：二〇〇九年在峨眉山，左起：陳福成、鍾順文、吳元俊

參、農歷三月誕生諸神

二殿楚江王

・生日：三月一日

・稱呼：冥府十殿閻王之一。

・研究：二殿楚江王坐鎮第二殿，職掌割舌地獄、剪刀地獄、吊鐵樹地獄。

第二殿楚江王，聯曰：「改過前生之惡孽，得啓波世人慈悲。」1.呼罵天地父母者，受割舌之刑。2.陽世劫盜謀害人命者，受鐵枋地獄之刑。3.貪官污吏及貪小便宜者，受五叉地獄之刑。楚江王坐鎮之第二殿，可謂十殿地獄中，正式之刑罰所，凡由一殿交來之亡魂，其功過大都已明瞭，但有部份罪魂惡性狡賴，因其在

世習性已慣，一時遇陰府揭其瘡疤，仍然知過不悟，所以魂到本殿，先將「陰察簿」打開，對照其所犯之罪過，一一示明，如係本殿權責所轄，即判入十六小地獄或其它新設小地獄受刑。

所謂「時遷法亦遷」，冥府第二殿爲因應陽界現代社會變遷，出現新的犯罪手法，增設新的小地獄：

㈠糞尿泥小地獄：糞池尿液如大海，不見邊界。世上之娼妓、拐誘良家婦女、走私、爲養生吃「胞衣」騙錢、嫖妓、黑吃黑等，死後到此受罪。

㈡飢餓小地獄：凡暴殄天物、不惜五穀、浪費、一擲千金、從不布施；或對乞丐、窮人，全無半點憐憫之心，死後到此受罪。

遊第二殿與楚江王敘談、並參觀講道所

丙辰年閏八月廿六日

濟公活佛　降

詩曰：三曹普度鬼神人。地獄機關日日新。任爾陽間多暗室。難逃法眼夜遊巡。

濟佛曰：遊冥著書，費盡神人苦心，爲度世上迷人，不惜代價，所謂「爲善最樂」，諸生劾勞每至更深夜靜，實感動我佛。三曹普度，上度氣天河漢星斗，中度人間芸芸眾生，下度幽冥鬼魂，天人共忙於此時。聖門

楊生曰：甚謝！今夜我們師徒打擾，請多原諒，希冥王多多開示，說明二殿情形。

冥王曰：你客氣，本殿可謂十殿地獄中，正式之刑罰所，凡由一殿交來之亡魂，其功過大都已明細，但有部份罪魂惡性狡賴，因其在世習性已慣，一時雖遇陰府揭其瘡疤，仍然知過不悟，所以魂到本殿，先將「陰察簿」打開，對照其所犯之罪過，一一示明，如係本殿權責所轄，即判入十六小地獄或其它新設小地獄受刑。因人間世態維新，地府也新曾甚多囚獄，所謂「時遷法亦遷」，許多陰律應時增刪，以懲不法之徒。

楊生曰：原來如此。世人都說地獄沒人見，豈知斑斑現形在我眼前，太奇妙，也太可怕了，恍然我身來到了另一個世界！

㈢奈河橋與舞池獄：「心腸惡毒」之人過此橋，必兩腳發軟掉入橋下的「毒蛇坑」中，其慘可知。而「舞池獄」也是針對現代社會的流行，很多「跳到床上」的死後到此再跳，舞池的地板是燒的紅燙的鐵板。

㈣寒冰小地獄：開娼戶淫窟、A人錢財、女姓以肉體迷惑人、過度奢華等，均到此受罪。

玄天上帝——真武大帝

・生日：三月三日

・稱呼：玄天上帝、玄武文帝、帝爺公、北極玄天上帝、上帝爺公、上帝公、北極大帝、真如大帝、真武大帝。

・略傳、探討：

玄天上帝本係自然崇拜的星宿神，屬於「天神」一類，後來又附會人鬼傳說，使其故事更

紫霄宮目前為武當山道教協會的所在地，也是當地道教活動最活躍的中心 2010.6.25.
圖／武當山旅遊經濟特區管委會提供

富傳奇性。玄天上帝的別稱很多，有真武大帝、北極大帝、開天仙帝、真如大師、北極佑聖真君、北極神君、元武神、上帝爺等，一般民間均簡稱「上帝公」。據說他的職責是把守北天門，因此其廟宇稱爲北極殿。道士之流以他的法力高強，能驅邪治病，所以係道教的重要神祇。

玄天上帝的廟，全省共有近四百座，以嘉義縣最多，次爲臺南縣，其次分佈全省各地。玄天上帝的道場在中國武當山，是皇家的保護神。

按玄天上帝被認爲是北極星的人格化，移民之初隨船供奉，做爲航海指標，所以安抵臺灣定居後每加崇奉。另一原因可能玄天上帝被鄭成功視爲守護神，而特加崇奉。現在有許多玄天上帝廟相傳係建於明鄭時代，如雲林虎尾永興宮、臺南下營北極蔭、屏東九如北極殿等都是。

相傳黃帝時，玄武托胎於靜樂國善勝皇后，孕育十四個月，在黃帝的紫雲元年降生。今武當山的許多道觀也配祀玄武的父親樂靜國國王，及母親善勝皇后，分別稱「聖女」和「聖母」。

眞武大帝 皇室的保護神

（台灣叫玄天上帝）

人間福報 100.五.廿八.

中國古人認為玄武是北方之神，祂也是武當山尊崇的神祇。

——圖／武當山旅遊經濟特區管委會提供

◎記者郭書宏

武當道教是中國道教的一個重要流派，其教理、教義與其他流派如出一轍，唯其主祀信仰以眞武大帝爲中心，所延伸的配祀神明也多與眞武大帝相關，形成一個重視內丹修煉，擅長雷法符籙禳禬與三教融合的派別。

武當山道教最高神尊—眞武大帝，是由北方之神玄武演變而來，又名眞武祖師，在台灣則稱爲玄天上帝。相傳黃帝時，玄武托胎於靜樂國善勝皇后，且孕育十四個月，在黃帝紫雲元年三月初三降生。

玄武自幼聰明勇猛，但不統王位，十五歲時受紫氣元君的點化，在武當山修煉四十二年功成果滿，被玉皇大帝封爲蕩魔天尊、玉虛師相、玄天上帝並鎮守北方；北宋大中祥符五年（一〇一二年），宋眞宗爲避聖祖趙玄朗的名諱，改玄武爲眞武，並封爲「鎭天眞武靈應佑聖眞君」。

元代時，歷代統治者將北方眞武神作爲皇室的保護神加以崇奉，成爲僅次於三淸道祖、玉帝的天神。明初，朱棣爲燕王後南下奪權，稱有眞武大帝保佑，遂成功取得帝位，待朱棣繼位後，除在北京城建眞武廟，囿於永樂十年（一四一二年），命隆平侯張信率三十萬軍民夫匠大建武當山，使崇奉眞武的香火臻於極盛。

除眞武大帝外，武當山許多道觀也配祀眞武的父親樂靜國國王，以及母親善勝皇后，分別尊稱爲「聖父」與「聖母」。眞武大帝修煉時的老師—紫氣元君，相傳是太上老君的化身，當眞武降生爲靜樂國太子後，在紫元君的耐心教導下，終於修道成仙。

當民衆到武當山參拜眞武大帝時，可見兩旁捧冊、端寶的男女侍童，分別掌管威儀及書記三界中善惡功過的神明。此外，眞武大帝前還會出現四大護法神，祂們分別是馬華光、趙公明、溫瓊、關羽神尊，道士在道場作法時，通常要請四位元帥降臨會場，以助驅邪降妖。

武當山道觀也經常可見三淸道祖，還有「四御」—玉皇大帝、中央紫微北極大帝、勾陳上宮天皇大帝，及后土皇地祇。此外，素有「文財神」稱號的比干與范蠡，以及趙公明、關羽兩位「武財神」，也是武當山常見的配祀神明。

武當皇家道場—紫霄宮

人間福報 100.六.廿五.

◎記者郭書宏

武當山現存最完善的宮殿—紫霄宮，建於宋宣和年間，又名爲「紫霄元聖宮」、「太玄紫霄宮」，建築面積八千五百餘平方公尺，整體建築憑藉山勢，採取「欲揚先抑、先疏後密、首尾呼應」的手法建成，殿堂樓閣鱗次櫛比，紅牆翠瓦宏大壯觀，遠遠望去威嚴肅穆，亟具皇家道場的氣派。

紫霄宮目前爲武當山道教協會的所在地，也是當地道教活動最活躍的中心，其中紫霄大殿常舉行道家法會，正中供奉眞武大帝神像，高四點八公尺，爲明代泥塑彩繪貼金，身著帝服，雙手捧圭，莊嚴地端坐寶座，是武當山現存最大的泥塑雕像；大殿內屋頂的古典彩繪也深具藝術價值。

紫霄宮內大殿左神龕中，供奉著一尊明末淸初紙糊貼金的眞武大帝神像，高約一公尺，神像的表情自若，衣褶淸晰線條流暢，製作手法融合紙糊、雕塑、貼金、彩繪等工藝，神像歷經百年歲月，不但表面沒有脫落，內部也沒有絲毫損傷與蟲蛀現象，是中國迄今發現最早、保存最完整的「紙糊神像」。

在紫霄大殿後的崇台上爲「父母殿」，殿內神龕中央供奉眞武大帝的父母明眞大帝與善勝皇后，左右則是供奉觀音菩薩、送子娘娘、三霄娘娘等，是昔日信徒祈求兒女的地方，因此又有「百子堂」的別稱。

一九三一年中國賀龍將軍率軍駐札武當山，將軍的臥室與辦公室就設在父母殿，因此殿內至今還保存賀將軍當時用過的辦公桌椅、床鋪等物件。

紫霄宮還有許多奇景，像是終年甘泉不涸的「龜脖吐水」，相傳此龜是偷吃了眞武大帝的仙物，被懲罰在紫霄宮後吐水；在紫霄大殿前有一圓形「日池」，民衆若在此觀魚，將會發現會轉換黑、青、紅、黃、白等色的「五色魚」，相傳是織女爲眞武大帝祝壽時，以繡花針所變的禮物。

武當山有「十道九醫」之說，在紫霄宮常有醫術高明的道醫坐診，爲遊客看病除疾，在「福壽殿」更供奉有藥王、壽星等神明，殿內展示各種中醫藥草及煉丹經典，另陳列有古時道教服飾與器物，是民衆深入道家生活的絕佳景點。

帝爺生 呷拜拜

昨天是玄天上帝誕辰，宜蘭羅東鎮公所舉辦「三月三帝爺生，迎鬧熱呷拜拜」逛街活動，鎮長林姿妙帶領三十多組陣頭踩街遊行，傳統巨型人偶，加上電子花車、鼓陣、變裝秀，吸引不少外地遊客爭相拍照，現場彷彿舉辦一場華麗的嘉年華會，熱鬧氣氛炒到最高點。 圖／徐尉庭

玄天上帝文物展 研究生籌辦

【本報台南訊】台南市成功大學歷史研究所學生林孟毅兩年前受到「玄天上帝」感召，辭掉設計師工作，重新整理父親收藏的二十多尊玄天上帝神像，林孟毅計畫爲這些從明初至清代跨越數百年的玄天上帝神像，籌辦「玄天上帝」信仰古文物展，讓現代人重新認識玄天上帝成道的精神。

三十二歲林孟毅出身家傳十代的道長世家，他的父親林慶全是新化區玄武道門的大法師，崇信玄天上帝；林孟毅四歲半開始學道，十二歲就登一百零八層刀梯晉升道長。

不過，林孟毅喜歡畫畫，因此大葉大學視傳設計系畢業後曾在廣告公司擔任設計師，六年前派駐大陸福州，兩年多前突然夢到「玄天上帝」要他回家幫忙。

「當時也不知道玄天上帝要我做什麼。」林孟毅開始整理父親於一九八七年到大陸收藏的二十多尊木雕玄天上帝神像及相關古文物，「大陸文革時，很多人將神像藏在土裡、米甕中，因此要用最細的棉花棒，才能清理乾淨。」林孟毅花了兩年多，終於讓塵封數十年的神像重見天日，最古老的一尊推估是明朝初年，距今已近六百年歷史。

道長家庭背景，加上設計的專長，林孟毅眼中的玄天上帝神像，「不只是宗教文物，更是難得的藝術品。」爲了深入研究道教與玄天上帝，林孟毅考上成大歷史系碩士專班。

林孟毅將於三月十九日至四月五日，在父親家鄉屏東縣高樹鄉舊寮司馬安庄北極殿舉行「玄天上帝信仰古文物展」首展，展出包括近三十尊明清神像，及明清道教神仙畫、開光疏文、令旗、手抄古籍、道教法器等珍貴文物三百件。

林孟毅的父親林慶全，在大陸蒐集到的玄天上帝神像，年代跨越明初到清末，各尊神像衣著、神態都不一。 圖／吳淑玲

人間福報

六殿卞城王

• 生日：三月八日

• 稱呼：冥府十殿閻王之一

• 研究：六殿卞城王，坐鎮第六殿，職掌牛坑地獄、石壓地獄、舂臼地獄。

據地獄遊記書中敘談，凡到第六殿判刑者，不遜於五殿之痛苦，故又稱：「大叫喚大地獄」

社會過於重視物質文明，此爲重視物質所發生之不良副作用。今日世態至此，令吾痛心，凡是不信鬼神、因果，而非爲亂作者，死後無一人能逃過冥府之判刑處罰，所謂：「天網恢恢，疏而不漏。」則言此也。卞城王主轄六殿，爲「大叫喚大地獄」，凡是到第六殿判刑者，不遜於五殿之痛苦，故稱「大叫喚大地獄」，以十六小地獄而刑處。陽人傷天害理，不守道德規範者，刑罰深重而凄慘。

另外有多個新增地獄，割腎鼠咬地獄、車訓小地獄、鉗嘴含鍼地獄、刺網蝗鑽地獄。特別一說，車訓地獄專徵治現代社會的飆車族、酗酒駕車，不論肇禍不肇禍，都要到本地獄依輕重受刑。

第六殿卞城王，聯曰：「萬惡淫爲首，百善孝爲先」。

(1)在生舖橋造路放魚鼈者，死後入天界。

(2)謀害親夫者，死後受分身穿屍之刑。

(3)奸人婦女者，死後受挖肚腸之刑。

(4)在生欠牛、豕、犬、雞、馬、羊債者，死後入變生所，依其獸債，各變爲獸。

(5)生前因生子而亡，死後入血污池超渡。

(6)出渡入首輪。

遊第六殿與卞城王敘談

丁巳年八月初六日

濟公活佛　降

詩曰：一年容易又中秋。早起夜眠忙不休。白髮添鬚人已老。蒼生及早把心修。

冥王曰：粗茶而已，物以稀爲貴，故你有此感覺。今日二位光臨，吾甚歡喜。論起目前世道已不堪言之，故　玉帝龍心大悲，特賜旨於貴堂，著作「地獄遊記」，因世人不信死後凡是作惡者皆要墮落冥府諸獄受苦，故特命　濟佛帶領楊善生魂魄下陰府，參觀陽人死後在陰間被刑罰情形，而當場由玉虛童子用法眼傳真，將楊生遊冥實況，現場扶筆傳真，相信此書一出，可以度人不少。現時陽間講究科學，藐視鬼神，故到處發生殺淫奸盜之事，世人既重現實，心想只要逃過陽法制裁，即可以無事，故鑽法律漏洞或冒險違法者，處處可見。

保生大帝吳真人——大道公

• 生日：三月十五日

• 稱呼：吳真人、吳真君、英惠侯、大道公、花轎公、真人仙師、吳公真仙、大道真人、沖應真人、妙道真君、昊天御史醫靈真君、萬壽無極保生大帝。

• 略傳：

保生大帝俗稱「大演公」、「花轎公」、「吳真人」，相傳是一位醫術高明的中醫。他原名吳本，字華基，號雲衷，宋太平興國四年三月十五日在福建泉州府同安縣白礁村出生。其父吳通，母黃氏，因迴避戰事從河南臨漳南遷福建，就在白礁漁村安居下來。保生大帝的神話特多，據說有一天晚上，他

失散300年 保生三大帝團圓

【本報西港訊】高雄縣大寮鄉保龍宮大批信徒，昨天歡喜地抬著保生三大帝神尊到台南縣西港鄉玉勒開仙眞宮進香，與供奉在開仙眞宮的保生二大帝神像相會。

開仙眞宮管理委員會主任委員鄭登峰表示，開仙眞宮保生二大帝曾降駕指示，廈門海滄青礁吳厝先人於西元一六四六年欲渡海來台，在青礁慈濟東宮奉請三尊保生大帝神尊隨船，駐居在基隆一帶，後經戰亂分散各地。

鄭登峰說，三尊神像中的「大哥」原本要從安平港登帆回青礁祖宮，但水路因戰亂受阻，後來輾轉被迎奉至西港鄉；「二哥」由凱達格蘭族人迎奉至今天稱爲「大龍峒」的保安宮；「三弟」神像流落至民間奉祀，一度被埋於農地中近百年，被古董商發現收藏，再由高雄縣大寮鄉保龍宮迎奉。

鄭登峰表示，開仙眞宮保生二大帝於民國九十二年降駕，指示信徒到台北市大龍峒保安宮找到「二哥」神像，隔年在台北舉行失散三百多年後首次會香。

張簡振豐指出，今年六月五日開仙眞宮保生二大帝在大寮保龍宮降駕，指示保龍宮信徒與西港開仙眞宮連絡，雙方經多次確認後，昨天讓保生三大帝神像到西港鄉會香。

開仙眞宮執事人員說，三百多年前一起來台的保生大帝同袍三兄弟都已尋獲，將擇期舉辦三兄弟會香活動，讓神明大團圓。

三尊於西元一六四六年從廈門一同渡海來台的保生大帝金像，因戰亂分散，供奉於高雄縣大寮保龍宮的「三祖」（前），昨日到西港開仙眞宮與「大祖」（後）會香。 圖／楊思瑞

的母親夢見北斗星君來投胎，因此懷孕。出生時，滿室燦爛如同白日。又說他的母親因在夢中吞了一隻白龜，因此感孕生了他。相傳他十七歲那年，一次在海邊賞月，突然從空中飄下一位神仙，帶他去瑤池謁見西王母。西王母教授他降妖伏魔之術，並贈給一部珍貴的醫書，後來便成為風聲遠播的名醫，登門求治者絡繹不絕。他也招收門徒，據說程真人、鄭仙姑、昭應靈王都是他的高

台南縣西港鄉開仙眞宮奉祀的「醫術眞人大道公」（保生大帝）神祇（右大尊神像），昨天到高雄縣大寮鄉保龍宮與三弟（左前小尊神像）相會，二廟信衆一起慶祝。 圖／中央社

神明團圓 保生大帝兄弟會香

（2010.12.5. 人間福報）

【本報高雄訊】台南縣西港鄉開仙眞宮奉祀的「醫術眞人大道公」（保生大帝），昨天到高雄縣大寮鄉保龍宮會香，兩尊神祇安座後，信衆膜拜慶祝。

保龍宮管理委員會主委張簡振豐表示，保生大帝在民國九十八年十一月下旬指示，要到屏東縣潮州鎮找回祂的古金身，弟子按指示到潮州鎮一家佛具店發現一尊小古樸雕刻精緻的木雕神像，手指是罕見的法指，確定是保生大帝金身後迎回廟中奉祀。

他說，佛具店師傅表示，神像是三年半前向高雄市一名古董商購買，神像已由古董商收藏二十二年。神像在高雄市立美術館興建時出土。張簡振豐說，神像整修後，今年五月下旬重新開光後，與原保生大帝神祇一起供信衆膜拜。

張簡振豐指出，西港鄉保生大帝今年六月五日晚上透過保龍宮「四駕」（軟轎）指示要找弟弟，並告知奉祀三兄弟神祇的廟宇，大哥神祇在西港鄉開仙眞宮，二弟奉祀在台北保安宮，三弟就是保龍宮的金身。

張簡振豐表示，醫術眞人保生大帝寶體雕塑在西元一六二六年，一六四六年海滄青礁吳氏族人請三尊神祇渡海來台，大哥與二弟是軟身神像，三弟是木雕硬體神像。

神像被迎到台灣後，隨信衆四散，大哥在台南縣西港鄉開仙眞宮，二弟在台北保安宮，三弟被劉姓木材商信衆迎到打狗（高雄）家中，因生意失敗後三弟被埋入地下，經一百多年後因高雄市立美術館興建而出土。

會香活動在保龍宮法師進行傳統道教科儀慶祝後，下午五時開仙眞宮保生大帝神祇及信衆離開保龍宮返回台南。

保生大帝進香團 歡喜上陸

小三通轉福建 127人護送 白礁祖廟謁祖

（95.3.24 人間福報）

【本報金門訊】台北市保安宮保生大帝老祖力士會和台北縣蘆洲眞久宮組成的一百二十七人進香團，二十三日從台北包機到金門中轉中國福建宗教交流，由於飛機誤點，進香團趕不上預定班船，延誤三個小時才出了國門。

保生大帝進香團是由保安宮老祖力士會會長陳金水、眞久宮管理委員會主任委員黃金秋帶領，護送有九十五年歷史的香爐，以及八尊保生大帝、觀音佛祖、中壇元帥等金身。團長陳金水表示，自小三通啓動以來，前三年由金門中轉福建，前往白礁慈濟宮祖廟謁祖，每團都是上百人，去年經過香港中轉僅六十人，今年神明神示還是走小三通較妥，因此是第四度小三通前往對岸宗教交流。

保生大帝進香團護送的神明，除了老祖力士會過爐老祖、眞久宮開基老祖外，還有三年前自福建分火到台灣的慈濟老祖、白礁老祖兩尊金身要「回娘家」，過境時，金城鎮北門里長許績燈特別帶著醒獅團逗陣熱鬧。

陳金水表示，進香團除了將到白礁慈濟宮謁祖，也將到保生大帝行醫的泉州花橋宮參香，原本準備到上海參訪，因陸委會規定不能離開福建，因此改往福州、泉州參觀，二十七日經金門中轉回到台北。

足。

這位醫德昭彰的大道公相傳在五十四歲時，被玉皇大帝選召昇天，其後還時常出現人間爲國效力，拯救世人。如靖康之難，康王赴燕爲質，欲歸不得，有一天，閒步至崔子廟，走廊下有馬嘶，試，良駒，遂揮鞭南下。金人發現了，窮追至江，進退兩難之際，忽有神兵護駕，傾刻間渡江，康王問係何神，將卒答說福建人吳本，康王即位派人查，知大道公籍，爲之建廟。

宋寶元年間，泉屬五邑大

兩岸保生大帝 文化交流

保安宮慶保生大帝聖誕 首邀中國慈濟宮 設計多元活動 今舉行藝陣踩街 祭典明隆重登場

【記者郭書宏台北報導】台北市最具代表性的廟會活動之一「保生文化祭」昨日下午登場，今年首次邀請中國慈濟宮保生大帝本尊來台，出巡台灣各地宮廟；今天上午十時起，保安宮將舉辦藝陣表演、遶境踩街及施放火獅，明天上午八時則將隆重舉行「保生大帝聖誕祭典」，將活動帶向最高潮。

鑼鼓喧天，煙火鞭炮聲不絕於耳，「二〇一〇年海峽兩岸保生文化祭」昨日在兩岸政府首長、交陪宮廟等貴賓共同剪綵下，宣告爲期二個月的保生文化祭正式登場。

大龍峒保安宮每年爲恭祝主祀神明—保生大帝聖誕，特別舉辦爲期二個月的「保生文化祭」，且融入宗教民俗、生活美學、健康關懷及學術研討等多元主題，是全台廟會文化的創舉。

台北保安宮董事長廖武治表示，今年的「海峽兩岸保生文化祭」不同以往，除邀請中國慈濟宮的保生大帝神像來台巡遊外，亦規畫以宗教祭祀、民俗技藝、古蹟導覽與學術研討爲主題，讓兩岸保生大帝信仰相互交流、彼此了解。

今年藝陣表演單位除來自台灣各地保生大帝宮廟外，還有來自廈門、漳州、泉州的保生大帝宮廟信衆，今日上午十時起，在保安宮廟埕前舉行宋江陣、車鼓陣高蹺陣、八家將等各式陣頭表演；下午迎保生大帝遶境出巡，並舉行遶境踩街。

明日適逢農曆三月十五日的保生大帝聖誕，上午八時保安宮將舉行盛大三獻禮祭典，爲保生大帝一千零三十二歲慶生；祭典將首度由兩岸宮廟代表擔任主祭人，堪稱是今年保生文化祭的重頭戲。

今年保生文化祭中的壓軸活動「道教神祇學術研討會」，仍聚焦在道教及民間信仰神祇的探討。五月三十日專家學者將針對神明研究與古蹟裝飾藝術發表相關論文，藉由不同層面思考宗教議題，提共民衆與學界正確的宗教

人間福報 2010.4.27

保生大帝

據文獻記載，保生大帝為北宋閩南人士，本名吳本（音韜），生於宋太宗太平興國四年（西元九七九年），卒於宋仁宗景佑三年（西元一〇三六年），享年五十八歲。傳說大帝自幼聰明，天文地理無所不通，醫術尤有研究。十七歲時經異人引導入崑崙山，習得西王母所授之驅魔法術，下山後更加潛心醫道，修心養氣，戒殺持齋。

其傳說不少，例如大帝於山中採藥時，遇一白額金睛老虎，因食人而骨哽咽喉，痛苦難當，求救治，大帝乃斥責其惡行，後感化此虎，成為大帝座騎。

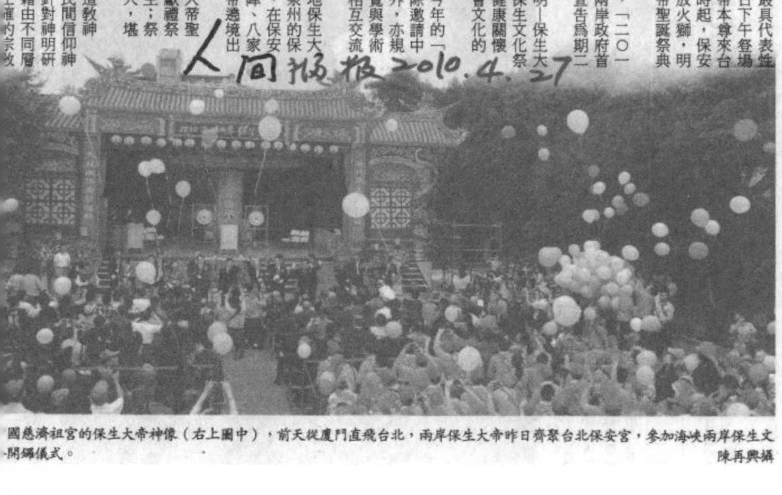

國慈濟祖宮的保生大帝神像（右上圖中），前天從廈門直飛台北，兩岸保生大帝昨日齊聚台北保安宮，參加海峽兩岸保生文…開鑼儀式。

陳再興攝

水，大帝歸鶴雲端，施法退潮，聖旨加封「忠顯」。

宋開禧二年，漳屬有警，賊每寇一地，必見雉堞上樹「忠顯」神幟，大帝屹立幟下，怒目視賊，賊懼不敢犯，數十城得全，事聞於皇帝，加封「英惠侯」。寶慶三年，大帝製麥芽膏療太后疾有效，增封「康佑侯」。端平三年，又加封「靈護侯」。嘉熙三年，晉「正裕公」。四年，改封「冲應真人」。五年，加封「妙道真君」。淳祐元年，下詔改廟為宮。咸淳二年，封「孚惠真君」。德佑元年，封「孚惠妙道普佑真君」。仁宗洪熙元年，治癒太后乳癰，晉封「恩主昊天金闕御史，慈濟醫靈妙道真君，萬壽無極保生大帝」，賜龍袍，敕造宮殿。自是英靈顯赫，信仰獨盛。

清康熙三十八年，臺地瘟疾猖獗，醫者束手。漳眾移民，飛舟渡海，奉大帝靈身及諸從祀神至南郡虔祀，疫消滅。合議築祠，水旱災祈禱皆應，於是各地建廟，尊為守護神明。全省現有保生大帝廟一百四十座，其中臺南縣最多，次嘉義縣、臺南市。

按保生大帝是閩籍移民所奉祀之祖籍神明，大帝原是泉州同安人所信奉，後來變成閩南漳、泉二府所共同敬拜的鄉土神。臺灣保生大帝廟大都自大陸分靈渡臺的，如臺北樹林濟安宮即是漳州人自泉州同安分靈的。

中路財神趙元帥——趙玄壇

・生日：三月十五日

・稱呼：玄壇趙元帥、趙玄壇、玄壇爺、銀主公主。

・探討：

中國舊時民間供奉的招財進寶之神。欲祀財神爲趙公明，亦稱趙公元帥、趙玄壇。相傳爲終南山人，秦時避亂，隱終南山，精修得道，能驅雷役電，除瘟剪瘧，祛病禳災，買賣求財，使之宜利。神像爲頭戴鐵冠，一手舉鐵鞭，一手持翹寶，黑面濃鬚，身跨黑虎，全副戎裝。相傳張陵煉制仙丹，奏請玉皇大帝，派趙公明爲正一玄壇元帥，作丹局之守護神。俗以三月十五日爲神誕，祀之能令人致富。民間亦有分爲文武財神的，武財神即趙公明；文財神傳爲春秋戰國時之范蠡。范助勾踐破吳后，輕舟入海，改名易姓，理財致富。號陶朱公，商賈多崇奉之。另有奉關帝爲財神的。多爲合伙經商者所祀。也有奉五路神爲財神的。舊時民間奉祀財神，或于正月初去財神廟敬祀，或在家迎接財神帖子，或在店堂迎接由人裝扮的財神登門。

中國民間正月初五是財神生日，但財神如同門神，也有龐大蕪雜的系統。但可概分正偏文武准五大類，故生日也不知指那一位財神。

第一、正財神。首推趙公明，舊時年畫趙公明頭戴鐵冠，一手持寶鞭，一手持元寶，身跨黑虎，人稱「趙西元帥」，職掌除瘟翦瘧，但他主持公道，使正常做買賣的生意人獲利，久而久之被信徒當成財神了。

第二、文財神。商紂王叔父比干是最早的文財神，比干忠心耿直，紂王聽信妲己，將其剖心。

無心之人，無心無向，辦事公道，所以被後人奉爲財神。民間年畫中，比干神像是文官打扮，頭戴宰相紗帽，五綹長鬚，手捧如意，身著蟒袍，足登元寶，打扮與天官相似。

「范蠡」是另一位「文財神」。范蠡一生極富傳奇性，他會輔佐越王勾踐打敗吳國，成就了春秋五霸之業，卻有深諳「兔死狗烹」之道，及時抽身歸隱。

傳說他到了齊國的陶地，化名陶朱公。他精通商道，十九年中三致千金，自然成爲商人的楷模，也成了商人心目中的財神。

文財神裡還有一位「財帛星君」，也稱「增福財神」，其繪像常與「福祿壽三星」和「喜神」列在一起，合爲福、祿、壽、財、喜，稱「五福臨門」。財帛星君臉白髮長，手捧寶盆，「招財進寶」四字即由此而來。

第三、武財神。「關羽」財是民間威望最高的「武財神」。這位武將以忠義而彪炳千秋，受到廣大民眾的推許，榮膺財神大位。他不但是財神，而且是武聖，關羽是才真正的「神聖」啊。

第四、偏財神。「偏財神」經常是指被稱爲「五路神」的財神。在《封神演義》中，「五路財神」指的是「趙西元帥」、「招寶天尊蕭升」、「納珍天尊曹寶」、「招財使者陳九公」和「利市仙官姚少司」。此外，還有「東西南北中五路財神」。

第五、准財神。民間還盛傳有不少的「准財神」。「劉海」就是這麼一位准財神。說起來劉海能晉身財神行列，得益於他戲的「金蟾」。此蟾非一般蟾蜍，乃三足金蟾，能口吐金錢。

此外，「彌勒佛」、「觀世菩薩」、「龍王」、「馬王爺」，甚至「土地公」也都是民間供奉的准財神，至於他們何時成了財神，歷來眾說法紛紜。不過，俗話說「禮多人不怪」，想來禮多也是神不怪，多些財神保佑，當然也是老百姓樂見的。

錢財是每個人都夢寐以求，大家都希望能有個美好的人生，不用爲錢財辛苦奔波，介紹幾個方法姑且試試：

◎相旺偏財者：身上可佩帶五帝錢或十運錢，以增進財氣運勢，如將五帝錢（順治、康熙、雍正、乾隆、嘉慶）等錢幣串起，掛在腰間，能防饞言及小人所害。

而如果進入喪家，或經常出入不乾淨的場所時，可將五帝錢撥弄一下，離開時，在門外再以劍指在手掌心寫一「除」字，即可去晦辟邪。

平日入廟參拜時，也可將五帝錢取下，在天公爐上繞三圈，或是放在自家神案前四十九天，也可增強五帝錢開運能量。

◎向神佛、菩薩借財借運：也是一種求財的開運法，借庫吉日一般選爲農曆的正月最佳。

應準備好五果及紅棗、甜糕等，到香火旺的廟宇向神佛參拜祈福借運。「借庫」即在不好的年頭，藉著仙佛的旺氣，來利及自身在新的來年，能夠財運亨通、衣食無虞，也有增財添福發旺運之涵意。

◎陰功開運法：所謂一念之善可破九災，古云：積善之家，必有餘慶。用自己的愛心及善念可以化解災難，平日捐血救人或是常行佈施，多多捐款救災自然可以化解災厄。

也由於「存好心、積陰德」，自然會爲自己帶來好的福德資糧。

今世得享財富或能夠中得大獎的人，也都是累世所積的善業，如今才能享受福報呢！

但所謂「積陰功」即爲善不欲人知，如果經常向人吹噓自己的善行，那可是僞善，最後反而會落得無功。

但一般民間信仰以求「五路財神」較多，其法有所謂的「五路財神爺賜財寶靈驗法」，步驟有五，意者或可一試：

一、點燃三支清香，恭向五路財神爺稟信士、女姓名、居住所在地。

二、今緣信士、女來此懇求五路財神爺賜福進財，庇佑事業順利、利路亨通、財源廣進、闔家平安或自求心意之願。

三、心意隨緣，獻納油香之功德，俗語說：「添油添香贈財壽。」謂先捨其得，心誠則靈，有求必應。

四、呈獻五路財神爺賜之發財金。

五、取五路財神爺特賜聚寶盆內的招財呈祥靈驗法寶信物帶回住家置南或北側，瑞氣自然照映闔家財源滾滾來，五路都送財，滿堂吉慶樂盈融。

以上那些求財法寶，大體上是道教思維，佛教觀點則大大不同，佛教認爲最大的財富不是「求得」，而是「施捨」，是一種布施。就連佛教的神（伽籃菩薩關公、觀世音、彌勒佛等）當財神，應已是民俗，而非佛教。

準提菩薩——准提觀音

・生日：三月十六日

・稱呼：准胝、准提、尊提、天人丈夫觀音、准提觀音。

・略傳：

準提菩薩乃是佛家諸菩薩之一，亦作「准提」稱，「准提」，本爲梵語，意即清淨。在日本密教東密派，以「準提」爲六觀音之一。在日本的佛家他們所謂的觀音是：「千手觀音、聖觀音、馬頭觀音、十一面觀音、準提觀音、如意輪觀音」，這與我國佛

觀音銅像 守護太湖

一座逾二十公尺高的準提坐觀音銅像，將落座於中國江蘇太湖風景區。近期，河南洛陽一金像公司工人，在為該銅像做最後的修飾，該銅像將於今年內完成製作安裝。

圖／本報香港傳真

家所稱的觀音：「千手觀音、聖觀音、馬頭觀音、十一面觀音、准胝觀音、如意輪觀音」。其所不同者只是在「準提」（准提）與「准胝」之差而已。

禪宗以準提爲觀音部之一尊，日本東密以準提爲六觀音之一，其形像爲三目十八臂。

註生娘娘——賜子奶奶

・生日：三月廿日

・稱呼：賜子奶奶、授子神、子母娘娘、子孫娘娘。

・略傳：

註生娘娘的淵源史，歷年來一直爲民俗學家所議論，其臆測之說，紛云不一，如臨水夫人，碧霞元君，紫姑等都被說及，其實祂的歷史早就出現在周朝時代。在清代以前，姜太公、註生娘娘、天官賜福神是民間三大主祀神，財、子、壽是人們的共同願望，所以註生娘娘的地位是崇高的，本省台南臨水夫人廟裏供有臨水夫人、註生娘娘、花公、花媽、大聖爺、三十六宮婆姐，凡與生育有關的婆姐，俗稱鳥母，因此三十六宮婆姐亦稱鳥母，在其造型上，鳥母身旁，都擁有不同的孩子，有的讀書，有的搖鼓……等，俗說鳥母是依註生娘娘的旨意，賜與不同的孩子，有的成爲士子，有的成爲商販，有的成農人，有的成爲伶工……。

關於註生娘娘的傳說很多，各地說法也很不一致，按「神仙傳」一書其中以「建寧府志」的記述比較爲一般人所接受。據建寧府志說，宋代徐清叟有一個媳婦懷孕十七個月還生不下來，家中正在萬分焦慮的時候，忽然從門外進來一個婦人，自稱姓陳，專門接生。她要徐清叟另外找一個房間，然後在樓房當中挖一個洞。她把孕婦安置在樓上，再令僕人拿棍子在樓下看守。不久之後，孕婦生了，但出人意料的，她生下的竟是一條白蛇，有一丈多長，從洞中溜到樓下，僕人一棒子就把蛇給打死了，孕婦這才得到平安。徐清叟非常高興，他送給陳姓婦人許多珍貴的禮物，但婦人堅辭不收，只向徐清叟要了一條手帕，並且請他在手帕上題字：「徐清叟贈救產陳氏」。又說她住在福州古田縣，然後跨出門監，轉身不見。

不久以後，徐清叟調任福州，他派人找尋那個陳姓婦人，但是遍尋不獲。後來聽鄉裏人說，當地有一座陳夫人廟，鄉下婦女難產，廟裏的主神常常化身爲孕婦救難，徐清叟到廟裏一看，只見神像上掛著一條手帕，正是當年他送給那位陳姓婦人的那一條，因此他就向朝廷上表，請求贈與封敕。

在建寧府婦女人人都很信奉陳夫人，生產的時候，一定要供奉夫人的畫像，生產之後，還要向畫像拜謝。就因爲這個緣故，陳夫人慢慢成了司產之神，大家就稱她「註生娘娘」。

本省婦女過去也都很崇奉註生娘娘，各廟都有附祀她的神像，但是以她爲主神的廟只有六座。現代醫學發達了，很多觀念變了，許多人不婚不子，信奉她的人自然也少了，但是在過去，她卻是站在生死交界上的守護神，每一個人都要經過她，不問賢愚不肖、富貴貧賤，也許我們的祖先裏就有不少是她護送來的呢！

天上聖母——媽祖

・生日：三月廿三日

・稱呼：天上「聖母」、天后、媽祖、天妃娘娘、海神天妃等十餘稱謂。

・研究、略傳：

中外研究媽祖的作品，不計其數。本書採星雲大師回答信衆對民間信仰的看法，對媽祖的介紹。

媽祖是民間信仰中爲最受人們崇奉的主神之一，外國人稱之爲「中國女海神」，在中國東南沿海各地大多建有媽祖廟，尤其台灣是個海島，四周環海，而媽祖屬於海上守護神，故其信仰特別受到重視。僅台灣地區的媽祖廟、天后宮即夕達五、六百座，其中以北港朝天宮的香火最爲鼎盛，每年進香的信徒人數高達百萬人次；一年一度的大甲及北港的媽祖繞境出巡，更是動員數十萬人，其信仰向心力之大，莫可言狀。

媽祖在歷史上確有其人，她原名林默娘，福建莆田湄州嶼人，生於宋建隆元年（九六〇）三月二十三日，從小即茹素，信仰佛教。據傳能預知禍福，具

為證明是台灣最早官廟
大天后宮仿製歷代御匾

楊淑芬／台南報導

一級古蹟台南大天后宮，最近將廟中兩塊匾額取下整修，驚動各界。雖然廟方立即將匾額重新掛上，但經此一事件，各界赫然發現，大天后宮最近勤跑對岸，將所謂的歷代御匾一一仿製回來，讓過去曾經擁有的，一個都跑不掉，目的無他，要證明祂是台灣最早官廟地位。

大天后宮副主委曾吉連說，大天后宮匾額實在太多，清朝時代的匾額就有五十六塊，日治時代有廿多塊，民國光復以來更多。如果全數懸掛，所有樑柱都還不夠，因此有時會更換更換，取下不重要的匾額。

但是廟方近年來卻極力考證，翻遍兩岸有關大天后宮記錄，將清代以來，皇帝御匾，一一還原。據考證，當時皇帝御筆所寫的共有六塊。

但是七十三年間，成大歷史系何培夫調查時僅存咸豐年間的「德侔厚載」、和光緒的「與天同功」兩匾額。

八十年間，廟方複製康熙的「輝煌海澨」、雍正的「神昭海表」，在大天后宮第一期整修工程完成後，依年代，將這兩塊仿匾置放正殿媽祖神像正上方，同時也複製乾隆的「佑濟靈昭」，放在旁邊。何培夫批評，偽品擺中央，正品擺兩旁的做法不可取，後代會混淆，分不清何者為真何者為假。後來廟方在第二期整修工程之後，將「德侔厚載」和「與天同功」，改換位置，放到正殿中央；同時增加仿製的乾隆御匾「錫福安瀾」。

▲南市大天后宮為證明台灣第一座媽祖官廟的地位，近年來廟方勤跑兩岸，複製皇帝御匾。（楊淑芬攝）

▲台南市鹿耳門天后宮的壁上仍留有的重修石碑與示意古圖，被認為是廟史的重要文物。（趙家麟攝）

▲台南市土城正統鹿耳門聖母廟前的郊碑、界碑是該廟的歷史證物。（趙家麟攝）

中國时报 94.10.2.A12

湄洲天上聖母
2010/10/13

吾家聖女
福建省興化府莆田縣湄洲祖廟天后宮全景
2010/10/13

好市長出席
「北台灣媽祖文化節」
中國時報 99.9.13.
臺北市 市長 郝龍斌

昆山慧聚寺 仿鹿港媽祖廟

彰化縣鹿港龍山寺是一級古蹟，建築極具特色，成為中國昆山慧聚寺起造參考藍圖。 林宛諭攝

2010.三.十六 人間福報

【本報彰化訊】昆山台商協會、寶成集團董事長蔡其建等人發起在中國江蘇省昆山市興建慧聚寺，仿鹿港龍山寺、鹿港天后宮建築風格，預計明年完成，就連圓通寶殿供奉的觀世音菩薩、媽祖殿將供奉的媽祖都將從鹿港龍山寺、天后宮分香過去。

由於江蘇省昆山市台商眾多，寶成集團董事長蔡其建及昆山台商協會發起捐款，二○○八年開始興建慧聚寺，除將成為台商宗教信仰中心，也促進兩岸宗教文化交流，去年底還舉行上梁儀式。

昆山慧聚寺原是頗具影響力的江南古剎，但毀於抗日戰火中，此次重建，主要參照彰化鹿港龍山寺、天后宮及泉州兩岸廟宇建築，為傳統閩南建築風格。

鹿港龍山寺修復委員會執行秘書王康壽說，龍山寺的觀世音菩薩、天后宮黑面媽祖將分香去昆山慧聚寺，昆山台商協會今年也將籌辦盛大的「海峽兩岸共迎慧聚觀音佛祖」活動，觀音佛祖在龍山寺開光後，再經泉州安海龍山寺、開元寺，北上經浙江寧波阿育王寺、杭州靈隱寺等，再回昆山慧聚寺。

鹿港天后宮主委、中華媽祖交流協會副會長張偉東說，天后宮的黑面媽祖是從大陸湄洲請來的，現在能再分香回大陸意義非凡，也讓離鄉背景的台商有宗教寄託。

海之子 湄洲女 頭頂媽祖頭

人間福報 2009.11.5

湄洲女頭頂「媽祖頭」，表示她們是海的兒女。

圖／本報香港傳真

【本報綜合報導】第十一屆中國湄洲媽祖文化旅遊節、湄洲媽祖金身巡安等活動，目前正在「媽祖故鄉」福建莆田盛大舉行，來自紐西蘭、澳洲、日本、阿根廷、東南亞、台灣等地數萬名媽祖信眾前來同祭媽祖。其中當地婦女的「媽祖頭」，吸引衆人目光，嘖嘖稱奇。

湄洲島是媽祖祖廟所在地，是海內外信衆朝聖之地。「帆船頭，大海衫，紅黑褲子保平安」是湄洲島當地女性著裝的寫照。「帆船頭」又稱「媽祖頭」，是將頭髮梳得像船帆一樣，且於左右各插上波浪形的髮簪，象徵船槳，而盤在髮髻裡的紅頭繩，則代表船上的纜繩。傳說是媽祖希望漁民打漁一帆風順的願望，而創造出來的髮型。

「眞是好看，美極了。」來自台灣的吳素霞一看到「媽祖頭」很是好奇，便跟湄洲女聊了起來，問了一連串關於「媽祖頭」的問題。吳素霞表示，媽祖的慈愛無所不在，連從髮髻都能體現出來，直說眞想找個師傅好好學習。七十多歲的高蔡春妹常幫年輕人梳「媽祖頭」，她說：「我老了，我要把這門手藝傳承下去。」

大甲時報 99.4.16

起馬宴上，台中縣長黃仲生、大甲鎮瀾宮董事長顏清標出席，與福建省對外交流協會副會長朱清、福建省廣播影視集團董事長舒展相見歡，雙方代表高舉香檳展現熱絡情誼／記者郭建忠攝

有治病的能力。經常乘船渡海解救漁民，被村民稱為神女、龍女。後來在一次救難中罹難身亡，村人於是為她修建祠堂祭拜。

媽祖在中國歷史上的政治地位很高，根據史料記載，宋元明清幾個朝代都曾對媽祖多次褒

台東媽祖象山省親 有笑容有熱淚

媽祖姊妹石浦重聚

中國時報 98.9.15.

連雋偉／象山報導 鑼鼓喧天，爆竹聲聲，在兩旁虔誠的民眾拿香膜拜下，大陸寧波市象山縣開漁節的如意媽祖省親迎親儀式，國共內戰後遷居台東的部分浙江象山石浦鎮漁山村村民，昨日護送當年請走的媽祖回鄉認親，並舉行了盛大的巡遊祭典儀式。

昨日下午起，來自台東縣的石浦—富崗如意信俗省親迎親儀式，在象山縣東門島漁村的天后宮隆重舉行。省親迎親的隊伍由台東富崗（小石浦）代表團和象山東門代表隊、漁山代表隊、沙塘灣代表隊、尊王宮代表隊組成，儀式按傳統方式進行：村口接駕，步行進村，村中路祭，列隊進廟，司儀主持，鑼鼓喧天，爆竹聲聲。

如意娘娘端坐在媽祖娘娘旁邊，廟祭開始後，雙方代表互贈禮匾和旌旗，司儀念唱，眾人祭拜。文化維繫著親情，儀式進行了兩個多小時。在進村過程中，漁民們紛紛焚香，祈禱媽祖姊妹保祐兩岸風調雨順，國泰民安。

小石浦村民朱德寶說，在台東當地傳說中，象山石浦的媽祖娘娘是姊姊，台灣小石浦村的媽祖娘娘是妹妹。這次村內舉行了隆重的儀式，並派出十多名代表專程護送媽祖姊妹來象山認親。

國民政府播遷台灣時，石浦鎮漁山島村民移居台灣台東富崗新村時，也請走了保佑他們的如意娘娘，建海神廟供奉，所以富崗新村俗稱小石浦村。

隨著離象山約一個半小時車程寧波與台灣直航的開通，本屆開漁節，象山今天將與台東旅遊舉行合作交流會，向象山民眾推介散落於台東外海、大陸遊客鮮有涉足的綠色明珠—綠島，讓大家實地體會和感受那首流傳已久的《綠島小夜曲》。

「當初只有近五百人逃到台灣，現在發展成一千五百多人村落，我們對媽祖的信仰始終如一。」如果說，一條魚衍生出的漁具、漁船、漁場、漁港等千百種價值造就了開漁節，保護漁民戰勝驚濤駭浪的精神力量的媽祖則串起兩岸共同文化信仰，從迎親省親隊伍沿江而行，與石浦村民沿江朝拜，有奔放的笑容也有滂沱的熱淚。

中国时报 **姊妹相見 信徒爭睹** 98.9.15.

▲象山縣東門島漁村的天后宮的媽祖（左），與台東富崗海神廟供奉的如意娘娘相聚，擠滿信眾。（連雋偉攝）

湄洲媽祖廟 萬人謁祖進香

【本報香港電】昨天在中國福建莆田湄洲島的媽祖祖廟，四千三百多人的台灣媽祖聯誼會大型進香團，與大陸的台胞及當地民眾共一萬多人，舉行大型謁祖進香祭祀大典。

進香團由台灣大甲鎮瀾宮發起，四千三百餘人中年齡最大的何林珠已經八十三歲，而年紀最小的只有五歲。四天的謁祖進香之旅，隨後還將赴泉州參觀中國閩台緣博物館。

為紀念這次具歷史意義的謁祖進香活動，祭祀大典上，湄洲媽祖祖廟董事會進香團向大甲鎮瀾宮等三十八家台灣媽祖宮廟代表，贈送以清乾隆帝五十三年欽定「天后原籍湄洲舉行春秋兩祭」聖旨為內容的匾額。

參與祭典的包括中華媽祖文化交流協會會長張克輝、國台辦交流局副局長賀之軍，台灣媽祖聯誼會會長、大甲鎮瀾宮副董事長鄭銘坤等台灣各媽祖宮廟代表。

這是有史以來最大規模的大陸進香團活動，吸引台灣十家電視媒體五十多名記者隨團採訪，並直播活動。

鄭銘坤說，此次進香團透過「小三通」前來媽祖祖廟謁祖進香，一路受到廈門、莆田等地民眾的熱烈歡迎，令台灣各宮廟人員「很有面子」。

95.9.28 人間福報

封，總計宋朝十四次、元朝五次、明朝二次、清朝十五次，封號從「夫人」、「聖妃」、「天妃」、「天后」到「天上聖母等。其中咸豐七年（一八五七）所封的「護國庇民妙靈昭應弘仁普濟福佑群生誠感咸孚顯神贊順垂慈篤佑安瀾利運澤覃海宇恬波宣惠導流衍慶靖洋錫祉恩周德溥衛漕保泰振武滔疆天后之神」，竟多達六十四個字，可見媽祖受到朝廷的敬重之深。

此外，歷代的政治家和文學家更是寫下大量的詞章詩句來歌頌媽祖，如宋代學者陳宓題「但見舳艫來復去，密俾造化不言功」、元代詩人張翥的詩句「普天均雨露，大海靜波濤」、明成祖永樂皇帝題詩「扶危濟弱俾屯亨，呼之即應禱即聆」等，媽祖精神儼然已成為中華民族優秀的文化遺產之一。

張元，高中，中國文化史，民84．龍騰文化．

誕天后，瑞靄凝香，取自（清代）天后聖母事蹟圖誌。圖中媽祖出世時，上方有二神，一為佛教觀世音，一為道教仙翁，顯示媽祖信仰已跨越佛、道二教。

鬼谷先師——鬼谷子

・生日：三月廿六日

・稱呼：鬼谷子。

・研究、略傳：

按「東周列國志」所述，戰國時，周朝的都城外，有個地方叫「鬼谷」，山深樹密，幽不可測。谷中有一隱者，精通天文地理，姓王名栩，晉平公時人。就在谷中教授數學、天文、兵學、外交、養生等科目，就學的弟子很多，出名的有四：孫臏和龐涓學兵法，張儀和蘇秦學外交，孫龐二人是同學也是好兄弟，孫爲兄，龐爲弟。另據說，尉繚子（秦始皇的兵法家），也是鬼谷的弟子。

孫、龐二人在「鬼谷大學」讀書，學習兵法，有一天鬼谷老師爲測試二人的本質，問二人說，我

▲鶴壁淇縣雲夢山：中華第一古軍校。（河南省轄市）

現在坐在教室內，誰能把我請到教室外面去？

龐涓先答說，我先請師父到外面吃飯去，鬼谷不去。龐涓又說請老師出去賞花，鬼谷不去。龐涓急說，現在我把教室燒了，看師父出不出去，鬼谷只好說出去。

換孫臏答試題，臏說，弟子不才，沒能把師父從教室請出 去，但可以把師父從外面請進來……。

鬼谷不疑，就出去了。由此可見，孫臏智慧高出龐涓許多，而且厚道許多。

修業三年多，有一天龐涓聽說魏國招考將才，告訴師父想下山。鬼谷叫他摘山花一枝來占一卦，龐涓摘一枝馬兜玲花，鬼谷占曰：「一開十二朵，是你的富貴年數，採於鬼谷，見日而萎，鬼傍枯萎，會在魏國發跡。以欺人爲能，但反被人欺，汝「遇羊而榮，遇馬必死」。

龐涓先下山，相約富貴之後引薦孫臏。以後的事，大概每個中國小朋友都聽過。

七殿泰山王

- 生日：三月廿七日
- 稱呼：冥府十殿閻王之一。

・研究：

據說現任七殿閻羅泰山王姓董。七殿主要地獄有浸血池地獄、枉死城地獄、磔地獄和熱惱大地獄。另有附屬地獄，烙手指小地獄、抽腸小地獄、頂石蹲身小地獄、油釜滾烹小地獄、拔舌穿腮小地獄。

冥府主要是一到七殿，後面的八、九、十殿，都是前七殿刑罪之「餘罪」。再審判者爲多。故「七七」之關若過，餘爲副罪，陽界爲亡者行「七七」之禮，源頭在此。頭七爲亡者到一殿、二七到二殿、三七到三殿、四七到四殿、五七到五殿、六七到六殿、七七到七殿。

但其實爲亡者做「法事」，不一定有助於亡人「過關」，主要還是生前多做「好事」

遊第七殿會晤泰山王、觀熱惱大地獄

濟公活佛　降　丁巳年十一月十六日

詩曰：玉歷寶鈔勸世人。奇書奉命再翻新。因緣早種成今日。說法隨機最逼真。

楊生曰：爲何世人言，「七七」，不言「八七」「九七」「十七」呢？

獄官曰：冥府主要殿府爲一至七殿，八殿以後是前七殿刑罰所餘之罪，再審判者爲多，做「七七」之關若過，餘爲副罪，世人爲祖先設想，要通關過殿，故下此策，「孝心」可敬，然「善心」更實用！

濟佛曰：人死後在接受審判、刑罰期間，或尚未投生之前，儒道稱曰：「靈魂」、「鬼魂」。因其日後將要投生、轉世，於陰府之身僅一個階段，故佛又稱曰：「中陰身」。要度亡魂出苦，後代必行善德，以感召冥王赦免，此爲最佳途徑。至於延僧道超拔，若非僧道有德，則僅盡「人事」而已，未能有所補益。

冥王曰：本殿主管「熱惱大地獄」，及十六小地獄，凡罪魂移交本殿，吾按公審判，不容私情，詳細情形，吾帶二位前去參觀。

楊生曰：好，好！甚謝　冥王指教。

冥王曰：文武判官護駕，帶領楊善生前往「熱惱大地獄」參觀。

文武判官曰：遵命！請二位隨　主公而行。

楊生曰：隨　冥王背後，感陰路淒然，王法無親，只有道義之交才行得通。

濟佛曰：楊生你之觸景傷情，然地獄無親友可靠，只有生前善惡追隨，惡者惡鬼纏，善者善官親，勸世人要結交善友，廣行善道，以免到地獄受盡凌辱。

爲最有利於「過關」和轉世投胎，或直接上天堂或西方極樂世界。

五嶽大帝

東嶽大帝：生日：三月廿八日（另說十月初一日）

南嶽大帝：生日：十二月十六日

西嶽大帝：生日：十一月初六日

北嶽大帝：生日：八月初十日

中嶽大帝：生日：三月十八日

・研究：

五嶽是我國象徵方位的五座名山：東嶽泰山、南嶽衡山、西嶽華山、北嶽恒山、中嶽嵩山，而五嶽大帝就是掌理這五座山的神，在古代上自天子下至百姓對他們都崇信有加，現在臺灣的臺北市、臺南市以及新竹、苗栗等地方也還有五嶽廟供奉祀，香火不絕。

東嶽大帝又稱「東嶽泰山天齊仁聖大帝」，簡稱「天齊王」或「東嶽泰山神」、「泰山府君」。據說在上古時代，就已經有上泰山祭天地的禮俗。比如在「神異典」中曾記載太昊伏羲、炎帝神農、皇帝有熊、帝堯帝舜等這些聖王封泰山的事，以後各代帝王也都行禮如儀，泰山封禪成爲國家的大事。

漢唐以來，對「東嶽大帝」的祭祀從未間斷、漸漸的它成爲民間的一種信仰。在傳說中，凡人死後魂魄就回到泰山，古詩「怨詩行」中說：

「人間樂未央、忽然歸東嶽」，指的就是這件事。因此民間相信，東嶽大帝能召人魂魄，執掌人的壽命，主宰生死報應、賞罰善惡、猶如陰間的判官。所以一般人對東嶽都心存敬畏。

東嶽大帝誕辰三月廿八日，另說十月初一日

南嶽大帝又稱「南嶽衡山司天始聖大帝」，大帝名叫崇黑虎，誕辰爲十二月十六日。祂早在陶唐氏就已存在，帝堯帝舜都曾主祭，歷代帝王都有祭典。祂掌管世界星象分野兼水族魚龍的事務。

西嶽大帝又稱「西嶽華山金天順聖大帝」。大帝名蔣雄，誕辰是十一月初六。根據記載，黃帝曾親封華山，堯舜也曾獻祭，歷代帝王無不崇祀。大帝的名字還有幾種不同的說法，有的說他姓浩名壽，或說他叫善壘，莫衷一是。

北嶽大帝又稱「北嶽恒山安天玄聖大帝」，大帝名崔英，誕辰為八月初十。從陶唐、堯舜等歷代帝王一律奉祀。北嶽大帝的名字也有好幾種不同的說法，如：澄湝渟、晨葶、伏通萌，到底誰對，無法考辨。

中嶽大帝又稱「中嶽嵩山中天崇聖大帝」，大帝名聞聘，誕辰三月十八日。從黃帝開始有封，歷代帝王奉祀不絕。中嶽大帝的名字也有多種傳說，如：壽逸羣，惲□、角普生等。

關於五嶽大帝的資料可以參考神異典、文獻通考、通典、日知錄、龍魚河圖、氏族博考、五嶽真形圖、真靈位業圖等書。

肆、農曆四月誕生諸神

八殿都市王

•生日：四月一日

•稱呼：冥府十殿閻王之一、都市王。

•略傳：

都市王坐鎮第八殿、職掌火山地獄、落磨地獄、另管轄車崩小地獄、斷肢小地獄等。據說現任都市王姓黃。

八殿所審判者、都是一至七殿刑畢剩有餘罪之人、均交由本殿裁判、補足刑數，凡奸淫不孝，殺人害命者，經各殿之刑罰後，很多再交車崩小地獄受刑，用意乃在「整

左圖「九殿都市王」可能有誤，按「中國民間諸神傳」一書，八殿為都市王。

形」，因世人犯奸淫不孝，殺人害命，都是失去「人格」，故再來本獄壓成肉醬，重新製造，而今世上竊盜甚多盜名、盜利、盜賣、盜物、盜色、盜命，不按分、不按理而得之、假盜手而收入，越軌、越禮、越界、不按步就班、投機取巧、貪小便宜、喜走捷徑之輩者，死後還得受此斷肢之刑。

八殿都市王，聯曰：「善惡到頭終有報，只爭來早與來遲。」

1. 僧尼與道士在陽間超渡誦經，字句不明，死後往補經所補誦。
2. 常用邪符害人無數者，死後受劍樹地獄刑。
3. 聚錢不助人者，死後受杖打之刑。
4. 修河修行者得官祿之位。
5. 殺人放火者，死後入火炎山地獄。

以上說法是按「中國民間諸神傳」所述，但按「地獄遊記」一書，八殿平等王，主

濟公活佛　降　　戊午年二月十六日

詩曰：禪心映月印深潭。煉性須將玉板參。
釋氏拈花傳妙訣。達摩東渡指三三。

冥王曰：甚好，我主掌八殿，本殿所審判者，都是一至七殿刑畢剩有餘罪之人，交由本殿裁判，補足刑數。本殿主獄是「大熱惱大地獄」，另設有「十六小地獄」為副獄，以懲罰世間罪犯。寄語世人，須要安份守己，盡人道，修天道，了悟眞理，追究生從何來？死從何去之路？勿再墮地獄受輪迴之苦。

獄是「大熱惱大地獄」，另設有十六副獄，還有配合現代社會新增加的「車崩小地獄」和「斷肢小地獄」。不知何者正確？只能二者並陳，相信均收教化與警惕之效。

釋迦佛祖——佛陀

• 生日：四月八日

• 稱呼：釋迦牟尼、釋教始祖、釋迦文、釋迦世尊、釋迦佛祖、釋迦佛、道教稱爲「金仙」。

• 略傳：

釋迦牟尼是佛教的創始人，又稱釋迦如來、釋迦世尊或釋迦佛祖，民間簡稱爲佛祖或佛陀。

「釋迦」是二千五百多年前北印度的一個種族之名，能仁之義。「牟尼」，寂寞之義。「釋迦牟尼」爲世人對佛祖之尊稱。

釋迦牟尼佛像
北魏太和（公元 477-499 年）
銅鍍金　高 33 厘米

佛陀原名「悉達多」，周昭王二十六年（西元前一〇一六年）四月八日誕生於中印度憍薩羅國迦毗羅衛城，父爲迦毗羅衛城主淨飯王，母摩耶夫人，誕生後七日，母逝世，賴姨母波闍波提撫育。

關於佛陀出生，另有降生於公元前五六五年，入滅於公元前四八七年之說。惟以前者較正確，佛曆和佛誕日都以前者爲準。

佛陀是佛教的教主與創教人，佛陀於三十五歲得道後，決定以他悟道的真理，化導眾生。佛陀率團不斷往來恒河各地佈教，直到七十九歲，才結束其四十餘年來的佈教生涯；示寂於拘屍那城跋提河（金河）邊的婆羅雙樹之下。時爲周穆王三十五年二月十五日（西元前九四九年）。

佛教傳入我國約有二千年歷史，信仰深入民心。臺灣佛教的傳入始自明鄭時期的程嚴，至今亦

釋迦牟尼佛的父系

- 迦毘羅衛國主 師子頰王
  - 淨飯大王 —— 悉達多（即佛陀）、難陀
  - 白飯王 —— 提婆達多、阿難
  - 甘露飯王 —— 摩訶男、阿那律
  - 斛飯王 —— 婆娑、跋提
  - 甘露（善覺王妃）
- 建遮那（阿㝹釋迦王之妹）

釋迦牟尼佛的母系

- 拘利族天臂城主 阿㝹釋迦王
- 耶輸陀羅（師子頰王之妹）
  - 善覺大王 —— 提婆、耶輸陀羅（羅睺羅生母）
  - 摩耶夫人（淨飯王妃‧悉達多母）
  - 摩訶波闍波提夫人（悉達多養母）

資料來源：星雲大師，釋迦牟尼佛傳，民67年.

本師釋迦牟尼佛

一切有為法　如夢幻泡影

如露亦如電　應作如是觀

本畫像釋尊四十一歲時其弟子富樓那尊者之手寫再經文色原本現在英國帝室博物館珍藏為國寶

有三百餘年之久。目前臺灣地區以釋迦牟尼佛爲主神之寺廟近五百座；以高雄縣最多，其次爲臺北市、臺中市、彰化縣等。較古老的佛寺有臺南市彌陀寺、開元寺、彰化的南山寺。較具盛名者在南部是高雄縣大樹鄉的佛光山寺，北部爲臺北縣中和市的圓通禪寺。

《金剛經》是一部人間佛教思想的聖典，人間佛教就是大乘菩薩道的佛教。何以故？

在《金剛經》序分一開頭即說到：「如是我聞，一時佛在舍衛國，祇樹給孤獨園，與大比丘眾千二百五十人俱。爾時世尊食時著衣持鉢，入舍衛大城乞食，於其城中，次第乞已，還至本處，飯食訖，收衣鉢，洗足已，敷座而坐。」

《金剛經》的第一分，主要敘述佛陀著衣持鉢，次第乞食、洗足敷座等等日用平常事。已經覺悟的佛陀具足六種神通，爲什麼還要次第乞食、穿衣吃飯？吾人若欲信解《金剛經》，受持《金剛經》，圓滿《金剛經》，要能會得佛陀這一段般若風光，要能明白般若無二般，一切現成而已。

唯有人道 方能成佛，爲什麼佛陀主要是爲人而說？

1. 因爲從六道中，唯有人道最爲殊勝難得。
2. 人類是最適合行難行能行、難忍能忍的大乘菩薩道。
3. 諸佛世尊，皆出於人間，非由天而得也！

在所有的宗教創始人中，佛陀是唯一不以「非人」自居的導師。他自承只是一個單純的人類，不若其他宗教教主，或以「神靈」自居，或自詡爲神的各種化身。

佛陀將他的覺悟成佛，完全歸功於人的努力與才智。人，而且只有人，才能成佛。（引慧昭法師文）。

佛陀一生說法四十九年，可用一偈說明：「華嚴最初三七日，阿含十二方等八，二十二年般若談，法華涅槃共八載。」意指佛陀一生做了「五件事」，依序：㈠菩提樹下證悟時，向法身大士講了二十一天「華嚴經」；㈡在鹿野苑向五比丘等聲聞，宣講十二年「阿含經」；㈢次說八年「方等經」；㈣接著講了二十二年「般若經」；㈤最後說八年「法華經」和三個月「涅槃經」。

魯山中原大佛高兩百零八公尺，遊客可以搭乘電梯至佛腳下的蓮花座，眺望四周風光。 圖／本報資料照片

一佛出世，做了五件事，影響全人類宗教、歷史、文化、

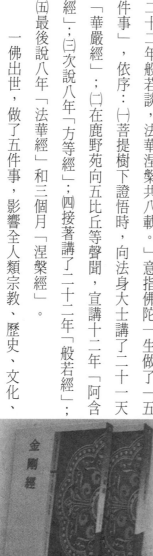

前途……永恆……

九殿平等王

• 生日：四月八日

• 稱呼：冥府十殿閻王之一、平等王。

• 略傳：平等王（現任）據說姓陸，職掌刀鋸地獄。

第九殿平等王，聯曰：「陽間作惡作孽，陰司受苦受愆。」

1.順妻逆母者，死後雷神嚴重之報。

2.用計誘拐他男爲夫，使人夫婦不和者，至陰司受孽台之刑，鏡台高一丈，向東懸掛橫七字曰：「孽鏡台前無好人」。

3.爲人不守本分，佔人便宜，狂妄自大，死後受鐵鋸分割之報。

4.用秤輕入量數不平者，死後將受大秤地獄之刑。

5.孟婆娘娘爲幽冥之神造築驅忘台，以藥湯分甘、苦、辛、酸、鹼五味諸魂轉世飲此湯，將使忘掉前生各事。

孟婆神生於前漢，幼讀儒佛經典，不思過去也不想未來，只勸人戒殺，年八十一而不嫁，鶴髮童顏。世人只知她姓孟，入山修道，直到後漢。孟婆得天命，負責在第十殿設驅忘台（另說第九殿也有），使眾生轉世後，忘卻前世因。故人人出生後，雖知有前生轉世而來，但不知前生事，相信這是這一世所必須。

九殿平等王所轄最重要的地獄，是「阿鼻大地獄」此獄十八層，都是各類必處「極刑」的罪犯，其他若干小地獄。（註：關於阿鼻獄是否在九殿，各論說不同。）

孚佑帝君——呂洞賓

•生日：四月十四日

濟公活佛　降　　戊午年三月廿九日

詩曰：人生難脫鬼門關。幾縷幽魂去復還。富貴榮華如一夢。儉勤自得樂清閒。

濟佛曰：八殿已過，遊冥又到了九重關，今日要往九殿探察陰機，楊生準備上蓮台。

楊生曰：今日要遊九殿，地獄遊記快要著成了，內心有說不出的高興。

楊生曰：聽說有仙樂響起，是人登仙之兆，有這回事嗎？

濟佛曰：有的，凡是世人修道功果完滿，丹書來詔，要歸仙者，耳邊必聞仙樂；不過非大功大德者，上天沒有此般殊榮對待。凡間頒獎典禮必伴奏樂，故人間有音樂，天上有天樂，並非虛言。如果在世無惡不作，死前一定常聞鬼哭之聲，或鎖鍊之響，遇此則歸途堪慮，乃是受陰差逮捕之兆也。我們快向前行進，九殿官員已排班等候！

右圖「八殿平等王」可能原圖有誤，按「中國民間諸神傳」一書，應「九殿平等王」

・稱呼：呂祖、呂純陽、純陽大仙、呂洞賓、孚佑帝君、文尼真君、、文尼真佛、純陽祖師、妙道天尊、純陽夫子、純陽子、仙公、呂仙公、純陽帝君、回道人、䗶衣道人。

・略傳、探討：

孚佑帝君，即呂洞賓，唐蒲州永樂人（今山西芮城縣永樂鎮），名嵒，一作巖，字洞賓，號純陽子。祖父呂渭，曾任禮部侍郎；父呂讓，做過海州刺史。唐德宗貞元十四年四月十四日巳時生，故號純陽子。初，母就蓐時，異香滿室，天樂浮空，一白鶴自天而降，飛入帳中不見。呂祖生而金形木質，道骨仙風；鶴頂象背，虎體龍腮，鳳眼朝天，雙眉入鬢，頸修項露，額闊身圓，鼻梁聳直，面色白黃。左眉角一黑子，足下紋起如龜。少聰明，日記萬言，出口成文。身長八尺二寸，喜頂華陽巾，衣黃襴衫，繫大皂縧；形像漢代張良。唐咸通年間曾中進士，做過縣令。後因黃巢作亂，攻入京城，呂祖乃移居終南山，專心修練，得道成仙。

臺灣孚佑帝君廟有五十九座，其中以臺北市十四座最多。臺北市木柵的指南宮，亦稱仙公廟，香火頗盛。曾有人批評指南宮：「每年法會很多，但是又沒有道士住廟主持，似道非道：抑且還加入佛教團體，和佛寺並無不同，覺得有點奇怪。」其實這正是臺灣寺廟的特性。指南宮已成爲觀光廟宇，世俗性已濃。

慶祝呂祖一二零八年誕辰
祈福大法會祈禱文
2010/10/30

道教文化周記事
2010/10/30

本書作者（左）與好友吳信義（中）、吳元俊（右），攝於孚右帝君祖庭永樂宮，二〇一〇年十月，山西芮城。

二〇一〇年在山西芮城永樂宮，左起：劉崇羽、張亦農、吳信義、劉焦智、天使熊貓、陳福成、吳元俊、吉自峰、趙國慶。

二〇一〇年孚佑帝君呂洞賓故居（呂公祠）（山西芮城永樂宮原址）。

八仙過海

位於我國山西芮城的「永樂宮」，這裡是孚佑帝君呂洞賓的祖廟（呂仙是山西芮城人）。世人皆知呂洞賓是八仙中在神界（人間也是）地位最崇高的，已有很多呂仙的論述，此處再按「永樂宮志」和「神仙傳」，略說其他七仙的故事。

八仙過海圖，繪于永樂宮山西芮城純陽殿後門（北門）的門楣上。高1.2米，寬4.56米，面積5.59平方米。八仙自東向西依次是鍾離權、呂洞賓、鐵拐李、曹國舅、張果老、藍采和、徐仙翁、韓湘子。鍾離權兩腳穩踏著柳枝，祖胸露腹，右手下垂，左手按腰，回頭像是觀望，又像是傾聽緊隨其後的呂洞賓在講什麼。呂洞賓踏著他的七星寶劍，右臂稍抬，手成半握狀，好像在與鍾離權說著什麼。鐵拐李口吐仙氣，踏著他的拐杖，兩臂張開，悠悠飄來。曹國舅弓著腰一手敲漁鼓，一手打簡板，踏在大龜身上徐徐前行。張果老把他的驢子折疊起來，踏在一條大鯉魚身上飄飄然。徐仙翁踩著大鼓緊隨其後，藍采和腳踏兩朵花，韓湘子踩著笛子，背著寶葫蘆，同去爲瑤池金母祝壽。畫面雲氣準騰，波浪翻滾，人物形象生動。這是我國目前保存最早、最完整的八仙圖之一。

一、鐵拐李

鐵拐先生姓李，他身材本來很魁梧，早年得道後，一直住在巖穴中。李老君和宛丘先生（古代的兩位仙人）曾降臨在他住的山上，教給他最高深的道法。

有一天，鐵拐先生要到華山去赴老君的約會，臨行前他囑咐徒弟說：「我把軀殼留在這裡，你好好守著，我的魂魄要出去赴老君的約會，如果七天之後我還沒有回來，你就把這軀殼扔進爐裡燒了吧！」

他走了以後，徒弟忽然接到母親病重的消息，他情急之下，才六天就把先生的軀殼給焚化了，而自己跑回家去，偏偏第七天先生回來了，他到處找不到自己的軀殼，遊魂無依。只好隨便找了一具剛下葬的屍體充門面，不料這具屍體竟是個跛子，從此李先生只好支著一根拐杖，顛顛倒倒地出沒在人間。

二、鍾離權

鍾離權是燕臺人，後來改名爲覺，字寂道，號王陽子，又號雲房先生。他的父親曾在漢朝爲官，功名顯赫，並且被封爲侯。

鍾離權誕生時，異光照室，狀如烈火，左右侍衛都相顯失色。他的頭圓額廣，耳厚肩長，目深鼻聳，口方頰大，唇臉鮮紅如丹，兩臂長過凡人。他出生以後，不哭不鬧，也不飲食，到了第七天，才忽然跳起來說：

「我要到仙人住的紫府和玉京去玩！」

長大以後，他在朝廷裡做官，升到大將軍之職。有一次出征吐蕃失利，他單騎逃入山谷，不覺迷了路。半夜裡他遇見一位胡僧蓬頭垢面，身披破衲，引他走了好幾里路，最後看見一座莊園，胡僧對他說：

「這就是東華先生的成道地，將軍可以在此歇息！」

說完作揖而去。鍾離權不敢驚動莊中人，只好徘徊瞻顧，隔了好久才聽見有人聲說：

「這一定是那個碧眼胡人多嘴了！」

有個老人披著白鹿裘，扶著青藜杖，大聲問他：

「你不是漢朝大將軍鍾離權嗎？何不住在山僧的房裡呢？」

鍾離權一聽大驚，心知這是個異人，當時他剛剛才脫離虎狼之穴，因此頗有出世之意。他立刻向老人哀求傳授道法，老人教給他「長真訣」以及其他許多仙術。鍾離權告辭出門之後，再回顧那座莊園，轉瞬間已經消失不見。

後來鍾離權又遇到華陽真人，傳授他更深的道法。仙人王玄甫也教給他長生的秘訣。從此鍾離權雲遊四方，足跡遍及山東、崆峒等地，最後又在四皓峰得到最高的道法，終於修成真仙。

由於鍾離是漢朝時候人，因此後世也稱他爲「漢鍾離」。

三、張果老

張果老本名張果，他是唐朝時候的人，隱居在恒州中條山，時常往來於汾晉之間，是個長生不死的有道之士。他常騎著一匹白驢，日行萬里，休息的時候，就把驢子疊起來，薄薄的像一張紙，放在箱子裡。要騎的時候，就用水一噴，立刻又變回驢子。

唐太宗唐高宗都曾召他做官，但卻被他婉拒了。武則天又找他，他就裝死，倒在妬女廟前，當時烈日當空，不多久屍體就腐爛生蟲了。於是武則天才相信他是真的死了。

後來有人看見他在桓州山中漫遊，開元二十三年，唐明皇派裴晤到桓州去迎他入宮，張果就在裴晤面前當場氣絕而死。裴晤只好焚香禮拜，對他說明天子求賢的誠意，過了一會兒，張果才慢慢甦醒過來。裴晤不敢逼他上路，只好上奏回朝請示聖旨。皇帝於是又派了中書舍人徐嶠和通事舍人盧重玄，親自捧了蓋有玉璽的聖旨來迎接張果。到了東都以後，明皇安排他在集賢院裡，優禮有加，公卿名流都前往拜會。

明皇不時向他詢問神仙的事，張果總是沉默不答。他善於養氣，可以幾天不吃飯而只喝一點酒。皇上賜酒給他，他卻拒絕說：

「小臣飲不過二升而已，我有個弟子倒能喝下一斗。」

明皇聽了大為高興，立刻召見那位弟子。不久看見一個小道士從殿簷飛下來，大約十五六歲，姿容俊美，舉止閒雅，應對之間，言詞清爽，禮數周到。明皇命他陪坐，張果說：

「弟子應該站著服侍明皇！」

明皇一聽更加高興，就賜酒給這位小道士喝，喝到一斗的時候，小道士果然辭謝說：

「不能再喝了，過度必有所失，只願皇上一笑我就滿足了。」

明白再三逼他喝，結果把小道人給灌醉了，只見酒從他頭頂上湧出，把帽子都衝落在地上，剎那間化成金杯，皇帝和嬪妃都大驚失色。再一定神，小道士已不知去向。只有那隻金杯留在地上，大家仔細一看，原來竟是集賢院中的杯子，容量只能盛一斗酒的量。

張果曾說他生在堯的時代，然而他的容貌卻只像六七十歲的人。當時邢和璞擅長於推算年齡，明皇就命他推算張果的壽命。邢和璞費盡力氣算了半天，也算不出張果究竟能活幾歲。

有一次皇帝對高力士說：

「我聽說喝堇酒而不以爲苦的是奇士，有這回事嗎？」

當時氣候嚴寒，皇帝就賜堇酒給張果喝，酒過三巡，他就頹然告辭說：「這個不好！」說完就回去睡覺，等醒來時牙齒都已焦縮，旁人用如意一敲就掉了下來，於是把他的牙齒藏在袋中做爲藥材。過了不久他的嘴裡居然長出滿口新牙，粲然如玉，光彩照人。

明皇曾在咸陽射到一隻大鹿，命令下屬把牠烹了，張果卻說：

「這是一隻仙鹿，已經有一千歲了，過去漢武帝元狩五年，我曾侍從在上林苑，捕獲此鹿。但武帝把他放了！」

明皇問張果說：

「天下的鹿太多了，時代久遠，怎能長存呢？」

張果回答說：

「武帝放他的時候，曾繫了一塊銅牌爲記，在鹿的左角上面。」

明皇立刻派人檢查，果然找到一塊二寸長的銅牌，上面的文字已經漫漶了。明皇說：

「元狩到現在有多少年了！」

張果說：

「一共有八百五十二年了！」

明皇命令太史查考曆表，果然一年不差。

有一次唐明皇問葉法善說：

「張果到底是什麼人！」

葉法善說他知道，但他不敢說，因爲一說就會死，除非皇上能脫冠赤腳救他，他才敢說，明皇答應了。法善這才說，原來張果是混沌初開時的一隻白蝙蝠精。葉法善還沒說完，立即七竅流血，僵臥在地。明皇見狀大驚，趕緊脫了鞋帽，自稱有罪，請張果原諒。張果慢吞吞地說：

「這小孩兒太多嘴，不罰罰他只怕他會洩露天機！」

明依再三哀懇，久久張果才用水噴葉法善的臉，把他救活，從此明皇對他更加禮敬，特別爲他畫像在集賢院裡，並賜號「通玄先生」。

張果天性淡泊，不耐宮中歲月，屢次要求退隱山林。皇帝留不住他，只好賜他三百疋絹，隨從弟子兩人，用轎子送他到桓州。弟子一個放回，一個隨他入山。

天寶初年，唐明皇再度召張果入宮，張果一聽見消息當場就死了，弟子埋葬他的時候，竟發現棺材是空的。明皇知道這件事，就建立了棲霞觀來紀念他。

四、藍采和

藍采和，他的來歷不詳。傳說他常穿著破衣服，腰間繫著三寸長的黑木腰帶，一腳穿靴，一腳赤裸，夏天在衣服裡塞滿棉絮，冬天則躺在雪地上，呼氣如霧，大汗淋漓。他常在城裡手持三尺大板，醉醺醺地唱歌，老人小孩都被他的歌聲吸引。他似狂非狂，歌詞隨口編成，都充滿仙意，凡人對他莫測高深。一有了錢，就用繩索串起來，拖在地上行走，就是散失了也不在意。有時他把錢救濟貧窮，身上不留分文，卻能雲遊四方，浪蕩逍遙。

有人自兒時就見到他，等到老了再見他時，他還是一張娃娃臉，毫無改變。有一次他在濠梁酒樓上喝酒，忽然聽見有笙簫的聲音從天上飄來，他立刻騰空而起，跨上一隻白鶴，盤旋而去。他從空中扔下靴子衣衫和腰帶拍板，盤旋一陣就飛遠了，那些衣物不久也都不見了。

五、何仙姑

何仙姑是廣州增城縣人，她生來頂上有六根燦爛的金毛，唐武則天時住在雲母溪，十四五歲的時候，夢見神人教她吃雲母粉，可以輕身不死。由於這個夢十分清楚，她就照著吃了，從此立誓不嫁，經常來往山谷之間，行步如飛，早上出去，傍晚帶了山果回來，奉養母親。

從來她漸漸開始斷食，不進人間煙火，講出話來也高深莫測。武則天派人請她入宮，走到半路她就不見了。

唐中宗景龍年間，有人看見她白日昇天。天寶九年，她又出現在麻姑壇上，有五色雲隨身繚繞。大曆年間她又現身於廣州小石樓，刺史高翬曾上表詳述她的事蹟。

她是八仙中唯一的女仙。

六、韓湘子

韓湘子，字清夫，是大文豪韓愈的侄子。他年輕時放蕩不羈，有一次遇到純陽先生，就和他同遊，並且學道。

韓愈看見他整天不務正業，就勉勵他要努力向學，沒想到韓湘子竟回答說他的志向和韓愈不同，韓愈聽了很不高興，於是叫他作詩以自白。韓湘子拿起筆來，一揮而就，詩中全是學仙的話，韓愈看了就問他，你能通變化嗎？韓湘子立刻爲他變出好酒，並且從酒瓶中開出一株綠色的牡丹花，花瓣上還有一副對聯：「雲橫秦嶺家何在，雪擁藍關馬不前。」韓愈讀了完全不能了解，韓湘子說日後他自然就會明白。

過了沒多久，韓愈因爲上表反對迎佛舍利子入宮觸怒了皇帝，竟被貶到遙遠的潮州。

他在上任的途中遇到大雪，正徘徊間，忽然看見有個人冒著雪跑來，走近一看居然是韓湘子。韓湘子對他說：

「你還記得花瓣上的句子嗎？」

韓愈若有所悟，就問這是什麼地方，韓湘子告訴他，原來這裡就是藍關，多年前的預言果真應驗了！爲此韓愈感慨的不得了，他還特別用這兩個句子作成一首七言律詩。

叔侄兩人在驛館裡談了一夜。韓湘子安慰叔叔說不久就會回京，不但無恙，而且還會昇官。韓愈問他還有沒有見面的機會，韓湘子淒然答說，這就不可知了。

仙凡異途，韓湘子已經跳出紅塵！加入呂洞賓、藍采和他們不朽的行列裡去了，除非韓愈成仙，否則哪能再見得到他呢？

七、曹國舅

曹國舅是宋朝曹太后的弟弟。他因爲自己的弟弟常常仗勢殺人，爲非作歹，痛心之餘，就隱居到山林裡去，專心修道。後來他遇見鍾離權和呂洞賓，呂洞賓問他說：

「聽說你在修道，你所修的道在哪裡呢？」

曹國舅用手指了指天。呂洞賓又問：

「天在哪裡呢？」

曹國舅立刻又指了指自己的心。鍾離權笑著說：

「心就是天，天就是道，你已經認出本來面目啦！」

於是三人相視而笑，互相攜手雲遊四海去了，也就因這份因緣，八仙成為中國民間最出名的神仙，他們的故事最多也流傳最廣，「八仙過海」尤其為世稱道。

神農大帝——炎帝

・生日：四月廿六日

・稱呼：炎帝、五谷先帝、五穀王、藥王大帝。

・略傳：

神農大帝就是上古時候的「炎帝」神農氏，據「帝王世紀」上說：「神農氏，姜姓也，母曰任姒，有嬌氏女，登為少典妃，遊華陽，有神龍首，感生炎帝；人身牛首，長

採藥圖描繪神農山中採藥滿載而歸的情景。

於姜水；有聖德，以火德王，故號炎帝，初都陳，又徙魯；又曰魁隗氏，又曰連山氏，又曰烈山氏。」「括地志」也曾經說「厲山在隨州隨縣北百里，山東有石穴，昔神農生於厲鄉，所謂烈山氏也。」可說神農氏是姓姜，生於厲鄉，長於姜水，起於烈山，而接帝位之後，都於陳，又遷徙於魯，歷史也記載炎帝在位百二十年崩，葬於長沙。

炎帝的故鄉在今湖北隋州市，現在每年全球中國人許多來回尋根，參加炎帝的祭祀大典。

人間福報 一〇二.五.三十.

炎帝誕辰 尋根祭祀

農曆四月二十六日是炎帝誕辰紀念日，萬餘名來自二十多個國家和地區的貴賓，出席在湖北隨州市舉行世界華人炎帝故里尋根節祭祀大典。祭祀儀式開始，由著名演員唐國強（右一）扮演祭祀官，在幡旗、古鼎、五谷、薪火等方陣簇擁下入場。 文與圖／本報香港傳真

慶神農大帝聖誕 辦中草藥植物展

【本報雲林訊】雲林縣林內鄉為慶祝神農大帝聖誕，將於二十七、二十八日兩天在九芎村鎮安宮舉辦「全國中草藥植物展」，將教導民眾認識中藥、改正錯誤的醫療觀念，以感念神農大帝的德澤。

「每年農曆四月二十六日是神農大帝聖誕，鄉公所今年選定主祀神農大帝的鎮安宮舉辦中草藥植物展。」林內鄉長邱世文表示，隨著國人經濟能力的提升，民眾經常大魚大肉，容易造成身體負擔過重，所謂「藥補不如食補」，中藥材若能與食材結合，成為具有藥膳食補的功效，讓民眾「吃出健康、喝出美麗」。

「全國中草藥植物展」分為靜態的認識中草藥植物，以及動態的闖關遊戲與香包製作兩大部分。

靜態展示部分，將展出兩百盆以上的藥用植物，會場將有專業導覽人員解說；動態部分，民眾可經由闖關遊戲，認識中草藥知識，透過活動，認識身邊隨處可見的藥用植物。

此外，活動中也將教導民眾如何烹煮藥膳，以及如何製作端午節應景的香包。

一〇二.五.二四 人間福報

臺灣民間對「神農大帝」崇敬，並不亞於大陸各地，可說是人人敬仰，個個頂禮膜拜，農民、藥種商、醫師供奉的更爲虔誠；他們對「神農大帝」的尊號也很多；目前臺灣地區奉祀「神農大帝」爲主神的寺廟共有一百一十二座，以屏東縣最多計二十一座，其次爲高雄縣一十三座。

按神農大帝主稼穡，自古即視其爲五穀及中草藥之神，因此受到從事開地墾荒的臺灣早期移民的崇奉，各府縣也都有神農壇之設，由官府出公帑每年例祭，至今政府已不再特別鼓勵崇拜神農，其在鄉村地區仍受到農民相當的敬奉。

十殿轉輪王

・生日：四月廿七日

・稱呼：冥府十殿閻王之一、轉輪王

・略傳：

第十殿轉輪王，坐鎮第十殿，行最後判決，職掌善惡轉輪投生，惡人則轉生禽獸或監禁終生永恆不能轉生，善人則差役護送至西天逍遙。大殿前有聯曰：「是非作惡自造愆，善惡兩字由人作。」殿旁看板公告：1.持槍射鳥者入虎狼崗，暗毒傷人者入牛坑地獄。2.因各人善惡之報，受領憑所分辨轉生，再入轉輪台分別爲濕生，胎生或鰥或寡或孤或獨或爲公、候、將、相。3.好淫婦女轉生爲雞，婦女勸人和順者轉生爲男。4.燒香行善樂，魁星來點祿。

冥府律法比陽界人間公平，陽界法律通常二審或三審，尚有很多誤判或光天化日下的怨案。冥府則經十殿審判，且因果律法來自「自作的業」，所以沒有誤判，可謂「絕對」公平與正確。

第十殿可謂眾生之「終極判決」，最後轉往何處？必經第十殿。故本殿最重要有「轉劫所」，其組織較大，下轄八司：

遊十殿觀六道輪迴

戊午年六月初三日

濟公活佛　降

詩曰：一失人身萬刼難。端行道德正衣冠。

披毛戴角非爲輩。水陸投生霜月寒。

濟佛曰：今日準備遊冥，楊生速上蓮臺。

楊生曰：遵命！爲何不多談兩句呢？

濟佛曰：言多必失，話多必怪，還是少說爲妙，話多了就不値錢。

楊生曰：是是！我已坐穩蓮臺。……

濟佛曰：已到了。今日再次到十殿參觀六道輪迴實況，你要提起精神，……十殿冥王已來。

楊生曰：叩見　冥王。

冥王曰：歡迎二位今日再臨本殿，前次只參觀「孟婆亭」，今日要參觀「轉輪臺」情形，請濟佛及楊善生隨我前去吧。

楊生曰：感謝　轉輪王一再費神引導與說明。

冥王曰：那裡，此乃職責，陽世衆生若不改邪歸正，則「轉輪臺」無時停息，那也是衆生不幸阿！

楊生曰：河邊又有一車輪形狀的東西，不停轉動，這是什麼東西？

冥王曰：這就是「轉輪臺」，亦即「紫河車」。現正沉浮於赤河中，旋轉不停。

楊生曰：那邊爲什麼又有橋樑呢？

冥王曰：本殿爲轉輪之處，陰間至此告一段落，橋樑是通往各地之道路。前面計有「金、銀、玉、石、木、竹」六種不同質料所鋪成的橋樑。

一、金橋者：凡是在世積有大善功，參觀各獄後，地府銷案，然後經由此橋往天堂而去。至於功果圓滿，或修眞之士，於去世後，有者直接從「陰陽界」昇往天堂極樂界，不必再經由此橋。

二、銀橋者：凡是在世積有中等善功，死後到「聚善所」修煉期滿經考試合格，後至「九泉瀑布」淨靈，經由此橋到陽間蒞任神位，接受萬人朝拜，香煙不斷。

三、玉橋者：凡是在世積有善功，經各殿判決完畢，要投生人間福地爲富貴人家，必經此橋而進入轉輪臺投生。

五、木橋者：凡是在世過多於功，將投生爲貧賤孤苦等下級輪廻，必經此橋而入「轉輪臺」。

六、竹橋者：凡是在世罪大惡極，違背天理人倫，殺盜淫亂等惡業積滿，將投生爲胎、卵、濕、化等四生道，必經由此橋而進入「轉輪台」。

楊生曰：多謝　冥王開示。那金銀橋上，人跡不多，其它各橋則擁擠不堪，好像要趕時間似的。

濟佛曰：「我走我的獨木橋，他走他的陽關道」。互不相干，這些將轉輪之陰魂，喝過醧忘湯後，昏昏醉醉，擁往自己所選擇之道路，有者穿官服，有者提工具，有者拿文筆，有者披獸皮，有者戴頭角，有如瘋狂，各顯己能，要到陽世逞威風！

冥王曰：他們都是失去理智，像拿刀的不知此去非你死就是我死，還自鳴得意，陽世之情形與此相同，明知深坑陷人，看見熱火還撲焚，輪迴現象也就如此產生了。

楊生曰：他們昏昏沉沉走在玉、石、木、竹橋上，向「轉輪台」而入，一墮下，……

查驗司、稽善司、考過司、恩怨司、壽命司、支配司、掌劫司和授生司。

孟婆神在第十殿設有「孟婆亭」，她奉玉帝之命，負責投生前的醧忘工作，使投生者喝下「醧忘湯」，忘記前生事；這是轉世及維持各世界正常運作的「必要機制」，設若記得前生事，將造成五倫大亂，而尋仇報怨也將造成天下大亂。故造化之妙極，以「醧忘湯」忘記前生一切事。

藥王

- 生日：四月廿八日
- 稱呼：藥王菩薩、韋古道、韋善俊、扁鵲、靈應藥王真君
- 研究、探討：

清嘉錄引沈汾，續神仙傳：「藥王，姓韋名古道，號歸藏，西域天竺人。開元二十五年入京師，紗巾毳袍，杖履而行，腰繫葫蘆數十，廣施藥餌，療人多效，帝召入宮，圖其形，賜號藥王。」

按查扁鵲者，乃上古黃帝時良醫名。戰國時鄂州秦越人與黃帝良醫「扁鵲」相類，

故以此號之。據史記扁鵲傳：「扁鵲者，戰國鄭人，姓秦，名越之，少時為人舍長。受禁方於長桑君，飲以上池之水和藥，三十日後視人疾病，盡見五藏癥結，遂以診脈，精醫名天下。家於盧醫，世稱盧醫。後為秦太醫令李醯所嫉，使人刺殺之。至今天下言脈者，由扁鵲也。

中國古代或傳說中的名醫，後演化為神。傳說神農嘗百草，首創醫藥，世尊為藥王。黃帝太醫扁鵲，洞曉醫源，深明脈理，傳黃帝《素書》，即據扁鵲論脈法而來，又有戰國時秦越人，精於醫藥，在齊、趙行醫，人亦以扁鵲稱之。相傳倡脈學，能內見五臟，知症結所在，擅長婦科、五官和小兒科等。河南鄭州城北有藥王莊，傳為扁鵲故里，後人立藥王廟，專祠扁鵲為藥王神。常於農曆四月二十八日祀之。道教尊扁鵲為靈應藥王真君，《正統道藏》載有《藥王八十一難真經》。

唐代道士、著名醫學家陝西耀縣之孫思邈（見保生大帝孫真人）。人尊其隱居之故里五台山為藥王山；並立廟塑像，奉祀不輟。明末清初流行《藥王救苦忠孝寶卷》，敘述孫思邈因救白蛇，得成藥王的故事。舊時藥坊多奉祀孫思邈，常於農曆四月二十八日舉行藥王會，以示崇敬。

是故，我國歷史上稱藥王之神頗多，而生日也因流傳久遠，記述常常不很確定。

伍、農曆五月誕生諸神

天下都城隍爺——城隍爺

・生日：五月十一日

・稱呼：水庸神、自然神、人格神、城隍爺

・略傳：

城隍爺，又稱城隍神，爲官民共祀的神，也是城區的守護神。

城隍的名稱最早見於「周易」中「城復於隍」。在「禮記」中有「天子大蠟八，水庸居其七」一語，就是說古代天子所祀的神有先嗇、司嗇、農、郵表畷、貓虎、坊、水庸、昆蟲等八神。其中「中庸」解述爲「水則隍也，庸則城也。」就是城隍的神。簡單的說。城指城牆，隍指護城河，也就是保護城市的防禦工事。最初所祭的城隍，就是防禦的建築物。所以，城隍原爲人爲的建築物之神，其崇拜自有城的建築開始。

有清一代，臺灣官方對城隍極爲崇奉；由於臺灣新附，人心較爲浮動，官方藉以馴服人心。「臺灣省通志」禮俗篇記載：國人之信仰城隍，由來已久。清朝承歷代遺制，以城隍爲護國佑民之神，凡地方官署之所在，必有城隍存焉；臺灣原視爲難治之特殊區域，尤不得不假借神道，補治化之不足，是故臺灣一入版圖，即於府治設府城隍廟。康熙五十三年，臺灣知縣俞兆岳甫下車，即於城隍廟立誓曰：「毋貪財，毋畏勢，毋徇人情！」用以標榜其政見。至康熙五十五年，諸羅（嘉義）縣繼臺灣縣而建新廟。乾隆二十一年，臺灣知府覺羅四明重修府城隍廟，其重修府城隍記云：「自入版圖後，人民輻輳，廬舍殷繁，儼然成大都會。而四時順，百物阜，災眚息，彰癉嚴者，賴城隍尊神主之。」有清一代，統治臺灣者，莫不信賴城隍之神佑。

臺灣地區的城隍廟，依民國二十三年的統計，共有二十六座；但是目前已增加到五十多座，以嘉義最多共有九座，而以臺南市的府城隍最早，爲明永曆二十三年創建。進入城隍廟中，大都予人陰森的氣息，有的廟內題著「你也來了」的匾額，有的特別擺設一個極大的老式算盤；這暗示每一個人都有到那裡去的一天。到時，聰明正直的城隍，就要根據善有善報，惡有惡報的法則，把您一生的善善惡惡算個清楚明白。因此，有些老先生和老太太們一旦上了年紀，由兒孫們爲他們做七十、八十大壽時，也得到城隍廟去燒燒香，並且在廟內七爺、八爺的懷裡，塞上一些金紙。

人間福報 有拜有保庇 2011.7.10.

民進黨主席蔡英文昨前往南投竹山靈德城隍廟參香，焚香禱祝行三獻禮。

圖／中央社

台灣神也是中國神，不要強神所難！

府城城隍廟 警世意味濃

人間福報 2010.2.25.

布置陰森 懸掛「爾來了」匾額 置計算是非善惡大算盤 呈現佛道合濟、陰陽共治宗教理念

【記者郭書宏台南報導】台南市的台灣府城隍廟，不但是全台官建的城隍首廟，廟內陰森的空間與布置，及內懸令人警惕且深思的匾聯，令人印象深刻，即使在大白天裡，也可清楚到陰暗氣氛，並呈現佛道合濟、陰陽共治的宗教意念，是台南陰陽廟的代表。

台灣府城隍廟創建於明永曆二十三年（西元一六六九年），是台灣歷史最悠久的城隍廟，主祀威靈公，主管人間善惡果報、禍福降臨，文武判官、七爺八爺隨侍在側，廟宇隸屬於少見的陰陽廟格，亦顯示陰陽兩元治理的特色。

廟內中央大門高懸台南府城三大名匾之一「爾來了」三字匾額，彷彿訴說著：「你來了，又有幾個能逃！」廟內亦懸掛多幅楹聯，例「作事奸邪盡汝燒香無益，居心正直見我不拜何妨」等警示意味濃厚的字句，在在呈現城隍廟佐理陰陽的氣氛。

大算盤則是城隍廟不可或缺的飾物，象徵城隍爺計算人間是非善惡，昭明法理，廟內的大算盤一是懸掛於三川門楣內向上方，一則收藏於文物陳列室，而當城隍爺出巡遶境時，大算盤也會隨行，可見其重要性。

台灣府城隍廟後殿主祀觀世音菩薩，呈現佛、道融合，兩旁則配祀十八羅漢，個個造型生動傳神，其中進燈尊者「閉眼斜嘴、搔到癢處」，極富人間趣味；開心尊者「心中有佛、即得眞理」，則頗富禪宗意境。

台灣府城隍廟建築亦具特色，大門板木雕刻有「水淹金山寺」、「八仙過海」外，廟宇垂脊飾以托塔天王李靖、二郎神楊戩爲飾，宛如居高坐鎮守衛廟宇；盤頭也有「憨番扛廟角」的承重造型，其雕像人物齜牙裂嘴、奮力扛舉，看似呈現力與美的模樣，卻是流露早期先民歧視外族的隱喩。

廟內中央大門高懸台南府城三大名匾之一「爾來了」三字匾額。 記者郭書宏攝

【老上海照片】

城隍廟

文／符芝瑛

俗稱「老城隍廟」，望文而知是供奉城隍爺地方，也是道教正一道在上海最主要的道觀。它位於上海黃浦區，凡是到上海旅遊的人均不會錯過這個景點。

明朝永樂年間由原「金山神廟」改建而成。城隍廟內供奉有三位城隍，分別是霍光、秦裕伯和陳化成。清朝道光年間，老城隍廟達到全盛，占地面積達到約五十畝。民國時期，廟宇屢遭火災，民國十五年（一九二六年）重建了大殿。

文化大革命期間，廟宇被挪作他用。一九九四年被修復，重新成爲道觀。目前，老城隍廟包括霍光殿、甲子殿、財神殿、慈航殿、城隍殿、娘娘殿等殿堂，總面積約一千餘平方公尺。

自古寺廟就是人氣聚集之地，如今老城隍廟周邊逐漸發展成爲上海年代最爲久遠的商業區域，古玩商鋪和小商品市場鱗次櫛比，販賣上海傳統食品五香豆及梨膏糖。

到城隍廟遊覽的人一定不會錯過「豫園」，這是明朝時期的私人花園，建於一五五九年，充分體現了中國古典園林的建築與設計風格，包括江南園林三大名石的玉玲瓏。園內還有一八五三年小刀會起義的指揮所「點春堂」。

豫園於一九六一年開始對外開放，一九八二年被列爲全國重點文物保護單位。附近有多家著名食店，包括以小籠包著名的南翔饅頭店及上海老飯店。最著名的算是九曲橋邊的綠波廊，建築古色古香，臨窗眺望，橋下碧波蕩漾。來一杯明前碧螺春，配上種類超過百種的精製小點，好不詩意。美國前總統柯林頓以及中國大陸前國家主席江澤民等人都曾是座上賓。

▼1920年的城隍廟入口處。

◀城隍廟內部的戲台及看台。

人間福報 2011.8.2.

張天師——靈寶天師

• 生日：五月十八日

• 稱呼：張天師又稱張仙君、天師爺、南朝大帝、真天師、張仙公、靈寶天師

• 略傳：

1. 張天師即張道陵字輔漢，沛國人，是張房的八世孫，七歲即通道德經，本是太學書生，博通五經，章帝聞之，舉賢良方正，三詔不起。到晚年，忽概然嘆道，這無益於生命，遂開始學長生方術，得到黃帝九鼎丹法，欲調合用藥，因家境素爲貧因，又聞川蜀人民多純厚，易於教化，且多名山，於是帶弟子一起到蜀，居住鶴鳴山。著作道書二十四篇，精思煉志，忽有天降自稱柱下史者，傳授新出正一明威道法，天師受法後，能治人雜病，百姓翕然奉

霞海城隍文化季 歌仔戲揭序幕

2011.6.2.

人間福報

長達36天 包括暗訪夜巡、遶境遊行及34場藝文演出

體驗「五月十三迎城隍」盛況

【記者郭書宏台北報導】由台北霞海城隍廟與市立社教館共同舉辦的「台北霞海城隍文化季」，今日起將於迪化街永樂廣場舉辦，活動包括：暗訪夜巡、遶境遊行、祝壽法會等宗教慶典，還有三十四場的藝文演出，活動長達三十六天，帶領民眾認識宗教、體驗人文。

台北霞海城隍廟的城隍祭典，可追溯至清光緒時期，至今已超過百年，城隍的暗訪及遶境是大稻埕的重要活動，號稱北台灣第一的宗教民俗慶典，有「五月十三（農曆）人看人」之喻，而「五月十三迎城隍」活動已於去年經台北市政登錄無形文化資產。

「台北霞海城隍文化季」活動首先由福建省安溪縣高甲戲劇團，今晚七時演出的「鳳冠夢」揭開序幕，接著由明華園天字戲劇團、新櫻鳳、秀琴、一心等歌仔戲團及小西園掌中劇團，連續十八天、共三十四場的精采演出；十一日則有「建國一百年陣頭大匯演」，結合花鼓、宋江陣、舞獅、競技龍、車鼓等傳統藝陣。

在宗教慶典方面，首先在七日舉行「放軍安五營」儀式，恭請五營兵將鎮守地方保佑，以維持神誕遶境期間的肅靜。而眾所期待的「暗訪夜巡」將在十二日晚間舉行，由謝范將軍及八將等神將出巡驅邪，活動具有相當濃厚的肅穆氣氛與神祕性質。

被定位無形文化資產的「五月十三迎城隍」，將在十四日中午的遶境遊行達到活動高潮，屆時城隍廟友廟及境內的八大軒社、什家將及各類的陣頭，將一同恭賀霞海城隍爺聖誕，猶如嘉年華般熱鬧；十五日（農曆五月十四）爲城隍聖誕，這天傍晚廟方將特別擺設城隍壽宴，宴請眾神明，供品都是由名師手工製作，非常精巧。

相關訊息可至官網查詢，網址：www.tpecitygod.org。

爲天師，就學弟子至數人。到了六十歲，容貌愈加少壯，又得秘書，能通神變化，驅除妖鬼，既而與弟子趙昇、王長等，遷入鶴鳴山，感老君（老子）授與秘籙，恒帝永壽元年元月七日，跟夫人雍氏一起飛昇，時天師已一百二十三歲，廣信龍虎山即是天師後裔。

2.張道陵所立之教，爲玄教宗，其子張衡與孫張魯，均修天師道，三國時，張魯據漢中，自號師君，其子張盛，魏封都亭侯，後回龍虎山，升壇授籙，傳及五季，代稱先生，玄都日崇。天師劍，重八十一兩，狀若生銅，五節連環之柄，上有隱起符文，星辰日月之象，嘗用以誅制鬼神，降凶醜，昇天之日，留劍及都功印於子孫，誓曰：「我一世有子，一人傳於印劍都功籙，惟此非子孫，不傳於世。」，頂上有朱髮十數莖，以表奇相，於今六十四代，其劍時有異光或聞吟吼，乍存乍亡，頗彰靈應。

唐天寶七年冊贈張道陵爲太史，中和四年封爲三天扶教大法師。宋熙寧中，加封爲三天扶教輔元大法師；大觀二年冊號正一真君。清朝傳號正一嗣教真人。

今江西龍虎山「嗣漢天師府」始建於北宋，是歷代天師起居生活和祀神處所，下圖照是天師府九〇〇週年祭典。

【嗣汉天师府】Shihan Tianshi Mansion

嗣汉天师府始建于北宋崇宁四年，是历代天师生活起居和祀神的处所，民国16年，蒋介石恢复原名“嗣汉天师府”，一直沿用至今。

嗣汉天师府占地5万余平方米，建筑面积1.4万平方米，是一座王府式的道教古建筑群，座落于上清古镇中部，北靠西华山，南对琵琶峰，门临泸溪河，依山带水，气势恢宏。府内豫樟蔽日，鸟栖树顶，环境清幽，恰似仙境。作为道教领袖的私第园林，在中国绝无仅有。

江西龍虎山祠漢天師府 九百周年祭典

陸、農曆六月誕生諸神（含從神）

關聖帝君：關公——現任玉皇大帝

・生日：六月廿四日

・稱呼：

現任玉皇大天尊，尊號玄靈高上帝，龍潛時任南天文衡聖帝，本相乃關聖帝君，又稱協天大帝，俗稱武聖關公、山西夫子、協天大帝、伏魔大帝，民間生意人普尊其為武財神，儒門學子又尊奉為五文昌之一，鸞門即尊為關恩主，領袖眾神開壇闡教。帝自成仁後，歷代均有封謚，其最後封稱為「忠義神武靈祐仁勇威顯護國保民精誠綏靖翊贊宣德關聖大帝」，享春秋二祭。民國三年，與岳飛合祀，用示尊崇，成為曠古蓋世「武聖」之最，與「文聖」孔夫子並重，而稱為「關夫子」。

・略傳：

以關公一生行誼的電視連續劇「關雲長」，也拍成電視，在全中國各地區不知演了多少回，二〇一一到一二年間正在台灣地區上演，很少人知道關公也是現任的玉皇大帝。

關公名羽，字雲長，又號長生，河東解良人（今山西省解縣）。年輕時因殺了一個仗勢凌人的惡霸，而逃離家鄉，流亡到涿郡（今河北省涿縣）。當時劉備正在鄉里集合徒眾，關公和張飛前往投靠，三人同寢同坐，恩若兄弟，在桃園結義，誓曰：「不求同年同月同日生但願同年同月同日死。」三國時代雖是中國分裂大時代，確是「封神」最多的時代，不信可看全國各地的關帝廟、孔明廟和劉備廟……。

臺灣民間信仰承接大陸傳統，現在臺南的關帝廟，就是明鄭時期所建。臺灣府志載：「關公廟一在鎮北坊，鄭氏時建，明寧靖王題曰古今一人。」由於臺灣為海外蠻荒之地，當時官民皆要藉關公的威武以鎮蠻城。清康熙四十三年，分巡臺廈兵備道蔣元君曾撰「增建武廟官廳碑記」云：「於文廟以增其禮樂冠裳之盛，於武廟以作其忠誠義勇之氣。」明清以來，臺灣陸續興建的關帝廟約一百四十餘座，其中以宜蘭、臺南、苗栗等地最多，最古老的廟卻在臺南市；武廟（祭典武廟）與開基武廟均建於鄭氏領臺時期。目前關帝廟中香火最盛的是臺北市的「行天宮」，俗稱「恩主公廟」。

臺灣民間對關公的稱呼很多，另關於關公的生日，全省不一，有的以正月十三，有的以五月十三日，有的以六月廿四日，還有其他的日子，官方自明代開始定於每年五月十三日祭祀。因此，臺南地區的關帝廟，也多以此日來祭祀。

按關聖帝君自宋以後即以其武勇絕倫，義薄雲天，受到民間普遍之崇奉。明萬曆中進爵爲帝，繼又崇爲武廟與孔廟並祀，從此俎豆馨香，變成明、清政府之祀典正神。臺灣之廟祀始於明鄭時代。除官建之武廟外，清兵武營及班兵伙館中，亦常供奉關聖帝。民間商賈更相傳帳薄係其首創，而奉爲商戶之守護神。所以關聖帝可說是官、軍、民均供奉的神明。

人間福報 2010.12.1

有三百五十八年歷史的金門「武廟」，日前發生火警，引起地方人士關切，盼浴火重生為文化觀光景點。 圖／中央社

358年金門武廟 逃過祝融

【本報金門訊】位於金門縣政府所在金城鎮市區的「武廟」，有三百五十八年歷史，日前差點付之一炬，引起地方文史工作者關切，期盼浴火重生成爲文化觀光景點。

金城鎮的武廟，地方上俗稱「關帝廟」、「內武廟」，它見證了從南明、清代到民國的金城市區歷史演變。主祀三國時期以忠義聞名的關羽，陪祀有周倉、關平，以及文昌帝君、福德正神等，後又增設岳飛神位。

地方文史工作者林金榮表示，相傳武廟始建於明永曆六年（西元一六五二年），鄭成功在金門訓練水師時所建，比台灣本島最早武廟台南市的「開基武廟」還早十七年。

武廟在本月中旬突起無名火，所幸對面店家及時發現，立即通報消防單位搶救，僅有大殿左側福德正神前的木刻楹聯、門柱被毀，廟宇建築、關帝爺及衆神明金身安然無恙，讓信衆嘖嘖稱奇。

林金榮表示，逃過祝融的武廟，在整修後，如能增加解說設施，與市區的古蹟整合，列入金城老街古蹟之旅的一站，將能豐富文化觀光內涵。

2010 年山西解州參拜關聖帝君，左起：吳元俊、吳信義、陳福成、楊增選

關公託夢 私娼寮變圖書館

人間福報 2010.6.12.

【本報新竹訊】因關公託夢，不想在廟轄區內看到風化區，新竹市關帝廟主委江雲水三十年來斥資六千七百萬元，買下十一戶私娼寮，改建為忠義圖書館。新竹市長許明財昨天拜訪江雲水，感謝他熱心公益，將私娼寮變為忠義圖書館、巡守隊隊部。

新竹市關帝廟已有兩百三十四年歷史，香火鼎盛。江雲水表示，會這樣做全因為關帝爺顯靈，三十年前某晚，關帝爺託夢給他，告訴他不想在廟轄區內看到風化區，教壞小孩。因此他發下大願，要將風化區趕出關帝爺的轄區。

江雲水說，個人拿出五百萬元積蓄外，再加上善心人士熱捐，三十年來共募集六千七百萬元，買下關帝廟旁十一戶私娼寮，改建為忠義圖書館、巡守隊隊部。圖書館還開設書法班、成人鄉音班、兒童讀書班，供民眾學習。

為讓土地開發更加完整，江雲水拜託許明財向中央爭取一戶已列為國有地的私娼寮，做為土地移撥使用；並希望市府協助打通瓶頸巷道西安街，成為八米計畫道路，連通西門街與文昌街，通往城隍廟商圈，讓老舊的市區活化繁榮。

陣頭遊行 8歲童引香帶路

【本報綜合報導】昨日農曆六月二十四日為關聖帝君一千八百五十二歲誕辰，各地廟宇慶祝活動不斷，南投埔里鎮昭平宮推出「關公文化祭」；桃園大溪普濟堂展開繞境祈福，由五尊「Q版大仙尪」開道，帶領三十個民間社團陣頭遊行，整個大溪老城區萬人空巷，相當熱鬧；新竹市則有位年僅八歲的龍耀威，擔任關西聖殿宮主轎「開路引香帶路」童子，在近千香客前舞起步伐、劈腿，博滿堂采。

新竹市普天宮為關聖帝君舉辦祝壽大會，昨天在新竹風景區古奇峰廣場舉行，來自全省各地宮廟陣頭，非常踴躍，有三太子、濟公、八家將、七爺、八爺等；近午時分，龍耀威出現在關西聖殿宮陣頭，小小身子，在主轎前，持淨爐「引香帶路」，吸引上千香客目光。

龍耀威踩著特定的步伐，手上的香爐還需跟著動作，不會滑動，豔陽下，他專注、沉定，舞起來威風不已，讓香客目不轉睛。他還會太子爺步伐，跳起電音三太子舞蹈，更展現小朋友的熱勁；接著還要學「官將首」，像八家將一樣需畫臉。

龍耀威說，學陣頭約七、八個月，「很有興趣」；他父親常到聖殿宮幫忙，小時候跟著出入，「看大哥哥出陣頭很有趣」，去年開始一項一項學習。

另外，東部的花蓮正義宮亦舉行慶祝活動，各宮廟陣頭、蜈蚣陣、大尪仔紛紛進殿朝拜，一時鑼鼓喧天，廟方也推出書畫現場揮毫等藝文活動，動靜之間，讓帝君聖誕熱鬧極了。

慶關公1852歲

人間福報 2011.7.25.

八歲的龍耀威在慶祝關公聖誕的隊伍中，擔任關西聖殿宮主轎開路引香童子最吸睛。 圖／李青霖

山西民族交響詩 爲關公暖壽

兩岸演繹9樂章　民族樂、散文詩並陳 闡述關公忠義仁勇 15日登場

【記者郭書宏台北報導】新竹市今年首度舉辦「二〇一一竹塹國樂節」，爲期兩周的活動邀請國內外知名國樂大師來台獻藝，其中最引人矚目的是十五日由山西歌舞劇院民族樂團帶來的大型民族交響詩〈關公〉，大陸國家一級指揮暨上海歌劇院首席指揮曹丁，演繹台灣名作曲家盧亮輝的大作，以視覺藝術、民族音樂、散文詩等多元藝術表現形式，闡述關公忠義仁勇的一生。

二十四日（農曆六月二十四日）是關聖帝君一千八百五十二年聖誕千秋，新竹市的「竹塹國樂節」率先提前爲關聖帝君暖壽。新竹市文化局長林榮洲表示，十五日將於台灣首演的大型民族交響詩〈關公〉，融合聽視覺，充滿音樂、詩意與畫面，分爲〈序．精魂〉、〈桃園結義〉、〈夜讀春秋〉、〈過關斬將〉、〈古城相會〉、〈華容古道〉、〈水淹七軍〉、〈思戀故鄉〉、〈尾聲．關公頌〉九個章節，採用嗩吶獨奏、簫、古箏二重奏，以及西洋弦樂顫音、山西地方打擊樂等多種音樂形式，展現了關公信仰文化的精神。

作曲家盧亮輝表示，透過編曲來呈現關公生平經歷實非易事，特別是歷史人物的闡述。所幸山西歌舞劇院民族樂團多年來已蘊釀此一交響詩的綱領，加上此曲的素材以山西音樂爲主軸，尤其如山西戲曲音樂中的蒲劇、梆子等，均富含張力和深遠寓意，音樂旋律也超出傳統國樂五聲音階的範圍，因此〈關公〉音樂上具有伸縮性和表現性；加上關公是山西人，他曾前往山西實地的田野采風，讓〈關公〉不但呈現了人物的史實，也傳達了山西民間音樂。

二〇一一竹塹國樂節」昨召開記者會，山西歌舞劇院民族樂團現場演奏〈尾聲．關公頌〉，時而柔和輕盈，時而慷慨激昂，樂音起伏強烈，展現關公豪邁磅礡氣勢；另外，北京遠道而來的嗩吶獨奏家周東朝也獻上一曲，將嗩吶獨特嘹亮的樂音發揮淋漓盡致。

〈關公〉將在十五日晚間七時三十分於新竹市文化局演藝廳盛大演出，系列活動詳情可選上網站http://www.2011hcmf.com.tw查詢。

山西歌舞劇院民族樂團，昨日在記者會上演奏〈關公〉。　圖／蔡育如

附錄：關公年譜紀要（「山西文獻」資料室提供）

關羽的年譜也可說是一生大事記，史多不詳，今據《圖志・譜系》並參考有關載籍，加以整理，依次條列如下：

1.東漢桓帝（劉志）延熹三年（一六〇年）庚子六月二十四日，關羽誕生於解梁（良）常平村。（今山西省解縣常平村）

2.桓帝延熹四年至九年（一六一—一六六年）丙午，關羽七歲。

3.桓帝改元永康元年（一六八年）戊申（即靈帝建寧元年戊申）關羽九歲。

4.靈帝建寧二年至四年（一六九年—一七一年）關羽十二歲。

5.靈帝建寧五年（即熹平元年）壬子（一七二年）關羽十三歲。

6.靈帝熹平二至六年（一七三—一七七年）丁巳關羽十八歲，是年娶胡氏女爲妻。

7.靈帝熹平七年（即光和元年）（一七八年）戊午，關羽十九歲，此年五月十三日生長子關平。

8.靈帝光和二年（一七九年）己未，關羽二十歲，此年辭親到郡解梁縣上書陳事，未獲回批。因聞知民人韓守義冤情，打抱不平，殺死豪霸呂熊等七人，事發後逃出潼關。

9.靈帝光和三至六年（一八一—一八三年）癸亥，關羽二十四歲。

10.靈帝光和七年（即中平元年）（一八九年）甲子，關羽二十五歲，此年逃亡至涿郡與劉備、張飛遇，結爲至友。是中國歷史有名的「三結義」典範。

11.靈帝中平二年至五年（一八六—一八八年）戊辰，關羽二十七歲，此年冬黃巾軍圍攻青州，太守龔景告急，劉備將兵往救，在眾寡懸殊之下，關羽與張飛以伏兵突擊獲勝，解青州圍。

12.靈帝中平六年（一八九年）己巳，關羽三十歲，此年靈帝崩，天下大亂，劉備起兵從討董卓，關羽隨之力斬華雄、三戰呂布，見《演義》。

13.獻帝（劉協）初平元年（一九〇年）庚午，關羽三十一歲，此年先主應丹陽募，至下邳與敵遇，力戰除下邳密丞，適高唐尉，關羽隨之。

14.獻帝初平二年（一九一年）辛未，關羽三十二歲，此年羽隨劉備暫依冀州牧公孫瓚，瓚表劉備領平原相。羽與張飛俱爲別部司馬，分統部曲（統領少數士卒）。

15.獻帝初平三年（一九二年）壬申，關羽三十三歲，此年羽仍隨劉備在公孫瓚處，袁紹兵攻瓚，瓚不能敵，劉備率羽等救援無效，瓚終被袁紹所滅。

16.獻帝初平四年（一九三年）癸酉，關羽三十四歲。

17.獻帝興平元年（一九四年）甲戌，關羽三十五歲，此年劉備除豫放刺史，旋領徐州牧，關羽隨之。

18.獻帝興平二年（一九五年）乙亥，關羽三十六歲。

19.獻帝建安元年（一九六年）丙子，關羽三十七歲，此年劉備受封鎮東將軍，屯小沛，命關羽守下邳（徐州城治）。

20.建安二年（一九七年）丁丑，關羽三十八歲。

21.建安三年（一九八年）丁寅，關羽三十九歲，此年關羽隨劉備棲身曹操處，操兵圍攻呂布於下邳，羽在曹營，曹表獻帝封劉備爲左將軍，關羽、張飛均擢爲中郎將。

22.建安四年（一九九年）己卯，關羽四十歲，此年劉備擊袁述並殺徐州刺史車胄，使關羽守下邳行太守事，《演義》云斬車胄即爲關羽所爲。

23.建安五年（二〇〇年）庚辰，關羽四十一歲，此年操攻徐州，劉備兵敗，關羽被執，操遇之甚厚並表封爲偏將軍，羽斬顏良解白馬圍，操奏獻帝加封羽爲漢壽亭侯，是年秋，羽辭曹封，掛印封金，護持劉備二夫人仍歸劉備。

24.建安六年（二〇一年）辛己，關羽四十五歲，此年劉備爲操擊敗後南依荊州劉表，關羽隨之。

25.建安七年（二〇二—二〇六年）丙戌，關羽四十七歲，此期間關羽仍隨劉備在荊州。

26.建安十二年（二〇七年）丁亥，關羽四十八歲，此年劉備三請諸葛亮於隆中，羽與張飛俱隨往。

27.建安十三年（二〇八年）戊子，關羽四十九歲，此年劉備兵敗當陽，羽擁船百艘迎於漢津。

28.建安十四年（二〇九年）己丑，關羽五十歲，此年劉備領荊州牧，住公安，以關羽爲蕩寇將軍襄陽太守。

29.建安十五年（二一〇年）庚寅，關羽五十一歲，此年關羽奉劉備命，屯兵江北。

30.建安十六年（二一一年）辛卯，關羽五十二歲，此年劉備兵入益州，留關羽與諸葛亮共守荊州。

31.建安十七年（二一二年）壬辰，關羽五十三歲，此年關羽據荊州與操將樂進相拒於青泥。

32.建安十八年（二一三年）癸巳，關羽五十四歲，此年關羽獨鎮荊州，諸葛亮已隨劉備入西川。

33.建安十九年（二一四年）甲午，關羽五十五歲，此年劉備克益州，釋關羽董督荊州。

34.建安二十年（二一五年）乙未，關羽五十六歲，劉備命關羽爭三郡。

35.建安二十一年（二一六年）丙申，關羽五十七歲。

36.建安二十二年（二一七年）丁酉，關羽五十八歲，此年仍獨鎮荊州。

37.建安二十三年（二一八年）己亥，關羽五十九歲，此年鎮荊州，與曹仁據樊城對壘。關羽困曹仁於樊城，水淹曹方七軍，俘于禁，斬龐德，「威震華夏」旋操用司馬懿、蔣濟等計勾結孫權，暗襲荊州，操亦派徐晃援救樊城，關羽潰敗，荊州失陷，十一月羽西保麥城，十二月棄麥城謀西行入川，至章鄉爲東吳軍所獲被殺。此役長子關平，同時遇害。

讀中國史很奇妙，關公、劉備、孔明，乃至以後的文天祥、岳飛、鄭成功、蔣中正……論其人生目標都未達成，但其歷史地位多麼崇高！

關平帝君

・生日：五月十三日

‧稱呼：關太子、關平、關平帝君

‧略傳：

關平太子：關聖帝君之長子也。名平，字坦之，祖籍山西省河東，生於漢靈帝光和元戊午歲五月十三日，年少時隨帝君任事，躬矢石，臨陣不離左右。成神於漢獻帝建安廿四年己亥歲十二月初七日，同帝君於臨沮（在今湖北省當陽縣東北）全忠孝，享年四十二歲，宋崇寧元年（公元一一〇二年）封爲「武靈侯」。宣和五年（公元一一二三年）加封「威顯」二字，明萬曆二十四年（公元一五六九年）封「竭忠王」，鑾門尊稱「九天威顯靈化天尊」，並以關聖帝君膺登玉皇之故敬尊爲太子。現攝政南天及衡聖帝之職。

‧探討：

關聖帝君神像之兩側，每有黑、白兩武將神像侍候，黑臉有鬍稱周將軍，白面者稱關太子，即關平也。關平幼習武、於劉、關、張、趙等古城會時，年十八歲。直到關公走麥城，同被害。後關公於玉泉山顯聖，關平、周倉、赤兔馬亦一同出現，此四者亦即今關帝廟不可或缺之塑像也。

周倉將軍

・生日：十月廿三日

・稱呼：周倉將軍

・略傳：

1.周倉為東漢平陸人（今山西省平陸縣西祁村人），係關帝之部將，即關帝像兩側有短鬍大眼之將軍，關公督荊州時，使周倉守麥城，吳兵襲荊州，關公於失荊州後，走麥城途中遇害，周倉於城上見關公首級，乃自刎而死。

2.一般關廟係同與關平為從祀者，台北縣萬里鄉之周倉神像係光緒十七年漂流至野柳海邊，經人撈獲建廟為主神。

在一本叫「床前燈下：河東文史漫話」的書，由國際炎黃文化出版，有一則關於周倉將軍的故

周倉將軍 百年首次出巡

2010.10.26. 人間福報

【本報鹽水訊】台南縣鹽水鎮鎮南宮是全台罕見供奉關聖帝君部將周倉的廟宇，該廟將於下月十九至二十八日，舉行百年來周倉神尊首次的出巡。

鎮南宮管理人楊進賢指出，相傳一百多年前鹽水鎮發生瘟疫，武廟供奉的關聖帝君由周倉神尊擔任先鋒出巡遶境，消滅了瘟疫，並開始在每年元宵節時放蜂炮慶祝。當時周倉神尊由信徒擲筊，選出爐主輪流在家供奉，直至六十多年前信徒才興建鎮南宮供奉周倉神尊，每年農曆十月二十三日為聖誕千秋。

四月間，一家冰果室老闆娘葉美香，向遠傳電信鹽水店長陳秉祥說，鎮南宮的水槽老舊請他幫忙翻修。陳秉祥表示，他只是出錢，並未進到鎮南宮。

「非常奇怪，當天晚上夢到一個宮廟，神明說宮裡光線太暗了。」陳秉祥說，他前往鎮南宮察看，宮內擺設與夢境一模一樣，他拿出一千元與大家集資，請經營水電行的友人換掉已六十多年歷史的電線線路及更換燈管。

陳秉祥認為，鎮南宮非常具有歷史文化意義，與楊進賢等人商量舉辦周倉神尊出巡遶境，並擲筊請示決定下月舉行迓周倉活動，是百年來首次周倉將軍出巡遶境，活動包括千斤米龜、祈福點燈儀式、聖駕遶境、祈福法會、平安宴及白米分發等。

台南鹽水鎮鎮南宮是全台唯一供奉周倉的廟宇。 圖／吳政修

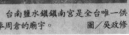

事，叫「周倉劃溝」：

三國時給關公扛刀的周倉，是平陸縣西祈村人。平陸縣地處中條山南麓，山北是馳名的解州鹽池。那時的鹽池被凶狠的鹽霸占有，高價出售。窮鄉親們缺吃少穿，哪還有錢去買鹽，個個餓得面黃肌瘦。周倉看在眼裡，恨在心上，決心要爲窮人辦點好事。一天夜裡，他扛上扁擔，趕著毛驢到鹽池弄鹽去了。第二天一早，他已挑著滿滿一擔鹽趕著毛驢上了山。這時，刁鑽的鹽霸發現了，便派四個鹽警追趕他。山高路陡，小毛驢又馱了鹽，走的很慢，鹽警越追越近，周倉急忙把驢背上的鹽卸下來，放到自己的擔子裡，趕著毛驢飛跑起來。跑下中條山，走過黑窯灣，離西祁村只有三五里路了。周倉想：狗日的，他們趕不上了，歇會吧。於是他放下擔子休息起來。這時，四個殺氣騰騰的鹽警圍了上來。周倉想：反正也跑不脫，該給他們點辣的吃了。想著，他猛然抽出扁擔，「啪、啪」左右一掃，四個鹽警應聲而倒，周倉乘機挑起擔子就走。誰知那四個鹽警，早已蛤蟆似的爬了起來，使勁抱住他的腿，使他動彈不得。周倉就來了個騎馬跨襠，刷刷兩腿把他們踢了個無影無蹤。周倉挑起擔子正要走，只見肥豬一般的鹽霸，帶著一群打手追了上來，他自覺寡不敵眾，便飛快地拿起扁擔，在身後地上狠狠一划，殺時，雷閃雷鳴，地動山搖，一道亮光，直沖霄漢，亮光過後，出現了一條北起中條山，南接黃河岸的三丈深溝。鹽霸人馬過不了溝，只好望溝哀嘆。周倉把挑回去的鹽分給了窮鄉親。後來，人們爲了紀念周倉的功勞，就把這條大溝叫「划溝」，一直流傳至今。

張仙大帝

・生日：十一月廿三日

・稱呼：張仙大帝

・略傳：

1.張仙大帝，關聖帝君之從神，隸屬文昌左宮，七十二化身，誥封九天輔元開化靈應張仙大帝七曲毓聖天尊，職掌送子，蔭護閨房產難。其說有二：一曰眉山張遠霄，一曰蜀主孟昶。

2.辭海：「張仙——世傳爲送子之神，其像挾彈弓，作貴者裝。明高啓有謝海雪道人贈張仙像詩，謂宋蘇老泉嘗禱之而得軾、轍二子，按蘇老泉集仙贊，謂旅名遠霄，眉山人，五代時遊青城山得道，又續文獻通考謂張遠霄眉山人，有四目老人傳以弓彈，謂能避疫，並授以度世之法，明一統志亦謂張遠霄往來邛州挾仙樓，常挾彈爲人家擊趕常難，人呼爲張四郎，皆未述及送子事。金台紀聞則謂民間所傳張仙圖，實爲五代蜀主孟昶之挾彈圖，蜀滅於宋之後，昶妃蕊夫人攜圖入宋宮，懸祀於壁，太祖見而詰之，詭對曰：「此張仙圖也，祀之令人有子。」於是遂流傳於民間云。」

3.據上述，確有張仙，名曰張遠霄，至於花蕊夫人，心憶孟昶，圖像懸祀，並假托張仙之名奉祀，民間競相傳述，遂與真張仙混而為一。

4.燭窗異草：「人之艱於嗣者，多繪張仙以奉之，以其能衛厥子孫世。其像為美丈夫，錦袍角帶，廣頤豐髭，左挾彈，右攝丸，飄飄乎有霞舉之勢，仰視雲中，一犬抖嘄而去，蓋即俗所謂天狗也。」

至於張仙如何為何成為關聖帝君之從神，似已找不到合理的解釋，只能說是神話流傳的結果。

雷祖大帝——雷公

・生日：六月廿四日

・稱呼：

九天應元雷聲普化天尊，雷部至尊之神曰雷視，俗稱雷尊，玉勅「高上碧霄九天應元雷聲普化天尊」，亦單稱謂「九天」，總司五雷。

・研究：

雷公中國古代神話傳說中的司雷之神，又稱雷師。《山海經・海內東經》載，雷澤中有雷神，龍身人頭，鼓其腹則發雷聲。《山海經・大荒東經》有雷獸的記載，郭璞注云：雷獸即雷神。洪興祖《離騷補注》則稱軒轅主雷雨之神，一曰雷神。雷神已由獸形變成神人。

《太平廣記》引《神仙感遇傳》，謂雷公有兄弟五人，是謂五雷。據《格致鏡原》稱，即天雷、地雷、水雷、神雷、社雷。《論衡・雷虛》已提到雷公的畫像，謂「若力士之容，謂之雷公，使之左手引連鼓，右手推椎，若擊之狀。」《元史・輿服志》書雷神爲犬首，鬼形，白擁項，朱犢鼻，黃帶，右手持斧，左手持鑿，運連鼓于火中。後出的《云仙雜記》更謂「雷曰天鼓，雷神曰雷公」；威震天下，民間謂其能擊妖孽及忤逆不孝之人，各地多立祠廟，塑雷公像奉祀，用以懲惡勸善。

道教奉爲九天應元雷聲普化天尊，並有天雷十二、地雷十二、人雷十二的三十六雷之說，言其能用符咒召役，以除妖孽，《正統道藏》收有《太上說朝天謝雷真經》等書。

柒、農曆七月誕生諸神

大成魁星——綠衣帝君

• 生日：七月七日

• 稱呼：即魁斗星君、文魁夫子、綠衣帝君、魁星爺、大魁夫子、大魁星帝

• 略傳：

1. 盛傳魁星主文運科甲登第事，學子奉祀甚虔，世俗謂爲文曲星，爲五文昌之一，但清顧炎武日知錄曾指正，魁星係奎星之誤。俗云：「農曆七月七日魁星神誕日」，其實魁星乃北斗星辰也，斗宿有七星，故以七日爲神誕日，魁星又叫奎星、擬爲神明，「魁」字成爲「鬼人蹺斗」形象，俗稱魁星踢斗，由於星光金燦，神像以金身雕塑而成，士子中科魁必建奎星樓，以表材高八斗之榮。

2. 今人所奉魁星，不知始自何年，以奎爲文章之府，故立廟祀之，乃不能像奎，而

魁斗星君 又稱「魁星爺」、「大魁夫子」、「大魁星君」，爲五文昌之一，主文運科甲登第事，是讀書人的守護神，受玉皇上帝敕 爲「文魁星」。

改奎為魁。又不能像魁，而取之字形，為鬼舉足而起其斗。」我國科舉以五經取士，則始自明代，是以國人奉祀魁星，或自明代始。

魁星爺誕辰　畫魁星招財

【本報竹南訊】今天是農曆七夕，俗稱情人節，也是民間信仰五文昌之一的魁星爺誕辰，傳說今天以木當筆畫出「魁星踢斗圖」可帶來考運與財運，竹南鎮民俗學家張益銘與張楊父子多年維持這項習俗。

張益銘表示，魁星爺是五文昌神之一，魁星是北斗七星的前四顆星，掌管考試，也是文財神，因此魁星圖被視為吉祥物品，畫魁星需要選在農曆文昌日，以新春開筆及農曆七夕魁星誕辰兩天最為靈驗，但現在一般人只知七夕是中國情人節，淡忘畫魁星習俗。

張楊說，現在祭拜文昌帝君該用什麼供品眾說紛紜，不少人拿芹菜、蔥、蒜取諧音祭拜，但他認為這些食物煮給考生吃可以討好兆頭，但拿來祭拜文昌帝君卻是種不敬，用包子、粽子或鮮花素果才較適合。

張楊說，魁星踢斗圖會以木板為筆，將「正心修身、克己復禮」八字變化成魁星形狀，魁星爺手握彩毫揮北海，腳翻星斗耀南天態勢，腳踩「鰲」字象徵獨占鰲頭，若踏著招財進寶四字組成的龍舟，有招財進寶的意思。

此外魁星圖因應各行各業需求有六種變化，包括魁星招財、魁星得道、魁星脫凡胎、魁星中狀元圖、武魁星、文魁星。而魁星像雖與符畫不同，還是得經過開光，懸掛時也須注意不能掛在房間內，如果是魁星招財圖，龍舟的龍頭只能朝屋內，不能朝外。

2010.8.16 農 7.7.

魁星圖被視為吉祥物品，畫魁星需要選在農曆文昌日，以新春開筆及農曆七夕魁星誕辰兩天最為靈驗。　圖／張楊提供

首尊純金魁星爺　傳統工藝名師鄭應諧創作

人間福报

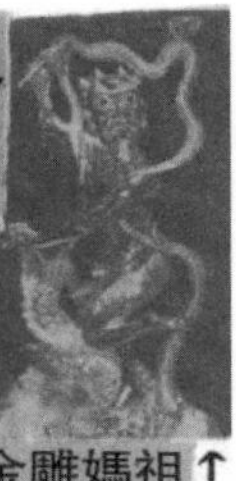

鄭應諧打造一尊純金魁星，活靈活現的刻出魁星醜陋卻威武的神貌。　圖／林宛諭

2011.6.30 細膩刻功 展現魁星神韻、動感的水浪 作品還有金雕媽祖

【本報鹿港訊】考季前夕，不少考生會到廟裡拜魁星、文昌帝君，祈求金榜題名，彰化縣鹿港鎮金雕大師鄭應諧完成一尊純金魁星爺，他利用傳統金雕技法，不僅活靈活現地刻出魁星醜陋而威武的面貌，更把魁星足踏鰲頭的鱗片都處理的非常細膩，是國內難得一見的金雕作品。

關於魁星的傳說，有很多種版本，有一說是魁星爺因臉長滿斑點、又跛腳，雖極有學問，但面試屢試不過，但他不放棄繼續發憤考試，終於讓他高中榜首，參加殿試時，皇上看到他的麻臉原本極為不悅，問他臉是怎麼回事？魁星爺回說「那是麻臉映天象，捧摘星斗」，皇上再問他腳是怎麼了？他說「那是一腳跳龍門，獨占鰲頭」，皇上龍心大悅，欣賞他的機智與文才，封他為狀元。

鄭應諧指出，早期家裡如果生下壯丁，常會打個魁星爺的金鎖片給小孩戴，所以給小孩戴上魁星金飾，期待魁星爺保佑，讓小孩會讀書，像魁星一樣聰明有學問，「不過如果生女生，那就沒有」。

鄭應諧雕刻的純金魁星，重六十兩、高二十三公分，他強調，要雕出魁星貌醜但威武的神韻最不容易，而且魁星通常是手執朱筆，一腳踩鰲魚，另一腳踢斗，叫做「魁星踢斗，獨占鰲頭」，也要雕出有力道的執筆之手，和俏皮的腳踢斗樣貌。但最令人歎為觀止的，是一鎚一刀細工雕出魁星足下鰲頭每個鱗片，連濺起的水浪都顯得極具動感。

鄭應諧為鹿港傳統工藝師，曾獲文建會傳統工藝獎金工二等獎，他的金雕作品皆是以傳統工藝技法，搭配純手工完成創作，他曾創作出鹿港小鎮古早的鄉間景象、家常器物、民俗慶典迎媽祖的熱鬧場面，其中，在創作出這尊純金魁星爺之前，還曾刻出一尊金雕媽祖，他在媽祖身著的五龍袍上，細心的雕刻出象徵「祈求必應」、「香燈花果」、「法器八寶」、「雙獅戲球」、「琴棋書畫」等寓意的圖案。

開臺聖王——鄭成功

•生日：七月十三日

•稱呼：

開臺聖王即鄭成功，亦稱開山聖王、開山尊王、延平郡王、延平王、國姓爺、國姓公、國聖公、國聖爺、鄭國姓、鄭國聖、鄭延平等。

•略傳：

1.聖王爲福建南安縣石井鄉人，初名森，字大木，父芝龍，母爲日人田川氏，亦有謂翁氏，明唐王賜姓朱，改名成功。民前二八八年七月十五日生於日本平戶千里濱，七歲歸國，十五歲補南安縣學廩生，二十歲入太學，慕常熟錢牧齋文名，執贄就教，時李自成陷北京，明思宗殉國，福王立於南京，成功胸懷

民族英雄鄭成功銅像

大志，說牧齋招賢納士，練武備，足糧貯，以振明室，牧齋心畏而謝之。

2.明隆武帝崩後，桂王代立於廣東高要，建號永曆，改明年爲元年，成功亦舉義旗，用招討大將軍印，會文武群臣於烈嶼，定盟復明，以金門、廈門爲基地，收兵數千，生聚教訓，雄視海上，永曆二年十月，晉封成功爲威遠侯，永曆三年，成功克漳浦，七月晉爲漳國公，是年冬進軍廣東揭陽。永曆五年正月，屯兵廣東饒平之南澳，永曆八年七日冊封成功爲延平王。永曆十二年應詔北伐，乃以戰船八千，甲士十七萬，

300年 鄭成功神像 明供奉天后宮

流落民間50餘年「頭牙」時迎回延平郡王祠 永久祀奉

【本報台南訊】台南市延平郡王祠前身開山王廟，廟中主祀的開台聖王鄭成功神像，流落民間五十餘年，明天將暫迎至媽祖樓天后宮供奉，文化局計畫明年農曆一月十六日「頭牙」時，迎回延平郡王祠永久祀奉。

市府文化局長許耿修指出，開山王廟是清朝時，百姓感念鄭成功趕走荷蘭人及開疆拓土功績，而雕塑金身建廟奉祀。現由民間供奉的鄭成功神像，已有三百年歷史，是全世界祀奉鄭成功爲神明之始。

▲鄭成功塑像

台南市文獻委員鄭道聽說，開台聖王神像從清朝以來，由開山王廟的誠心敬、心同敬、合心敬三個神明會輪流奉祀。一八七四年，欽差大臣沈葆楨見台人暗祀鄭成功，神威顯著，又感念其開台有功，奏請朝廷改建爲「延平郡王祠」。

一九四六年台南市政府依例於農曆一月十六日祭開台聖王，並委請名師蔡心雕刻延平郡王像。一九五二年，因整修延平郡王祠，開台聖王神像被請至神明會主委或爐主家中奉祀，此後未再回到延平郡王祠安座；而蔡心雕刻的郡王像，則於一九六四年重建時，被請至鄭氏家廟供奉，目前祠內供奉的是延平郡王祠建成後，由名雕塑家楊英風重塑的泥像。

骨董級的開台聖王神像，現由曾任開山王廟神明會主委的王添富供奉，他表示，五十三年來神像由老一輩信徒輪流祀奉，經討論後，決定迎請至全台唯一與開山王廟有交誼的台南市媽祖樓天后宮供奉。

94 4 25 人間福報

鐵人八千，於六日巡浙江，七月師次江蘇金山縣之羊山，遇風，回駐舟山整備，至永曆十三年五月，大舉北伐，七月徇大江南北，凡下四府三州二十三縣，望風歸附，東南大震，待師迫南京，惜未一鼓作氣，爲清之援兵所逞，挫退金、廈、徐圖再起。

3.永曆十五年，即清順治十八年，桂王奔緬甸，金廈聲問不通，成功仍奉明正朔，矢志復明，惟感金廈地蹙軍孤，非發揮之地，乃規劃收復臺灣，二月駐金門，三月四日祭江，親率舟師先行，二十四日下澎湖，稍事整備，於三月三十日晚盡發舟師東駛，四月一日黎明抵臺灣外沙線，辰時抵鹿耳門，旋登岸，與荷軍數日多次衝擊，荷軍不敵求和，延至十二月始撤軍離去。成功收復臺灣，以赤嵌爲東都明京，轄承天一府，天興、萬年二縣，採寓兵於農政策，招徠閩粵民眾，開拓草萊，農隙訓以武事，養精蓄銳，待機光復國土，解救內陸苦難同胞，其仁心毅志，殊堪足式，惟天不假年，於永曆十六年五月八日殂，時年三十有九。

開元殿興建的鄭成功大神像，總高度一百七十八台尺（約五十四公尺），號稱是世界最高鋼筋混凝土的鄭成功神像。圖／陳永順

今臺灣二千三百餘萬人民，安居樂業，生活富裕，成功復臺之功不可沒，尊其為開臺聖王，名實相符，宜祭之祀之。

中元地官大帝——舜帝

・生日：七月十五日

・稱呼：

中元地官大帝：三官之一、三官即天官、地官、水官，又稱三元，俗稱三界公，地位次於玉帝，統御萬靈，得道神仙，皆從三官保舉。地官居清虛宮，係舜帝膺任之。地官大帝稱號曰：「中元二品赦罪地官清虛大帝」，三官真經中尊號：「中元七炁赦罪地官洞靈清虛大帝青靈帝君」，即「地官大帝」，又曰「青靈帝君」。

・略傳：

舜，我國古代父系氏族社會後期部落聯盟的領袖，也是我國古代聖君，姚姓，名重華，為有虞氏，史稱虞舜。

舜幼年喪母，父瞽叟續娶，生子名象。父親和繼母對象寵愛嬌慣，而對舜卻百般虐待。弟象也仗勢欺兄，使舜青少年時代的生活異常淒苦。但舜卻不失孝道，不管在什麼情況下，對父親和繼母仍非常孝順，對弟象也倍加愛護，終以孝名而聞天下。後來他耕歷山、漁雷澤、陶河濱等等，更加了解了社會，增長了才幹，贏得了人們的普遍同情和支持。他的事跡亦不徑而走，並經四岳（掌管天下的四方諸侯）將舜推薦給堯。

堯「乃以二女妻舜，以觀其內，任以百官以觀其外，乃屬以九子，贈以昭華之玉」（見《淮南子》）。經過考察，堯在舜三十歲時命他輔政。舜便巡行四方，幫助堯消滅了鯀和共工等，鞏固了堯帝之位。堯去世後，舜繼其帝位，更加繼續治理民事。特別是選拔治水中有功的大禹爲繼承人，爲華夏民族在啓蒙階段的生存發展，繁榮昌盛做出了突出貢獻。

後世對舜帝所留有的文化遺存不可能存有什麼實物，除文字記載外，紀念屬地頗多。綜述其舜帝文化遺存，沒有爭議的記載有兩點：一是帝舜爲有虞氏，如「帝舜爲有虞」（見《史記・五帝本紀》），「舜以虞地得達」（見《論衡・正說》）；二是建都蒲坂，如「舜都蒲坂」（見《帝王世紀》），「河繫縣（今永濟）東二里故蒲坂城，舜所都也」（見《史記・正義》引《地記》注）。有爭議的記載和說法：一是出生地有三種說法，一爲今永濟諸馮，即今張營鄉舜帝村（見《永濟縣志》四一九頁），二爲今垣曲縣的諸

在地官大帝（舜帝）陵，左起：楊增選、吳信義、陳福成、吳元俊，2010 年 11 月山西運城

本書作者在地官大帝（舜帝）陵墓前，2010 年 11 月山西運城

馮山（見《舜鄉之謎》第二冊一頁），三爲河南濮陽市范縣濮州姚墟（見《歷史文化研究》二〇〇〇年第三期）；二是對舜帝的卒崩地有兩種說法，一爲卒於鳴條，「舜生於諸馮，遷於負夏，卒於鳴條」（見《孟子》），鳴條即今山西運城市鹽湖區的鳴條崗，二爲「死於蒼梧之野，葬於九嶷」（見《中國歷代帝王錄》和《中國歷史大事年表》）。蒼梧和九嶷都在今湖南寧遠縣境。（貟創生，「舜帝功業及其文化遺存」，山西文獻第七十七期，民國一百年元月。）

舜繼位後，定都蒲坂。晉《帝王本紀》中載：「蒲坂舜所都也，城中有舜廟。」他心系天下，施德于民，「行厚德，遠佞人，則蠻夷率服」（《史記・本紀第五・五帝》）。施仁易、定法典、選人才、治荒洪、播五谷、勤躬耕、創建五常、德孝天下。他起用賢能，委託大禹、后稷、伯益、皋陶、伯夷、契、龍等二十二位賢能大臣，對水利、農業、刑律、典樂諸方面進行了治理、開發、研討、發展。《史記・本紀第一・五帝》載曰：「皋陶爲大理，平，民各伏得其實；伯夷主禮，上下咸讓；垂主工師，百工致辭功；益一虞，山澤辟；棄主稷，百谷時茂；契主司徒，百姓親和；龍主賓客，遠人至；……唯禹之功爲大，披九山，通九澤，決九河，定九州，……天下明德皆自虞帝始！」《史記・世家第六・陳》中又載「舜之德可謂至矣。」舜帝所締造的「德孝」風範，已成爲中華民族的民風、社風、國風、源遠流長，世代傳頌，享譽全球。

舜在位五十年，效法唐堯，將權力交給治水有功的大禹。舜駕崩後，大禹在鳴條崗舜原居上修夷了皇城離宮。據《竹書紀年・帝舜有虞氏》載：「四十九年，帝居鳴條。五十年，帝陟（帝王之崩爲陟）」，又載：「鳴條有蒼梧之山，帝崩遂葬焉。」至於舜死于江南，葬于九疑，屬於誤傳。《史記・列傳第五十七・司馬相如》中也糾正了葬于九疑的誤傳：「過虞舜于九疑。紛湛湛其差錯兮……。」數千年時空穿越，煙云翻滾，而巍然座落的舜帝城、舜帝陵，依然古香古色，風雅猶存。明代相宗皋在《舜陵形勝》詩中這樣描繪：

「舜耕歷山」的地方，今山西芮城縣

曠觀廟之形勝，背枕孤峰，涑水之波濤繞于後；南對南山，嵯海之鹽花獻于前；右繞黃河不帶，為內黨障之風猶存；左拱香山瑤台，歷山稼耕之地如故；非古帝先聖，誰致輕葬其上哉？

據載，從北魏時起，歷代帝王者要在這裡舉行一次祭祀儀式。舜帝皇城和舜陵已成爲中華根祖文化的歷史見証，成爲全球華人尋根祭祖、追溯華夏文明的源頭和回眸遠古、相約今朝的聖會殿堂。

附：詩一首

舜廟　（明）周士儒

嗚條蜒蜿界平川，舜帝神祠不記年。
數廟宮連秋樹碧，一團冢接幕云連。
風林清夜皆韶樂，野老荒村亦豆籩。
地與河中原比壤，虞陵誰道九嶷前。

王母娘娘——瑤池金母

• 生日：七月十八日

• 稱呼：太貞西王母、道家女仙之宗，本名九光元女，稱號九靈太妙龜山金母，又號太孟九光龜臺金母元君，東晉時稱西漢夫人，後世尊稱瑤池金母，俗稱王母娘娘或西王母。

• 研究、探討：

按《神仙傳》，瑤池金母以西天之氣生化在伊川，俗姓緱（另說姓何或楊），名回，字婉妗，一定太虛，統理西方之元氣。

瑤池金母，尊號「無極瑤池大聖西王金母大天尊」、「白玉龜台九靈太真金母元君」、「白玉龜台九鳳太真西王母」、「太靈九光龜台金母元君」，俗稱西王母、王母娘娘、金母元君、西華金母、太靈九光龜台金母、九靈太妙龜山金母、金母娘娘、西漢夫人、西漢九光夫人、瑤池金母、瑤池金母大天尊、無極瑤池金母。

「居崑崙之間，有城千里，玉樓十二，瓊華之闕，光碧之堂，九層元室，紫翠丹房，左帶瑤池，右環翠山」。這是西王母的居住環境，可謂金碧輝煌。

松山慈惠堂堂主郭葉子

瑤池金母

高中歷史下冊，民84年，龍騰出版.

松山慈惠堂

西王母，又稱王母娘娘或瑤池金母，是「無生老母」信仰的重要源頭。「無生老母」信仰則是白蓮教的中心教義。

松山慈惠堂堂主郭葉子率团回甘肅王母故里

甘肅涇川王母宮三清殿慶成祝聖團

甘肅涇川王母宮三清殿慶成施放天燈

元始天尊授瑤池金母以萬天之統、龜山九光之籙，使制召萬靈，統括真聖，盟證信，總諸天之羽儀，上聖之考校。仙人得道昇天，須先拜木公，後謁金母，始得昇九天、入三清，拜太上覲奉元始天尊。

又瑤池金母爲女仙之宗，以德配坤元，育養天地，統轄三界十方女神，乃女神至尊、女仙之首，天上天下、三界十方，女子得道登仙者，都隸屬於瑤池金母管轄。

諸葛武侯——顯靈仁濟王

- 生日：七月廿三日
- 稱呼：忠武侯，姓諸葛，名亮，字孔明，唐昭宗封爲武靈王，元英宗封爲威烈忠武顯靈仁濟王，玉封天樞上相諸葛真

甘肅涇川王母宮三清殿慶成晚會

▲三國時期諸葛亮躬耕之地－南陽武侯祠。

武侯祠中的諸葛亮像　諸葛亮，字孔明。他曾屢次伐魏，志在恢復中原，重興漢室，可惜「出師未捷身先死，長使英雄淚滿襟」。國民中学.歷史 第一冊

漢昭烈廟
2009/10/11

漢昭烈陵
2009/10/11

君，後世稱為諸葛武侯，亦曰武侯先師。

・事略：

孔明生於漢靈帝光和四年（西元一八一年），七月二十三日；病逝於蜀漢建興十二年（西元二三四年）八月二十八日，「得年，五十四歲，陽壽不多，但「精神享壽」卻是「萬歲萬歲萬萬歲」了，他已長生不老，進人「永垂不朽」的境界。

諸葛亮，字孔明，東漢山東瑯琊郡陽都（今山東沂水縣南）人，是西漢元帝時的司隸校尉（京師安全負責人）諸葛豐的後代。

諸葛這個複姓，原來只是一個單姓「葛」，葛姓本來居住山東瑯琊郡的諸縣（今山東諸城），再遷陽都。陽都原來也有「葛」姓人家，爲了區別，諸縣遷來的葛姓一族，時人叫「諸葛」，後就演變爲姓。

諸葛亮的父親叫諸葛珪，曾任泰山郡丞，可惜諸葛亮父母都不幸早逝，三兄弟和兩個姊姊都去投靠叔父諸葛玄，定居襄陽。

三國時代正好是在四百年太平（漢）到四百年大亂（魏晉南北朝）的中間，所以它是一盤殘局，也是開端或過渡的時代。三國鼎峙起自曹丕纂漢，廢漢獻帝爲山陽公，自爲魏文帝，定都洛陽，改元黃初元年（西元二二〇年），到最後司馬炎統一，這一年是晉武帝太康元年（二八〇年），有六十年時間。但三國紛亂從漢獻帝初年元年（一九〇年），討伐董卓（死於呂布之手）開始，這一算「三國時代」就有九十年之久。另以三國併存（二二九年—二六三年），則僅三十四年。

在赤壁之戰（漢獻帝建安十三年，西元二〇八年）前，群雄割據，一片渾沌；戰後才有三國初分的局面，疆域以魏最大，吳次之，蜀最小。

孔明正是生在這個大爭戰、大紛亂、大割據的大時代中。亂，是英雄豪傑的溫床，是學術思想與謀戰策略百花齊放的舞台；太平昇世，大家樂得「朝九晚五」，喝咖啡談是非，還有什麼大作爲？只是亂，苦了小老百姓。

孔明在中國歷史上之能被尊爲「永恆的神祇」，在「漢賊不兩立」的堅持。亮一生，只知忠君愛國，鞠躬盡瘁，死而後已，觀其前出師表，後出師表，即可知其丹心耿耿也。武侯「出則爲將、入則爲相」，爲三國時代之大軍事家，大政治家，祖孫三代（武侯，及子瞻、孫尙）均爲國捐軀。成都南門外萬橋西武侯祠（即昭烈廟，前殿供奉昭烈皇帝劉備，後殿供奉武侯祖孫三代）規模可觀。

孔明的思想（主張）之所以能影響中國歷史幾千年，甚至穿透時空，達到永恆，除了他成爲一位忠貞名相，幾與周公平齊外，還是在他〈後出師表〉所堅持的「漢賊不兩立，王業不偏安」。這裡的「漢」指蜀漢，代表一貫道統中國的傳承；「賊」指曹操政權，先有「挾天子以令諸侯」，後再篡漢，是一個「非法」或「偏統」的政權。就像台灣在「319」後的台獨政權，是「百年笑話」，也是「千年爭議」，其理相同也。

但若站在一個更高的「制高點」看，三國時代主流的政治思想仍是「統一」。當時中國雖裂解爲三，各成鼎峙之局，惟各方都仍積極追求中國之統一，曹操爲統一之戰，率百萬大軍南征，爆發有名的「赤壁之戰」。孔明也爲復興漢室，完成統一中國的歷史天職，發動五次北征之戰。

蜀漢陣營中能有千秋不朽的典型有兩組人，劉備和孔明代表正統中國政治思想，致力於漢賊不兩立，復興漢室的努力。而劉備、張飛和關公的「桃園三結義」，代表中國民間忠義精神。以上四人又是同一陣營，因爲他們都在復興漢室統一中國的過程中獻出寶貴的生命。以孔明的政治思想略述之。

孔明的政治思想最初在〈隆中對〉有清楚的論述，是一篇感人的「國家戰略構想圖」，指出未來敗曹操、取荊州、定益州、建國蜀地、北伐統一的進程，遂成三分天下局面。接著，在前、後〈出師表〉有更明白的闡揚。這三篇文章不僅對中國政治思想，更對歷史和所有中國人產生巨大的影響。在〈在出師表〉中說：

臣本布衣，躬耕南陽，苟全性命於亂世，不求聞達於諸侯。先帝不以臣卑鄙，猥自枉屈，三顧臣於草廬之中，諮臣以當世之事，由是感激，遂許先帝以馳驅。後世傾覆，受任於敗軍之際，奉命於危難之間；爾來廿有一年矣！先帝知臣謹慎，故臨終寄臣以大事也。

受命以來，夙夜憂慮，恐付託不效，以傷先帝之明。故五月渡瀘，深入不毛。今南方已定，甲兵已足，當獎帥三軍，北定中原；庶竭駑鈍，攘除姦兇，興復漢室，還於舊都。此臣所以報先帝，而忠陛下之職分也。

在〈前出師表〉中也同時提到漢朝興敗原因，「親賢臣，遠小人，此先漢之所以興隆也；親小人，遠賢臣，此後漢之所以頹敗也」。這何嘗不是古今一切政權政治隆污之真理。蜀漢建興六年（二二八年）十一月，孔明得知關中防備削弱，決定再度北伐，再向後主劉禪上〈後出師表〉曰：

先帝慮漢賊不兩立，王業不偏安，故託臣以討賊也。以先帝之明，量臣之才，故知臣伐賊，才弱敵強也。然不伐賊，王業亦亡；惟坐而待亡，孰與伐之？是故託臣而弗疑也。

套用台灣戒嚴時代的語氣，不反攻大陸，中華民國偏安在台灣，最後一定亡；與期坐而待亡，不如積極反攻大陸。但反攻大陸嘛！又沒有勝算，這實在是中國歷史上所有偏安政權的悲哀和困境。對於如何突破這種宿命的困境，孔明最後說「臣鞠躬盡瘁，死而後已。至於成敗利鈍，非臣之明所能逆料也」。今天台灣的困境，實蜀漢之「複製」也。

也許就是這種明知不可爲而爲的精神，忠誠貞節的道德情操，使其思想感動千秋萬代的中華子民。如岳飛、文天祥、鄭成功及蔣中正先生，他們先前都致力於「北伐大業」，都歸於失敗。但歷史、史家和民心，卻不以成敗論英雄，只在乎他一生所堅持的信念是什麼？這個信念就是永遠與中國一貫道統站在一起，古今的中國人在乎的竟是這個。

另一個被孔明定位成「賊」的曹魏陣營，只重才能，忽視品德，加上篡漢污名，在歷史上屬於負面典型。本來統治者不依法統取大位，應受到歷史嚴厲批判才對，才能彰顯「歷史正義」。黃仁宇認爲大歷史沒有例外，就是指歷史正義。用公元二〇〇四年台灣獨派人馬所自導自演的「319 篡國竊案」詮釋，在當代因司法系統被民進黨控制，故不可能有社會正義。但未來仍難逃歷史批判，這就是歷史正義的力量了。縱使再十年、百年、千年……仍難逃史家正義之筆，「永世不得翻身」了。

地藏王菩薩——幽冥教主

‧生日：七月三十日

‧稱呼：地藏王：佛家諸菩薩之一，亦世稱幽冥教主。地藏王統轄冥府十殿閻王，綜理檢察人間善惡，以靈獸為座騎，獸名曰獍（一名破鏡，狀如虎豹而小，耳極聰敏），或名諦聽。

‧略傳：

傳說地藏王姓金、名喬覺，是新羅國王的支族，慈心貌惡，穎悟敏然，身高七尺，頂額高聳，奇骨特凸，才力能敵十人而不敗，曾說，六籍寰中五清術內唯第一，義境與心合，唐高宗永徽四年，年二十四歲，剃髮攜白犬，渡海到中國，到安徽地州青陽縣東的九華山。金喬覺圓寂後，葬於神光嶺的真身寶殿，以其「久遠劫來

九華山為地藏王菩薩添新杖

人間福報·一○二·七·十四·

【本報綜合報導】大陸安徽池州的大願文化園，是中國四大佛教名山之一的九華山打造的國際重要佛教道場，每年來此的遊客以南韓人居多。目前大願文化正為地藏王菩薩銅像，鑄造世界上最大、最高的錫杖。

九華山風景區管委會負責人表示，大願文化園內設三個功能區，分別是大願文化園、印象九華、世界佛教文化交流中心，其中最令人矚目的是九十九公尺高的地藏王菩薩銅像，是世界最高。據悉，地藏王菩薩預計八月底前完成主體工程錫杖安裝，九月底前完成摩尼寶珠安裝，十月底前完成外裝飾工程，十一月底前完成主體工程全部結束。

九華山，，是「地獄未空誓不成佛，眾生度盡方證菩提」的地藏王菩薩道場。相傳唐代時，新羅國（韓國）王子金喬覺，泛舟渡海到中國，擇九華而居，潛心修行，圓寂後，葬於神光嶺的眞身寶殿，以其「久遠劫來屢發弘願」，故被尊稱為大願地藏王菩薩。

屢發弘願」，故成大願地藏王菩薩。

地藏王修行過程也有很多感人故事，至德年初，有諸葛節率村父自山麓登峰頂，山深高極已無人跡，豔日鮮明，而地藏王仍孤然閉目禪坐，石室中，有折足鼎，藏王僅靠鼎內白土和米烹煮，群老見而嘆道，和尚如此苦行，實乃我輩山民罪咎，於是共為藏王構築禪宇，未及一年，建成大迦藍寺，建中初，張嚴典仰尊藏王高風，移舊額奏置寺中，暹羅僧人聞知，相繼渡海來尋，藏王徒弟大夕無以資養，藏王乃以青白土和麵，供與眾食，龍潭旁有白墡取之不盡，貞元十九年夏，藏王忽召眾徒告別，人不知所往。

南京棲霞寺大殿裡的一口大鐘，鐘下供奉一尊地藏菩薩，牆上則為超薦牌位，透過鐘聲超拔亡靈。

因地藏王是新羅國（韓國）人，今九華山觀

光客以韓國人最多。

佛家經典所載之地藏，固與地獄有關，惟除如前述之地藏王外，尚有檀陀、寶珠、寶印、持地、除蓋障、日光等地藏、稱六地藏。又以地藏，寶處，寶手，持地、寶印、堅固意六菩薩稱六地藏。除此，尚有延命地藏，勝軍地藏等等。

捌、農歷八月誕生諸神（含從神）

至聖先師孔子——孔夫子

・生日：八月二十七日

・稱呼：萬世師表、至聖先師、孔父、宣父、天下至聖、孔夫子、孔子公

・略傳：

孔子為春秋時魯國人，名丘，字仲尼，生於周靈王二十一（前五五一年）年八月二十七日。以國曆推算，為九月二十八日，政府定是日為孔子誕辰，列為國定紀念日，全國各地孔廟舉行祀典，台灣以台北、台中、台南三地祭孔大典最隆重。

孔子生有聖德，學無常師，嘗問禮於老聃（老子、太上老君），學樂於長弘，習琴於師襄，不恥下問，以為三人行必有師焉。初為魯國之司空，於周敬王二十年任大司寇，攝相事，時魯大夫少正卯玩法弄權，心逆而險，言偽而辯，孔子以其亂政而誅之，魯國大治，其後周遊列國十八年，返魯後刪詩、書、訂禮、樂、贊周易、作春秋，弟子有三

千，其中身通六藝者有七十二人，卒於周敬王四十一年（公元前四九七年），享年七十有二。

我國古時立學，有釋奠之制，即於仲春及仲秋之上丁日，有祭奠先師之儀，至漢以來，皆奉孔子爲先聖先師，漢平帝道諡孔子爲褒成宣尼公，魏晉稱奉聖侯，隋稱紹聖侯，唐初稱褒聖侯，至太宗貞觀十一年招尊孔子爲宣父，玄宗開元二年，置內教坊及京都左右教坊，文風極盛，追諡孔子爲文宣王，宋真宗大中祥符元年加諡爲元聖文宣王，五年改諡爲至聖文宣王，明世宗嘉靖九年釐正祀典，始爲木王，題至聖先師孔子神位，清世祖入關代明稱帝，對孔子仍極尊崇，於順治二年諡爲大成至聖文宣先師孔子，順治十四年，改稱至聖先師孔子。

• 探討：

1. 我國之有孔子廟，始於春秋之時，魯哀公於山東曲阜闕里建孔子廟，收藏孔子衣冠、琴、書等遺物。北魏時稱宣尼廟。北齊時各地郡學皆於坊內設孔顏廟，唐貞觀時詔令各州縣皆立孔子廟，開元後改稱文宣王廟，明永樂以後稱文廟，民國三年規定從最古之稱爲孔子廟，大成殿奉祀大成至聖先師孔子，四配，十二哲神位，其弟子及歷代大儒分列東西兩廡，按時由地方長官致祭。

2.今人稱孔子廟又簡稱文廟或孔廟，亦有稱聖廟者，而在大陸各地有稱夫子廟，普及各地，大陸色變，在「批孔揚秦」政策下，今仍存在者，諒也無幾。台灣雖幅員有限，而國人大事開發亦僅三百餘年，而孔子廟分佈極廣，除清代府縣創建之孔廟及近年縣市新建之孔廟未辦理登記外，由民間興建，以孔子爲主神之寺廟，經縣市政府登記者，即達二十三座之多，惟除主神以孔子外，其從祀者多爲倉頡，梓潼等神，不符古制。

3.台灣符合古制之孔廟，計有台北、台中、彰化、台南、高雄、屏東、宜蘭等七座，每年舉行釋奠典禮，由中央或地方首長致祭，其所謂符合古制，即孔廟有大成殿，殿上除至聖先師孔子以外，尚有四配、十二哲，東西兩廡有先賢、先儒，各有固定之位次，大成殿之後爲崇聖祠，奉祠孔子五代祖先、孔子兄孟皮及四配之父。

孔子紀年

一歲：公元前五五一年（魯襄公二十二年）孔子九月二十八日生於魯國陬邑昌平鄉（今山東曲阜東南）。關於孔子出生年月有兩種記載，相差一年，今從《史記・孔子世家》說。

三歲：公元前五四九年（魯襄公二十四年）其父叔梁紇卒，葬於防山（今曲阜東二十五里處）孔母顏征在攜子移居曲阜闕里，生活艱難。

五歲：公元前五四七年（魯襄公二十六年）孔子弟子秦商生，商字不慈，魯國人。

六歲：公元前五四六年（魯襄公二十七年）弟子曾點生，點字晳，曾參之父。

七歲：公元前五四五年（魯襄公二十八年）弟子顏繇生，繇又名無繇，字季路，顏淵之父。

八歲：公元前五四四年（魯襄公二十九年）弟子冉耕生，字伯牛，魯國人。

十歲：公元前五四二年（魯襄公三十一年）弟子仲由生，字子路，卞人。是年魯襄公死，其子躌繼位，是爲昭公。

十二歲：公元前五四〇年（魯昭公二年）弟子漆雕開生，字子若，蔡人。

十五歲：公元前五三七年（魯昭公五年）孔子日見其長，已意識到要努力學習做人與生活之本領，故曰：「吾十有五而志於學」。（《論語・爲政》）

十六歲：公元前五三六年（魯昭公六年）鄭鑄刑鼎。弟子閔損生，字子騫，魯國人。

十七歲：公元前五三五年（魯昭公六年）孔母顏征在卒。是年。季氏宴請士一級貴族，孔子去赴，被季氏家臣陽虎拒之門外。

十九歲：公元前五三三年（魯昭九年）孔子娶宋人亓官氏之女爲妻。

二〇歲：公元前五三二年（魯昭公十年）亓官氏生子。據傳此時正好趕上魯昭公賜鯉魚於孔子，故給其子起名爲鯉，字伯魚。是年孔子開始爲委吏，管理倉庫。

二一歲：公元前五三一年（魯昭公十一年）是年孔子改作乘田，管理畜牧。孔子說：「吾少也賤，故多能鄙事。」（《論語・子罕》）此「鄙事」當包括「委吏」、「乘田」。

二七歲：公元前五二五年（魯昭公十七年）郯子朝魯，孔子向郯子詢問郯國古代官制。孔子開辦私人學校，當在此前後。

三〇歲：公元前五二二年（魯昭公二十年）自十五歲有志於學至此時已逾一五年，孔子經過努力在社會上已站住腳，故云「三十而立」（《論語・爲政》）是年齊景公與晏嬰來魯國訪問。齊景公會見孔子，與孔子討論秦穆公何以稱霸的問題。弟子顏回、冉雍、冉求、商瞿、梁鱣生。回字淵，雍字仲弓，求字子有，瞿字子木，皆魯國人；鱣字叔魚，齊國人。

三一歲：公元前五二一年（魯昭公二十一年）弟子巫馬施、高柴、宓不齊生。施字子期，陳國人；柴字子高，齊國人；不齊字子賤，魯國人。

三二歲：公元前五二〇年（魯昭公二十二年）弟子端木賜生，賜字子貢，衛國人。

三四歲：公元前五一八年（魯昭公二十四年）孟懿子和南宮敬叔學禮於孔子。相傳孔子與南宮敬叔適周問禮於老聃，問樂於萇弘。

三五歲：公元前五一七年（魯昭公二十五年）魯國發生內亂。《史記．孔子世家》云：「昭公率師擊（季）平子，平子與孟孫氏、叔孫氏三家共攻昭公，昭公師敗，奔齊。」孔子在這一年也到了齊國。

三六歲：公元前五一六年（魯昭公二十六年）齊景公問政於孔子，孔子對曰：「君君、臣臣、父父、子子」。孔子得到齊景公的賞識，景公欲以尼溪之田封孔子，被晏子阻止。孔子在齊聞《韶》樂，如醉如癡，三月不知肉味。

三七歲：公元前五一五年（魯昭公二十七）齊大夫欲害孔子，孔子由齊返魯。吳公子季札聘齊，其子死，葬於瀛、博之間。孔子往，觀其葬禮。弟子樊須、原憲生。須字子遲，魯國入；憲字子思，宋國人。

三八歲：公元前五一四年（魯昭公二十八年）晉魏獻子（名舒）執政，舉賢才不論親疏。孔子認爲這是義舉，云：「近不失親，遠不失舉，可謂義矣。」

三九歲：公元前五一三年（魯昭公二十九年）是年冬天晉鑄刑鼎，孔子曰「晉其亡呼，失其度矣。」

四〇歲：公元前五一二年（魯昭公三十年）經過幾十年的磨練，對人生各種問題有了比較清楚的認識，故自云「四十而不惑」。弟子澹台滅明生。滅明字子羽，魯國人。

四一歲：公元前五一一年（魯昭公三十一年）弟子陳亢生。亢字子禽，陳國人。

四二歲：公元前五一〇年（魯昭公三十二年）昭公卒，定公立。

四三歲：公元前五〇九年（魯定公元年）弟公西赤生。赤字華，魯國人。

四五歲：公元前五〇七年（魯定公三年）弟子卜商生。商字子夏，衛國人。

四六歲：公元前五〇六年（魯定公四年）弟子言偃生。偃字子游，吳國人。

四七歲：公元前五〇五年（魯定公五年）弟子曾參、顏幸生。參字子輿，魯國人。幸字子柳，魯國人。

四八歲：公元前五〇四年（魯定公六年）季氏家臣陽虎擅權日重。孔子稱之為「陪臣執國命」。（《論語．季氏》）《史記．孔子世家》云：「陪臣執國政。……故孔子不仕，退而修《詩》、《書》、《禮》、《樂》，弟子彌眾，至自遠方，莫不受業焉。」陽虎欲見孔子，孔子不想見陽虎、後二人在路上相遇。陽虎勸孔子出仕，孔子沒有明確表態。此事當在魯定公五年或魯定公六年。

四九歲：公元前五〇三年（魯定公七年）弟子顓孫師生。師字子張，陳國人。

五〇歲：公元前五〇二年（魯定公八年）自謂「五十而知天命」。（《論語．為政》）公山不狃以費叛季氏，使人召孔子，孔子欲往，被子路阻擋。

五一歲：公元前五〇一年（魯定公九年）孔子爲中都宰，治理中都一年，卓有政績，四方則之。弟子冉魯、曹玲、伯虔、顏高，叔仲會生。魯字子魯，魯國人：玲字子循，蔡國人：虔字子析，魯國人；高字子驕，魯國人：會字子期。魯國人。

五二歲：公元前五〇〇年（魯定公十年）孔子由中都宰升小司空，後升大司寇攝相事。夏天隨定公與齊侯相會於峽谷。孔子事先對齊國邀魯君會於峽曾有所警惕和准備，故不僅使齊國劫持定公的陰謀未能得逞，而且逼迫齊國答應歸還侵占魯國的鄆、鄹、龜陰等土地。

五三歲：公元前四九九年（魯定公十一年）孔子爲魯司寇，魯國大治。

五四歲：公元前四九八年（魯定公十二年）孔子爲魯司寇。爲削弱三桓，采取墮三都的措施。叔孫氏與季孫氏削弱家臣的勢力，支持孔子的這一主張，但此一行動受孟孫氏家臣公斂處父的抵制，孟孫氏暗中支持公斂處父。墮三都的行動半途後廢。弟子公孫龍生。龍字子石，楚國人。

五五歲：公元前四九七年（魯定公十三年）春，齊國送八〇名美女到魯國。季桓子接受了女樂，君臣迷戀歌舞，多日不理朝政。孔子與季氏出現不和。孔子離開魯國到了衛國。十月，孔子受讒言之害，離開衛國前往陳園。路經匡地，被圍困。後經蒲地，遇公叔氏叛衛，孔子與弟子又被圍困。後又返回至衛都。

五六歲：公元前四九六年（魯定公十四年）孔子在衛國被衛靈公夫人南子召見。子路對孔子見南子極有意見批評了孔子。鄭國子產去世孔子聽到消息後，十分難過，稱贊子產是「古之遺愛」。

五七歲：公元前四九五年（魯定公十五年）孔子去衛居魯。夏五月魯公卒，魯哀公立。

五八歲：公元前四九四年（魯哀公元年）孔子居魯，吳國使人聘魯，就「骨節專車」一事問於孔子。

五九歲：公元前四九三年（魯哀公二年）孔子由魯至衛。衛靈公問陳（陳）於孔子，孔子婉言拒絕了衛靈公。孔子在衛國住不下去，去衛西行。經過曹國到宋國。宋司馬桓？（左鬼右隹）討厭孔子，揚言要加害孔子，孔子微服而行。

六〇歲：公元前四九二年（魯哀公三年）孔子自謂「六十而耳順」。孔子過鄭到陳國，在鄭國都城與弟子失散獨自在東門等候弟子來尋找，被人嘲笑，稱之爲「累累若喪家之犬」。孔子欣然笑曰：「然哉，然哉！」

六一歲：公元前四九一年（魯哀公四年）孔子離陳往蔡。

六二歲：公元前四九〇年（魯哀公五年）孔子自蔡到葉。葉公問政於孔子，並與孔子討論有關正直的道德問題。在葉返蔡的途中，孔子遇隱者。

六三歲：公元前四八九年（魯哀公六年）孔子與弟子在陳蔡之間被困絕糧，許多弟子因困餓而病，後被楚人相救。由楚返衛，途中又遇隱者。

六四歲：公元前四八八年（魯哀公七年）孔子在衛。主張在衛國爲政先要正名。

六五歲：公元前四八七年（魯哀公八年）孔子在衛。是年吳伐魯，戰敗。孔子的弟子有若參戰有功。

六六歲：公元前四八六年（魯哀公九年）孔子在衛。

六七歲：公元前四八五年（魯哀公十年）孔子在衛。孔子夫人亓官氏卒。

六八歲：公元前四八四年（魯哀公十一年）是年齊師伐魯，孔子弟子冉有帥魯師與齊戰，獲勝。季康子問冉有指揮才能從何而來？冉有答曰「學之於孔子」。季康子派人以幣迎孔於歸魯。孔於周游列國一四年，至此結束。季康子欲行「田賦」，孔子反對。孔子對冉有說：「君子之行也，度於禮。施取其厚，事舉其中，斂從其薄。如是則丘亦足矣」。

六九歲：公元前四八三年（魯哀公十二年）孔子仍有心從政，然不被用。孔子繼續從事教育及整理文獻工作。孔子的兒子孔鯉卒。

七〇歲：公元前四八二年（魯哀公十三年）孔子自謂「七十而從心所欲，不逾矩」。顏回卒，孔子十分悲傷。

七一歲：公元前四八一年（魯哀公十四年）是年春，狩獵獲麟。孔子認為這不是好征兆，說：「吾道窮矣」。於是停止修《春秋》。六月齊國陳恒弒齊簡公，孔子見魯哀公及三桓，請求魯國出兵討伐陳桓，沒有得到支持。

七二歲：公元前四八〇年（魯哀公十五年）孔子聞衛國政變，預感到子路有生命危險。子路果然被害。孔子十分難過。

七三歲：公元前四七九年（魯哀公十六年）四月，孔子患病，不愈而卒。葬於魯城北。魯哀公誄之曰：「天不吊，不憖遺一老，俾屏余一人以在位，煢煢余在疚，嗚呼哀哉！尼父！無自律」。不少弟子為之守墓三年，子貢為之守墓六年。弟子及魯人從墓而家者上百家，得名孔里。孔子的故居改為廟堂，孔子受到人們的奉祀。

孔子嫡系後裔家譜

第二代，孔鯉，字伯魚。宋徽宗崇寧元年（公元一一〇二年）追封為泗水侯，孔氏後人稱為二世祖。孔鯉經常趨庭接受孔子詩禮的訓導。享年五〇歲，先孔子而死。

第三代，孔伋字子思。宋徽宗崇寧元年（公元一一〇二年）追封爲沂水侯，元文宗至聖元年（公元一三三〇年）追封沂國述聖公，孔氏後人稱其爲三世祖。他受業於孔子學生曾參，頗得孔子思想的真傳，著作《中庸》，以述父師之意。孔伋成爲述聖，前繼孔子，後通過門人傳給孟子。孔伋享壽八二歲。

第四代，孔白，字子上。博通群書，又善兵法，齊威王召爲國相，不就，享年四七歲。

第五代，孔求，字子家。享年四五歲。

第六代，孔箕，字子京。享年四六年。

第七代，孔穿，字子高。博學、清虛、沉靜，有遁世之志。當時楚、魏、趙三國爭相聘請，孔穿不仕。享年五一歲。

第八代，孔謙，字子順。爲魏相。享年五七歲。

孔鮒，字子魚，或子甲。博通經史，秦始皇召爲魯國文通君。秦始皇焚書坑儒時，將其家傳《論語》、《尚書》、《孝經》、《禮》等書藏於孔子故宅牆壁中，得以保留下來。

第九代，孔騰，字子襄，漢高祖十二年（公元前一九五年）封孔騰爲奉祀君，專管祭祀孔子的事務，此爲奉祀孔子之始。享年五七歲。

第十代，孔忠，字子貞。有高尙之志，被漢文帝封博士、褒成侯。享年五七歲。

第十一代，孔武，字子威。漢文帝封爲博士。早卒。

第十二代，孔延年。博覽群書。漢文帝時以治《尚書》出名，征爲博士，轉繼太傅，後又任大將軍。享壽七一歲。

第十三代，孔霸，字次孺。少年時就顯示出非凡才華。漢元帝永光元年（公元前四三年）賜爵關內侯，食封八〇〇戶，號褒成君，並賜黃金二〇〇斤，宅一區，昭帝時征爲博士。此爲世襲爵位奉祀之始。享壽七二歲。

第十四代，孔福。漢成帝綏和元年（公元前八年）封爲關內侯。享壽六二歲。

第十五代，孔房。漢哀帝建平二年（公元前五年）襲封關內侯，賜九三二戶。

第十六代，孔均，字長平。本名莽，因避王莽諱，改名均。好學有才，言辭清辨，奏對成章。漢平帝元始元年（公元一年）封爲褒成侯。王莽居攝二年（公元七年）欲拜孔均爲太尉，上書辭謝未就職。享壽八一歲。

第十七代，孔志。光武帝建武十四年（公元三八年）復封爲褒成侯，食邑二〇〇〇戶。

第十八代，孔損，字君益。漢明帝永平十五年（公元七二年）襲爵，章帝元和二年（公元八五年）至闕里祭祀孔子時，孔損助祭，和帝永元四年（公元九二年）封爲褒亭侯，食邑一〇〇〇戶。

第十九代，孔曜，字君曜。漢安帝延光三年（公元一二四年）封爲奉聖亭侯，食邑一〇〇〇戶。

第二十代，孔完。漢靈帝建寧二年（公元一六九年）襲褒亭侯。孔完早逝，無子。由其弟孔瓚之子孔羨襲爵。

第二十一代，孔羨，字子余。魏文帝黃初元年（公元二二〇年）拜爲奉議郎，二年（公元二二一年）封爲宗聖侯，賜食邑百戶。

第二十二代，孔震，字伯起。西晉武帝泰始三年（公元二六七年）封爲奉聖亭侯，拜太常卿黃門侍郎。賜食邑二〇〇戶。享壽七五歲。

第二十三代，孔嶷，一作孔亭，字成功。東晉明帝太寧三年（公元三二五年）襲封奉聖亭侯。

第二十四代，孔撫。歷豫章太守，襲封奉聖亭侯。

第二十五代，孔懿，襲奉聖亭侯。享壽六一歲。

第二十六代，孔鮮，字鮮之。好學，有度量。南朝宋文帝元嘉十九年（公元四四二年）襲封聖亭侯。

第二十七代，孔乘，一作孔秉，字敬山，博學多才藝。北魏孝文帝延興三年（公元四七三年）封爲崇聖大夫，食邑五〇〇戶，並給一〇戶以供灑掃。

第二十八代，孔靈珍。任秘書郎，襲爵。北魏孝文帝太和十九年（公元四九五年）改封崇聖侯，賜食邑一〇〇戶。

第二十九代，孔文泰，襲崇聖侯。享年五八歲。

第三十代，孔渠，襲崇聖侯。

第三十一代，孔長孫。北齊文宣帝天保元年（公元五五〇年）改封崇聖侯，食邑百戶。孔長孫有二子，長子英悊，次子嗣悊。長子早逝，無子。享壽六四歲。

第三十二代，孔嗣悊。隋文帝時應制登科，授涇州司兵參軍，後升遷太子通事。隋煬帝大業四年（公元六〇八年）封爲紹聖侯，賜食邑一〇〇戶。享壽七〇歲。

第三十三代，孔德倫。唐高祖武德九年（公元六二六年）封爲褒聖侯，賜食邑一〇〇戶，朝會時位同三品。武則天時賜予璽、書、衣服等。享壽七一歲。

第三十四代，孔崇基。武則天證聖元年（公元六九五年）襲封褒聖侯，中宗神龍元年（公元七〇五年）授朝散大夫，陪祭朝會。享年五六歲。

第三十五代，孔璲之，字藏暉。唐玄宗開元五年（公元七一七年）襲褒聖侯，特授國子四門博士。

第三十六代，孔萱，襲封文宣公，兼任兗州泗水令。

第三十七代，孔齊卿。唐德宗建中三年（公元七八二年）襲封文宣公，兼兗州司馬。

第三十八代，孔惟晊。唐憲宗元和十三年（公元八一八年）襲封文宣公，任兗州參軍，奉孔子祀，复五〇戶以供灑掃。享壽六五歲。

第三十九，孔策。唐武宗會昌二年（公元八四二年）襲封文宣公，歷國子監博士。大中元年（公元八四七年）宰相白敏中奏請歲給戶絹百匹，充春秋奉祀。享年五七歲。

第四十代，孔振，字國文。唐懿宗咸通四年（公元八六三年）襲封文宣公。舉進士甲科，官至監察御史，左補闕水部員外郎。享壽七四歲。

第四十一代，孔昭儉。襲封文宣公，授應文博士。享壽六〇歲。

第四十二代，孔光嗣。字斋郎。唐哀宗天佑二年（公元九〇五年）授泗水令，後因時世動亂，失封爵。後梁乾化三年（公元九一三年）被廟戶孔末所殺。享年四二歲。

第四十三代，孔仁玉，字溫如。後唐明宗長興元年（公元九三〇年）任曲阜縣主簿，三年（公元九三二年）襲文宣公。後晉高祖天福五年（公元九四〇年）兼任曲阜縣令。後周太祖廣順二年（公元九五二年）幸曲阜拜孔廟及墓，召孔仁玉賜五品服。被孔氏後人譽爲「中興祖」。享年四五歲。

第四十四代，孔宜，字不疑。宋太祖乾德四年（公元九六六年）任曲阜縣主簿，宋太宗太平興國三年（公元九七八年）累遷太子右善大夫，襲文宣公。享年四六年。

第四十五代，孔延世，字茂先。博學、善吟詠。宋太宗至道三年（公元九九七年）襲封文宣公，兼任曲阜縣令，賜白金束帛及太宗御書印《九經》。享年三八歲。

第四十六代，孔聖佑。宋真宗天禧五年（公元一〇二一年）襲封文宣公，兼曲阜知縣事。卒年三五歲，無子。後孔延世弟孔澤之子，孔宗愿襲封。

孔宗愿，字子庄。宋仁宗景佑二年（公元一〇三五年）襲封文宣公，知曲阜縣事。宋仁宗至和二年（公元一〇五五年），改封孔宗愿為世襲衍聖公，此為封衍聖公之始。

第四十七代，孔若蒙，字公明。宋神宗熙寧元年（公元一〇六八年）襲封衍聖公，兼曲阜縣主簿。宋哲宗元佑元年（公元一〇六八年）將爵號改為「奉聖公」專主祀事。宋哲宗元符元年（公元一〇九八年），廢掉孔若蒙的爵位，由其弟孔若虛襲封奉聖公。孔若虛，字公實。死後，仍由孔若蒙的長子孔端友襲封衍聖公。

第四十八代，孔端友，字子交。宋徽宗崇寧元年（公元一一〇二年）襲封衍聖公。高宗建炎二年（公元一一二八年）孔端友隨高宗南渡，寓居衢州，稱為南宗。孔端友之弟孔端操留守林廟，金命權襲衍聖公，稱為北宗。

南宗孔端友無子，其第孔端操幼子孔玠襲爵，孔玠子孔搢，孔搢子孔文遠，孔文遠子孔萬春，孔萬春子孔洙俱襲南宗衍聖公。至五十三代，孔洙讓爵於北宗，出現了南宗、北宗合一局面。

第四十九代，孔璠，字文老。孔璠系孔端操次子。金太宗天會十二年（公元一一三三年）襲封衍聖公，主祀事，天會十五年（公元一一三七年）丟掉爵位。熙宗天眷三年（公元一一四〇年）金廷准備授孔璠承奉郎，襲封衍聖爵位，未來得及受封便去世。享年三八年。

第五十代，孔拯，字元濟，金熙宗皇統二年（公元一一四二年）襲封衍聖公，加文林郎。大定元年（公元一一六一年）孔拯卒，時年二六歲，無子。其弟孔摠襲封。孔摠，字元會。金世宗大定三年（公元一一六三年）襲封衍聖公，加文林郎，贈光祿大夫。孔摠在宋金對峙混戰中，依靠孔氏族人力量，修建林廟，贏得族人敬畏。享年五三歲。

第五十一代，孔元措，字夢得。金章宗明昌二年（公元一一九一年）襲封衍聖公，加文林郎。後兼曲阜縣令，授中議大夫，金宣宗貞佑二年赴滬京，金亡，回曲阜，享壽七〇歲。

第五十二代，孔湞，字昭度。元憲宗元年（公元一二五一年）襲封衍聖公。孔湞後被人告稱乃驅口賤民李姓所生，因而被奪爵。

第五十三代，孔治，字世安。元成宗元年（公元一二九五年）封爲衍聖公。孔治是孔宗愿三個兒子孔若愚的六世孫。他們中間是：孔若愚——孔端立——孔琥——孔拂——孔元用——孔之全——孔治。孔子後裔的襲爵，由孔湞被剝奪衍聖公爵號後，中斷四三年之久，直到孔治才又襲封衍聖公爵。

第五十四代，孔思誠於大德十一年（公元一三〇七年）襲封衍聖公，因支庶襲封，爲族人不服，因而被解除爵位。元仁宗延佑三年（公元一三一六年）改由孔若愚的後代孔思晦襲封。

孔思晦，字明道。資質端重，勤學博識，而且以孝聞名。在修建林廟、重刻族譜等方面使之日益完備。享壽六七歲。

第五十五代，孔克堅，字璟夫，元順帝至元六年（公元一三四〇年）襲封衍聖公，階嘉議大夫。授通奉大夫，官至禮部尚書、國子祭酒，均未赴就。朱元璋詔見時，假托有病未去，後朱元璋親筆諭孔克堅，接詔後兼程進見。洪武元年十二月，欽頒聖旨，孔氏子孫皆免差役，同年賜給孔府兩千大頃田地。

第五十六代，孔希學，字士行。好讀書，善寫建書，文詞爾雅，談笑揮灑，燦然成章。明太祖洪武元年（公元一三六八年）襲封衍聖公。洪武十三年（公元一三八〇年）令衍聖公班列文臣之首。從洪武初年開始，衍聖公不兼地方官，專主孔子祀事。享年四七歲。

第五十七代，孔訥，字言伯。詩書都有較高造詣，爲人寬厚。明太祖洪武十七年（公元一三八四年）襲封衍聖公。享年四三歲。

第五十八代，孔公（左欽右監），字昭文。明惠帝建文三年襲封衍聖公。享年二三歲。

第五十九代，孔彥縉，字朝紳。明成祖永樂八年（公元一四一〇年）襲封衍聖公。享年五五歲。

第六十代，孔承慶，字永祚。未能襲爵即逝，後追封衍聖公。享年三一歲。生有二子，孔宏緒、孔宏泰。

第六十一代，孔宏緒，字以敬，號南溪。明代宗景泰六年（公元一四五五年）襲封衍聖公。後因宮室逾制，削奪了爵位，改由其弟孔宏泰襲爵。弘治十一年（公元一四九八年）恢復孔宏緒衍聖公冠服家居。享年五七歲。

孔宏泰，字以和。明憲宗成化五年（公元一四六九年）襲封衍聖公。明弘治十二年（公元一四九九年）六月，孔廟遭火災。孔宏泰正在朝中，孔宏緒率弟子奔救，火後孔宏緒素服廟，蔬食百日。孔宏泰回來後亦哭如居喪。享年五四歲。卒後，其爵位仍由孔宏緒之子孔聞韶襲封。

第六十二代，孔聞韶，字知德，號成庵。明孝宗弘治十六年（公元一五〇三年）襲封衍聖公。次年新廟建，規制依舊。享年六五歲。

第六十三代，孔貞干，字用濟，號可亭。明世宗嘉靖二十五年（公元一五四六年），襲封衍聖公。享年三八歲。

第六十四代，孔尚賢，字象之，號希庵。明世宗嘉靖三十八年（公元一五五九年）襲封衍聖公，贈太子太保。孔尚賢有二子，胤椿、胤桂，都先卒無子嗣，乃以孔尚賢從弟尚坦之子孔胤植襲爵，後來爲避清雍正皇帝愛新覺羅胤禛諱，改「胤」字爲「衍」字。孔尚賢享壽七九歲。

第六十五代，孔胤植，字對寰，號懋甲。明熹宗天啓元年（公元一六二一年）襲封衍聖公，天啓七年（公元一六二七年）加太子太保，崇禎三年（公元一六三〇年）晉太子太傅．清朝對歷史上所沿襲下來對孔家種種優待，「俱應相沿」，並「期于優渥」．孔胤植凡進京朝見，皇帝都遣迎勞，入朝，班列大學士之上。順治三年（公元一六四六年）在都城太仆寺街賜第一座，計門、廳、樓、房一百多間。這就是北京的衍聖公府。

享年五六歲。

第六十六代，孔興燮，字起呂，號輔垣。清順治五年（公元一六四八年）襲封衍聖公，七年晉太子太保。享年三二歲。

第六十七代，孔毓圻，字鍾在，號蘭堂。爲人質樸愛好詩文，工於書法，擅於寫擘窠大字，善畫墨蘭。清康熙六年（公元一六六七年）襲封衍聖公，九年授光祿大夫，十五年晉階太子少師。清聖祖玄燁來曲阜廟謁林，孔毓圻除施以必要之禮，並族人爲皇帝講經、引駕，還請求擴展孔林、減輕租賦設置百官，玄燁均予以答應。享壽六七歲。

第六十八代，孔傳鐸，字振路，號牖民。好讀書，學識廣博，通禮樂，工詩詞。其著作甚多。雍正元年（公元一七二三年）襲封衍聖公。康熙年間賜孔傳鐸二品冠服，襲爵一年以後，世宗幸學，召孔傳鐸陪祀，六月孔廟遭火災，率族人素服哭三日，清世宗派人祭告，並傳旨慰問，撥款重建。雍正八年（公元一七三〇年）孔廟重建工程完成，九年世宗又命修孔林，十年孔林竣工，復開館輯《闕里盛典》。享壽六三歲。

第六十九代，孔繼濩，字體和，號純斋。未襲爵即病故，後被追封爲衍聖公。享年二三歲。

第七十代，孔廣棨，字京立，號石門。清雍正九年（公元一七三一年）襲封衍聖公，授二品冠服。多次受世宗、高宗召見，並給賞賜。能詩文，著有多集詩卷。享年三一歲。

第七十一代，孔昭煥，字顯文，號鐃峰。乾隆九年（公元一七四四年）襲封衍聖公。乾隆十三年（公元一七四八年）正月，弘歷巡幸闕里，祭祀孔子，孔昭煥命其族人、舉人孔繼汾等在詩禮堂給皇帝講經，是日弘歷謁孔林，賜孔昭煥宴、書籍、文綺、貂幣，升孔繼汾中書，族人有官者，皆進秩。乾隆二十一年（公元一七五六年）孔昭煥上疏，弘歷大爲大滿，下吏建議奪其爵，弘歷念其年少未奪。乾隆三十六年（公元一七七一年）弘歷到曲阜祀子，還京師後，將內府所藏十多件寶物給孔府，以便在國祭時陳設。享年四○歲。

第七十二代，孔憲培，字養元，號篤斋。博學多才，王書畫，善畫蘭，得先祖孔毓圻遺法。乾隆四十八年（公元一七八三年）襲封衍聖公。孔憲培原名孔憲允，乾隆皇帝親自爲其改名，並將女兒嫁給他，由此，孔府步入盛世。僅在孔憲培生時，乾隆皇帝就曾五次到曲阜，並每年得到貂皮、錦緞、筆、硯、徽墨、貂冠朝服、蟒袍、御制詩、御論、御制墨刻等多種賞賜。享年三八歲。

第七十三代，孔慶鎔，字陶甫，號冶山。清乾隆五十九年（公元一七九四年）襲封衍聖公。孔慶鎔博學多才，擅長寫詩作文、繪畫和書法，是歷代衍聖公中最有才學的著名人物。自幼善辭令，且順從上心，一生多次受皇帝召見并十幾次受到御制墨刻、匾、詩、圖、貂皮、朝冠、衣物等賞賜。享年五五歲。

第七十四代，孔繁灝，字文淵，號伯海。清道光二十一年（公元一八四一年）襲封衍聖公，晉太子太保。享年五七歲。

第七十五代，孔祥珂，號觀堂。清同治二年（公元一八六三年）襲封衍聖公。享年二九歲。

第七十六代，孔令貽，字燕庭。清光緒二年（公元一八七七年）襲封衍聖公。一九一五年袁世凱封孔令貽衍聖公，稱帝後，曾加郡王銜。曾受光緒帝召見，並在慈禧太後六十大壽時，奉母挈妻進京賀壽。慈禧太后特賞他及其母、妻御筆大「壽」字各一張，孔令貽又蒙雙眼花翎之賜。享年四八歲。

第七十七代，孔德成，字達生。一九二〇年襲封衍聖公。一九三五年由南京政府改任爲特任官待遇的「大成至聖先師奉祀官」。一九四八年底台灣，現健在。（編者按：二〇〇八年十月二十日病逝於新店慈濟醫院，享壽八九歲）

76 令	77 德	78 維	79 垂	80 佑	81 欽	82 紹	83 念	84 顯	85 揚
86 建	87 道	88 敦	89 安	90 定	91 懋	92 修	93 肇	94 彝	95 常
96 裕	97 文	98 煥	99 景	100 瑞	101 永	102 錫	103 世	104 緒	105 昌

（註：孔子紀年、孔子嫡系後裔，資料來源：田小燕，孔子聖跡圖，北京，中國檔案出版社，二〇〇五年四月。）

孔子像　這是唐代畫家吳道子所繪的「先師孔子行教像」，上題：「德侔天地，道冠古今；刪述六經，垂憲萬世」十六個字。

昔批孔　今尊孔

曲阜孔家　盼來弔祭

【記者陳東旭、汪莉絹／台北－曲阜報導】「孔子世家譜」續修工作協會會長、孔子第七十七代孫孔德墉昨天表示，他們獲悉孔德成過世消息，非常惋惜與難過，山東濟寧市與曲阜孔氏家族希望能派員到台灣，弔祭孔德成。

孔德墉說，曲阜多年來一直邀請孔德成能回老家看看，他與孔德成也一直保持聯絡，但近三年來，孔德成身體狀況一直不好，終未能回到曲阜，他們感到遺憾。

「孔子世家譜」已排至一百零五代，各代都遵循著既定的輩分，從輩分就可知道自己的一支繁衍到哪一代。因繁衍時間之長、族系複雜，二〇〇五年還被列為金氏世界紀錄的「世界最長家譜」。

近年來，中共官方對孔子態度一夕丕變、今是昨非，不僅不再提「批孔運動」，還流行「尊孔」運動，在某些領域，孔子還成為振興和發揚中華文化的代言人。

一九七一年文革中期，中共發動「批林批孔」，把孔子和儒家思想批判得一文不值。三十年後的今天，大陸官方恢復對孔子的尊敬和推崇，孔子重新列位中華文化重要代表人物。

孔德成家系

- 孔令貽 ◄ 76代
- 孔德成，妻孫琪芳，前清名宦孫家鼐孫女 ◄ 77代
  - 孔維鄂：長女
  - 孔維益：長子，歿，妻于日潔 ◄ 78代
    - 孔垂長，妻吳碩茵 ◄ 79代
      - 孔佑仁，2006年生 ◄ 80代
  - 孔維寧：次子
  - 孔維崍：次女

製表／楊芷茜

孔子77代嫡孫

孔德成辭世 享壽89

孔德成昨天辭世，家屬在助念堂擺設臨時牌位，遺照今掛上。記者趙文彬／攝影

【記者張祐齊、李光儀／台北縣報導】至聖先師孔子第七十七代嫡孫、前考試院長孔德成昨天辭世，享壽八十九歲。

慈濟醫院台北分院胸腔內科主治醫師黃俊耀表示，孔德成是在十月二十日上午因肺炎併發敗血症送台北慈濟醫院救治。院方將孔德成的血液作細菌培養，發現他血液內和痰都有金黃色葡萄球菌，也都呈陽性反應，診斷是他肺炎發作又合併感染敗血症。雖然暫藉藥物及呼吸器穩住生命，但因腦部缺氧嚴重，昨天上午病情惡化，心肺功能衰竭。

在黎明技術學院通識中心任教的孔德成次子孔維寧表示，包括侄子孔垂長等親屬都隨侍在側。家屬都認爲孔德成可以更長壽，因此對噩耗都感意外，一時無法接受。

孔維寧說，家屬生前就已規畫一旦孔德成辭世，將以土葬方式，葬在三峽的墓園，至於何時出殯，有待家族會議決定。靈堂暫設在慈濟醫院台北分院地下二樓助念堂。

曾任考試院簡任秘書的龔鄞說，他印象中孔德成是個「很好的長者，不可多得的長輩」；當時他擔任總務工作，孔德成非常清廉、節省，擔任院長期間，都住在自己買的公寓裡，沒有住官舍。民國八十二年，輿論有逼退孔德成的聲音，當時他二話不說，就主動請辭，第二個任期的考試院長只作了一半，這種風骨，讓人欽佩。

龔鄞表示，孔德成沒有長官的架子，倒像是個風度翩翩的長者、長輩；他的家裡非常儉樸，「看起來比我家還簡單」，遇到同仁，也總是搶先打招呼、行禮鞠躬；孔德成過世，實在讓人感到很惋惜，也很難過。

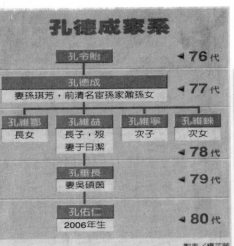

望之儼然 即之也溫

百年樹人題字

⬆孔德成為曲阜師範學校百年校慶的題字「百年樹人」。

圖／取材自網頁

77代抱80代

➡孔子第八十代嫡長孫九十五年二月在台灣誕生。孔德成欣慰地懷抱著出生不到兩個月的曾孫孔佑仁。

圖／孔家提供

孔子繁衍第八十三代 遼寧女孩最「近代」

蔣寒

96.2.11 人間福報

經過十年編修，「孔子世家譜」目前已完成全部調查工作，全世界將收錄一百八十萬名孔子後裔，台灣部分有三千人，二○○九年完稿付印。

「孔子世家譜」續修工作協會會長、孔子第七十七代孫孔德墉說，「孔子世家譜」第五次續修工作在一九九六年啟動，孔子後裔最近一代已繁衍到第八十三代，是一名「念」字輩的遼寧省十多歲小女孩。

孔德墉說，台灣部分，台灣孔氏後裔的調查工作進行很順利，共有三千名孔子後代被收錄；台灣最近的一代是孔子第八十代孫的孔佑仁（今年一歲），孔佑仁也是前考試院長孔德成的曾孫。

孔德墉指出，「孔子世家譜」已有二千五百年歷史，距上次大修已七十年，那次就是由孔德成主持編修，始於一九三○年，成於一九三七年，當時收錄五十六萬人，稱為「民國譜」。

根據現有資料估計，目前健在的孔子後裔至少有三百多萬人，大陸最多，有二百五十萬人，其餘分布較多的地區有香港、台灣、南韓、美國、馬來西亞和新加坡等地。

「孔子世家譜」因為繁衍時間之長、族系複雜、編輯之廣、核查嚴謹與保存完備，二○○五年被列為金氏世界紀錄的「世界最長家譜」。孔德墉表示，「孔子世家譜」目前已排至一百零五代，各代都遵循著既定輩分，從輩分就可知道自己的一支繁衍到哪一代。目前發現重名者以「孔憲明」最多，共有一千一百九十二人。

孔德墉說，「孔子世家譜」在中國歷史上具有重要地位，家族史與正史、地方史志一樣是國家歷史的組成部分，透過「孔子世家譜」能與同時期的文化相輔相成，發現更多的歷史人文價值，也提供研究儒家學說及人口學、社會學、教育學等方面的重要參考資料。

圖／本報資料照片、取材網路　　製表／李光儀

孔德成年表

民國 9.2.23
生於曲阜孔府；同年6月6日滿百日時，政府頒令襲封第32代衍聖公

24年
南京國民政府改衍聖公爵號為「大成至聖先師奉祀官」

25年
與前清狀元孫家鼐孫女孫琪芳結婚

26年
由曲阜前往武漢，再遷至重慶

34年
隨國民政府遷南京，後旅居上海

36年
回曲阜祭掃孔林及孔廟

37年
任國大代表（至民國80年）、赴美耶魯大學擔任研究員（次年返國）

38年
與國民政府一起來台

44年
在台大中文系任教

73年
任考試院長（至民國82年）

78年
長子孔維益過世

89年
受聘為總統府資政

94年
台大授予榮譽博士學位

95年
長曾孫孔佑仁出生

97.10.20
因肺炎引發敗血症送醫急救，28日病逝於新店慈濟醫院

註：孔德成辭世-相關圖文來源：聯合報
2008年10月29日，A5版

孔子家譜首錄女性

96.2.2 人間福報

【本報綜合報導】「孔子世家譜」已有二千五百年的歷史，名列金氏世界紀錄中「世界最長家譜」。目前進行第五次修訂，並首度收錄女性後裔，少數民族和外籍後裔也被收錄。

據稱，孔子後裔健在者至少三百餘萬人，族譜最後至少會收錄一百八十萬孔氏族人。新譜將在孔子誕生二千五百六十周年（二〇〇九年）完稿付印。

「孔子世家譜」續修工作協會會長、孔子第七十七代孫孔德墉說，協會已在世界各地建立四百五十多個續修機構，至今已收到來自世界各地一百二十多萬份孔子後裔資料，證實孔子後裔繁衍到八十三代，輩份最小的是遼寧省「念」字輩一名十多歲小女孩。

續修家譜的一大特色是「男女平等」，首度把女性納入家譜中。少數民族和外籍後裔這次也被一同准許入譜。

亞聖孟夫子——亞聖

・生日：二月二日
・稱呼：孟子，亞聖

山東贈孔子雕像 崑山科大揭幕

【本報台南訊】中國大陸山東省致贈孔子雕像給崑山科技大學，山東省長姜大明昨天參與雕像揭幕儀式時指出，希望兩岸加強文化交流，讓儒家思想薪火相傳。

崑山科技大學創辦人李正合曾與多名學校幹部造訪山東省，參觀孔子故鄉等景點，並拜會山東省教育廳，希望雙方透過學術文化交流。

李正合表示，孔子雕像設置在校園的中軸線上、圖書資訊館前，意謂崑山科大遵循孔子「有教無類」、「因材施教」的教育理念，期望教育更多社會的中流砥柱。

崑山科大指出，孔子雕像採用山東青石製作，以吳道子版孔子像為基礎，高一點九八公尺、重二點三噸。

中國大陸山東省致贈孔子雕像給崑山科技大學，山東省長姜大明（右）、崑山科技大學創辦人李正合（中）等人，昨日參與雕像揭幕儀式。　圖／中央社

911周年紀念 美表彰儒學

劉屏／華盛頓十二日電

「九一一」恐怖攻擊紀念日，美國國會圖書館舉辦「儒學為世界文化遺產」論壇。中央研究院院士許倬雲指出，欲避免重演「九一一」，各種排他性較強的文化系統何妨以儒家思想為起點，找到共存、融合的基礎，構建普世文化。

美國國會去年以壓倒性多數通過決議，紀念並尊崇孔子，以表彰儒家思想對人類社會的貢獻。為落實此一決議，國會圖書館舉辦兩場論壇，十一日為「儒家是中華文化的精華」，以華裔為對象；十五日為「儒學對世界的影響」，以國會議員、政界及學術界人士為對象。舉辦論壇的同時，圖書館的亞洲閱覽室也展出不同語言的儒學書籍。

十一日活動中，孔子第七十六代孫孔令和女士致贈《孔子家世譜》，孔子家鄉、山東省曲阜市長劉森贈送吳道子繪的孔子像，由圖書館亞洲部館藏主任盧雪鄉、學術研究主任居蜜代表接受。孔令和之女、曾獲電視艾美獎的WPIX電視主播葛愷悌演講「成長在孔教的環境裡」；毛戎教授主講「正體字的實際價值和藝術價值」；邵耀成博士主講「孔子這個人及他歷久不衰的影響」。

匹茲堡大學名譽教授許倬雲近日身體不適，無法旅行，故以視訊方式演說「全球化時代下儒家思想與價值」。他表示，面對全球化的世界，幾個主要文化系統必須找到共存和融合的基礎，才能避免衝突。因此他建議「那些排他性較強的文化系統，也許可用中國的人本思想為起點，共同鑄造一個普世的人類文化」。他說，儒家的「仁，忠恕而已矣」的思想，有助於不同文化建立互信；而「民胞物與」、「良知」等觀念，也許可讓人類不再糟蹋環境，也可防止科技文化的偏頗。

活動中，華裔中、小學生演出祭孔的「佾舞」；喬治華盛頓大學王純傑教授示範書法，現場揮毫寫就《論語》若干字句。

各持己見

▶美國「911恐怖攻擊」9周年，支持與反對於紐約「世貿中心」遺址附近興建伊斯蘭清真寺與文化中心的兩派人馬在外圍示威，一名男子撕下《古蘭經》的一頁並予火焚，反對者則高舉標語牌，強調「真正的美國人不燒古蘭經」。（路透）

•略傳：

亞聖孟夫子姓孟名軻，字子輿，是戰國前鄒（山東鄒縣人），生於周安王十二年（前三九〇年），死於周赧王十年（前三〇五年），父名激公宜，母仉氏。孟夫子受業於子思之門，序詩書，述仲尼之意，又作孟子七篇，後世人尊爲「亞聖」。

•探討：

1.在孟譜中：「孟子生時，母夢神人乘雲自泰山來，母凝視久之，忽片雲墜而寤，里巷皆見有五色祥雲覆孟氏居」。據一般世人均認爲：孟子是述聖孔夫子的弟子，但若以他們的出生年份推算，孟軻與孔夫子相差有一百二十歲，由此之故又有人認爲孟子爲子思之再傳弟子。但不管其是否孔夫子之弟子，孟子之學術

孟子像　孟子是一位偉大的思想家。孟母教子有方，「孟母三遷」的故事，傳爲千古美談。

地位世人仍以孔孟並稱，並尊之爲「亞聖」，而照此說其之學術地位僅次於至聖先師孔子了。

2.有人稱：孟子是八十一歲時去世，但也有人說：是八十有三逝世，在鄒國有專祠奉祀，宋神宗元豐六年，詔封鄒國公，七年詔准同；顏回配享宣聖，那時孔廟中僅有二配，後來王安石一度入配，則三配，王黜後，以曾參，孔伋入配，始成爲當今的「四配」。至其稱：亞聖，復聖，宗聖，述聖同始於明嘉靖九年十一月。

3.孔廟中四配之一的「亞聖」姓孟名軻，其字有二，一爲子輿，與孔子弟子曾參之字相同，另一字爲子車，與孔子另一弟子叔乘相同，後世均以「孟子」稱之。

孟夫子繼承至聖先師孔夫子之道後，成爲偉大思想家，政治家，教育家和散文家，對我國哲學文學貢獻甚鉅，這實端賴於「孟母三遷之教」對功不可沒也。

復聖顏回——光淨菩薩

•生日：九月十一日

•稱呼：釋家尊稱顏回爲「光淨菩薩」，又稱「月光菩薩」，道家尊爲「明晨侍郎三晨司真」。

・略傳：

顏回，字子淵，又稱顏淵，簡稱顏子、淵、回。魯人，妻戴氏，宋國人，生於公元前五二一年，小孔子三十歲，與其父無繇同為孔子之門弟子，也可能係孔門弟子中家庭最窮者，孔子曰：「賢哉回也，一簞食，一瓢飲，居陋巷，人不堪其憂，回也不改其樂，賢哉回也」。也知其家況一斑。

顏回與孔子名為師生，而情同父子，與孔子行影不離，論語載：「子畏於匡，顏回後，子曰『吾以女為死矣』，曰：『子在，回何敢死』。」亦可見其師生之情也。俗云：「生死不由人」，顏回仍先孔子而卒，年三十有二，孔子哭之慟，曰：「噫，天喪予，天喪予」。據陶氏謂「顏回於魏正始年間配享孔廟，惟據熊岫雲先生所著「聖廟賢儒列傳」所載，顏回係於漢高帝十二年即配享孔廟。

唐開元間，孔廟僅有十哲，顏回為十哲之首，稱亞聖（今亞聖為孟子），贈兗國公，其餘九哲贈為侯爵。宋時十哲增入新人，升顏回配先聖，元至順二年加封為兗國復聖公，明嘉靖九年罷其封爵，僅稱復聖。

・探討：

孔子廟計有五聖，除至聖先師孔子外，尚有復聖顏回，宗聖曾參，述聖孔伋，亞聖孟軻，後四者稱四聖，亦稱四配，蓋言其配享廟食也。

據陶希聖先生所著之「孔子廟庭先賢先儒的位次」一書所載分析，正式稱四聖為「四配」者，始於明嘉靖九年，在此以前，僅稱某子配享或配食及配饗，且配享廟庭者非一次核定，先由顏回一人入祀，繼續增添，由一而二，而三，最後始決定今之四配。

玖、農曆九月誕生諸神

中壇元帥——哪吒三太子

・生日：九月九日

・稱呼：姓李名哪吒，俗稱太子爺，太子元帥、羅車太子、李羅車、羅車公

・略傳：

中壇元帥俗名李哪吒，因哪吒是李靖的第三個兒子，也稱「哪吒三太子」。

據說……殷周時代，有一位叫李靖的將軍，是陳塘關的總兵官，他那姚氏夫人懷孕已三年六個月，卻生下一個大肉胞，李靖倒要看清楚產下的究竟是什麼妖精，剖開一看，原來是一個完美的嬰孩，便取名哪

⬆美國洛杉磯每年元旦都會舉行玫瑰花車遊行，已經第二十二次參賽的華航，今年主題為「萬民祈福愛台灣」，以「三太子哪吒」為主角，還找來四名當地台灣青年，登上花車，真人扮演哪吒，希望向國際傳遞台灣多元文化與活力。

吒，傳說爲靈珠下世。

哪吒長大後，便拜在乾元山金光洞的「太乙真人」門下，學藝習武，由於秉賦天生，一身功夫，確是十分了得；嗣因與東海龍王的三個太子戰鬥，哪吒法力高強，把他們三個都擊敗，並且打死了其中一個叫敖丙的，還抽了他的筋；哪吒自知犯下大罪，難逃法網，爲了不累及自己雙親，惟有償命一途，所以他便剖腹刳腸還給母親，剜骨碎肉還給父親，以報答父母的大恩！後以靈魂無依，四處飄渺，他的師父「太乙真人」心生憐憫，特地到王母蓮池採取蓮花兩枝，荷葉三片，讓他化身重生。當時正值武王伐紂，哪吒便幫助西歧元帥姜子牙進軍殷都，完成大業。後來哪吒和他的父母等一家人，全部肉身成聖，祝爲通俗道教中神兵、神將的統帥；本省善信相信「太子爺」能鎮壓妖魔鬼怪，奉祀非常虔誠。

農曆九月九日是三太子聖誕千秋，連日來許多從總廟分靈的神尊回總廟進香。圖／吳政修

三太子聖誕前 祖廟陣頭不斷

【本報新營訊】農曆九月九日是中壇元帥三太子聖誕千秋，連日來數以百計的陣頭湧進全台三太子總廟台南市新營區太子宮進香；另外，文建會發起建國百年雙十少年踹輪保庇護台灣活動，行政院長吳敦義下月八日將到太子宮參拜後請太子爺起轎。

新營區太子宮爲供奉三太子的開台祖廟，從太子宮分靈出去的神尊無法估算，每年到聖誕千秋前，從各地到太子宮進香的神尊、陣頭相當多，昨天就有兩百個陣頭，相當熱鬧。

配合建國百年，文建會十月八至十日將舉行保庇護台灣活動，屆時將有百年太子爺、百年媽祖、百年神農大帝神尊參加，十日在台北市踩街，並由總統馬英九、副總統蕭萬長及行政院長吳敦義迎轎。

吳敦義將於十月八日到太子宮請太子爺神轎起駕，沿台一線省道北上，經嘉義迎新港奉天宮媽祖起駕，途經各縣市將邀請年輕人加入「我係三太子電音接力賽」，九日到新北市三重先嗇宮迎神農大帝，晚間在三重小巨蛋舉行BOBEE（保庇）演唱會，十日將在台北市踩街。

2011.9.26.　人間福報

據統計，臺灣地區以尊「中壇元帥」爲主神的廟宇，有九十多座，以尊「太子元帥」

為主神的廟宇，有十座，合計一百多座，以臺南縣二十九座為最多。

按中壇元帥被認為是驍勇善戰，法力高強的少年神，是乩童最理想的守護神。在移民之初，由於地方尚未開發，瘴癘疾疫時行，天災人禍相仍，移民僅能訴諸超自然力之保佑，中壇元帥之法力可做為驅除邪穢災禍之神。

朱聖夫子——朱熹

• 生日：九月十五日
• 稱呼：紫陽朱夫子，紫陽夫子、朱衣星君。
• 略傳：

1. 紫陽朱夫子：南宋時代之理學家，姓朱，名熹，字元晦，一字仲晦，又稱紫陽，

竹南特有民俗　洗港祭江慶端午

中港慈裕宮昨舉辦洗港祭江，傍晚眾神明抵達五福大橋下的河灘，進行驅邪儀式。
胡蓮生攝

【本報竹南訊】苗栗縣竹南鎮端午節特有民俗「洗港祭江」活動，昨天中午過後熱鬧展開，中港慈裕宮媽祖帶領八十餘間宮、廟、壇的眾神明，浩浩蕩蕩出巡，沿射流溝、灰寮溝等水岸一路往中港溪而去，傍晚在出海口河灘上驅趕邪靈，為合境消災祈福。

洗港祭江民俗已有兩百多年歷史，號稱全台僅有的媽祖「夏季出巡」活動，去年並獲苗栗縣政府公告為「無形文化資產」。

昨天中午祭江活動展開前，鎮內各宮廟神明紛紛前往慈裕宮「領令」，準備隨媽祖出巡，慈裕宮廣場前聚集各宮廟神轎，鑼鼓喧天，熱鬧非凡。

慈裕宮主任委員蔡銘雄指出，祭江目的除超度地方上溺水、械鬥亡靈，也藉此將不淨的邪靈驅趕出海，以求四境平安。參與祭江除竹南地區宮廟，還有新竹內湖一帶宮廟，估計約有八十餘間宮廟參與盛會，隨行信眾就有兩千多人。

各宮廟神轎、陣頭下午完成領令儀式，從慈裕宮出發，媽祖神轎殿後押陣，綿長的隊伍出發，所到之處鑼鼓喧天，信眾沿途設香案祝禱。洗港隊伍下午抵達龍舟碼頭，上千民眾聚集迎接，將堤防道路擠得水洩不通；傍晚五點多，隊伍陸續抵達五福大橋下的出海口河灘上，等媽祖神轎到達後，展開祭拜儀式。

大批民眾聚集在五福大橋上，觀看每年一度的祭江大典，橋上也配合交通管制。

鸞乩在河灘上安置五方陣營，堆滿金銀紙，眾神轎和乩童由中壇元帥神轎帶領，不斷遶行五方營陣，最後衝向出海口，將不潔邪靈都驅離出海，結束今年洗港的民俗盛會。

徽州婺源縣人（故城在今安徽省婺源縣北二十五里），生於宋高宗建炎四年（一一三〇年）九月十五日午時，死於寧宗慶元六年（一二〇〇年）三月九日午時，享年七十一歲。贈寶謨閣常士，諡曰文，理宗紹定年間追封「徽國公」，淳祐時從祀孔廟，清聖祖康熙五十一年（一七一二年）升位於十哲之次（即十一哲）世人稱爲「朱子」，或者稱爲「朱文公」，又曰「考享夫子」。

2.延平府志：文山在青印溪的海邊，隔溪爲公山，邑人義齋鄭氏居住在這裏，宋朝韋齋先生木松，爲尤溪尉，任官朝滿休假居住鄭氏家裏。建炎庚戌年九月十五日，考享夫子生日，先二山的草木繁盛，及考亭即生，即草同時將色燒盡，山的形狀已經展露出來。好像文公二字。

3.辭海：朱熹，宋婺源人，住在建州，字元晦，一字仲晦，晚號晦翁，又名雲谷老人，滄州遯叟。紹興進士，歷仕高孝、光、寧四朝，累官寶文閣待制。其他所學大抵萬物之

95.11.6.人間福報

朱熹877壽誕 黃敏惠率員循古禮祝壽

【人間社記者賴台生嘉義綜合報導】全台唯一主奉朱熹的嘉義市朱子公廟，昨天舉行朱文公八百七十七歲祝壽大典，市長黃敏惠率多位民代及校長行三跪九叩大禮，來自全省各地信徒也趕來陪獻爲朱熹祝壽，儀式莊嚴隆重。

祝壽大典由黃敏惠擔任正獻官，議長蔡貴絲、立委江義雄、市議員黃正男、蔡文旭及多位國中小校長擔任陪獻官，朱子公廟主任委員陳添根率全體委員參加，也藉此宣揚朱子治學理念，勉勵學子尊師重道、勤學向上風氣。

儀式首先由黃敏惠、蔡貴絲等人在廟口恭迎衆神後啓帷，再舉行上香禮、恭進文房四寶、行三大獻禮、宣讀祝文，最後由黃敏惠率全體參祭人員及信徒向朱子公行三跪九叩大禮，祝壽大典依循古禮進行。

朱子公廟是全台少數以儒教爲主融和道教、佛教的廟宇。

朱熹的故鄉，今江西婺源縣一個古村落，二〇〇八年八月。

本書作者陳福成在朱熹故鄉江西婺源一個古村落，二〇〇八年八月。

道理以導致其知，反彎以踐踏事實，而以居敬爲主，宋朝時代理學至朱熹而集合起來。而他講學問的所在考亭，時稱爲考亭學派，慶元中致力在官，享年七十一歲，謚文。寶慶年代贈太師，追隨封信國公，改成徽國，淳祐年間從祀孔廟，清康熙年間升位於十哲之次。世人稱爲朱子，又稱朱文公。

朱夫子一生致力儒學研究，發揚「二程」理學，最值筆之於書是他一生在「中國八大書院」講學。此「八大」體現朱夫子重要思想。

◎白鹿洞書院（江西廬山五老峰下）。

◎嶽麓書院（湖南長沙嶽麓山下）。

◎懷玉書院（江西三清山西部）。

◎獨峰書院（又叫仙都草堂、浙中）。

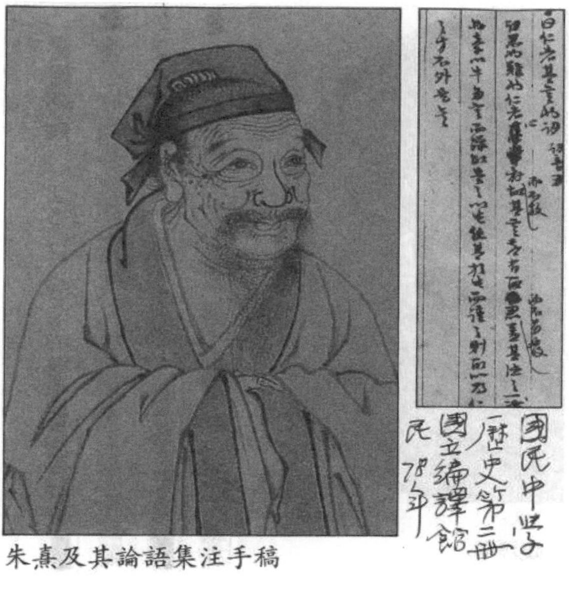

朱熹及其論語集注手稿

◎五峰書院（浙江永康壽山中）。
◎考亭書院（福建陽縣考亭村）。
◎鵝湖書院（江西鉛山鵝湖）。
◎紫陽書院（又名武夷精舍，在福建武夷山五曲隱屏峰下）。

女媧娘娘——驪山老母

・生日：九月十五日
・稱呼：女媧氏，亦曰女希氏，俗稱女媧娘娘。
・探討：

在中國西安近郊的臨潼縣有個香火鼎盛的「驪山老母殿」，此殿初建於唐朝（公元七六三年），廟中有個老母尊，老母乃先天女神，應天地之氣化胎成人，爲「女媧氏」，在驪山一帶繁衍人類，從此東土成立，人民漸漸成群，自古驪山一帶是人群居住生活的主要地區，後來漸漸向外移出，在西安一帶繁榮；產生帝王、官吏來統治人民。

中國古神譜中，有一位名氣最大的女性神對中華民族有莫大貢獻，是偉大的創世神、始祖神和保護神——「女媧」，後世的人們爲感激她慈惠蒼生的恩德，在她的駐處修了廟宇紀祠之，她是「女媧娘娘」也就是「驪山老母」。

天地初開混沌中「女媧」覺得世界上太沒生氣，天地洪荒無生無滅，於是開始造物，並依自己的模樣「摶黃土造人」，並化育出萬物，人類創造出來了，怎樣使他們永遠生存下去，於是「女媧氏」當高媒，教男女合婚，依靠自己的力量傳宗接代繁衍下去，訂定嫁娶之禮，「創造婚姻制度」，又「始作笙黃」教人們用音樂陶冶性情，用動人的聲音來傳達愛情，吹著笙簧求愛，爲建立戀情的一種媒介，這種風俗一直流傳至今。

女媧娘娘，神像來源：混元雜誌，第 10 期，98 年 7 月。

「女媧補天」是我國古代神甘中最綺麗感人的故事：傳上古世紀諸侯共工氏與祝融大戰，共工不勝，一怒觸倒西北方的一根天柱，轟隆巨響，天向西北傾斜，地向西南塌陷，洪水滔滔，毒蛇猛獸傷人，日月失輝，世界一片混亂；於是「女媧」燒鍊五色石子，燒成石餅，一張張石餅補住塌陷的天穹；又斬下東海大烏龜的四隻巨腳，作爲柱子頂住蒼天，使天不致傾斜，再殺死危害人類的黑龍，趕走食人的猛獸兇禽，燒蘆草成灰，堵塞洶湧的洪水，於是地平天成，這就是膾炙人口的「鍊五色石以補天，斷鰲足以立四極，殺黑龍以濟冀州，聚蘆灰以止滔南」。

拾、農曆十月誕生諸神

達摩祖師——達摩

・生日：十月五日

・稱呼：姓刹帝利，初名菩提多羅，後改名為達摩多羅，達摩祖師為禪宗始祖，又稱初祖、菩提達摩大師、達摩祖師、達摩、或僅稱菩提。

・略傳：

1. 達摩祖師係天竺香至王之第三個兒子，於我國梁普通元年（西元五二〇年）泛海至廣州，

【西土東來 遇見達摩・簡文山師生聯展】

文與圖／佛光山寶藏館提供

遇見達摩

展期：即日起至9月6日

展地：佛光山寶藏館（高雄市大樹區佛光山寺）

人間福報

2011.7.11.

簡文山出身於高雄大寮，熱愛東方美學及黏土世界，以十數寒暑的深厚技法，將傳統捏塑逐漸提升，創作出獨特的「達摩」，享譽黏土人型世界。其作品具古樸美感，再以大自然漂流木托襯，更是禪意十足。

佛光緣美術館此次展出簡文山師生的作品，希望大眾能從中看見作者親手捏塑的人物表情，以及師生們豐富多元的創作！

渡江北上，到了現今之嵩山少林寺，終日面壁而坐，後來遇到慧可法師，即付法傳衣，後來祖師被恭爲佛教第二十八祖也。

2.佛教禪宗係在印度時代的祖係，少林寺都有存記，其中影響中國佛教最深者，達摩祖師要說是屬第一位。

3.祖師於後魏孝明帝太和十九年丙辰歲十月五日端坐而逝，即葬於今熊耳山，起塔於定林寺，又傳云於後魏孝明帝太和二十二年（即後三年），魏宋雲奉使西域，遇祖師於蔥嶺，見手攜隻履，翩翩獨逝，宋雲問祖師欲往何處，祖師曰：往西天去。

4.根據傳法正宗記略謂祖師乃是南天竺香至王的第三個兒子，本名爲菩提多羅，後來遇到佛教第二十八祖師盤若多羅

天王殿原是少林寺舊山門。

而改名爲菩提達摩，又傳聞於梁大通二年十月五日圓寂，葬於今熊耳山，於梁武帝時製碑讚德澤，唐代太宗諡爲圓覺大師。

•研究：

達摩東來中國傳法，主要是找「接班人」。難到全印度找不到可以傳承大位的人嗎？達摩說：「要找到一個不爲人惑的人。」難到全印度找不到這樣的人手？但放眼天下，眾生如海，似乎人人都被某種「東西」綁架了，誰能有完全獨立的思考能力？

達摩一葦渡江，來到北地行 化，發現洛陽佛學競逐浮華，偏執義理，與南方只追求人天福報都離佛甚遠。於是選擇了「維摩一默如雷響」的「默然」態度，行至嵩山少林寺五乳峰上的石洞中壁觀禪修，一坐九年。

列10大新發現 6世紀達摩像

人間福報 一○二.七.十八

【人間社記者觀珩綜合報導】中國廣東省文物局近日評選出「十大新發現」，是第三次全國文物普查的新發現，包括通眞岩達摩祖師「只履西歸」摩崖岩畫，從史料、礦彩石化狀況及繪畫風格等判斷，這尊佛像爲隋代作品（西元五八一至六一九年），是稀珍古佛像文物的聖蹟。

通眞岩洞口位於一座石灰岩的半山上，有兩個洞口，之間是一塊大岩壁，畫像位於岩壁中線，向下橫著石級，是天然的供台，岩壁最上端是懸崖，與岩壁、供台構成天然神龕。供台南向，是被拆毀的古佛堂遺址，古佛堂是禪寺主要的建築物，古禪寺隋代稱銅石寺，在明代，銅石禪林爲陽春古八景之一。

關於通眞岩古佛像，歷代文獻及方志都有記載。此處發現的摩崖岩畫，經考證是中國禪宗初祖達摩像，描繪達摩「只履西歸」的故事。通眞岩以摩崖石刻列入廣東省歷史文物保護單位。

「只履西歸」畫像長寬各九十八公分，達摩祖師悠然坐在途中石上小憩，回眸東顧，人物與石壁背景融爲一體。

畫像與西域人長相無異，具現梵相，狀若羅漢，額頭高廣，雙目炯然，大耳環，身披僧服。錫杖倚肩，錫杖上端的飄帶繫著一隻鞋，線條簡約飄逸，禪意盎然，其繪畫頗具魏晉遺風，體現隋代「瘦骨清像」的特徵。

達摩，全稱菩提達摩，是印度釋迦牟尼所傳二十八祖的最後一祖，爲中國禪宗初祖。達摩歷三年渡海，於梁普通八年（西元五二七年）在廣州登岸，初居華林寺，駐錫光孝寺，在嶺南曾居留過一段時間。

目前傳世的達摩畫像多爲宋代以後作品，現存最早的一幅達摩六祖師像，藏於日本京都高山寺，爲宋代作品；嵩山少林寺有一塊石碑，陰刻線畫達摩祖師像，爲金代作品，更早的摩崖岩畫達摩像十分罕見，因此，陽春通眞岩古代傳世的達摩供像屬佛教珍品。

由於日光長照，達摩的影子自然留影於壁上，這一默反倒開啓了中國人對禪的興趣，也等來了慧可斷臂求法的傳法因緣。

昔日，達摩洞因位在五乳峰頂，距少林寺後方有幾公里遠，遊客多不前往，只有少數朝聖者願攀登六百石皆，朝拜祖師。據說，曾有人建議修建纜車直通達摩洞，但少林寺住持永信法師反對，他說：「如果真有誠心，更應該徒步上去，才知求法不易。」

達摩洞上，有位奇僧，名永慶法師，與永信法師同一輩分，他每日清晨上山，天暗下山，如此日日守護達摩，長達十年。他面黑滿鬍，舉止粗獷，卻心思細膩，眼神銳利活像達摩，讓人一時間忘卻古今，還以爲達摩至今仍在開世人一個玩笑呢！

問他爲何來此？永慶法師望著遠方，僅說了一句「緣分」後便默然，無聲勝有聲地做了最好的回答。

少林寺內，留有歷來武僧踏石成洞、手指插樹留孔的見證。少林武術晚於禪法，源於唐初十三棍僧救唐王有功開始，以僧練兵成爲傳統，演變至今，少林武僧的武術表演儼然成爲另類弘揚佛法的一門。（圖、文，杜荷，民國98年7月3日。）

▲▼朝聖者辛苦地拄著拐杖登六百石階上達摩洞（山崖岩洞）。

水仙尊王——屈原

• 生日：十月十日

• 稱呼：水仙尊王

• 研究：

我國民間信仰的眾神之中，被稱「水仙尊王」不止屈原一人，另有大禹、伍員、李白、王勃（滕王閣序的作者），共五人，都昇化成神。五位神祇中，以大禹地位最高，道教封爲「水官大帝」，與堯、舜合稱「三官大帝」或民間習稱「三界公」。

全台唯一祀奉「水仙尊王」屈原，在台北北投「屈原宮」，神像來台很早，考證顯示在一七二一年（康熙六十年）從福建漳州府來。但建廟則很晚，直到一九七七年正式興建屈原宮，目前「洲美文化祭」很受地方重視。

配鹽埕區三山國王廟傳奇

水仙尊王失而復返 謎底仍無解

人間福報 2011.2.15.

【本報高雄訊】高雄市鹽埕區三山國王廟十年一次到蚵仔寮海邊「刈水火香」，今年由廟裡三尊主神之一的「水仙尊王」掛帥，其實這尊神像背後有個爲人津津樂道的故事。

鹽埕區三山國王廟供奉三山國王、李府千歲以及水仙尊王等三尊主神，廟方每十年舉辦一次「刈水火香」慶典，以擲筊方式決定由那尊主神，掛帥領軍去刈香；巧合的是，近百年來每次刈香的主帥，沒有一尊神像是連續兩次擔任主帥的。

今年刈水火香的主帥「水仙尊王」，曾在一九六〇年代修廟期間「不告而別」，當時廟方人員在遍尋不著情況下，只好另刻一尊水仙尊王、俗稱「二王」的神像代替。

奇怪的是，一九八一年「二王」掛帥前往蚵仔寮刈香回來，來參加慶典的友廟「客神」都離去後，現場卻獨留一尊神像沒人「請走」，經廟方人員仔細一看，才發現原來這尊就是遺失十多年的水仙尊王。

「本尊」回廟重登主殿，並由「本尊」領軍再次前往蚵仔寮海邊補辦一場「刈水火香」慶典，這也創下鹽埕三山國王廟兩百多年來首次「一年舉辦二次刈香」紀錄。至於這尊神像爲何「失而復返」？答案至今仍是個謎。

台北洲美屈原宮 全台唯一

地區重要守護神 鄉親總動員 參加祭典、划龍舟競渡

95.6.1 人間福報

【記者黃映禎台北報導】台北市北投一座祭祀屈原的屈原宮，落成至今僅二十餘年，其主神卻有兩百多年歷史。每逢端午節，洲美鄉親都會全體動員，參加隆重祭典及划龍舟競渡，成為洲美社區盛事。

春秋戰國時代詩人屈原為民間祀奉的「水仙尊王」。考據顯示，屈原宮祀奉的屈原神像，是西元一七二一年（清康熙六十年），明末遺臣朱一貴為了反清復明，在福建召募許多熟悉水性的鄉親前來台灣時，為一位郭姓先民，自福建漳州府龍溪縣家鄉隨身攜帶、祀奉的保護神像。

一九七七年，在洲美地方人士奔走發起下，正式為神像興建「屈原宮」。建廟慶成時，前總統李登輝時任台北市長，贈「清風亮節」匾額，同時題字「屈原宮」三字成為廟名，至今成為台灣唯一祀奉屈原的廟宇。如今也是洲美里最重要的守護神。

屈原宮與一般宮廟十分不同，當年洲美里一帶水患嚴重，因此以二樓為主殿，一樓則做為里民活動中心，回饋鄉里。

每逢端午節前後，除了如今移居彰化的屈原後世子孫前來祭拜外，洲美鄉親全體動員，參加鄭重莊嚴的祭典儀式、獻江、謝江、水醮及龍船競渡。近年來在政府支持下，固定舉行「洲美文化祭」；每年農曆十月十日屈原誕辰之日則以盛大祭典，熱鬧踩街遶境慶祝，代代相傳至今，已有兩百多年歷史。

廟方工作人員表示，屈原宮是難得的文化資產，因此廟方近年來發揚「洲美文化祭」，就是希望喚起大眾對歷史典故的重視。

屈原圖軸。明人朱約佶的屈原圖軸，描繪了屈原被讒謫流放後行吟山水間的情景。

張元，高中，中國文化史，民84．龍騰．

北投屈原宮 端午賽龍舟

人間福報 2010.6.17.

【記者郭書宏台北報導】全台灣唯一奉祀「三閭大夫屈原」為主神的北投洲美屈原宮，昨天中午於雙溪橋下雙溪河岸兩側舉辦「洲美文化季—端午龍舟競渡」，包括舉行盛大的水仙尊王祭典與獻江儀式，隨後展開龍舟競渡，另還有老照片展、音樂會、民俗園遊會及各項藝文表演等活動，並贈送免費香包，帶給民眾一個充實的端午佳節。

為緬懷主祀神水仙尊王—屈原，屈原宮昨日舉行「水仙尊王祭典儀式」，社區民眾依循傳統舉行三獻禮，接著以踩街、遶境等民俗方式，恭迎水仙尊王屈原神像至雙溪河邊，由道士誦經、請神後，開始進行莊嚴的祭江、獻江儀式，並由主委將神像帶至龍舟上，遶行雙溪河，沿途將粽子、素果等貢品投到河中，祈求神明保佑國泰民安。

昨遶境踩街隊伍行經北投區洲美等里，沿途居民不論男女老幼，均在家門口擺放祭品、手持香柱恭迎神像，相當熱鬧，加上這是年度的社區盛大慶典，也吸引了外國遊客及攝影愛好者共襄盛舉，加上絡繹不絕的鞭炮聲，現場氣氛相當熱鬧。

屈原宮管委會表示，水仙尊王與媽祖一樣，都是台灣民間海洋信仰文化中的重要神祇，而屈原宮是國內唯一以屈原為名，並尊奉為主神的寺廟；雖然屈原宮建廟歷史僅三十多年，但當地對水仙尊王的信仰卻維持兩百多年，在台北地區有著十分特殊的人文歷史與宗教地位。

除了祭典儀式外，主辦單位特別將活動擴大為多元的端午龍舟藝文活動，並邀請士林、北投地區的團體組隊參加龍舟競渡，另還有老照片展、音樂會、民俗園遊會等活動，屈原宮也免費分送粽子與香包給遊客，讓民眾感受富涵宗教文化意涵的端午佳節。

人间福报
2011.6.6.

下元水官大帝——大禹

‧生日：十月十五日

‧稱呼：下元水官大帝乃是三官大帝中之水官，是俗稱之三界公、又稱九江水帝、十二河源溪谷大神、暘谷神主、水府靈官、號稱「下元三品解厄水官洞陰大帝」，俗名爲禹。我們一般通稱「大禹」。

◎大禹的故事：

大禹姓姒名文命，曾繼堯、舜任國君，建都運城古安邑，所以夏縣一帶被稱爲禹都。禹的父親叫崇伯鯀，是堯舜時水官，因他只知水來土掩，光堵不疏，致使水患不絕，被舜王治了罪。禹接任父親之職繼續治水，但禹卻是以疏導爲主，讓水流入東海。於是大禹治水十三年，三過家門而不入，鑿龍門、劈三峽，不畏寒暑，歷盡艱辛，終於治水成功，受到萬民擁戴，舜王也把國君禪讓給禹。

禹鑿龍門的「龍門」就在今河津縣黃河岸邊，當年有「龍門八景」之稱，是聞名遐邇的旅游勝地。

據說遠古時分，黃河由壺口、孟門奔流而下，到龍門被高山攔阻，四處橫溢，禍害百姓。禹便率百姓開山鑿石，疏通水路。當時山前有兩條岔道，一條通往陝西黃龍山，一條通往河東龍門。百姓們只知一個勁往前開，順著通往陝西的岔道向西鑿進。此時天空忽然傳來「錯開河，錯開河，開西不如往東挪！」的鳥叫聲。大伙抬頭一望，原是一隻矯健美麗的大鵬鳥在上空飛旋，邊飛邊叫，開河百姓都很驚訝，紛紛議論不止，禹懂得鳥語，已知其意，他與幾位老者站在山岩查上看了山情水勢，詢訪當地年長者，問明查清若往西開，不僅工程艱巨，而且毀壞民房甚多。若往東開，省工省時，進度也快。禹便站立高處，揮臂高呼：「往東開！」大鵬鳥方才展翅高飛而去。後人便把交岔處起名為「錯開河」。

在錯開河的對岸有一懸崖陡壁，半崖有一石洞，人稱「禹王洞」，相傳是禹鑿龍門時歇息之處和存放工具的地方。當年禹鑿到這裡，兩山窄狹，山崖高聳，人站立都困難，開山鑿石就更難了。大禹揮錘持釺正幹得起勁，突然聽得「轟隆」一聲，陡壁之間冒出一股黑煙，黑煙散去，崖山出現一個黑乎乎的洞口，洞下還有崎嶇石階。禹便和百姓們沿石階而上，來到洞前。這裡地勢高，舉目遠眺，能看清高山水勢，山洞又大，能容千人之眾。從此，禹就住在洞裡指揮開山治水，百姓們開山累了，就在洞內歇息，下工後，工具全都存放洞內。

鑿山開河，是個大重活，又加上時值盛夏，烈日炎炎，禹和百姓累得汗流浹背，氣喘吁吁，又飢又渴，口乾舌燥。雖說大禹身先士卒，帶頭苦幹，但百姓們仍有昏倒的、病倒的，還有死亡的。禹看在眼裡，急在心裡，連頭髮都急白了。正在此時，來了一位老太婆，攜帶一位小姑娘，在錯開河斜對面的山崖下，支起鐵鍋燃起乾柴，為大伙燒起一米湯來。大伙喝後，只覺清香可口，沁人肺腑，又解渴，又解乏，還不覺餓。這米湯一直供給到禹鑿通龍門。龍門通了，老太婆卻不見了。後來人們紛紛猜測議論，那老太婆就是王母娘娘，來助禹鑿龍門的，遂把燒米湯的地方稱作「米湯庵」。

下元節又叫消災日，這天家家戶戶備辦牲醴、金紙、香、燭，到神廟上，祀拜水官大帝，以祈兵災免禍，百厄化解，本省有水仙尊王或又稱水仙王，更是航海者之守護神，一般水仙尊王廟列神像五座，其中可肯定一尊為大禹。

大禹之事功，距今已四千二百餘年，大禹治水之一切功勳留傳民間至今，為民間俗稱之水官大帝即是下元水官大帝，乃是道家所奉之三官之一之水官。

中國・山西・芮城大禹渡風景區

與大禹合影留念（左起吳信義、吳元俊、陳福成）

兩岸同胞在佛祖前聚會（左起：張亦農、吳信義、陳福成、劉焦智、天使熊貓、吳元俊、吉自峰）

中國・山西・芮城大禹渡風景區

拾壹、農曆十一月誕生諸神

太乙救苦天尊——青玄上帝

• 生日：十一月十一日

• 稱呼：太乙救苦天尊、青玄上帝、太乙救苦天尊青玄上帝

• 略傳：

1.太乙救苦天尊是封神演義中人物，係玉皇大帝二挾侍之一，與雷聲普化天尊常侍立玉皇左右。

2.太乙救苦天尊，乃道家諸天尊之一。啓福齋、仙經：「十一月十一日天倉開日，宜入修仙道，煉藥，建啓福齋。」

自古以來，人們就相信人死後靈魂不滅，而亡魂會以一種不同於「人」的方式，生活在另一個世界。道教認爲世間萬物均由「道」而化生，「道」生「兩儀」（即「陰」和「陽」），故萬物便有「陰」「陽」之別，相對於生人所生活的「陽間」而言，亡魂

所生活的地方便成爲了「陰間」，亦稱「幽冥世界」。爲了救渡地獄中受苦受難的眾生，佛道兩教專門配置了兩位尊神主管教化，使之脫離苦海。佛門中有地藏王菩薩，而在道教裡，則是太乙救苦天尊。

太乙救苦天尊，全稱「太乙救苦天尊青玄上帝」，是太始太乙玄元一炁之妙化，即原本「六御」中的「統御萬類的青華大帝」神化而來，因見眾生受苦輪迴報業無了時，特具大慈仁心在元始天尊前發清靜心，謹遵元始天尊教旨，誓願救渡一切眾生，離苦得樂，故亦稱「太一救苦天尊」、「尋聲救苦天尊」、「十方救苦天尊」等號。

補編：中華民族永恆的神祇

文殊菩薩

・生日：四月四日

・稱呼：文殊師利、文殊師利童子、曼殊室利

・略傳：

文殊菩薩：乃佛家諸菩薩之一，謂爲文殊師、亦作曼殊室利。義譯爲妙音、妙德、妙吉祥等，文殊或曼殊，是妙之義，師利或室利，是頭、德、吉祥之義。

文殊師利法寶藏陀羅尼經：「爾時世尊告金剛密迹主菩薩：『我滅度後，於此南贍部洲東北方有國名大振那（大支那），其國中有山號曰五頂（五臺），文殊師利童子遊行居止，爲諸眾生於中說法。』」按密教文殊師利像，頂有五髻，作童子形，蓋表天真之意，故經中亦或稱文殊師利童子。

濟公菩薩

・生日：二月二日

・稱呼：濟顛僧、道濟、濟顛禪師、濟公和尚，濟公活佛

•略傳：

濟公菩薩，俗家姓李名修元，宋天臺人，在杭州西湖靈隱寺剃度，法名「道濟」，爲方便在世俗渡化眾生，佯裝顛狂，裝瘋賣傻，世人都以「濟顛」或「濟顛僧」稱之。

濟顛父親姓李名茂春，又名贊善，在朝做了幾年官，就棄職歸隱於家，爲人純謹厚重，不貪求榮華富貴，與其母親王氏雙親，十分和善恩愛，但是年過三十並無子嗣，夫妻倆個日夜的求神祈佛，能賜一子，忽有一夜，王夫人在夢中見到一尊羅漢，將一朵五色蓮花相贈，而夫人一接來卻一口將它吞下。自此之後，身懷六甲。

八卦祖師

•生日：元月十六日

•稱呼：伏羲氏、太昊庖犧氏、庖犧

•略傳：

八卦祖師，姓風，民間通叫伏羲氏。母叫華胥，生於陝西鞏昌路秦州成紀縣，（是大禹貢雍州地域）。

由於八卦祖師伏羲氏，仍是古帝三皇之一，身有聖德，仰則能觀象於天，俯則觀法於地，對天地之造化，萬物運育，相輔相成之理，更是澈悟，更能觀鳥獸理，其地之宜，近者取於諸身，遠取諸物，於是始作八卦，以通神明之德，以類萬物之情，又命潛龍氏造甲子，以命歲時，又配天爲干（十干），配地爲支（十二地支），支干配類，以綱維乎四象。

太陽星君

・生日：三月十九日

・稱呼：太陽公、陽精也、日宮太陽帝君、日宮朱明炎光天子、太陽鬱儀帝君、真光普照天尊。

太陽爲衆陽之宗，表面溫度爲攝氏七千度，運行於天（自轉速度每秒十六公里），爲紀歲時之準的。乃是「日」的通稱。「日」，一名朱明，一名大明，一名陽烏（在舊傳日中有三足烏，烏爲陽精，故名。梁簡文帝詩：迴扁避陽烏），而陽亦作暘，故又稱暘烏（韓愈訟風伯文：暘烏之仁兮，念此下民，閟其光兮，不鬥其神），又有一名金烏（相傳日中有三足烏，世因而稱日爲：金烏。騰邁慶雲抱日賦，麗碧霄以增媚，捧金烏而徐飛），此外如「白駒、正陽、金輪」等，皆爲日之代名詞。

何以三月十九日爲太陽星君之誕日，另有其他的說法。流寇李自成陷北京時，明思宗皇帝於煤山槐樹上自縊而死，其日正是崇禎十七年（公元一六四四年）甲申歲三月十九日：明朝的遺臣民間諸老等爲哀念先帝（思宗）死社稷，乃託言三月十九日爲太陽星君誕而暗祭思宗皇帝(朱由儉)，藉避清室耳目。其流俗所及,後世遂認爲是真太陽公生日。

北極紫微帝君

・生日：四月十八日

・稱呼：紫微大帝、紫微帝君

・略傳：

北極紫微帝君：中天星宿中之尊神也。屬北極紫微垣（一名紫宮垣，又名紫微宮），其位在北斗之東北方，有星十五，東西列，以北極爲中樞，成屏藩之狀，而以紫微星爲尊星，乃大帝之座，中天星主，眾星之樞紐，主掌造化樞機，降福消災。

據史記天官書：「中宮、天極星即北極星，謂之北辰，其星五，在紫微中，其一較明者，乃太一之常居，以紫微爲大帝室，太一之精也，泰一爲天神之最尊貴者也。」故按泰一，乃天帝星之別名，即俗稱之北極紫微帝君。

紫微大帝，在封神演義云，中央北極紫微大帝乃姬伯邑考，是周文王的長太子，亦就是武王之兄，因文王被暴紂囚擊，姬伯邑考進貢珍物欲贖父罪，妲己見他豐姿俊雅，乘機挑逗姬伯不爲媚動，並正色諫詞，妲己惱羞成怒，向紂王欺奏，可憐姬伯邑考爲父朝商，然身遭萬刀剁屍，待武王滅紂後，再封姬伯爲紫微大帝。

華陀神醫先師

・生日：四月十八○

・稱呼：華陀，華陀仙翁

•略傳：

華陀仙翁：三國時，一代的神醫。是東漢沛國譙人，也是今安徽省亳縣。仙翁是士大夫出身，擅長於醫術，有如內科、外科、鍼灸術、婦產術、藥物學、診斷學等等，而以外科剖割最享盛譽，曾爲關帝刮骨治箭傷，後來因違抗曹操之命，而被處死。有著名的門人二人：一是陵廣吳普，另一位是彭城阿樊二人。

華陀，又作華佗，一名華旉，字元化，漢時譙人，通術數，悉知養性之道，精針灸方藥之術，能破腹洗腸胃，割除疾穢，創我國用痲醉劑動腸胃手術的最早紀錄。曹操患有頭風之疾，華陀針之即痊，致常留華陀於其左右，而陀本是士人，恥以醫爲業，乃藉詞回家取藥，曹乃暫准，要陀速回，但陀卻又以妻病等理由作掩飾，曹再三催促仍不返，致一怒之下，予次收獄而死。歷世真仙通鑑謂華陀年逾百歲。

李托塔天王

•生日：四月十九日

•稱呼：毘沙門天王、多聞天王、托塔天王

•略傳：

托塔天王：佛教四天王之一，鎮北天，居須彌山水晶埵，領夜叉羅剎將，以福德之名聞四方。佛家弟子奉爲護法天神，胎藏界及金剛界曼達拿現行國繪形像，著甲冑，左掌有塔，右持寶棒。按其塔乃供奉釋迦牟尼佛者，故俗稱托塔天王。唐、宋時，曾勅諸府州軍建「天王堂」奉祀之。

　據一般民俗相傳，托塔天王姓李名靖，係陳塘關總兵，有子三人，曰金吒、木吒、哪吒（金車、木車、羅車）。具有法術高強，曾大顯神通，扶周滅紂，蔚爲奇談；神怪小說「封神演義」更誇張其事蹟，腹炙人口。

南鯤鯓李王爺

・生日：四月二十六日

・稱呼：南鯤鯓代天府李府千歲

　代天府五府千歲（李、池、吳、朱、范）之一，排行爲大，據傳說爲唐太宗李世民的一功臣，按唐太宗用李勣、秦叔寶爲將，征服突厥、吐蕃等，益廣其版圖。傳說中之李五爺，可能就是李勣了。據查李勣，本姓徐，名世勣，字懋功，一般俗叫徐茂公，初事李密，後從歸於唐，屢建大功，而授於黎州總管，賜姓李；因避太宗諱，單名勣。從太宗平竇建德，俘王世充，破劉黑闥，拜並州都督，封英國公，圖像凌煙閣。凌煙閣乃唐太宗親贊廿四功臣圖像懸掛之處。

南極長生帝君

・生加：五月初一日

・稱呼：壽星、南極仙翁

南極仙翁，就是南極老人星（壽星），俗以為，壽星明現，天下理安。古代諸侯相互征伐，兵荒馬亂，民不聊生，星相家即以壽星，預測未來的太平盛世。據說壽星最明時，若備醴祭告，可得福享壽。

巧聖先師

•生日：五月初二日

•稱呼：即魯班仙師也，俗稱魯班公，土木工人奉為祖師

•略傳：

魯班乃春秋魯國巧臣，墨子書稱公輸盤，離婁注稱公輸子魯班，後代注書，如史記集解，後漢書注，文選注等皆稱公輸班。原始世界，人類僅依自然環境，自有聖人發明機巧後，漸漸步入了製造世界。魯班是土、木、石匠祖師，秦、漢以來，凡工程建築，必在工地上，先祭魯班祖師，令其靈祐，使得工程順利完成。魯班姓公輸，字依智，山東東平府人，生於魯定公三五年五月二日。

他的淑配妻子也天授神巧，相傳，雨傘就是她發明的。四十歲後，魯班又稱跡於歷山，遇異人傳授秘訣，能雲遊天下，白日飛昇，僅存斧鋸於白鹿仙岩。歷代都有封號，明朝永樂年間，鼎剏北京龍聖殿，傳說，魯班顯聖，後使萬匠打製，明成祖勅旨建廟，封號為「輔國太師」。

韋馱尊佛

• 生日：六月初三日
• 稱呼：韋馱又謂護法韋馱、韋陀、韋馱天、伽藍神、護法神
• 略傳：

韋馱尊者：佛教護法神，「四大天王」下「三十二將軍」之一，姓韋，名琨，世稱爲「韋將軍」，擁護東勝神洲、西牛賀洲、南贍部洲等，佛法最力之護法神。

據佛家經典，韋馱天、韋陀、伽藍神、護法神各有解說，不可混爲一談，據翻譯名義所載：「韋馱是符檄用徵召也，與今所稱護法韋馱無涉」。韋馱天是婆羅門之天神，即法華經中之韋陀羅鬼也。韋陀又有吠陀、吠馱等譯稱，屬於婆羅門經典之名，非神佛之名。

我國早期稱伽藍神爲伽藍爺或伽藍尊王，鳳山縣采訪冊載，道光廿九年於興隆里建伽藍爺廟，彰化縣志載西螺於乾隆五十九年建伽藍廟，是台灣先後有三寺廟以韋馱爲主神。

田都元帥

• 生日：六月十一日
• 稱呼：雷元帥、相公、相江爺、田都爺。
• 略傳：

田都元帥姓雷，名海青。唐天寶中，爲樂工，供奉內廷，管領梨園子弟。歿後，梨

園子弟奉祀之，稱「田都爺」。肅宗時追封「太常寺卿」，宋高宗加封「大元帥」，俗稱田都元帥。有謂雷海青爲唐玄宗之寵臣，主管戲劇。後世奉爲音樂之神，臺灣北管、南管均祀之。又傳雷海青死後，安祿山造反，唐玄宗倉卒奔蜀，雷顯靈保駕救之，時空中浮現「田都」二字，故拜爲田都元帥。

靈官王天君

- 生日：六月十五日
- 稱呼：太乙雷聲應化天尊、王元帥、玉樞火府天將。

豁落靈官天君：二十六將之首，鸞門諸天君之一，尊稱「太乙雷聲應化天尊」，職掌都天糾察，斬妖護法，造型爲赤面、三目、武裝執鞭，一般道觀多塑靈官像，作爲鎮山門之神，宋時方士，授法於薩真君，傳法於抗州道士周思德，世稱「王元帥」，亦稱「玉樞火府天公」，明成祖永樂中（公元一四〇三—一四二四年）封爲「隆恩真君」。

西秦王爺

- 生日：六月二十四日
- 稱呼：秦王、天策上將
- 略傳：

唐太宗皇帝，高祖次子，李世民，聰明英武。兼通文學，隋末，佐高祖起兵，平定四方，代隋而有天下，高祖既帝位，封爲秦王，旋封爲天策上將，在諸王公上。及嗣位，房玄齡、杜如晦、魏徵輔政，輕刑薄賦，海內昇平，世稱貞觀之治，又用李勣、秦叔寶爲將，征服突厥、吐蕃，版圖盛黃，在位二十三年崩，廟號太宗。

在中國書法史上，帝王善書者並不多，其字能成爲法帖者更少。唐太宗李世民是真懂書法又善於此道的帝王，他是以行書入碑刻的首創人物，〈溫泉銘〉便是行書碑刻的代表之一。

〈溫泉銘〉是唐太宗爲驪山溫泉撰寫的一方行書碑文，碑石立於貞觀二十二年，即唐太宗臨終前一年所書，所以是其晚年之作。

原石早已佚失，僅拓本尚存於世，是屈指可數的唐拓剪裱本之一，民國初年發現於敦煌石窟，之後被法國人伯西和偷走，現藏於法國巴黎圖書館。

此碑以行書風格寫成，自然有別於初唐楷書平穩面貌，欹側奔放的走筆有王獻之筆勢，唯天姿不及。太宗書法在二王之間，但更多取法於小王，因是帝王的威嚴，他對小王頗有貶抑，曾說：「觀其字勢，疏瘦如隆冬之枯樹；覽其筆蹤，拘束若嚴家之餓隸。」

太宗的貶譏，後來被宋人米芾視破，米芾駁：「太宗力學右軍不能至，復學虞行書，欲上攀右軍，故大罵子敬。」是太宗將二王書法推到極致，他刻意讚揚王羲之詆抑王獻之，不僅因困於書法技巧而已，而是有更深的倫常觀念，即孔夫子所言之「君君、臣臣、父父、子子」，這尊卑有序，長幼有別，歷來分得很清楚，太宗用以實踐。此舉也忻動了後來的孫過庭，他寫成的《書譜》這件千古名作，其中一段就以謝安與子敬對答，貶抑子敬僭越的態度。

七星娘娘

• 生日：七月七日

• 稱呼：七娘媽、七仙姊、七仙姑

七星即北斗星之總稱，道家名之爲天罡，晉書天文志：「北斗七星在太微北，樞爲天，璇爲地，璣爲人，權爲時，玉衡爲音，開陽爲律，瑤光爲星」。

七娘媽，有謂指牛郎織女星，有謂僅織女星。織女星亦爲三星組成，成等邊三角形，屬天琴座一等星，位於銀漢之北，與漢南牽牛星相對，由於牛郎織女兩星群位於銀河南北，亦無越河會口之期，可能有「郎」有「女」之故，牛郎織女之會。似爲織女主動，銀河亦無常設之渡船橋樑。

雲林縣水林鄉後寮村之七星宮，相傳於康熙初有王姓三兄弟由福建龍溪渡臺，拓墾於後寮庄，每年七夕有白鶴飛落於大榕樹上，越日即去，某年莊長老夜夢七仙姑，自稱天上七姊妹，每年七夕化鶴來臨，願長駐本地，可以大榕樹刻其神像祀之，當保人畜平安，百姓遵之，以榕樹雕七像，蓋草廟供奉，尊稱七星娘娘，至光緒初以磚木改建，光復後改建今廟。

值年太歲星君

・生日：七月十九日

・稱呼：無（參閱第九章）

・略傳：

自黃帝立十二辰以畫天象後，即有十二辰神，在地有十二位，在時有十二時辰，若天乙、天罡、太乙、功曹、太沖之類，雖不見經傳，歷代已用之，唐宋不載於祀典，到了元朝，始有太歲之祭。元咸宗至元三十一年即位，五月祭太歲於司天臺。文獻通考云，元每有作祭太歲，月將、日值於太史院。明太祖洪武二年議建太歲壇。

嘉靖八年，令以每歲孟春及歲暮，特祀太歲、月將之神與享太廟同日。太歲十二神將：「甲子王文卿，丁丑趙子玉、甲寅明文章，丁卯司馬，甲辰孟非卿，丁巳崔巨卿、丁未叔通、甲申扈文長、丁酉臧文公、甲戌展子江、丁亥張文通。」，「亥爲登明正月將，戌爲河魁二月將，酉爲從魁三月將，申爲傳送四月將，未爲小吉五月將、午爲勝光六月將、巳爲太乙七月將、辰爲天罡八月將、卯爲太衝九月將，寅爲功曹十月將，丑爲大吉十一月將，子爲神后十二月將。」

普庵祖師

・生日：七月二十一日

・稱呼：普庵，宋高僧。名印肅，普庵其字也。號慧慶禪師。

・略傳：

普庵祖師是牧庵忠禪師之法嗣，為臨濟第十二世，名印肅、號普庵，初振化於袁州之南泉山，道場之盛，甲於天下。宋孝宗乾道年間入寂，歿後有靈，凡有禱者，其應如響，元初如贈大德慧慶之號，因之又稱慧慶禪師。元仁宗延祐年間、南康沙門宗於蘇州城西建慧慶禪寺、塑祖師之像祀之。現一般佛殿背後亦配普庵祖師像。

法王聖君

・生日：七月二十三日

・稱呼：法主公又稱張聖公、張聖真君、張公法主、都天聖君、張公聖君、張法主公聖君

・略傳：

相傳法主公是宋代人，姓張，兄弟三人，聞福建永春州九龍潭石牛洞有數千年大蛇，能化人形，為害地方，每年需獻活人祭之，否則即有水患、風災、蟲害、民不聊生。張

氏兄弟三人入洞制服大蛇，化爲青煙，升爲天神，蛇患從此而絕，百姓安居樂業，建廟祀之，尊爲法主公。令法主公神像，手拿蛇即本此說。

台灣道教流派中有二小派，本由靈跡變成經道形態，而自成一格，即三奶派，法主公派（九龍三公），三奶派主治產厄，法主公派主治邪煞，嘉義朴子，布袋一帶的神廟，多供九龍三公，九龍指福建永春州的九龍湖，三公星指張、蕭、章三道人。

北斗星君

・生日：八月三日
・稱呼：北斗星君

俗語說：「南斗是註生，北斗是註死。」爲何北斗是註死呢？現在已經很少有人知道，北斗九星中有七個是顯露的；有兩個是隱蔽的，九星主宰著人一身的九竅，其中七個顯露的星是在人的臉部，就是雙眼、兩個鼻孔、一張嘴、雙耳；而隱蔽的兩個乃在人的下部，就是尿道、肛門，人死了，九個竅就不流暢了，人的魄歸於地獄門，魂就飛去離魂天，因此北斗是註死的。

北位屬冬，主宰萬物的靜蟄，如果以方位來講，北方是潛藏之向，天在人上，所以都能知道人世間的事，北斗的神權就註人的死生。

廣澤尊王

・生日：八月二十三日，另有一說二月二十二日

・稱呼：保安尊王、郭聖王、郭王公

・略傳：

廣澤尊王之全號爲威鎮忠孚惠威武烈保安廣澤尊王，係唐代汾陽王郭子儀之後代，清代時福建泉州人。傳說中廣澤尊王家貧苦，幼年時便失去父母的照顧。

有謂廣澤尊王姓郭名乾，清時泉州人，秉性忠孝，時感國家危難，某日外出後即一去不返。後發現坐於松樹之上，呼之不應，與死不異，數月後仍有體溫，百姓信之爲神，建廟供其不死之身，求雨靈驗，朝廷封爲廣澤尊王。

南斗星君

・生日：九月一日

・稱呼：南斗星君有謂即南極老人、南極大帝或謂即南極仙翁

蓋南斗星位在南方，爲六星組成，形似斗，故名南斗，即史記大觀書註「南斗六星，在南方」，星經謂：「南斗六星，是主天子壽命，亦云主宰相爵祿之位」。楊炯渾天賦謂：「南斗主爵祿，東壁主文章」。

南極星又稱壽星，老人星、南極老人星、南極老人。史記封蟬書索隱謂：「壽星，蓋南極老人星也，祀之以祈福壽」。後漢書天志亦謂：「老人星曰南極」。史記天官書又謂「狼此有大星，曰南極老人」。正義謂「老人一星，在孤南，亦曰南極，爲人主之壽命延長之應」。李白詩「衡山蒼蒼八紫冥，下看南極老人星」。杜甫亦有詩「南極老人自有星，北山移文誰勒銘」。

九龍殿下

・生日：九月五日
・稱呼：降魔武帝、鎮殿八大尊者
・略傳：

先天言三清下元天地之初，開聖六靈上古定人時，先天降顯九龍金身化爲文身尊稱九龍之首。金龍鎮壓凌霄寶殿，歸朝爲皇，俗稱玉皇大天尊，再由八龍化爲八方鎮朝爲護法，名稱鎮殿八大尊者。武身尊稱降魔三千大武帝，收歸下天一切魔邪，現金身腳踏五鬼手抓白蛇稱降魔武帝。

臨水李奶夫人

・生日：九月九日

・稱呼：李奶夫人，姓李，名三娘

道家所崇三奶夫人之一，道教三奶派開祖，玉封護國平閩元君。據傳說，元君，五代榕城人（榕城——福建省閩侯縣城之別稱，城中多榕樹故名）。與臨水夫人陳靖姑，林紗娘，結義姊妹。

酆都大帝

・生日：九月九日

・稱呼：北陰大帝、北太帝君

酆都大帝是道家所供奉，又稱北陰大帝及北太帝君，其任朝是三千年，任期一到即改任。大帝所管轄區域是酆都地獄，內分有六官，其專責處陰間事物。古語說：十惡不赦及大奸大惡的人及鬼怪魑魅等都要關進此酆都地獄，永不能轉世，酆都地獄比佛界的十八地獄更爲恐怖、陰險。

陶宏景真靈位業圖。將道教真靈分爲七級，「第七酆都北陰大帝——炎帝大庭氏，諱慶甲，天下鬼神之宗、治羅酆山，三千年而一替。」

孟婆尊神

• 生日：九月十三日

• 稱呼：俗稱風神爲孟婆，或說舟神孟姥之誤也。

• 略傳：

孟婆各說如次：天香樓偶得：「北齊李騊騁陳，問陸士秀曰：江南有孟婆，是何神也？士秀曰：山海經：帝之女遊於江中，出入必以風雨身隨，以帝女故，曰孟婆，又宋徽宗詞云：孟婆孟婆，你做些方便，吹箇船兒倒轉，楊升奄去。孟婆，宋汴京勾欄語，謂風也。愚謂重陽之後，風漸迅厲，故重陽前後大風，謂之重陽信，俗以九月十三日爲孟婆生日。

辭海：「俗傳孟婆爲幽冥之神，造似酒非酒之湯，使鬼魂飲之以忘前生；或謂出於佛書，實無據。」

孟婆又稱孟婆聖母、孟婆尊神、孟婆阿勤等。山海經云：「帝之二女遊於江中，人出必以風雨自隨，以帝女，故曰孟婆」。是江南奉孟婆爲孟神。惟詞人朱將之視爲神，而視之爲風之代稱。又蔣捷詞：「春雨如絲繡，出花枝紅裊，怎樣禁他孟婆合卓」。均稱風爲孟婆也。（另見十殿閻羅之第九、十殿）

五顯靈公

・生日：九月二十八日

・稱呼：佛教稱爲華光佛，道教稱作五顯靈官馬元帥、五顯大帝。

五顯靈官又稱靈官大帝、五顯大帝，爲巫覡所祀之神，俗稱五公菩薩，傳說會降世爲馬世子，生有三目，人稱三眼靈。

台灣民俗一書亦謂五顯大帝又稱五顯靈官、五顯大帝及五行大帝，惟附兩說，一爲五顯大帝姓王名善，鳳口銀牙，容貌雄偉，玉皇上帝曾賜金鞭，令其助關帝懲罰惡人。另說爲明代任工部大臣之職者，精通社會百事，並善於製造各種器具。

漢武帝內傳有「玄都阿母，昔出配北獨仙人，近又召還，使領命祿，真靈官也」。是靈官爲對神仙之泛稱。

藥師佛

・生日：九月三十日，另說九月九日

・稱呼：瑠璃光佛

・略傳：

即是藥師瑠璃光如來，俗稱瑠璃光佛，玉芝堂談薈云：「九月三十日瑠璃光佛生。」

瑠璃光佛：即藥師瑠璃光如來，簡稱藥師。藥師瑠璃光如來本願功德經：「佛告曼殊室利，東方去此過十殑伽沙等佛土有世界，名淨瑠璃，佛號藥師瑠璃光如來，乃至佛薄伽梵，曼殊室利，彼世尊藥師瑠璃如來，本行菩薩道時，發十二大願，令諸有請所求皆得。」

臺灣地區有稱藥王者，以神農大帝又稱藥王大帝，以韋慈藏稱藥王。佛教中亦有藥王，略謂藥師瑠璃菩薩寂滅後，有星宿光，電光明兄弟二人，以良藥濟眾生成佛，兄爲藥王菩薩，又稱淨眼如來，弟原爲藥上菩薩，又稱淨藏如來。

阿彌陀佛

·生日：十一月十七日

·稱呼：

阿彌陀佛：佛教西方三聖之一，又曰西方妙善阿彌陀佛，亦曰無量壽，一曰無量清淨。又稱阿彌陀如來、甘露王、甘露王如來阿彌利帝，或簡稱彌陀，爲西方極樂世界之教主。又據無量壽經，阿彌陀佛有十三號，經曰：「是故無量壽佛，號無量光佛、無邊光佛、無礙光佛、無對光佛、燄王光佛、清淨光佛、歡喜光佛、智慧光佛、不斷光佛、難思光佛、無稱光佛、超日月光佛」等。信徒慣以稱釋迦爲佛祖，稱阿彌陀佛爲佛或佛爺。

・略傳：

按佛說，佛經所謂佛土世界叫極樂，其土有佛號阿彌陀，國中眾生無凡塵眾苦，但受諸樂，故名極樂。

無論大街小巷，亦或窮山僻路，都會發現「阿彌陀佛」的鉛板標記，釘於電線桿或幹上，俗云：「家家彌陀佛，戶戶觀世音。」可見彌陀佛在民間祀拜是非常普遍，辜偉甫先生說「佛教信仰上，祀觀音是修現世，祀阿彌陀是修來世。」

九天司命灶君

・生日：八月三日

・稱呼：灶王、灶君、灶神、司令真君、張恩主

・略傳：

中國古代神話傳說中主管飲食之神，亦稱杜王。據傳，晉后尊爲天地督察使。《禮記・月令》已有祀灶的記載。灶神的由來，眾說不一。據許慎《五經異義》稱，相傳顓頊氏有子名黎，爲祝融火正，祀爲灶神。《淮南子・氾論訓》又稱炎帝作火，死而爲灶。世傳灶傳姓名亦不一。《后漢書・陰識傳》注引作姓張名禪，字子郭；《荊楚歲時記》謂其名蘇吉利；《酉陽雜俎》又謂其名隗，一名壤子。灶神的形象，古多作女形、據鄭

玄《駁異義》稱，灶神是老婦。《莊子・達生》司馬彪注謂著赤衣，狀如美女。祭灶的時間，歷代亦有變卷，先秦爲孟夏祀灶。漢代爲臘日（冬至後第三個戌日）祭灶，祀以黃羊。

晉時於臘月二十四日祭灶。惟《荊楚歲時記》稱，梁時十二月八日爲臘日，以豚酒祭灶。唐宋以後，臘月二十三或二十四日祭灶，已成習俗。灶神的職司亦有變化，據《抱朴子內篇・微旨》載，晉代就有月晦之夜，灶神上天，白人罪狀之說，稱罪大者奪算，算三日。往昔時人家，多祀灶神於灶台，上天之日，以飴糖敬於座前，冀粘其口，免於上天奏人惡事，除夕之夜，迎其下降。供奉迎送，以祈「上天奏善事，下地降吉祥」。《隨書・經籍志》有《灶經》十四卷，梁簡文帝撰。《正統道藏》收有《太上洞真安灶經》、《太上靈寶補謝灶王經》等。

民間於農曆年十二月底有送灶、接灶之祭北方送灶日期爲除夕，而華南一帶均於十二月二十四日送灶，除夕接灶，台灣則與華南風俗相同，惟社會結構演變，小家庭暢行，炊具用之鍋灶改爲電爐、電鍋、烤箱，祀灶之風日漸式微。

台灣農家於農曆年底仍於灶神兩側貼「上天言好事，下界保平安」之紅對聯，以祈灶君上天在玉皇前美言一番，下界後還請保家宅平安，此風俗與大陸各地一致，咸謂灶君爲家宅之監督者，爲非作歹，灶君必上報玉皇懲處，抱朴子謂「月晦夜之，灶神亦上天白人罪狀」。陸龜蒙祀灶解亦謂「灶神以時錄人功過，上白於天」。

宗聖曾夫子

・生日：十月三日

・稱呼：姓曾名參，字子輿，又稱曾子，子輿，簡稱參

・略傳：

1.曾夫子係春秋魯國武城人，祇知生於春秋魯國時代十月三日，卒於何時不祥。

2.曾夫子事親至孝，爲家喻戶曉的「二十四孝」之一，曾子之孝不僅於事親，曾子說：「居處不莊，非孝也，事君不忠，非孝也，蒞官不敬，非孝也，朋友不信，非孝也，戰陣無勇，非孝也」。誠百事孝爲先。俗話說忠臣出孝子，更印證了曾子之話。

3.曾夫子初仕於莒，後爲齊國宰相，貴爲晉國之上卿，享年七十歲。

4.曾夫子入祀孔廟，據陶氏考證，是在唐朝開元二十七年，但是熊氏振據闕里文獻考所記載：東漢明帝永平十五年，帝巡過魯，祀仲尼及七十二弟子，而推定曾夫子於漢永平十五年即入祀孔廟。

5.宋咸淳三年下詔書封曾夫子爲公，配享先聖，於明朝嘉靖九年被稱宗聖，以上爲稱曾夫子爲宗聖之由來。

6.於屏東市勝豐里謙仁巷有一座宗聖公祠，又稱爲忠恕堂，是興建於民國十八年，

裡面正殿供俸著曾氏歷代祖先神位，係台灣曾氏及邱姓之宗祠，是曾夫子不單獨列爲孔子廟之四配，在台灣尚有專門祭祀曾夫子之祠。

7.曾夫子之祭祀祠於台灣被曾、邱二姓子孫奉爲祖先祭祀，據說台灣之曾、邱兩姓原屬同宗。

青山靈安尊王

・生日：十月二十二日

・稱呼：青山靈安尊王亦稱青山王，傳即三國時東吳裨將張滾。

・略傳：

1.青山王是泉州惠安縣的靈獄神，即境主城隍神，神名張滾，三國時代東吳猛將，屯兵福建惠安縣南的青山地方，以防海寇侵

人間福報 2011.11.16

靈安尊王夜巡

台北市百年三級古蹟艋舺青山宮主神靈安尊王，昨啓駕夜巡遶境，總統馬英九也抵達現場，親抬一小段轎，祈求國泰民安、風調雨順。

艋舺青山宮管理委員會表示，將舉行連續三天的「靈安尊王夜巡遶境」活動，有超過三十五個陣頭隊伍踏遍大萬華地區，慶賀靈安尊王誕辰。

圖／中央社

擾。

2.有關青山王之傳說頗多，有謂青山王爲泉州府惠安縣之城隍爺，或說其神格類似城隍，管轄無區域之限，隨時巡狩，監察民生。有謂生前施行仁政，歿後稱武德帝，民間祀爲驅疫之神。

齊天大聖

・生日：十月十二日

・稱呼：孫猴子、猴仔公、美猴王、猴齊天、大聖爺、孫悟空、或稱孫行者。

相傳齊天大聖是如來佛的一滴血滴於花果山的一顆石頭上，此石吸收日月精華所化，成猴住於花果山之水濂洞中，與群猴生活在一起。

大聖拜師於菩提老祖，學習仙術，菩提老祖即傳授大聖七十二變及跟斗雲等法術，學成之後於天庭受玉帝封爲弼馬溫。

斗老元君

・生日：九月九日

・稱呼：全稱是「九靈太妙白玉龜台夜光金精祖母元君」，或「圓明斗姥元君」、「斗母」等

在《玉清無上靈賓自然北斗本生經》中提到：斗母原爲龍漢年間周御王的妃子，明哲慈慧，號爲「紫光夫人」，先後生下了九個兒子：老大天皇大帝、老二紫微大帝，即四御之中的勾陳上官天皇大帝及北極紫微大帝；其他的七個兒子即是北斗七星。另有一說法是：一曰貪狼，二曰巨門、三曰祿存、四曰文曲、五曰廉貞、六曰武曲、七曰破軍、八曰左輔、九曰右弼，作爲斗姥的九個兒子。

此外，《宋史》中亦記載：高宗爲金兵所困時，聽到空中有豬叫聲，仰見斗姥天尊四頭八臂，乘七豕之車，現紫金巨光，大施法力，而扶危救駕。自此，斗姥乃爲世人崇爲斗極至尊之神，認爲祂能消災解厄、保命延生。

無極鴻鈞昊天混元聖祖

•稱呼：或簡稱「鴻鈞老祖」、「昊天老祖」、「混元聖祖」等，亦有尊稱「天主」、「天父」、「真主」等。

虛空大道元始至尊是先天主宰，正統之尊號是「無極古老元始天王」亦即是宇宙天地之間第一主宰也。

世人恭敬尊稱：鴻鈞老祖、昊天老祖、混天聖祖，亦有尊稱：上帝、天父、天主、老祖、老母、真主、一炁宗主、玄玄上人、明明上帝、大日如來、先天老祖、無形古佛、無極至尊、無極聖祖、無極老母、萬靈真宰。

「無極混元聖祖」即是大道，乃一炁的宗主，以道體之應化，本自虛無自然而顯有物有象，展現了開劫度人的鴻慈。

九龍三公

・生日：元月六日

・稱呼：本名姓魏名振，字成賢

・略傳：

九龍三公是宋代廣東省嘉應州（今梅縣）宅庵人，官拜雲南五軍都督史，金人攻陷汴京的時候，宋徽宗第九個兒子趙構逃到雲南，當時雲南總督媚金，欲加謀害，乃以毒果甘梅供奉。魏公恐太子被奸人所害，先食果而死。等到金兵捉宋徽、欽二帝北上，趙構即位於南京，號稱宋高宗，史稱南宋，才追封魏振爲九龍三公，並賜沖天冠、滾龍袍。

據嘉義縣布袋鎮九龍里嘉應廟沿革簡介稱：九龍三公是宋代廣東省嘉應州提巷人，姓魏名聖賢，官至五軍都督，鎮守邊疆地區。

大昭寺維修工程 竣工

【本報綜合報導】歷時兩年、投資人民幣一千八百一十七萬元（約新台幣八千零五十三萬元）的藏傳佛教大昭寺文物保護維修工程，八日竣工，西藏自治區文物局副局長且增朗杰表示，目前西藏「十一五」重點文物保護工程已完成九處文物保護維修工程，還有七處保護維修工程正在進行。

大昭寺位於西藏拉薩老城區八廓街中心，始建於公元七世紀中葉，大殿正中供奉釋迦牟尼十二歲時等身鍍金佛像，寺前有著名的《唐蕃會盟碑》、《勸人種痘碑》和唐柳，佛殿和回廊內外滿布的壁畫均具有很高的史料及藝術價值，其中《文成公主進藏圖》、《大昭寺修建圖》彌足珍貴，寺內還保存有唐代以來的大量歷史文物。

西藏自治區文物局副局長且增朗杰強調，大昭寺是距今一千三百多年的歷史建築，由於主殿前的梁架受損嚴重，因此於二〇〇九年七月底展開維修工程，工程主要內容包括拔正、替換主殿、千佛廊和北廊木構架中出現歪閃、變形、斷裂的木構件，對附屬建築中存在的蟲蛀木構件進行替換，對新替換的木構件實施防腐、防蟲蛀處理，對屋頂及屋面局部阿嘎土重新打筑、挑檐局部糟朽更換。

一九六一年，大昭寺被中國國務院公布爲第一批全國重點文物保護單位，二〇〇〇年十一月被聯合國教科文組織列爲世界文化遺產布達拉宮擴展項目。

人間福報 2011.6.9.

青海文成公主廟 倖免於難

【本報綜合報導】青海玉樹地震災區文物受到不同程度損傷，包括當地許多文物古蹟在內的建築物遭受嚴重損毀，所幸建於一千三百年前的文成公主廟完好。

文成公主廟位於結古鎮南二十公里的貝納溝，屬於國家級文物保護單位，也是青海省著名旅遊景點。

文成公主是唐太宗宗室女，西元六百四十一年與吐蕃松讚幹布聯姻。當時她經過貝納溝時，受群衆隆重歡迎，文成公主深受感動，教他們耕作、紡織技術，並率工匠在溝內的懸崖峭壁上鑿刻佛像、佛塔和經文。在她走後，後人在原有的建設上興建文成公主廟。

據中國《南方都市報》報導，青海省文化廳副廳長王建平十九日公布震區文物受損情況，除嘛呢佛塔災情慘重、文成公主廟安然無恙外，還有藏娘佛塔及桑周寺暫無法聯繫，預料牆體有裂縫。

人間福報 2010.四.二十.

投資千萬的大昭寺維修工程，昨竣工。由於寺供內奉釋迦牟尼佛十二歲等身像，而成爲藏傳佛教的聖殿。

圖／本報香港傳眞

西藏大昭寺內的文成公主入藏壁畫

尼泊爾噶甯謝卓林寺邱林仁波切（中）來台，特地至佛光山參訪，贈蓮花生大士唐卡，由佛光山寺住持心培和尚（右）代表接受。 圖／人間社記者慧浩

苗栗新蓮寺 全台唯一昭君廟

【本報苗栗訊】苗栗縣後龍鎮的新蓮寺可能是全台唯一供奉王昭君廟宇，廟方考證資料時，與昭君故鄉中國湖北省興山縣結緣，十月下旬將組團參加當地舉辦的昭君文化高層論壇，同時提出相關論文。

新蓮寺創建一百五十餘年來，第一次組團赴海外參訪，不但是歷史創舉，也將爲兩岸昭君文化交流寫下新頁。

新蓮寺管理委員會主委、苗栗縣公館國中退休校長余文秀表示，新蓮寺前身爲慈安宮，廟內供奉釋迦牟尼佛及觀音、媽祖和昭君娘。他查遍全台各地廟宇，發現僅新蓮寺供奉王昭君，即使在中國，目前也沒聽說有那間廟宇供奉王昭君。

余文秀說，他考證史料，透過祖籍興山縣的一名老同事，與當地昭君文化研究會聯繫上，得知興山縣將辦全國性的昭君文化高層論壇，廟方受邀，認爲是難得機會，因此籌組「護送昭君娘娘回娘家」活動，將參加論壇。廟方將提出論文，主題包括新蓮寺供奉昭君的源由、建築、歷史沿革等。

新蓮寺信眾組成「昭君娘娘回娘家」護送團，要送一尊昭君像給對岸 2009.10.23 胡蓬生攝

新蓮寺是全台唯一供奉王昭君的廟宇，十月將參加中國舉辦的昭君文化高層論壇。 胡蓬生攝

二〇〇九．九．二．人間福報．

【本報後龍訊】苗栗縣後龍鎮新蓮寺是全台唯一供奉王昭君的廟宇，寺方下周一組團赴大陸參加「昭君文化高峰論壇」，護送「昭君娘娘回娘家」一。昨天由縣長劉政鴻將昭君娘神像的笏板，更換為琵琶，恢復傳統形象。

護送團二十六日赴大陸湖北省興山縣（昭君故里）參加論壇。新蓮寺的昭君娘神像手持笏板，與傳統抱琵琶造型不同，廟方新雕的一尊抱琵琶的昭君像，視為「台灣版和平公主」一致贈對岸，象徵兩岸和諧交流。

新蓮寺主委余文秀指出，這次護送昭君娘回大陸，是創寺以來的大事，歷史上王昭君受到很多肯定和讚揚，她是中國古代四大美人之一，也是和親大使，更是族群多元融合的代表。

余文秀表示，昭君因不願送紅包，被畫工故意畫醜，得不到皇上眷顧，呆在冷宮三年；嫁到塞外後，丈夫匈奴王死了，還必須依胡人習俗再嫁給丈夫的兒子，讓她飽受委屈。

他說，百餘年前，新蓮寺一帶墾殖的先民，為求與原住民和平相處，請來和親公主昭君娘供奉，但長久以來只讓昭君娘靜靜待在大殿，並無特殊慶典，甚至神像造型都沒有她心愛的琵琶，變成笏板，這次活動也要為昭君娘紓解委屈。

琵琶奉還典禮邀劉政鴻、三灣鄉長曾武雄參加。余文秀表示，劉政鴻是當地道卡斯族裔，曾武雄的家族先輩原居後龍，有人遇番喪命，奉還典禮有各族群參加，凸顯昭君娘多元文化融合的意義。

到了明年三月，寺方也將配合媽祖遶境活動，舉辦「台灣昭君文化節」及論壇，請台灣、內蒙、湖北兩岸三地專家參與討論。

2009.10.23. 人間福報.

慶虎爺生日 新港奉天宮辦歌唱賽

【本報新港訊】在一般廟宇裡，虎爺大多都被供奉在神桌下方神龕，唯獨嘉義縣新港奉天宮的虎爺像，是全台唯一享有御賜金花、供奉桌上的狀元虎。由於下周三是虎爺將軍生日，奉天宮不但要舉辦「虎爺盃全國歌唱比賽」，並在虎爺殿提供「虎爺求財～大錢換小錢，小錢滾大錢」的換錢水轉運賺錢服務，此外，奉天宮還將與業者合作，推出虎爺手機鈴聲。

人間福報 2011.6.29

嘉義縣新港奉天宮將虎爺像奉祀在供桌上，前尊為超過兩百年歷史的虎爺本尊像。 圖／陳永順

奉天宮董事長何達煌表示，清嘉慶初年，笨港街市遭洪水沖毀，笨港天后宮的開台媽祖神像經居民搶救，暫奉在肇慶堂（今新港分駐所）。日據時期，日人將肇慶堂改建為警察派駐所，使得主祀的土地公、虎爺像面臨無處供奉窘境。

有感於肇慶堂讓開台媽祖神像暫奉恩情，奉天宮將兩尊像迎回供奉，目前土地公像安奉在正殿龍邊大位，虎爺像視同正神奉祀在西廂房供桌上，頭戴金花，都是全省廟宇罕見。

董事周振樹指出，新港奉天宮是全台虎爺像大本營，台灣唯一專祀虎爺像的南投縣埔里鎮青天堂，就是從奉天宮分靈，目前奉天宮分靈出去的虎爺像超過一千尊，連國外的土耳其都有分身。

每年農曆六月六日虎爺生日，兩百多年歷史的虎爺本尊像迎請至正殿接受信眾參拜，分靈各地的虎爺像回來謁祖進香，「虎爺吃炮」熱鬧場面可期。

兩岸交流 齊天大聖扮要角

林克倫／福建順昌報導 中國時報 2011.6.11.

齊天大聖孫悟空也是海峽論壇要角，由福建南平市順昌縣舉辦的「海峽兩岸大聖論壇」將於十一日舉行，屆時將有台灣九十多位嘉賓，蒞臨順昌寶山的「大聖祖廟」共同祭祀美猴王，並由台灣信徒在山巔舉行法會，而順昌縣也將邀請貴賓觀賞請神、過火焰山、打油鍋、化替身等傳統民間信俗。

《西遊記》裡頭的美猴王孫悟空雖是小說人物，在福建山區一帶卻是普遍民間信仰，且較《西遊記》成書要早了兩百多年，自一九九〇年代末在寶山頂峰發現齊天大聖、通天大聖合葬墓「雙聖廟」後，又在全縣發掘出近百座，在大陸齊天大聖考據上形成「寶山說」論派。

為此，在今年第三屆海峽論壇期間，順昌縣將於十一至十五日舉辦以「齊天大聖．兩岸順昌」的「海峽兩岸大聖論壇」活動，邀請近百位台灣的大聖廟宇信徒，以及大聖王文化研究會、台灣客家黨主席溫錦泉等人參與盛會。

信俗交流是兩岸大聖重頭戲，順昌縣委宣傳部長王衛平指出，今年的大聖信俗表演選擇在鄭坊雲露村，內容有現場請神、過火餤山、打油鍋、化替身等儀式，特殊之處是在村子裡舉行，一切按照傳統信俗儀式進行。

廟尪仔 廟頂上的交趾陶

【記者郭書宏台北報導】爲發揚傳統宗教民俗藝術，台灣傳統藝術總處籌備處即日起至六月十九日，在宜蘭傳藝中心舉辦「來看廟尪仔─台灣交趾陶特展」，展出一百餘件交趾尪仔作品。一齣齣在廟宇建築上搬演的熱鬧戲碼，從廟頂走下來，供民眾近距離欣賞。

「廟尪仔」是早期台灣民間對交趾陶的稱呼，融合雕塑、釉彩及燒陶等多種藝術於一體，因多運用於廟宇建築裝飾，取其人偶塑像而得名。自清代隨閩、粵陶匠傳入台灣後，經由世代承傳，匯集匠師的巧手與經驗智慧，飽含著宗教、歷史、民俗、戲文典徵等文化底蘊。

本次展出的交趾陶文物，共有一百四十五組件，分別從傳統建築的裝飾位置、題材表現及匠派系統，深入介紹台灣交趾陶工藝的精髓與內涵。安排「說交趾陶」區，讓民眾初步認識交趾陶在台灣的多種稱謂與發展起源；「傳統建築與交趾陶」區，則從交趾陶於傳統建築的裝設位置，說明交趾陶造型「有前無後」的特性，或與剪黏、泥塑的搭配表現。

「看廟尪仔搬戲」區以熱鬧紛呈的戲文劇碼，展現匠師劇目編排的功力；最後的「巧藝．匠心」區，則帶領民眾一同走過台灣交趾陶的分期發展與現況，並觀照本土匠派的師承脈絡與關係。

針對此次主題，傳藝中心更邀請擅長軟陶創作的張舒婷，以展品的花卉紋飾爲元素，帶著民眾DIY創作可隨身佩帶又富含吉祥涵義的精美吊飾。

人間福報 一〇二．二．十五．

即日起在傳藝中心展出的「來看廟尪仔─台灣交趾陶特展」，展出一百餘件富含古意雅韻的交趾尪仔作品，圖為作品〈龍虎堵─龍〉。

圖／台灣傳統藝術總處籌備處提供

星雲大師揭幕 期許江西禪照耀全世界

【人間社記者王普玉江西宜豐報導】佛光山開山星雲大師一行，二十八日應邀出席中國大陸江西省宜豐「東方禪文化園」開幕儀式，致詞指出，希望藉此園讓人知道，江西不只是出產物質的江西景德鎮瓷器、風景區的廬山、滕文閣，更偉大的是出產「禪」，讓禪的光輝照耀江西、照耀全世界。

當天，有江西省政協主席傅克誠、副省長熊盛文、江西省宗教局局長謝秀琦等貴賓與會。

江西宜豐自古有「禪宗聖地」之稱，擁有深厚的禪文化，禪宗五家七派當中，就有洞山的曹洞宗、黃檗山的臨濟宗二脈祖庭在宜豐，此外還有五峰山的禪林，唐朝慧忠國師出家的逍遙山等；可以說「禪從江西光輝擴大」。

大師表示，禪不是佛教的，禪是大家的。禪是我們的心，人人都有；聽說園裡有五百羅漢，建議希望多幾尊女羅漢，因爲現代社會男女平等，過去也有許多開悟的女羅漢。大師期勉，如今全世界人心動盪，希望藉由東方禪文化園的落成，讓禪再度發光，安定人心。

佛光山開山星雲大師（前排左三）應邀出席大陸江西省宜豐「東方禪文化園」開幕典禮。圖為星雲大師揭石碑。

圖／人間社記者心冠

金門人祭陳淵 感念恩主公

96.3.21. 人間福報

【本報金門訊】金門各界昨天舉行紀念唐牧馬侯陳淵聖誕祭典，縣長李炷烽率地方各界代表，追懷一千二百多年前開拓金門的「恩主公」，金門民衆並一連兩天設醮，感念先賢德澤。

「恩主公」陳淵為唐朝人，在貞元年間奉派到金門牧馬，開拓地方，當時隨行的有蔡、許、翁、李、張、黃、王、呂、劉、洪、林、蕭等十二姓移民，至今歷一千二百多年，被尊為「恩主公」並建廟奉祀。

在慘烈的現實生活裡，民衆從宗教中尋求慰藉。在他們的想像中，西天極樂世界由諸神所統治。左圖是北天衆神，右圖是南天衆神。

土地公娶某 真趣味

▲彰化和美福安廟獨身已久的土地公，12日在廟方人員協助下，前往宜蘭四結福德廟迎娶土地婆，這對「新人」隨後被請上大轎，之後再浩浩蕩蕩送回福安廟，一位歐巴桑隔著花轎窗口偷瞇著這對「新婚夫婦」，神情煞是有趣。

本書作者二〇〇九年六月，參訪嘉義吳鳳廟。

人間福報 2011.5.18.

求考運佳　東港學子拜倉頡

東隆宮供奉的倉頡，有著六隻眼睛，可以眼觀四方，協助考生讀得更多、更精。　圖／林順良

【本報東港訊】國中基測將於周末登場，不少考生、家長會去拜文昌帝君，祈求好考運，但是屏東縣東港地區的學子，卻到東隆宮二樓拜創造文字的倉頡，特別的是，東隆宮供奉的神明倉頡還有著六隻眼睛，可以眼觀四方，協助考生讀得更多、更精。

「東隆宮供奉溫王爺，是東港漁民的信奉中心。」東隆宮副董事長伍水源表示，三十多年前，東港地區的學子常找不到好的讀書環境，大多的學生只好到寺院，或是到安靜的樹下自修，因此，東隆宮前董事長林雲騰決定，把二樓闢爲圖書館。

後來東港地區好的讀書環境愈來愈多，於是東隆宮撤掉二樓的圖書館，改爲廟殿供奉神明，林雲騰認爲，圖書館多書也多字，所以決定將創造文字的倉頡爲供奉爲主神，「有了文字，才有了學術及文化」，才又決定旁祀至聖先師孔子、亞聖孟子。只要考季將至，許多考生會把准考證影本，直接置放供桌上，祈求倉頡日日夜夜保庇，考上理想學府。

無極鴻鈞昊天混元聖祖

參考書目

本書所使用參考資料，部份是近幾年來各地方（寺廟、團體）所發行的農民曆，含寺廟印發之「善書」與DM（宣傳資料等）。這方面不列參考書目，因爲農民曆上很多是流傳千百年的文獻資料，早已成爲「公共財」。

對於有版權，且正式出版發行的書籍，按一般學術規範，列參考書目如後。

1. 侯文正總主編，張亦農和景昆俊編者，任如花責任編輯，《永樂宮志》。山西太原，山西人民出版社，二〇〇六年五月，第一版。
2. 潛龍居士編著，《中國民間諸神傳》。台北，祥瑞事業文化公司，二〇〇二年四月。
3. 李謝華瑛（發行人），《觀音得道》。台南，大東書局，民國五十九年元月。
4. 星雲大師日記，《禪淨密三修法會》。

5. 聖嚴法師，《兩類超度亡與存》。台北，法鼓山文化中心，二〇〇七年三月。
6. 山西文獻，第七十七期，民國一〇〇年元月。
7. 王壽南總編，《中國歷代思想家》第三十一。台北，台灣商務印書館，七十六年八月，第三版。
8. 淨空法師，《認識佛教》。花蓮，花蓮縣淨宗學會，二〇一〇年十二月。
9. 王傳村選輯，《文昌帝君陰騭文》。台南，和裕出版社，二〇〇四年。
10. 星雲大師《釋迦牟尼佛傳》，佛光出版社。
11. 高準，《高準游踪散紀》。台北，唐山出版社，二〇一一年三月。
12. 林明峪，《媽祖傳說》。台北，聯亞出版社，六十九年四月。
13. 泰達華、柴瑞震、楊煥育、楊方崗，《床前燈下——河東文史漫話》。香港，國際炎黃文化出版社，二〇一一年六月。
14. 高大鵬編選，《神仙傳》（中國歷代經典寶庫），上、下冊。台北，時報文化出版，七十六年元月。
15. 星雲大師，《佛教對民間信仰的看法》。台北，香海文化，二〇〇九年九月。
16. 王孝廉，《中國的神話與傳說》。台北，聯經出版公司，六十七年七月。

17. 高志彬、張捷，《鹿耳門小志》。台南，正統鹿耳門聖母廟管理委員會，九十五年七月。

18. 鹿耳門史蹟研究會，《正統鹿耳門聖母廟沿革誌》。台南，正統鹿耳門聖母廟管理委員會，九十五年七月。

19. 《地獄遊記》，台中聖賢堂（出版資料不詳）。

20. 《天堂遊記》，台中聖賢堂（出版資料不詳）。

21. 陳慶麒編纂，《中國大事年表》。台北，台灣商務印書館，一九九四年六月。

22. 福州會文堂印行，《居家必備》，民國廿八年孟春再版。

23. 人間福報

24. 中國時報

25. 大甲時報

本書編者著編譯作品目錄

	（性質）	（定價）
幼獅文化出版公司		
1.國家安全與情治機關的弔詭		200 元
大人物出版公司		
2.決戰閏八月：中共武力犯台研究		250 元
3.防衛大台灣：台海安全與三軍戰略大佈局		350 元
4.非常傳銷學（合著）	直銷教材	250 元
黎明文化出版公司		
5.孫子實戰經驗研究	兵法研究	290 元
6.解開兩岸十大弔詭	兩岸解謎	280 元
7.大陸政策與兩岸關係	政治研究	280 元
慧明出版社		
8.從地獄歸來：愛倫坡（Edgar Allan Poe）小說選		200 元
9.尋找一座山：陳福成創作集	現代詩	260 元
全華出版社		
10.軍事研究概論（合著）		250 元
龍騰出版社		
11.—14.國防通識（著編）	高中職學生課本	部頒教科書
15.—18.國防通識（著編）	高中職教師用書	部頒教科書
時英出版社		
19.五十不惑：一個軍校生的半生塵影	回憶錄	300 元
20.國家安全與戰略關係	戰略・國安	300 元
中國學四部曲：		
21.首部曲：中國歷代戰爭新詮	戰爭研究	350 元
22.二部曲：中國政治思想新詮	思想研究	400 元
23.三部曲：中國四大兵法家新詮（孫子、吳起、孫臏、孔明）		350 元
24.四部曲：中國近代黨派發展研究新詮		350 元
25.春秋記實	現代詩	250 元
26.歷史上的三把利刃	歷史研究	250 元
27.國家安全論壇	學術研究	350 元
28.性情世界：陳福成詩選	現代詩	300 元
29.新領導與管理實務：新叢林時代領袖群倫的政治智慧		350 元
秀威出版社		
30.赤縣行腳・神州心旅	現代詩・傳統詩	260 元
31.八方風雨・性情世界	詩・文・評	300 元
32.男人和女人的情話真話	人生真言・小品	250 元
文史哲出版社		
33.一個軍校生的台大閒情	詩・小品・啟蒙	280 元
34.春秋正義	春秋論述・學術	300 元
35.頓悟學習	人生・頓悟・小品	260 元